L'ÂME

Introduction

On peut se demander pourquoi rééditer aujourd'hui *L'Ame et la Vie*, ce choix d'extraits de l'œuvre de Jung, bâti et ordonné par le docteur Jolande Jacobi, qui était l'une de ses collaboratrices les plus proches.

Cet ouvrage, en effet, dans la forme qu'il n'a cessé d'avoir depuis, a été conçu en 1945, c'est-à-dire au moment où Jung entamait la dernière partie de ses recherches avec la publication, un an plus tôt, de *Psychologie et Alchimie*. Or, cette dernière période de sa vie, elle est aussi, du point de vue théorique, la plus riche et la plus dense, donnant le jour à ces ouvrages majeurs que sont entre autres le *Mysterium Conjunctionis, Aïon*, l'essai sur la *Synchronicité* ou la capitale *Réponse à Job*.

Pour accéder à ce «dernier Jung», pourtant, il faut d'abord connaître ce qu'il a écrit avant — à peine de malentendus énormes sur une pensée à la fois si circonstanciée, si fouillée, si *aventureuse* parfois (au sens où elle prend et assume tous ses risques), qu'elle est très difficilement abordable par elle-même, et sans une préparation adéquate.

De ce point de vue, *L'Ame et la Vie* est déjà une introduction au monde jungien qui permettra de se mettre en route dans de bonnes conditions pour l'ultime continent de son œuvre.

A remplir ce rôle, il faut aussi remarquer comme ce choix imposant d'extraits et de fragments des divers travaux de Jung (depuis les années 1910 — moment où se dessine déjà la rupture avec Freud et s'esquisse l'originalité et la spécificité du psychiatre suisse — jusqu'aux années 45), permet de faire du même coup le point sur tout le socle de sa pensée et d'entrer dans son univers en y étant guidé par l'une des autorités les plus sûres en ce domaine.

D'autant qu'on sait que, à cet énorme choix ici présenté, Jung avait donné son accord, et plus même, son aval, — et jugeait donc de ce fait qu'il était vraiment fidèle au mouvement de sa pensée.

Pour lire ce livre, pourtant, et en tirer toute sa richesse, il faut bien prendre garde à certaines des conditions qui ont présidé à son élaboration.

Il ne faut pas y chercher, en effet, sauf parfois de façon tout à fait secondaire, des renseignements ou des considérations sur la psychanalyse jungienne proprement dite : tous les aspects techniques qui se seraient adressés à «des spécialistes de la cure» en ont été écartés en tant que tels, au profit d'éléments beaucoup plus généraux qui relèvent à proprement parler de la psychologie (fût-ce une psychologie *complexe* comme aimait à le dire Jung), c'est-à-dire de considérations qui trouvent toutes, dans un double mouvement, leur justification et leur finalité dans l'exploration des rapports de l'âme que nous avons tous avec la *vie concrète* dans laquelle nous nous trouvons immergés.

C'est donc, si l'on peut dire, au public du «tout venant» que s'adressent toutes ces pages, afin de l'introduire à un royaume qui lui est d'habitude interdit.

Pourquoi *l'âme*, cependant, et pourquoi avoir brandi ce mot comme un étendard dans le titre même de l'ouvrage ? Quand il aurait été si facile de ne parler que d'inconscient, et de se ranger de la sorte dans un horizon que notre siècle a clairement délimité ? C'est que la volonté est ainsi affirmée de revendiquer l'une des conquêtes majeures de Jung dans la psychologie contemporaine, à savoir la réhabilitation sans fard et la réintroduction dans les sciences humaines d'une notion qui en avait été expulsée, et dont on croyait s'être défait sans esprit de retour.

Il est vrai que Freud lui-même parlait encore d'*âme* dans ses livres (la *Seele* allemande : et on voit tout de suite la dérive qui a fait traduire ce mot par la notion d'appareil psychique en français), mais cette âme avait chez lui, principalement, un sens éminemment culturel qui en restreignait la portée en même temps qu'il l'affirmait.

Rien de tel chez Jung, où l'âme retrouve sa réalité de plein droit, à côté du corps et de l'esprit. En 1934, il intitule l'un de ses livres, tout simplement : *Wirklichkeit der Seele : La Réalité de l'âme* — parce que l'âme englobe pour lui, à la fois, l'inconscient et la conscience, et rend compte de leur rapport dans la totalité psychique qui est la marque de l'homme.

L'inconscient, de ce point de vue, n'est qu'une partie de l'âme — et c'est pourquoi le premier chapitre de ce livre s'intitule précisément «Témoignage en faveur de l'âme», rédaction modeste s'il en est, puisqu'il constitue de fait une véritable proclamation, un manifeste et une charte pour la reconnaissance pleine et entière de cette âme en dehors de laquelle nous ne pourrions, selon Jung, bâtir aucune connaissance.

C'est à ce prix, d'ailleurs, que Jung échappe sans cesse au réductionnisme psychologique qu'il a toujours eu tellement en horreur, et qui consiste à ne voir dans toute imagination humaine, dans toute production poétique ou artistique, dans toute expérience religieuse, que la simple expression sublimée d'une conflit intérieur. «La vie éternellement changeante de l'âme, écrit-il, représente une vérité plus forte, mais aussi moins confortable, que la sécurité rigide d'une doctrine. Cela ne simplifie pas le problème de la psychologie. Mais cela nous délivre du "ce n'est que ...", ce leitmotiv inéluctable de l'unilatéralité.»

Il ne s'agit pas tant pour lui de décrire ou de bâtir un «système de l'âme», que de la saisir dans son mouvement et de tenter de la comprendre à travers le prodigieux travail de l'imagination qui la constitue.

De la même façon, à admettre une réalité propre de l'âme qu'on ne peut réduire à rien d'autre qu'elle-même, Jung doit refuser avec la dernière énergie toute la tradition philosophique qui a commencé, en gros, avec Descartes, et qui avait tenté de bâtir une *physique de l'âme* comme on avait construit une physique de la nature: le *moi* n'est jamais pour Jung, qu'un complexe, c'est-à-dire une instance imaginaire; tout ce que nous percevons dépend de l'âme au lieu de la constituer, et la psychologie ne surgit pas de la coupure entre la matière et la pensée, elle s'installe au contraire dans ce domaine intermédiaire où l'âme a à faire à la fois avec le corps et l'esprit. «L'évolution, dit encore Jung, l'évolution irrésistible de la conscience vers un niveau supérieur devait tôt ou tard mettre un terme à la projection et restituer à la psyché ce qui était psychique depuis le commencement. Cependant, depuis le siècle des Lumières et à l'époque du rationalisme scientifique, qu'était devenue la psyché? Elle avait été identifiée à la conscience, elle était devenue "ce que je suis". Il n'y avait d'autre psyché que le Moi.»

Au vu de ces deux positions, on comprendra sans doute pourquoi, venu à l'inconscient puis à l'âme à travers son travail empirique de psychiatre et sa volonté de comprendre les matériaux pathologiques qui lui étaient présentés, Jung finit par opérer un renversement, et posant l'âme en premier, par comprendre les maladies mentales comme des pathologies de l'âme.

Il était, faut-il le dire? étrangement moderne sur ce point. Professant, en effet, la liaison de l'âme au corps, il n'a jamais rejeté, mais toujours affirmé au contraire, et sans aucune contradiction, qu'il devait y avoir dans la «folie» l'action de ce qu'il appelait, dans le langage de son temps, une *toxine* — c'est-à-dire une dérégulation neurobiologique que nous découvrons aujourd'hui à travers le rôle des neuro-transmetteurs. De même qu'il a toujours soutenu la fonction de vérité que constituait le délire, c'est-à-dire l'expression par l'âme de sa propre souffrance : d'où l'importance d'en respecter le processus, tout en le comprenant dans sa finalité, et l'attitude qui consistait à accompagner dans sa profondeur le patient en consi-dérant que sa «folie» ne le retranchait pas des hom-mes, mais qu'elle racontait en quelque sorte, comme à ciel ouvert et grandi à la loupe, l'histoire du «mal être» qui nous marque tous, la «chute» en fin de compte de notre âme en dehors de son domaine — et que sa folie, de ce point de vue, en faisait l'emblème de notre humanité, comme le signe inversé du destin de notre âme que nous n'aurions pu assumer.

On retrouve là, à bien des égards, les considérations qui seront celles de l'anti-psychiatrie — dans le même temps que Jung, contre l'orthodoxie analytique de son époque, est ainsi capable de maintenir simultanément ouvertes par sa définition de l'âme comme monde intermédiaire, sa liaison à la chimie même du corps et son étroite parenté au souffle de l'Esprit.

A partir de l'instant, en effet, où Jung replace son activité de psychiatre et de psychanalyste dans l'hori-zon bien plus vaste d'une psychologie comprise comme un discours sur les manifestations de l'âme, dans la mesure donc où il a opéré cette *révolution* qui consiste à ne plus avoir accès à l'âme par son seul matériau clinique, délires de psychotiques ou fantas-mes des patients qui viennent le consulter, mais où c'est le médecin en lui qui comprend la maladie comme un accident de l'âme — on comprend néces-sairement pourquoi, pour explorer cette âme, il s'est si constamment tourné vers les textes des anciens gnosti-ques, vers les expériences de type religieux, vers les recherches des alchimistes où il ne voit ni des délires ou des discours incongrus et sans signification comme le veut une certaine tradition, ni non plus — par exemple pour l'alchimie — une activité littérale de

vouloir transformer le vil plomb en or: il y découvre
le langage qui est celui de cette âme, et qu'il faut dès
lors comprendre en faisant venir au jour le sens qui
s'y dérobe.

C'est la même position qui lui permet tout autant de
savoir faire le départ entre l'hallucination du schizophrène ou la vision du mystique — selon que l'âme
s'y aliène ou s'y découvre au contraire. Parlant du
visionnaire que fut saint Nicolas de Flüe au XVe siècle
— visionnaire qui, dit-on, vécut plus de vingt ans
sans absorber aucune nourriture — Jung ne tente ainsi
par exemple, à aucun moment, de parler d'anorexie ou de
définir ses visions comme des projections imaginaires,
ramenant le phénomène mystique, au mieux, à un discours de l'ineffable qui s'épuiserait sans cesse lui-
même — mais écrit simplement, on pourrait presque
dire, humblement: «Il est certes arrivé parfois que des
psychiatres se soient considérablement fourvoyés et
aient mésusé de leur science, l'appliquant à des objets
pour lesquels elle n'était pas faite. Rien de tel ne doit
se produire ici: pas de diagnostic ni d'analyse, pas
d'allusions substantielles à d'éventuelles implications
pathologiques, aucune tentative de quelque nature que
ce soit pour faire relever le cas du bienheureux Nicolas de Flüe de la clinique psychiatrique. Le lecteur
n'en trouvera sans doute que plus étrange que le texte
soit commenté justement par un spécialiste des sciences médicales. J'avoue que c'est là un fait difficilement explicable pour qui n'est pas au courant de mes
conceptions quelque peu démodées au sujet des
visions et d'autres choses de ce genre. Je suis en effet
nettement plus conservateur et moins bien renseigné
dans ce domaine que le public cultivé, lequel, tiré
alors de son embarras philosophique, pousse un soupir
de soulagement lorsque des spécialistes compétents
assignent aux visions la place «qui leur revient» en
les assimilant aux hallucinations, aux idées délirantes,
à la manie et à la schizophrénie, bref à toutes sortes
de choses morbides. Je n'ai absolument rien à redire,
du point de vue médical, au cas de frère Nicolas, je le

considère comme un homme sortant un peu de l'ordinaire, mais sans aucune tendance morbide, et très proche de moi sur le plan humain : *mon* frère Nicolas. »

Hors le très solide humour de paysan suisse que l'on trouve dans cette page, on voit bien la position qui s'y exprime très clairement : toute expérience de l'âme ne peut être comprise que de l'intérieur, et ce serait la trahir que de vouloir l'expliquer par autre chose qu'elle-même.

Si l'âme, toutefois, existe réellement, elle est toujours présente dans toutes les circonstances de la vie. Elle en colore les moments, elle en inspire les étapes, elle en guide les développements — et ce serait passer à côté de cette vie que de vouloir l'ignorer, ou bien de faire « comme si » on n'avait pas à s'en soucier. Elle demande en effet à être reconnue pour pouvoir être connue — et comme elle est le principe de la vie, à être elle-même vécue dans son expérience secrète pour que notre existence ici-bas y exprime son vrai sens.

En fin de compte, c'est à une véritable anthropologie que Jung nous convie dans ces pages, une anthropologie qui s'appuie ou, comme il l'écrit en personne, qui trouve son point d'Archimède dans les qualités et les propriétés de cette âme qui nous appelle à la découvrir.

Si le mot n'avait été dévalué, on pourrait dire aussi bien qu'il s'agit d'une *sagesse* — à condition de ne pas voir dans ce mot une plate attitude humaniste ou une résignation à la vie, mais cette ascèse de l'existence qui doit conduire chacun à la vérité de son être, le prix à en payer fût-il le plus souvent de s'écarter de la foule afin de devenir cet homme *singulier* qui mène son propre dialogue avec ses voix intérieures.

Tout le monde sait comme Socrate disait avoir son *daimon*. Or, Jung nous dit que nous avons chacun notre *daimon* et que, dans l'horizon de notre âme, nous devons construire chacun notre conception du monde qui correspond au plus près à ce que nous sommes en vérité, c'est-à-dire à ce que nous sommes d'*unique*.

Mais la voie en est longue, et le monde où nous vivons plein d'embûches et de ruses. Le mal y règne facilement; les valeurs s'y subvertissent; le collectif y menace dans sa constante tendance à nier l'individu, et l'âme y court le danger de sombrer sans appel. Toute vie, sous ce jour, est une entreprise hasardeuse pour faire triompher le sens sur le non-sens qui guette et s'apprête sans arrêt à emporter l'existence. C'est pourquoi un homme sans âme — ou plutôt un homme qui n'aurait pas reconnu la figure de son âme — est voué au pire destin: l'écrasement par l'inconscient qu'il aurait fini par oublier, l'aliénation de lui-même au pouvoir de la masse qui le submerge malgré lui.

De séparation en différenciation, ce à quoi Jung nous appelle, c'est de fait au sacrifice de ce que nous croyons être afin de pouvoir renaître, précisément, dans la lumière de notre âme — mais en nous prévenant en même temps que ce n'est pas là tâche aisée, mais exercice, lutte, épreuve sans cesse reprise sur le royaume de l'ombre. Et c'est pourquoi sans doute, à l'exacte balance de l'espérance à nourrir et de la terrible souffrance que l'on doit y endurer, ce livre se termine par ces quelques lignes extraites de *L'Esprit Mercure*, l'un des principaux essais de Jung sur la symbolique de l'esprit dans le mystère alchimique: « Si Dieu veut naître homme et s'il veut réunir l'humanité dans la communauté du Saint-Esprit, il souffre l'affreux tourment de devoir porter l'humanité dans sa réalité. C'est une croix, plus encore il est pour lui-même une croix. Le monde est la souffrance de Dieu et chaque homme particulier qui voudrait — ne fût-ce qu'approximativement — être sa propre totalité sait parfaitement que ce serait une croix à porter. Or l'éternelle promesse de la croix à porter, c'est le Paraclet. »

Le combat pour l'âme du monde — et pour l'âme de chacun — n'est jamais terminé.

Michel CAZENAVE.

Préface

Au point d'intersection de deux mondes, au sein d'une dévastation inconcevable des valeurs transmises, l'homme d'Occident se trouve pris dans une lutte prodigieuse tant à l'intérieur qu'à l'extérieur, pour créer dans ce monde où il vit un ordre nouveau, valable pour tous et engageant chacun. Il est encore impossible, dans le tourbillon des forces de l'esprit qui luttent à la recherche de leur forme, de trouver une orientation précise, une direction assurée. L'existence humaine en elle-même, dans toute sa problématique et son insécurité doit se soumettre à une fondamentale révision. La destruction d'énormes biens matériels qui apparaît comme une fatalité exemplaire attire plus impérieusement que jamais l'attention sur le domaine de l'esprit et de l'âme. Un profond intérêt universel se tourne enfin vers lui. Peut-être, pense-t-on, la psychologie sera-t-elle à même — elle qui est la dernière née des sciences mais que souvent on traite comme une marâtre traiterait son enfant — de faire mieux connaître un peu de cet insaisissable avec quoi, depuis le début du siècle l'homme est de plus en plus implacablement confronté, pour conduire ce présent désorienté vers un avenir plus sensé. Lentement se fait jour en l'homme l'idée que la racine de tout ce qui est bien et de tout ce qui est mal gît dans sa propre âme et que le monde qui l'entoure est tel qu'il l'a lui-même bâti ; peut-être soupçonne-t-il que c'est de ce qui se passe dans l'âme des hommes que naissent les

destinées du monde. Or comment mesure et ordre
pourraient-ils régner, à l'extérieur, dans le monde, tant
que l'homme ne sera point parvenu à s'y retrouver, à
l'intérieur, dans son âme ?

Aussi le moment semble-t-il venu, après la longue
série d'essais entrepris dans les perspectives les plus
diverses, de ramasser ce que l'on sait de substantiel
sur le monde et sur l'homme et d'entreprendre l'audacieuse tentative, à partir de la psychologie, de retrouver un sens profond. La place de la psychologie
moderne des profondeurs n'est-elle pas à mi-chemin,
de par ses modes d'examen, entre les sciences de la
nature et celles de l'esprit ? Jetant un pont entre les
deux, elle est engagée envers les premières et envers
les secondes et offre, comme aucune autre, la possibilité, à partir de l'immédiatement vécu en l'homme, de
faire l'expérience de tout ce qui est créé et devenu sur
le plan de l'esprit et de l'âme. Pour atteindre ce but,
l'œuvre puissante et largement ramifiée du psychologue suisse C.G. Jung, qui sonde jusqu'aux profondes
origines de la vie de l'esprit, apparaît comme la base
même d'une telle entreprise. Il n'est nul besoin d'une
plus ample justification. La huitième décade dont Jung
vient de franchir le seuil était pour cela une occasion
particulièrement bienvenue car, dans la vie humaine,
ce tournant appelle non seulement à regarder autour
de soi, mais aussi en arrière, à réfléchir et à se rendre
des comptes. Cela est surtout permis lorsque — c'est
le cas pour C.G. Jung le flot des forces créatrices
entraîne encore des eaux violemment agitées. Le projet orienté vers le général a pu ainsi, sans effort, se
rattacher à une circonstance personnelle.

Ce n'est donc pas l'homme Jung, ni son œuvre,
qu'il s'agit d'honorer ici, cela sera fait ailleurs ; néanmoins le caractère et la valeur de l'œuvre, tels qu'ils
s'offrent dans le présent choix de textes, pourront, en
même temps, témoigner du caractère et de la valeur
de l'auteur. Jung est en premier lieu un empiriste et
un praticien : ses expériences personnelles condition-
nent les fondements de sa théorie. Tout ce qu'il veut
dire est toujours très proche des événements spirituels

vécus et lui-même en est touché dans toute sa personnalité. Les aphorismes, les sentences, les pensées
empruntées au royaume cristallin des idées abstraites
ne sont pas son affaire. Même quand ses paroles
pourraient avoir une telle apparence, elles surgissent
toujours d'un vécu très profond, semblable à une sédimentation des expériences faites au cours du travail.
Mais empiriste scientifique, certes, Jung est aussi un
véritable artiste qui sait saisir la bigarrure énigmatique
du monde sans limites que constituent les images originelles de l'esprit; tout ce qu'il dit a cette tonalité
convaincante qui ne laisse personne insensible. Ce qui
a été vécu au dehors, dans la vie quotidienne, ce
qu'on a appris dans le cabinet de consultation du
médecin, se trouve tissé dans la trame de l'expérience
intérieure, et lui permet d'avoir une vue générale — marquée de la teinte la plus personnelle et la plus originale — qui englobe l'existence humaine dans toute
son ampleur et presque dans tous ses domaines. Personne, à moins qu'on ne s'éloigne de la vie, ne pourra
échapper à une confrontation avec lui, qu'on l'accepte
ou qu'on le désapprouve, parce que, saisi par le mystère de l'âme, Jung est capable, comme peu d'êtres
humains, de comprendre les hommes.

Or l'intention du présent choix de textes n'étant pas
d'exposer la doctrine de Jung dans ce qu'elle a de
purement scientifique et de spécialisé, mais plutôt de
présenter en coupe quelques-uns des domaines les
plus importants de l'existence humaine en général,
tels qu'ils ont été compris et éclairés par la psychologie, nous avons écarté délibérément tout ce qui appartient au « métier », au sens étroit. De même nous
n'avons tenu aucun compte des bases de la théorie de
Jung, des fondements de sa psychologie complexe
avec ses nombreuses définitions et sa suite bigarrée de
concepts et de figures, de tout son matériel casuistique non plus que des références amplificatrices puisées dans les sciences auxiliaires de la psychologie et
de bon nombre d'autres faits qui en font partie. Celui
qui s'y intéresse, ou qui désire s'orienter dans le
domaine de la psychologie analytique de Jung — c'est

ainsi qu'il appelle sa doctrine dans son utilisation pratique — celui-là devra se plonger dans la série des
études spéciales. Le choix de textes présenté ici s'est
limité à des pensées particulièrement caractéristiques,
complètes en elles-mêmes, de nature plutôt générale,
pourvu qu'elles soient propres à donner une idée de
ce que peut être l'approche psychologique des choses.
Chercher à y trouver quelques préceptes, quelques
recettes ou avertissements moralisateurs serait parfaitement erroné. On se méprendrait sur les conceptions
de Jung en un point essentiel. On serait en contradiction même avec les intentions de sa psychologie. Car
dans sa rencontre quotidienne pratique avec les conséquences dévastatrices de préceptes acceptés sans
réflexion, greffés par des «corrections» parfois reçues
dès la plus tendre enfance, jamais complètement assi-
milés, le plus souvent même d'intention mal comprise
ou pas comprise du tout, le désir le plus vif de la psychologie de Jung est de conduire l'homme à une tenue
de vie et à une philosophie qui corresponde à sa
caractéristique individuelle. Il voudrait le mener à un
mode de comportement qui ne soit pas imposé par la
norme collective, par le «On»; à une conception qui
offre à la loi propre à chaque individu la possibilité
de s'exercer et de s'épanouir.

Aussi peut-il arriver que plusieurs des idées présen-
tées ici apparaissent, en face des idées courantes,
inhabituelles, étranges même et qu'elles suscitent la
contradiction. Le point de vue psychologique a été
souvent négligé jusqu'à présent dans nos appréciations
et nos jugements; rien d'étonnant donc si les faits
apparaissent sous un jour nouveau et particulier quand
on se place à ce point de vue. Il ne faut pas non plus
oublier que dès qu'on entre dans le domaine de l'âme
et qu'on entraîne à sa suite la totalité de la psyché, on
doit tout juger à partir du dualisme de sa structure.
Chaque proposition de la psychologie doit en tenir
compte et chaque affirmation psychologique en por-
tera témoignage. Les apparences de contradiction que
l'on pourrait trouver dans les phrases choisies de Jung
reposent sur cette antinomie structurelle caractéristique

de l'âme par suite de la tension principielle des contraires entre conscient et inconscient. Leur connaissance et leur reconnaissance s'imposent aujourd'hui inévitablement à tout homme. N'est-ce pas de là que dépendra, dans l'avenir, la possibilité pour l'homme sortant des broussailles qui l'entravent dans son destin de retrouver un ordre? Ou ignorant de ses propres conditions psychiques et de celles de ses semblables, il restera livré, sans aucune défense, aux puissances des ténèbres, contraint de vivre dans l'avenir la terreur de notre présent gonflé de l'orgueil de ses progrès culturels et techniques.

Nous n'avons rassemblé les textes choisis, ni dans l'ordre chronologique des œuvres de Jung, ni selon la place qu'ils occupent dans celles-ci. Ils ont été ordonnés selon leur thème et leur sens et le choix a été fait exclusivement du point de vue de leur contenu pour tenir compte de la richesse des considérations psychologiques ainsi que de la multiplicité des domaines abordés. Cependant nous avons toujours et soigneusement veillé à faire une ventilation aussi large que possible des thèmes abordés. Ainsi avons-nous parfois renoncé à certaines pensées plus écartées pour pouvoir, dans la mesure du possible, consacrer des paragraphes entiers à des cycles plus importants de la vie. De la sorte s'est réalisée une marche en rond à travers quelques-uns des domaines les plus importants de l'existence humaine, dont certains plus essentiels et plus vastes, d'autres plus faibles et plus limités, s'éclairèrent de traits de lumière.

Aucun des paragraphes choisis n'est arbitraire ni sans lien avec ce qui précède et ce qui suit, c'est dire qu'il y a entre les paragraphes une trame intérieure fournie par le sens qui a présidé à l'ordonnance et à la succession, comme en éventail; de sorte qu'un passage en apparence peu clair ou difficilement compréhensible se trouvera éclairé et explicité par le ou les paragraphes suivants.

Les seules modifications apportées aux textes furent celles rendues nécessaires pour éliminer les traces de contexte.

Pour ne pas rompre le cours de la pensée nous avons renoncé à indiquer à la fin de chaque paragraphe l'ouvrage dont il est tiré. Le lecteur trouvera tous les renseignements bibliographiques dans la liste des soixante ouvrages, dans lesquels nous avons puisé, et qui figure dans l'appendice.

Pour composer cet ouvrage nous n'avons eu recours qu'aux livres de Jung publiés jusqu'à aujourd'hui en langue allemande. Si nous avions utilisé les manuscrits ou les protocoles simplement ronéotypés de séminaires, cela aurait doublé le présent livre et aurait rendu impossible les renvois aux livres originaux et les comparaisons scientifiques.

L'abondance qui caractérise l'œuvre de Jung est telle qu'il aurait été vain d'espérer apporter un travail complet et exhaustif. Cela ne pouvait donc pas être le but du présent choix de textes; il lui fallait se limiter à apporter une vue d'ensemble établie selon l'aspect généralement humain des idées psychologiques de Jung et ainsi la distinguer consciemment de l'espace précis du domaine scientifique. Ce choix s'adresse moins au spécialiste, qu'à tous ceux qui voudraient savoir et comprendre quelles sont les forces intérieures qui les agitent, eux et le monde; à tous ceux qui cherchent la clarté pour ne point se perdre dans cette vie qui oscille entre la lumière et l'obscurité; à tous ceux, finalement, qui sont de bonne volonté pour reconnaître la pleine réalité de l'âme, qui veulent lui rendre sa dignité et contribuer à une meilleure compréhension d'une humanité en pleine transformation.

Zurich - Printemps 1945.

Jolande JACOBI.

Épigraphe

Les discours oscillent de-ci, de-là
Si aisément dans un entretien multiple,
Chacun n'entendant que soi dans ce qu'il dit
Et dans ce que disent les autres.
Chacun ne se lit-il pas soi-même dans un livre ?
Et s'il en a la force,
C'est lui-même qu'il retrouve dans le livre
Où il s'est projeté,
S'amalgamant ce qui lui est étranger.
Aussi est-ce bien en vain que tu t'efforces par tes écrits
De renverser la tendance et le penchant déjà fixés de
                                  [l'homme.
Mais du moins peux-tu le confirmer dans sa manière de
                                  [penser
Ou, s'il en est encore vierge,
Le plonger en ceci ou en cela.

GOETHE.

ESSENCE ET ACTIVITÉ
DE LA PSYCHÉ

L'âme de l'homme
Est semblable à l'eau ;
C'est du ciel qu'elle vient,
C'est au ciel qu'elle monte,
Et il lui faut redescendre sur terre
En un changement éternel.

GOETHE.

Témoignage en faveur de l'âme

« Tout ce qui est extérieur est aussi intérieur »,
pourrait-on dire avec Gœthe. Or cet « intérieur », que le
rationalisme moderne aime tant faire dériver de « l'extérieur », possède sa propre structure, antérieure à toute
expérience consciente, qui est même, aussi, un *a priori*
de l'expérience inconsciente. Car on ne peut absolument
pas se représenter comment de « l'expérience », comment
du psychique, au sens le plus général, pourrait naître
exclusivement de l'extérieur. La psyché appartient à ce
qu'il y a de plus intime dans le mystère de la vie ; de
même que tout organisme vivant a sa structure et sa
forme à lui particulière, de même aussi la psyché. La
structure psychique et ses éléments, les archétypes,
sont-ils un jour apparus ? C'est question de métaphysique, donc on ne peut y répondre. La structure, c'est ce
que dans chaque cas on trouve présent, c'est ce qui était
déjà là, c'est la *condition première, c'est la mère*.

L'âme humaine ne se trouve absolument pas en
dehors de la nature. Elle est un phénomène naturel
parmi d'autres, et ses problèmes ont autant d'importance que ceux posés par les énigmes de la maladie
physique. En outre, il n'existe probablement pas une
maladie du corps dans laquelle ne joue aucun facteur
psychique, de même que dans bon nombre de troubles
psychogènes interviennent des éléments corporels.

Lorsque la psyché ne fonctionne pas comme il faudrait, le corps peut en subir de grands dommages ; et
inversement, une souffrance physique peut entraîner
celle de l'âme ; car âme et corps ne sont pas séparés ;
ils sont une seule et même vie.

La simple constatation que certains humains ont telle
ou telle apparence n'a pour nous aucun sens si elle ne
nous autorise pas à conclure à quelque chose de spirituel qui lui corresponde. Nous ne sommes satisfaits
que si nous savons quelle sorte d'âme correspond à une

manière d'être corporelle déterminée. Le corps ne nous dit rien sans l'âme et — s'il nous était possible de nous placer au point de vue de l'âme — l'âme n'a pas, non plus, de sens sans le corps. Et si nous entreprenons de conclure d'un trait physique à un trait correspondant de l'esprit, nous concluons, comme nous l'avons déjà dit, du connu à l'inconnu.

L'âme est une suite d'images, au sens le plus large ; mais elle n'est pas une juxtaposition ou une succession fortuites : elle est, au contraire, une construction sensée et dirigée au plus haut point, une sorte de vision en images des activités de la vie. Et comme la matière du corps prêt à vivre a besoin du psychique pour exercer son activité de vie, de même l'âme suppose le corps vivant pour que ses images puissent vivre.

Malgré la tendance matérialiste qui cherche à faire de «l'âme» essentiellement un simple décalque de processus physico-chimiques, on ne possède cependant pas une seule preuve de cette hypothèse. Bien au contraire : d'innombrables faits prouvent que l'âme traduit le processus physique en des suites d'images qui ont à peine une relation reconnaissable avec le processus objectif. L'hypothèse matérialiste est par trop audacieuse et dépasse les données de l'expérience par ses présomptions métaphysiques. Nous n'avons aucune raison de considérer le psychisme comme un fait secondaire, ni de voir en lui un épiphénomène ; au contraire, nous avons assez de raisons — du moins hypothétiquement — de voir en lui un *factor sui generis* au moins jusqu'à ce qu'il ait été largement prouvé que le processus psychique peut être fabriqué dans une cornue.

Une psychologie qui considère le psychique comme un épiphénomène devrait plutôt s'appeler une psychophysiologie cérébrale et se contenter du butin extraordinairement pauvre que procure une telle psychologie. Le psychique mérite d'être considéré comme un phénomène en soi, car il n'y a aucune raison de le tenir pour un simple épiphénomène, encore qu'il soit lié à la fonction cérébrale, pas plus que l'on ne peut regarder la vie comme un épiphénomène de la chimie du carbone.

Se limiter à la réalité matérielle, c'est extraire de la totalité de la vie et du monde une partie, certes considérable, mais qui n'en est pourtant qu'une fraction, et on crée ainsi un domaine obscur que l'on devrait appeler irréel ou surréel. La conception du monde oriental, par exemple, ignore ce cadre borné, aussi n'a-t-elle nul besoin d'une surréalité philosophique. Notre réalité arbitrairement circonscrite est continuellement menacée par le « suprasensible », le « surnaturel », le « surhumain » et autres faits du même genre. La réalité orientale renferme naturellement tout cela. La zone du trouble commence déjà chez nous avec la notion de psychique. Dans notre « réalité », le psychique ne peut pas être autre chose que l'effet, en troisième main, produit à l'origine par des causes physiques, une « sécrétion cérébrale » ou autre savoureuse baliverne. On attribue à cet appendice du monde de la matière le pouvoir de sauter par-dessus soi, de connaître non seulement les mystères du monde psychique mais aussi soi-même sous forme d'esprit, tout cela sans que lui soit concédé plus qu'une réalité indirecte.

*
* *

Tout ce qui est décidé de valable, ou d'apparence valable, sur l'essence de l'âme, attire automatiquement et infailliblement l'ensemble des sciences de l'esprit dans son domaine ; car, quoi que l'on pense sur le caractère de l'événement psychique, cela touche les fondements psychiques de toutes les sciences de l'esprit, même quand les vraies décisions ont été prises à l'intérieur de la discipline médicale qui, on le sait, ne se range point parmi les sciences de l'esprit.

Comme toutes les sciences, la psychologie aussi a traversé une période scolastico-philosophique qui se prolonge encore en partie dans l'époque présente. On peut reprocher à ce genre de psychologie philosophique de décider *ex-cathedra* comment doit être l'âme et quelles qualités elle doit avoir ici-bas et dans l'au-delà.

Quand elle ne peut plus avancer au moyen d'expériences, toute science naturelle devient descriptive,
sans pour cela cesser d'être scientifique. Mais une
science empirique se détruit elle-même dès qu'elle
délimite son champ d'action par des notions théoriques. L'âme ne s'arrête pas là où cesse la portée d'une
donnée ou d'une hypothèse, physiologique ou autre, ce
qui signifie que dans chaque cas particulier, étudié
scientifiquement, il nous faut tenir compte du phénomène de l'âme dans son ensemble.

Pour le regret des spécialistes surmenés de notre
époque, l'âme se montre de prime abord réfractaire à
toute méthode qui cherche et se borne à la saisir sous
l'un de ses aspects, à l'exclusion de tous les autres.

Pour rendre la réalité observée, le psychologue se
voit sans cesse contraint de traduire cette réalité par
des circonlocutions et des descriptions indirectes
(métaphores). Il ne peut être question d'exposé direct
que pour des faits élémentaires accessibles au nombre
et à la mesure. Or y en a-t-il beaucoup de ce genre
dans la psychologie réelle de l'homme et dans l'observation ou l'expérience que l'on en a?

Je ne trouve pas qu'il y a lieu d'être surpris de
voir la psychologie voisiner avec la philosophie ; car
l'acte de pensée, assise de toute philosophie, n'est-il
pas une activité psychique qui, comme telle, relève
directement de la psychologie? La psychologie ne
doit-elle pas embrasser l'âme dans toute son extension, ce qui inclut philosophie, théologie et maintes
autres choses encore? En face de toutes les philosophies aux bigarrures infinies, de toutes les religions
richement diversifiées, se dressent, suprême instance
peut-être de la vérité ou de l'erreur, les données
immuables de l'âme humaine.

Il n'existe aucun point d'Archimède sur lequel on
pourrait s'appuyer pour juger, car la psyché ne saurait
être discernée de sa manifestation. La psyché est
l'objet de la psychologie et — malheureusement —
elle en est aussi le sujet: ce fait ne comporte aucune
échappatoire.

Seul le psychique possède réalité immédiate dans n'importe laquelle de ses formes, même s'il s'agit de représentations et d'idées « irréelles » ne se rapportant à rien d'« extérieur ». Nous pouvons appeler ces contenus imagination ou folies ; cela n'enlève rien à leur efficience ; et même il n'existe pas d'idée réelle qui, le cas échéant, ne puisse être écartée par une idée « irréelle » qui manifeste une force et une efficacité plus grandes que la première. Au-dessus de tous les dangers physiques, il y a les effets gigantesques de nos représentations hallucinantes auxquelles pourtant notre conscience universelle voudrait refuser toute réalité. Notre raison hautement prisée et notre volonté, que nous surestimons démesurément, se trouvent, le cas échéant, impuissantes en face des idées déréelles. Les puissances universelles qui pour le meilleur et pour le pire régissent l'humanité entière, sont des facteurs psychiques inconscients et ce sont eux qui produisent la conscience et ainsi la *conditio sine qua non* pour l'existence même d'un monde. Nous sommes écrasés par ce monde que notre âme a créé.

Je n'aime guère les argumentations philosophiques qui s'amusent de leurs propres complications et s'y complaisent. Si mes réflexions, elles aussi, peuvent paraître abstruses, elles représentent au moins une honnête tentative pour serrer de près des faits observés. En termes plus simples : puisque nous ne savons pas tout, pratiquement chaque expérience, chaque fait ou chaque objet contient un élément d'inconnu. Dès lors, parlant de la totalité d'une expérience donnée, le mot « totalité » ne peut se rapporter qu'à la partie consciente de cette expérience. Or, comme nous ne pouvons admettre que notre expérience s'étend sur la totalité de l'objet, il est évident que sa totalité absolue doit nécessairement comprendre la partie qui n'a pas été expérimentée. Ce raisonnement s'applique, comme je l'ai dit, à toute connaissance humaine et particulièrement à celle de la psyché, dont l'absolue totalité recouvre une plus grande étendue que le conscient. En d'autres termes : la connaissance de la psyché ne fait

pas exception à cette loi générale d'après laquelle nous
ne pouvons nous faire une représentation de l'essence
de l'univers que dans la mesure où les conditionnements de notre organisme psychique le permettent.

Le préjugé est encore de nos jours généralement
répandu que le fondement essentiel de notre connaissance nous est donné du dehors et que *nihil est in
intellectu quod non antea fuerit in sensu*[1]. Il n'en est
pas moins vrai cependant que la théorie atomique, tout
à fait remarquable, du vieux Leucippe et de Démocrite
ne repose en aucune façon sur l'observation de destruc-
tions d'atomes, mais bien sur une représentation
« mythologique » de minuscules particules que connaissaient déjà comme atomes d'âme, comme très petites
particules vivantes, les hommes paléolithiques de
l'Australie centrale. Combien de données de l'âme se
trouvent projetées dans l'inconnu des phénomènes
extérieurs ? Tous ceux qui connaissent la science
ancienne de la nature et la philosophie naturelle le
savent parfaitement. A tel point que nous ne sommes
jamais à même de préciser comment est fait le monde
en soi puisque nous sommes contraints de transformer
l'événement physique en un processus psychique
quand nous voulons seulement parler de connaissance.
Mais qui garantit que de cette transformation sortira,
de quelque manière, une image « objective » satisfaisante du monde ?

La *necessitas* d'une pluralité d'explications existe
indubitablement quand il s'agit d'une théorie psychologique. Car, au contraire de ce qui se passe dans les
sciences naturelles, l'objet qu'il s'agit d'expliquer est,
en psychologie, de même nature que le sujet : c'est un
processus psychologique qui doit en expliquer un
autre. Cette délicate difficulté a depuis longtemps
contraint les penseurs à d'étranges échappatoires : par
exemple, à l'hypothèse d'un « esprit objectif » gisant
par-delà la psychologie et qui, par conséquent, pourrait
penser la psyché à lui subordonnée, ou à l'hypothèse

1. Rien n'est dans l'intelligence qui n'ait été d'abord dans les sens.

analogue que l'intellect est une faculté qui peut se penser et se placer en dehors de soi. Grâce à ces échappatoires ou à d'autres analogues, on prétendait créer
cette espèce de point d'Archimède hors de la terre, au
moyen duquel l'intellect pourrait se soulever hors de
ses gonds. Je comprends le profond besoin humain de
facilité, mais je ne comprends pas que la vérité doive
s'incliner devant ce besoin. Je conçois aussi que ce
serait une satisfaction esthétique beaucoup plus grande
d'avoir, au lieu du paradoxe d'explications contradictoires, la possibilité de ramener le processus psychologique à un fondement instinctif aussi simple que
possible et d'en rester là, ou de pouvoir lui donner un
but métaphysique de salut et de se reposer ensuite en
cet espoir.

Mais quoi que nous tentions d'approfondir avec
notre intellect, nous aboutissons toujours au paradoxe
et à la relativité, quand nous avons affaire à un travail
sincère et non à une *petitio principii* dont s'accom-
mode notre tendance à la facilité.

A l'*esse in intellectu*[1] manque la réalité tangible ; à
l'*esse in re*[2] manque l'esprit. Or idée et chose se rencontrent dans la psyché de l'homme qui maintient
l'équilibre entre elles. Qu'est finalement l'idée si la
psyché ne rend possible sa vivante valeur ? Et qu'est
aussi la chose objective si la psyché lui enlève la force
de l'impression sensorielle sans laquelle elle n'est
rien ? Qu'est la *réalité sensible* sinon réalité en nous,
un *esse in anima* ?[3] La réalité vivante n'est donnée
exclusivement ni par le comportement réel objectif des
choses, ni par la formule dont la revêt la pensée ; elle
ne l'est que par la communion des deux dans le processus vivant de la psyché, par l'*esse in anima*. L'activité vitale particulière à la psyché permet seule à la
perception sensible d'atteindre la profondeur de son
impression, à l'idée, sa puissance efficace, toutes deux

1. L'être dans l'intellect.
2. L'être dans la chose.
3. L'être dans l'âme.

composantes indispensables d'une vivante réalité. Cette
activité propre à la psyché, que l'on ne peut considérer
ni comme une réaction réflexive aux impressions sensibles, ni comme un processus exécutif d'idées éternelles est, comme tout processus vivant, un acte de
continuelle création.

*
* *

Il est un fait bien singulier auquel on se heurte sans
cesse : c'est qu'absolument tout un chacun, jusqu'au
profane le plus incompétent, croit savoir le fin du fin
en matière de psychologie, comme si la psyché, et précisément elle, était le domaine dont la connaissance est
la plus universellement répandue. Or, tout connaisseur
réel de l'âme humaine m'approuvera si j'avance
qu'elle appartient à ce qu'il y a de plus obscur et de
plus mystérieux parmi tout ce qu'il est donné à notre
expérience de rencontrer. Dans l'univers de la psyché,
on n'a jamais fini d'apprendre.

Je suis d'avis que la psyché est le fait le plus considérable qui soit dans le monde humain. Plus encore :
elle est la mère de tous les faits humains, de la civilisation comme de la guerre qui tue les hommes ; tout
cela est d'abord psychique et invisible. Tant que ce
n'est que « psychique », les sens sont incapables de le
percevoir : ce n'en est pas moins indéniablement réel.

Qu'est-ce qu'une illusion ? De quel point de vue
peut-on qualifier quelque chose d'illusion ? Y a-t-il
pour l'âme quelque chose que nous ayons le droit
d'appeler une « illusion » ? Et ce qu'on serait tenté
d'appeler ainsi n'est-il pas précisément pour l'âme une
forme importante de la vie, aussi indispensable que
l'oxygène pour l'organisme ? Ce que nous qualifions
d'illusion est peut-être une réalité psychique d'importance extrême. L'âme en vérité se soucie fort peu, probablement, de nos catégories du réel. Pour elle, en
première ligne, *est réel ce qui agit*. Quiconque veut
étudier l'âme ne doit pas la confondre avec sa propre
conscience, sinon il obscurcit à son propre regard

l'objet de sa recherche. Il faut au contraire découvrir et reconnaître combien l'âme est différente de la conscience pour pouvoir l'en différencier. Il est infiniment probable que ce que nous appelons illusion est pour l'âme une réalité ; rien n'est plus incommensurable que la réalité de l'âme et les réalités de notre conscience. Vouloir mesurer l'une par les autres serait un grave malentendu.

La psyché crée chaque jour la réalité. Je ne dispose, pour désigner cette activité, d'aucun autre terme que celui de *fantaisie créatrice*. Cette dernière est sentiment autant que pensée ; elle est intuition autant que sensation. Il n'est aucune fonction psychique en elle qui ne se rattache de façon indiscernable aux autres fonctions psychiques. Elle paraît tantôt être quelque chose de primordial, tantôt le produit dernier et le plus audacieux de la synthèse de tout pouvoir. C'est pourquoi elle me semble être l'expression la plus claire de l'activité psychique spécifique. Elle est surtout l'activité créatrice d'où proviennent les réponses à tous les problèmes que nous pouvons résoudre, la mère de toutes les possibilités dans laquelle monde intérieur et monde extérieur forment une unité vivante, comme tous les contrastes psychologiques.

La fantaisie est l'activité propre de l'âme qui éclate partout où cède l'entrave de la conscience, ou lorsque celle-ci s'évanouit tout à fait comme dans le sommeil.

L'âme, reflet du monde et de l'homme, est d'une telle diversité, d'une telle complexité qu'on peut la considérer et la juger sous des angles infiniment variés. Il en est de la psyché exactement comme du monde : une systématique du monde reste en dehors du pouvoir humain ; aussi ne possédons-nous que de simples règles de métier et des aspects correspondant à nos intérêts. Chacun découpe dans le monde ce qui lui convient et dresse, de son monde privé, un système privé, bien souvent enfermé dans des cloisons étanches, si bien qu'au bout d'un certain temps, il a l'impression de connaître le sens et la structure de l'univers. Or, le fini ne saisira jamais l'infini. Le monde des phénomènes psychiques n'est, en fait, qu'une partie de l'univers ; on pourrait croire que, précisément pour cette raison, cette partie serait plus accessible que la totalité universelle. On ne se représente pas bien, en général, que l'âme est le seul phénomène du monde qui nous soit immédiatement accessible et qu'elle est aussi, pour cela même, la condition indispensable à une expérience générale de l'univers.

Tout événement psychique est image et imagination, sinon ne pourraient exister nulle conscience et nulle phénoménalité du processus. L'imagination aussi est un processus psychique ; c'est pourquoi il est absolument sans importance que l'on dise d'une « illumination » qu'elle est réelle ou imaginaire. Celui qui a, ou prétend avoir une illumination pense en tout cas qu'il est illuminé. Ce que d'autres en pensent ne décidera rien pour lui en ce qui touche son expérience. Même s'il mentait, son mensonge serait une réalité psychique.

Nous n'agissons pas de telle ou telle façon en réaction simple, pour ainsi dire isolée, à une excitation déterminée ; au contraire, chacune de nos réactions et chacune de nos actions se déroulent sous l'influence de conditions psychiques préalables fort compliquées. Utilisons une comparaison militaire ; nous pourrions rapprocher ce processus de ce qui se passe au grand quartier général : au simple soldat, il peut sembler que l'on recule simplement parce qu'on a été attaqué ou que l'on attaque simplement parce qu'on a aperçu l'ennemi. Notre conscience est toujours disposée à jouer le rôle du simple soldat et à croire à la simplicité de ce qu'elle fait. En réalité, si l'on combat à tel moment et à tel endroit, c'est qu'il existe un plan général d'offensive qui, dès le jour précédent, a posté le soldat à ce point précis. D'autre part, ce plan général n'est pas une simple réaction à des rapports d'éclaireurs ; il est une initiative créée par le chef, conditionnée à la fois par l'action de l'ennemi et peut-être aussi par des considérations politiques qui n'ont absolument rien de militaire et qu'ignore le soldat. La nature de ces derniers facteurs est fort complexe ; elle dépasse de beaucoup ce que peut comprendre le simple soldat, même si le chef d'armée ne les comprend que trop. D'autre part, ce dernier ignore certains facteurs, notamment ses propres préconditions personnelles avec leurs postulats compliqués. Ainsi l'action d'une armée dépend d'un commandement simple et unique qui, de son côté, n'est que la résultante de la coopération de facteurs compliqués à l'infini.

La désagrégation de l'harmonieuse collaboration des forces psychiques dans la vie instinctive est comme une blessure toujours ouverte, jamais guérie, véritable blessure d'Amfortas, parce que la fonction qui se différencie de plusieurs autres s'accroît exagérément tandis que les autres, abandonnées, s'étiolent inévitablement.

La vie éternellement changeante de l'âme représente cependant une vérité plus forte, mais aussi moins confortable, que la sécurité rigide d'une doctrine. Cela ne simplifie pas le problème de la psychologie. Pourtant cela nous délivre du cauchemar du «ce n'est que...», ce leimotiv inéluctable de l'unilatéralité.

C'est une des banalités de l'aspect extérieur que l'or soit frappé en pièces munies d'un sceau et valorisées. Sur le plan de l'âme, cela serait ce que Nietzsche rejette dans son Zarathoustra, à savoir donner des noms aux vertus. Par la forme et le nom, l'être est découpé en unités monnayées et valorisées. Mais cela n'est possible que parce qu'il est aussi une diversité innée, un amoncellement d'unités héréditaires non intégrées. L'homme naturel n'est pas un *Soi*, mais particule de la masse et masse lui-même, un collectif, au point de n'être plus bien sûr de son Moi. C'est pourquoi il a besoin depuis des temps immémoriaux des mystères de métamorphoses, qui font de lui «un quelque chose» et qui l'arrachent ainsi à la psyché collective, quasiment animale, qui n'est qu'un pur assemblage.

*
* *

Tant que l'on ignore tout d'une existence psychique, celle-ci pour peu qu'elle se manifeste, se trouve proje-

tée. C'est ainsi que le premier savoir concernant les
lois et l'ordonnance de l'âme se trouva précisément
dans les étoiles et, d'autre part, dans la matière inconnue. De ces deux domaines de l'expérience, des sciences se sont séparées : de l'astrologie, l'astronomie ; de
l'alchimie, la chimie. Par contre, la relation entre
détermination astronomique du temps et caractère n'a
commencé qu'à une époque très récente à prendre la
forme d'un empirisme à peu près scientifique. Les réalités psychiques véritablement importantes ne peuvent
être établies ni par une mesure, ni par la balance, ni
par une éprouvette, ni avec un microscope. Elles sont
par conséquent invisibles (ou prétendues telles), ce qui
veut dire, en d'autres termes, qu'il faut les abandonner
aux gens qui en ont le sens (interne), de même qu'il
faut montrer les couleurs à ceux qui voient et non pas
aux aveugles.

Dans l'étude des mythes, on s'est toujours borné,
jusqu'ici, à l'emploi de représentations auxiliaires,
solaires, lunaires, météorologiques, ou empruntées à la
végétation et autres. Mais que les mythes soient en
premier lieu des manifestations psychiques représentant l'essence de l'âme, voilà ce dont on ne s'est absolument pas préoccupé. C'est que le primitif ne
s'occupe pas beaucoup d'une explication objective de
ce qui est manifeste ; par contre, il éprouve un besoin
impérieux ou mieux : son âme inconsciente éprouve
une impulsion invincible à assimiler toutes ses expériences sensibles à des événements spirituels mystérieux. Il ne suffit pas au primitif de voir le soleil se
lever et se coucher ; il faut que cette observation extérieure soit aussi un événement psychique, ce qui
revient à dire : dans sa marche le soleil représente le
destin d'un dieu ou d'un héros, qui au fond ne demeure
nulle part ailleurs que dans l'âme de l'homme. Tous
les événements naturels mythisés comme l'été, l'hiver,
le changement de lune, la saison des pluies, etc., ne
sont rien moins que des allégories précisément de ces
expériences objectives ; ce sont bien plus des expressions symboliques du drame intérieur inconscient de

l'âme qui, par la voie de la projection, c'est-à-dire reflété dans les phénomènes naturels, peuvent être saisies par la conscience humaine.

La déspiritualisation de la nature devait être l'apanage des sciences physiques et naturelles d'aujourd'hui avec leur connaissance objective de la matière. Toutes les projections anthropomorphes furent l'une après l'autre retirées de l'objet ; cela restreignit d'une part et dans une mesure jusqu'alors inimaginable, l'identité mystique de l'homme et de la nature ; mais d'autre part, par suite du retour des projections dans l'âme, il se produisit une telle animation de l'inconscient, que l'époque moderne ne put plus éviter de postuler l'existence d'une psyché inconsciente. On en trouve les premiers débuts déjà chez Leibniz et Kant et de plus en plus chez Schelling, Carus et von Hartmann, jusqu'à ce que la psychologie moderne se libère des dernières exigences métaphysiques des psychologues-philosophes, et limite l'idée de l'existence psychique à la constatation psychologique, c'est-à-dire à la phénoménologie psychologique. A la place des dieux perdus de l'Olympe s'ouvrit la richesse intérieure de l'âme, qui se trouve dans le cœur de chacun.

En un certain sens, les anciens alchimistes étaient plus près de la vérité de l'âme lorsqu'ils s'efforçaient de libérer l'esprit ardent des éléments chimiques et traitaient le *mysterium* (mystère) comme s'il s'était trouvé au cœur de la nature obscure et muette. Le mystère était encore en dehors d'eux. Mais l'évolution irrésistible de la conscience vers un niveau supérieur devait tôt ou tard mettre un terme à la projection et restituer à la psyché ce qui était psychique depuis le commencement. Cependant, depuis le siècle des Lumières et à l'époque du rationalisme scientifique, qu'était devenue la psyché ? Elle avait été identifiée à la conscience, elle était devenue «ce que je sais». Il n'y avait d'autre psyché que le Moi. Par suite, il était inévitable que le Moi s'identifiât aux contenus provenant du retrait des projections. Il était bien révolu le temps où, pour sa plus grande partie, la psyché était encore «à l'extérieur des corps» et imaginait ces *maiora* (ces choses plus grandes) que le corps ne pouvait pas saisir. Les contenus jadis projetés ne pouvaient donc apparaître que comme appartenant en propre à la personne, comme les phantasmes chimériques d'un Moi conscient. Le feu se refroidit en air, et l'air devint le vent de Zarathoustra et provoqua une inflation de la conscience qui ne pouvait manifestement être réprimée que par les plus redoutables des catastrophes qui puissent frapper une civilisation, précisément par ce déluge que les dieux envoyèrent sur l'humanité inhospitalière.

Si le processus historique de déspiritualisation de l'univers — le retrait des projections — continue comme par le passé, tout ce qui porte extérieurement un caractère divin ou démoniaque doit retourner à l'âme, à l'intérieur de l'homme inconnu, d'où cela est apparemment issu.

La psychologie archaïque n'est pas seulement psychologie des primitifs, elle est aussi celle de l'homme civilisé d'aujourd'hui; non pas uniquement psychologie de quelques phénomènes de choc en retour dans la société moderne; mais bien celle de tout homme civilisé qui, indépendamment de son haut degré de conscience, est encore un homme archaïque dans les couches plus profondes de sa psyché. De même que notre corps est encore celui d'un mammifère avec un certain nombre de restes d'états encore plus anciens, analogues à ceux des animaux à sang froid, de même notre âme aussi est un produit de l'évolution qui, si l'on remonte vers ses origines, affiche toujours d'innombrables archaïsmes.

On ne peut expliquer totalement la psychologie de l'individu en ne puisant qu'en lui-même. Il faut aussi savoir qu'elle est conditionnée par son époque et de quelle manière elle l'est. Elle ne constitue pas seulement un problème physiologique, biologique ou personnel, mais aussi un problème d'histoire contemporaine.

Il n'est pas en outre de fait psychologique que l'on puisse expliquer à fond par sa seule causalité; chacun est un phénomène vivant pris indissolublement dans la continuité du processus vital, de sorte qu'il est toujours un devenu et un devenir, un devenir qui va être lui-même créateur. Tel Janus aux deux visages, le moment psychologique regarde en arrière et en avant; en se réalisant, il prépare ce qui sera. S'il en était autrement, l'intention, le but, les visées successives, la préméditation, le pressentiment seraient autant d'impossibilités psychologiques.

*
* *

Un être doté d'âme est un être vivant. L'âme est le vivant en l'homme, ce qui vit par soi-même, ce qui cause la vie; c'est pourquoi Dieu insuffla à Adam son haleine vivante afin qu'il vive. L'âme séduit et pousse à la vie, par ruse et illusion ludique, les activités de la matière qui ne veulent pas vivre. Pour que vive la vie, elle persuade de ce qui est peu digne de foi. Elle est pleine d'embûches et chausse-trapes pour que l'homme en vienne à la chute et atteigne la terre, s'y englue et y reste pris, pour que vive la vie. Sans l'activité et le scintillement de l'âme, l'homme étoufferait et pourrirait dans sa suprême passion : la paresse.

L'âme renferme autant d'énigmes que le monde avec ses systèmes galactiques, devant le sublime spectacle desquels seul un esprit sans imagination peut ne pas s'avouer son insuffisance. Devant cette extrême incertitude de la pensée humaine, les prétentions au savoir sont non seulement ridicules, mais aussi tristement dépourvues d'esprit.

Il est vrai que notre enseignement religieux parle d'une âme immortelle; mais il a peu de mots amicaux pour la psyché humaine réelle qui, sans un acte spécial de la grâce divine, irait tout droit à la damnation éternelle.

L'immortalité de l'âme établie par le dogme, l'élève au-delà de la corruptibilité de l'homme corporel et la fait participer à une qualité surnaturelle. Elle surpasse ainsi de beaucoup en signification l'homme conscient et mortel, de sorte qu'il devrait être impossible au

chrétien de considérer l'âme comme un «rien que».
L'âme est à Dieu, ce que l'œil est au soleil. Notre
conscience n'englobe pas l'âme, et c'est pourquoi il est
ridicule de parler des choses de l'âme sur un ton péjo-
ratif, et comme si nous en étions les mécènes. Le chrétien croyant lui-même ignore les voies secrètes de Dieu
et doit s'en remettre à ce dernier du choix d'agir sur
l'homme de l'extérieur ou de l'intérieur à travers son
âme.

Les affirmations métaphysiques sont des dires de
l'âme, aussi sont-elles psychologiques. Mais à l'esprit
de l'Occident cette vérité qui va de soi apparaît ou
comme trop évidente, parce qu'à cause d'un ressentiment bien connu il s'abandonne à la philosophie des
Lumières, ou parce qu'elle est une négation inadmissi-
ble de la «Vérité» métaphysique. A ses oreilles le mot
«psychologique» résonne comme si l'on avait dit
«rien que psychologique». De toute façon l'âme lui
apparaît comme quelque chose de très petit, de moindre valeur, de personnel, de subjectif, etc. C'est pourquoi
on préfère employer le mot «esprit», en se donnant
l'illusion non exprimée qu'une affirmation, peut-être
très subjective, a été faite par l'esprit, toujours naturellement, par l'esprit «général» — et même si possible par l'esprit absolu. Cette prétention quelque peu
ridicule est probablement un moyen de compenser la
déplorable petitesse de l'âme. Il semble presque
qu'Anatole France ait exprimé une vérité valable pour
tout l'Occident quand dans *L'Ile des Pingouins*, Cathe-
rine d'Alexandrie donne au bon Dieu ce conseil:
«Donnez-leur une âme, mais une petite!»

*
* *

Affirmer que Dieu peut se révéler partout, sauf précisément dans l'âme humaine, serait un blasphème. En
fait, la réelle intimité de la relation entre Dieu et l'âme
exclut d'emblée toute dépréciation de l'âme. Ce serait
peut-être aller trop loin que parler d'un rapport de
parenté; mais en tout cas l'âme doit posséder en soi

une faculté de relation avec Dieu, c'est-à-dire une correspondance à ou avec l'essence de Dieu, sinon une interrelation ne pourrait jamais s'établir.

Que l'on se représente comme l'on voudra la relation entre Dieu et l'âme, une chose est certaine : l'âme ne peut pas être « rien que » ; au contraire, elle a la dignité d'une entité à laquelle il est donné d'être consciente d'une relation avec la divinité. Même si ce n'est là que la relation de l'ordre d'une goutte d'eau avec la mer, cette mer elle-même n'existerait pas sans la multitude des gouttes.

Ce n'est pas moi qui ai attribué poétiquement une fonction religieuse à l'âme ; j'ai simplement produit les faits qui prouvent que l'âme est *naturaliter religiosa* (naturellement religieuse), c'est-à-dire qu'elle possède une fonction religieuse. Cette fonction, je ne l'ai ni inventée ni introduite dans l'âme par des interprétations plus ou moins fallacieuses : l'âme la crée d'elle-même sans y être poussée par quelque opinion ou suggestion que ce soit. Par un égarement rien moins que tragique, certains théologiens ne conçoivent point que la question n'est nullement de prouver l'existence de la lumière ; la question est que des aveugles ignorent que leurs yeux pourraient distinguer quelque chose. Il serait grand temps de nous rendre compte qu'alors que personne ne peut percevoir la lumière, faire son éloge et la prêcher est vain, et qu'il serait bien plus nécessaire d'apprendre à l'homme l'art de voir. Il est absolument manifeste que beaucoup trop d'êtres sont incapables d'établir un rapport entre les figures sacrées et les contenus de leur âme personnelle : ce qui revient à dire qu'ils ne peuvent voir à quel point les images correspondantes sommeillent dans leur propre inconscient, ni dans quelle mesure elles y sont cependant actives. Afin de faciliter et de rendre effective cette « visualisation » intérieure, nous devons d'abord libérer le chemin de la faculté de voir. Comment cela peut-il s'obtenir sans psychologie, c'est-à-dire sans établir de contact avec l'âme et sans que celle-ci entre en jeu, je dois l'avouer en toute franchise, cela dépasse ma compréhension ! (Comme il est question ici d'effort humain, je fais abstraction des actes de grâce qui se situent par-delà le contrôle de l'homme.)

Seules quelques rares personnes touchent la frontière du monde où commence son reflet. Pour qui est toujours situé au milieu du monde, l'âme n'a jamais que des caractères humains : jamais rien d'équivoque ni de démoniaque ; les autres hommes pour un tel être n'apparaissent jamais douteux. Seul l'abandon total à l'un ou l'autre extrême crée la dualité de l'âme.

La doctrine que toutes les mauvaises pensées viennent du cœur et que l'âme humaine est le vase de toutes les méchancetés doit être profondément ancrée dans la moelle de bien des gens. S'il en était ainsi, un tel Dieu aurait exécuté un travail de création de bien piètre valeur, et il serait grand temps d'obliquer vers Marcion le Gnostique et de congédier ce démiurge incapable. Cependant, d'un point de vue éthique, il est par trop commode d'abandonner à Dieu tout souci de cette humanité qui serait alors comparable à une crèche pour enfants idiots, où aucun n'est capable de porter de lui-même la cuillère à la bouche. L'homme mérite qu'il se soucie de lui-même car il porte dans son âme les germes de son devenir. Cela vaut la peine d'observer patiemment ce qui se passe à bas bruit dans l'âme, et le plus important et le meilleur se passe lorsque l'évolution échappe aux réglementations venant de l'extérieur et d'en haut.

On ne recule devant rien, devant aucune absurdité, pour échapper à son âme. On pratique le Yoga hindou de toutes les observances, on se soumet à des régimes alimentaires, on apprend la théosophie par cœur, on rabâche les textes mystiques de toute la littérature mondiale..., tout cela parce que dans son for intérieur on ne s'en sort pas, et que toute croyance qu'il puisse provenir quelque chose d'utilisable de sa propre âme fait défaut. Ainsi, petit à petit, l'âme est devenue ce Nazareth dont rien de bon ne peut provenir, et c'est pourquoi on recherche son bien aux quatre coins du monde : plus la provenance en est lointaine, plus cela est extravagant, mieux cela vaut.

Quiconque parle de la réalité de l'âme se voit accusé de « psychologisme ». On ne parle de psychologie que sur un ton signifiant : « ce n'est que ». La conception selon laquelle il existe des facteurs psychiques qui correspondent à des figures divines est considérée comme une dépréciation de ces dernières. Penser qu'un vécu religieux est un processus psychique frise le blasphème ; car un tel vécu — argumente-t-on — « n'est pas *seulement* psychologique ». Le psychique *n'est que* nature et par conséquent, pense-t-on, rien de religieux ne peut en provenir. En même temps, de tels critiques n'hésitent pas un seul instant à faire découler toutes les religions — à l'exception de la leur — de la nature de l'âme.

Si, selon l'expérience que l'on en possède, les valeurs les plus hautes ne résidaient dans l'âme, la psychologie ne m'intéresserait pas le moins du monde, car l'âme, alors, ne serait rien, sinon un brouillard pitoyable. Je sais cependant, par une expérience cent fois répétée, que l'âme n'est nullement cela, et qu'au contraire elle recèle non seulement les équivalents de toutes ces choses que le dogme a formulées, mais encore bien davantage, ce qui l'habilite à être cet œil auquel il est donné de contempler la lumière. Or, cela requiert de l'âme une ampleur illimitée et une profondeur insondable. J'ai été accusé de « déification de l'âme ». *Ce n'est pas moi, c'est Dieu Lui-même qui l'a déifiée !*

Avoir une âme, c'est l'aventure de la vie, car l'âme est un démon dispensateur de vie qui mène son jeu d'elfe au-dessous et au-dessus de l'existence humaine ; aussi ce démon est-il, à l'intérieur du dogme, menacé de punition, de récompense, de bénédiction surhumaines qui dépassent de beaucoup les mérites possibles des humains. Ciel et enfer sont des destins de l'âme et nullement de l'homme citoyen qui dans le dénuement voulu par Dieu et dans sa faiblesse ne saurait que faire de lui-même dans une Jérusalem céleste.

La conscience et l'inconscient

Notre conscience ne se crée pas elle-même : elle jaillit de profondeurs inconnues. Elle s'éveille peu à peu dans l'enfant et elle se réveille chaque matin du fond du sommeil, sortant d'un état inconscient. Elle est comme un enfant qui naît chaque jour du fond originel maternel de l'inconscient.

Le monde apparaît quand l'homme le découvre. Il le découvre quand il sacrifie la « mère », c'est-à-dire, lorsqu'il s'est libéré des brouillards de l'état inconscient par lequel il ne fait encore qu'un avec la mère.

Quand on réfléchit à ce qu'est la conscience, on est profondément impressionné par le fait merveilleux que dès qu'un événement se déroule dans le cosmos, une image surgit immédiatement en nous et qu'elle se produit également à l'intérieur, ce qui veut dire qu'elle devient consciente.

Comment l'homme aurait-il bien pu en venir à l'idée — prenant comme parabole : jour et nuit, été et saison des pluies hivernales — de diviser le cosmos en un monde lumineux de la clarté du jour et en un monde obscur rempli d'êtres fabuleux, s'il n'en avait pas trouvé le modèle en lui-même, dans sa conscience et dans l'inconscient actif quoique invisible et inconnaissable ? La façon dont on entre originellement en contact avec les choses ne provient qu'en partie du comportement objectif de l'objet, mais souvent et surtout des états de fait intrapsychiques qui n'ont affaire avec les objets que par le moyen de la projection. Cela tient simplement à ce que le primitif n'a pas encore fait l'expérience de cette ascèse de l'esprit qu'est la critique de la connaissance et qu'il ne fait l'expérience du monde que dans une pénombre, comme phénomène général à l'intérieur du courant de fantaisie dont il est rempli et où subjectif et objectif ne sont pas distincts, mais s'entrepénètrent réciproquement.

L'homme primitif ne peut pas prétendre qu'il pense :
« la pensée se fait en lui ». La spontanéité de sa pensée
ne découle pas de façon causale de sa conscience, mais
de son inconscient. Il n'est pas capable, non plus, d'un
effort de volonté ; il doit préalablement se placer, ou
se faire placer, dans une « disposition à vouloir » ; de
là ses « rites d'entrée et de sortie ». Sa conscience est
menacée par un inconscient prédominant, d'où sa
crainte des influences magiques qui peuvent à tout
moment contrecarrer ses intentions. C'est pour cela
aussi qu'il se sent entouré de forces inconnues auxquelles il tâche de s'adapter d'une façon ou d'une
autre. Dans l'état chroniquement crépusculaire de sa
conscience, il est souvent presque impossible de reconnaître s'il a seulement rêvé quelque chose ou si cela
s'est réellement produit. La manifestation automatique
de l'inconscient, avec ses archétypes, empiète continuellement sur la conscience ; le monde mythique des
ancêtres — par exemple : l'*aljira* ou *bugari* des Aus-
traliens — constitue une réalité équivalente à la nature
matérielle, si toutefois elle ne lui est pas supérieure.
Ce n'est pas le monde tel que nous le connaissons qui
sourd de son inconscient, mais le monde inconnu du
psychisme, dont nous savons qu'il ne reproduit que
partiellement notre monde expérimental et que, pour
une autre part, il crée ce même monde en le confor-
mant aux données psychiques. L'archétype n'émane
pas de réalités physiques, il décrit plutôt la façon dont
l'âme ressent la réalité physique ; en ceci, l'âme procède souvent de façon tellement arbitraire, qu'il lui
arrive de nier la réalité tangible et d'émettre des prétentions qui sont des défis à la vérité.

Le monde est tel qu'il a toujours été, mais notre
conscient subit de singuliers changements. D'abord
dans les temps reculés (nous pouvons observer des
faits analogues chez les primitifs vivant actuellement),
l'élément principal de la vie psychique résidait apparemment à l'extérieur dans des objets, humains et non
humains : il était projeté, comme nous dirions
aujourd'hui. Or dans un état de projection plus ou

moins complète, il n'y a guère de place pour le conscient. C'est par le retrait des projections que la
connaissance consciente s'est lentement développée.
Chose curieuse, la science débuta par la découverte des
lois astronomiques, donc par le retrait de la projection
en quelque sorte la plus lointaine. Ce fut là une première étape hors de l'animisme qui imprégnait l'univers. Un pas suivit l'autre : déjà dans l'Antiquité on
retira les dieux des montagnes et des rivières, des
arbres et des animaux. Notre science moderne a affiné
les projections jusqu'à un degré presque imperceptible,
mais notre vie quotidienne pullule encore de projections. Elles s'étalent dans les journaux, les livres, les
faux bruits et les commérages mondains les plus courants. Toutes les lacunes, les trous de la connaissance
réelle sont encore toujours remplis de projections.
Nous sommes encore et toujours presque certains de
savoir ce que pensent les autres et ce qu'est leur véritable caractère.

Que l'on désigne l'arrière-plan de l'âme du nom que
l'on voudra, il n'en reste pas moins que l'existence et
la nature même de la conscience sont de façon inouïe
sous son emprise, et dans une mesure d'autant plus
grande que cela se passe davantage à notre insu. Le
profane, il est vrai, peut difficilement discerner
combien il est influencé dans tous ses penchants, ses
humeurs, ses décisions par les données obscures de son
âme, puissances dangereuses ou salutaires qui forgent
son destin. Notre conscience intellectuelle est comme
un acteur qui aurait oublié qu'il joue un rôle. Quand
la représentation s'achève celui-ci doit pouvoir se rappeler sa réalité subjective, car il ne saurait continuer à
vivre le personnage de Jules César ou d'Othello ; il
doit revenir à son propre naturel, chassé par un artifice
momentané de la conscience. Il doit savoir de nouveau
qu'il n'était qu'un personnage sur une scène, qu'une
pièce de Shakespeare a été représentée, qu'il existe un
régisseur et un directeur de théâtre dont les avis, avant
et après la représentation, font la pluie et le beau
temps.

Depuis que les étoiles sont tombées du ciel et que nos plus nobles symboles ont pâli, une vie secrète règne dans l'inconscient. C'est pour cela que nous avons aujourd'hui une psychologie et que nous parlons d'inconscient. Tout cela serait et est aussi en fait superflu dans une époque ou dans une forme de civilisation qui possède des symboles. Car ceux-ci sont l'esprit d'en haut et tant qu'ils sont vivants l'esprit lui aussi est « en haut ». Aussi serait-ce pour de tels hommes une entreprise folle et insensée de vouloir vivre et sonder un inconscient qui ne renferme alors rien d'autre que le règne silencieux et tranquille de la nature. Mais notre inconscient à nous cache un esprit apparenté à la nature, pour ainsi dire liquéfié, en fonction duquel il est troublé. Le ciel est devenu pour nous un espace universel vide, un beau souvenir de ce qui était jadis. Mais notre « cœur » brûle et une secrète inquiétude ronge les racines de notre être.

L'empirisme psychologique aimait, jusqu'à ces derniers temps, définir « l'inconscient » — ainsi que l'indique le mot lui-même — comme pure absence de conscience, de même que l'ombre est définie comme absence de lumière. Non seulement toutes les époques antérieures, mais encore l'observation précise actuelle des processus inconscients, confirment que l'inconscient possède une certaine autonomie créatrice, qui ne pourrait jamais lui être attribuée s'il avait seulement la nature d'une ombre.

Celui qui pénètre dans l'inconscient armé d'hypothèses biologiques reste pris dans la sphère des instincts et ne peut la dépasser ; il retombe toujours dans l'existence physique.

Jamais et nulle part l'homme n'a dominé la matière, à moins qu'il n'ait observé exactement son comportement et, au prix d'une très grande attention, surpris ses lois. Et c'est seulement dans la mesure où il l'a fait qu'il a pu la dominer. Il en est de même de cet esprit que nous appelons aujourd'hui l'inconscient ; il est récalcitrant comme la matière, mystérieux et évasif comme elle et il obéit à des lois, qui nous paraissent

le plus souvent, dans leur inhumanité et leur surhumanité, comme un «*crimen laesae majestatis humanæ*».
Lorsque l'homme s'attaque à cette œuvre, il répète,
comme disent les alchimistes, l'œuvre créatrice de
Dieu. Se dresser contre l'informe, contre le chaos du
monde de Tiamat, tel est en effet l'événement originel.

Le masque de l'inconscient, on le sait, n'est pas
rigide, mais reflète le visage qu'on tourne vers lui.
L'hostilité à son égard lui confère un aspect menaçant,
la bienveillance envers lui adoucit ses traits. Il ne
s'agit point là d'un simple phénomène optique de
réflexion en miroir mais d'une réponse autonome qui
permet de discerner la nature indépendante de l'instance qui répond.

L'inconscient n'est pas un monstre démoniaque;
c'est un organisme naturel, indifférent aux points de
vue moral, esthétique et intellectuel, qui ne devient
réellement dangereux que si notre attitude consciente à
son égard est désespérément fausse. Plus nous refoulons en nous-mêmes, plus s'accusent les périls encou-
rus du fait de l'inconscient.

Les contes de nos nourrices, rapportant les exactions
de l'effroyable homme primitif, joints à la théorie de
l'inconscient infantile, pervers et criminel, sont parvenus, en défigurant cette chose naturelle qu'est, par
essence, l'inconscient, à le présenter sous les traits
d'un monstre redoutable. Comme si c'était un apanage
du conscient que d'enchâsser tout ce qui est bon, raisonnable, beau, tout ce qui fait la valeur de la vie! La
guerre mondiale avec son cortège d'abominations ne
nous a-t-elle pas encore dessillé les yeux? Ne réali-
sons-nous toujours pas que notre conscient est encore
plus diabolique et pervers que cet être de nature,
l'inconscient?

La conscience se laisse dresser comme un perroquet,
mais ceci n'est pas vrai de l'inconscient. C'est d'ailleurs pourquoi saint Augustin a remercié Dieu de ne
pas l'avoir rendu responsable de ses rêves. L'inconscient est un psychisme qui ne se laisse dresser qu'en
apparence, et lorsque cela a lieu c'est pour le plus

grand dommage de la conscience. Il est et demeure, soustrait à tout arbitraire subjectif, un domaine de nature, inaméliorable et incorruptible, un domaine secret dont nous pouvons surprendre le murmure, mais qui nous glisse entre les doigts.

L'oubli de la dangereuse autonomie de l'inconscient et sa définition purement négative comme absence de conscience reflètent l'hypertrophie moderne du conscient et expriment l'embarras de son orgueil. Le recours à des dieux ou à des démons invisibles constituerait une formulation psychologiquement plus adéquate de l'inconscient, bien qu'elle soit une projection anthropomorphique. Comme dorénavant le développement de la conscience exige le retrait de toutes les projections assignables, aucune doctrine des dieux ne saurait être maintenue qui leur attribuerait le sens d'une existence non psychologique.

Comme les dieux sont des personnifications indubitables des forces de l'âme, l'affirmation de leur existence métapsychique est tout autant une présomption de la raison que l'opinion qui prétend qu'ils pourraient être inventés de toutes pièces. Soulignons que les «puissances psychiques» n'ont rien de commun avec la conscience, quoique l'on aime jouer avec l'idée que la conscience et l'âme sont identiques, ce qui n'est qu'une présomptueuse vue de l'esprit. Bien entendu, le mirage du rationalisme trouve dans la crainte qu'inspire la métaphysique un motif qui explique surabondamment son existence, car rationalisme et métaphysique furent depuis toujours des frères ennemis. «Les forces de l'âme» ont bien plus à faire avec l'âme inconsciente et c'est pourquoi tout ce qui surgit de façon inattendue de ce domaine obscur, et avec quoi l'homme se trouve soudain confronté, lui paraît ou bien provenir du monde extérieur, et partant être réel, ou bien lui semble être une hallucination de ses sens abusés et, par suite, être faux. Que quelque chose puisse ne pas provenir de l'extérieur, mais soit pourtant vrai, voilà une vérité qui a jusqu'ici à peine commencé à poindre pour l'humanité contemporaine.

Comme l'État tente de « saisir » l'individu, ainsi l'individu s'imagine aussi avoir « saisi » son âme ; oui, il en fait même une science, en admettant absurdement que l'intellect, qui n'est cependant que partie et fonction de la psyché, suffirait pour saisir la totalité bien plus étendue de l'âme. En réalité, c'est la psyché qui est la mère, le sujet et la condition même du conscient. Elle dépasse de si loin les frontières du conscient que celui-ci peut à juste titre être comparé à une île dans l'océan. Tandis que l'île est petite et étroite, l'océan est immensément large et profond et contient une vie qui dépasse de toutes les manières celle de l'île, en qualité et en quantité. On peut reprocher à cette conception de laisser sans preuve l'hypothèse selon laquelle le conscient ne serait rien de plus qu'une petite île dans l'océan. Cette preuve, il est vrai, est en soi impossible à fournir, car en face de l'étendue connue du conscient se situe l'« extension » inconnue de l'inconscient, dont nous ne savons au fond rien, sinon qu'il existe et que, par son existence même, il influe, dans un sens restrictif, sur le conscient et sa liberté.

Si l'homme a réussi, grâce à la faible clarté qui peut l'éclairer à un moment donné, à élaborer le monument du monde, quelle vue divine devrait s'ouvrir à ses yeux, pour lui révéler lumineusement et instantanément tout l'ensemble ! Cette question ne concerne que les représentations qui nous sont possibles. Mais si nous y ajoutons les contenus inconscients, c'est-à-dire ceux qui ne sont pas encore ou qui ne sont plus capables d'entrer dans la conscience, et si nous tentons d'avoir une vision totale, alors l'imagination la plus audacieuse échoue.

*
* *

La raison pour laquelle la conscience existe et cherche à s'élargir et à s'approfondir est simple : sans la conscience, les choses ne vont pas aussi bien. C'est sans doute pourquoi la nature, notre mère, a condescendu à produire cette étrange création parmi ses autres curiosités inouïes : la conscience. Même le primitif presque inconscient peut s'adapter et s'affirmer, à son seul monde primitif, il est vrai ; c'est pourquoi il tombe victime, entre autres, de multiples dangers que la conscience plus élevée évite comme en se jouant. Certes la conscience plus évoluée est exposée à des dangers que le primitif n'imagine même pas ; mais le fait est là ; c'est l'homme *conscient* qui a conquis la terre ; ce n'est pas l'homme inconscient. Est-ce heureux ou malheureux du point de vue d'une dernière et surhumaine intention ? Ce n'est pas à nous d'en décider.

La Genèse représente l'acquisition de la conscience comme la violation d'un tabou, et tout se passe, comme si, par la connaissance, l'homme avait outrepassé frauduleusement une limite sacrée. Je crois que la Genèse a raison, en ce sens que toute démarche vers une plus grande conscience est une sorte de culpabilité prométhéenne. La conquête d'une nouvelle connaissance est comme un rapt de feu divin, ce qui revient à dire, en langage psychologique, qu'un élément qui appartenait aux puissances de l'inconscient est arraché à cette connexion naturelle pour être soumis à l'arbitraire du conscient. Mais en retour l'homme qui a usurpé cette nouvelle connaissance subit une transformation et une extension de conscience telles qu'il n'est plus tout à fait semblable à ses contemporains. En s'élevant au-dessus de la condition humaine (« vous serez semblable à Dieu »), il s'éloigne des hommes. Le tourment que lui apporte cette solitude est la vengeance des dieux. L'homme ne peut plus retourner chez les hommes. Comme le mythe le raconte, il est enchaîné aux rochers solitaires du Caucase, abandonné des dieux et des hommes.

Celui qui a acquis une conscience du présent est nécessairement *solitaire*. L'homme dit « moderne » est, de tout temps, solitaire ; chaque pas qu'il fait vers une conscience plus haute et plus large l'éloigne de la « participation mystique » primitive et purement animale avec le troupeau, l'arrache à l'immersion dans un inconscient commun. Chaque pas en avant représente une lutte pour s'arracher au sein maternel universel de l'inconscience primitive où demeure la grande masse du peuple.

Chaque pas, si petit soit-il, fait en avant sur le sentier de la conscience crée «du» monde, dieu visible et tangible. Il n'est pas de conscience sans discrimination de contrastes. C'est ça le principe paternel du Logos qui, dans une lutte infinie, s'arrache à la chaleur première et à l'obscurité originelle du sein maternel, autrement dit: à l'inconscient. Sans craindre un seul conflit, aucune souffrance, aucune faute, la curiosité divine aspire à naître car, dit saint Paul: «L'esprit explore tout, même les abîmes de la divinité.» L'inconscient, c'est le péché originel, le mal absolu — pour le Logos. Son acte de libération créateur du monde, c'est le meurtre maternel et l'esprit qui s'est aventuré dans toutes les hauteurs et tous les abîmes, doit, comme disait Synesius, supporter aussi les punitions divines, l'enchaînement aux rochers du Caucase. Car rien ne peut exister sans l'autre parce que tous deux, au début, étaient Un comme ils le seront à la fin. La conscience ne peut exister que par une continuelle soumission à l'inconscient, de même que tout ce qui vit doit passer par beaucoup de morts.

Le fait même de s'éloigner de l'instinct, ou de se dresser contre lui, crée la conscience. L'instinct est nature et veut la nature. Au contraire, la conscience ne peut vouloir que civilisation ou négation de la civilisation, et chaque fois qu'animée d'une aspiration à la Rousseau elle cherche à revenir à la nature, elle la «cultive». Dans la mesure où nous appartenons encore à la nature, nous sommes inconscients et vivons dans la sécurité de l'instinct sans problèmes. Tout ce qui en nous est encore nature craint le problème; car problème signifie *doute*, et là où règne le doute, règnent aussi l'incertitude et la possibilité de voies diverses. Or là où diverses voies paraissent possibles, nous quittons la conduite sûre de l'instinct et sommes livrés à la *crainte*. A ce moment, il faudrait que notre concience fît ce que la nature a toujours fait pour ses enfants : qu'elle prît une décision sûre, indubitable et univoque. Car alors nous accable la crainte trop humaine que notre conscience, cette conquête prométhéenne, ne puisse finalement égaler la nature. Le problème nous conduit à la solitude où nous ne trouvons plus ni père, ni mère, dans un abandon où nous sommes réduits à la connaissance de nous-mêmes, à la seule conscience de nous-mêmes.

Quand il s'agit de problèmes, nous nous refusons instinctivement à nous aventurer à travers les ombres et les ténèbres. Notre désir est de n'entendre parler que de résultats univoques, et nous oublions complètement que les résultats ne peuvent jamais se présenter qu'une fois l'obscurité franchie. Or, pour la pénétrer, nous devons mettre en œuvre tout ce que notre conscience possède de moyens d'éclaircissements.

Quand on étudie l'histoire de l'esprit humain, on a sans cesse l'impression que son développement s'accompagne d'un élargissement de l'étendue de la conscience et que chaque pas en avant fut une conquête douloureuse et pénible à l'extrême. On serait tenté de dire que l'homme ne redoute rien tant que l'abandon de la plus infime partie de son inconscience. Il éprouve une crainte profonde de l'inconnu. Que l'on interroge ceux dont la tâche est de faire progresser les idées nouvelles.

Tout progrès culturel est psychologiquement un élargissement de la conscience, une prise de conscience qui ne peut se réaliser autrement que par discrimination. Un progrès commence toujours par l'individuation, c'est-à-dire qu'un isolé, ayant pris conscience de son isolement, fraie une voie qui n'a pas encore été battue. Il lui faut pour cela, en premier lieu, — absolument en dehors de toute autorité et de toute tradition — réfléchir à ce qu'est sa réalité fondamentale et laisser venir à lui la conscience qu'il est différent des autres. S'il réussit à mettre en valeur dans la collectivité l'élargissement de sa propre conscience, il donne par la tension des contraires, l'élan dont la culture a besoin pour progresser.

Si la vie psychique n'était faite que de réalités
— comme c'est encore le cas pour le stade primitif —
nous pourrions nous contenter d'un solide empirisme.
Mais la vie psychique de l'homme civilisé est remplie
de problèmes ; qui plus est, on ne peut la penser sans
eux. Nos processus psychiques sont, en très grande
partie, des réflexions, des doutes, des expériences —
tous phénomènes que l'âme instinctive inconsciente du
primitif ne connaît pour ainsi dire pas. Nous devons
l'existence de ces problèmes à l'élargissement de la conscience : ce sont là des dons funestes de la civilisation.

La réflexion est une réserve que fait la liberté
humaine en face de la contrainte des lois naturelles.
Comme le dit le mot : « reflexio », « replier vers
l'arrière », la réflexion consiste en un acte mental
allant dans le sens opposé au cours naturel,
c'est-à-dire, une pause, un retour sur soi, une esquisse
d'image, une référence intérieure à ce qui a été vu, une
explication avec lui. La réflexion doit donc être considérée comme un acte de *prise de conscience*.

Nous ne pouvons faire autrement que de mettre des
décisions et des solutions conscientes à la place du
déroulement naturel des phénomènes. Tout problème
est donc une possibilité d'élargissement de la conscience et une obligation de dire adieu à tout ce qui
reste en nous d'inconscience infantile et naturelle.
Cette obligation est un fait psychique d'une importance
si incommensurable qu'elle constitue une des doctrines
symboliques essentielles de la religion chrétienne.
C'est le sacrifice de ce qu'il y a en nous de foncièrement
naturel, de l'être inconscient conforme à la nature, dont
la tragique destinée commença à l'instant où Eve man-
gea la pomme au paradis. Ce péché biblique fait de la
prise de conscience une sorte de malédiction. C'est, en
effet, sous cet aspect que nous apparaît chaque problème qui nous oblige à une conscience plus grande et
rejette dans un éloignement encore plus grand le paradis de l'inconscience infantile.

Comme, en fait, il est impossible de se représenter
— à moins d'avoir totalement perdu la faculté de

juger — que l'humanité actuelle ait atteint le plus haut degré de conscience possible, il doit exister un «reste» de psyché inconsciente susceptible de se développer encore et dont le déploiement aura pour conséquence une plus grande extension aussi bien qu'une plus haute différenciation de la conscience. Ce «reste» est-il grand ou petit? Nul ne peut le dire puisque nous n'avons aucune mesure permettant d'apprécier l'étendue possible du développement de la conscience et encore moins l'ampleur du domaine de l'inconscient.

Beaucoup d'hommes ne sont que partiellement conscients. Même parmi les Européens très civilisés, il se trouve une quantité disproportionnée de gens anormalement inconscients dont une grande partie de la vie se déroule en un état d'inconscience. Ils savent ce qui se passe en eux, mais ils ne savent pas ce qu'ils font ou ce qu'ils disent. Ils ne peuvent rendre aucun compte de la portée de leur action. Ce sont des gens qui se trouvent anormalement inconscients, donc dans un état primitif. Mais alors, finalement, qu'est-ce qui les rend conscients? Quand ils reçoivent un coup de bâton sur le nez, alors ils deviennent conscients: quelque chose se passe et c'est cela qui les rend conscients: ils ont été fatalement heurtés, et alors la lumière se fait en eux.

Une conscience gonflée comme la grenouille de la fable est toujours égocentrique et n'est consciente que de sa propre présence. Elle est incapable de tirer des leçons du passé, incapable de comprendre les événements du moment, et incapable de trouver des conclusions justes quant à l'avenir. Une telle conscience est hypnotisée par elle-même, et c'est pourquoi il est impossible de converser avec elle. Elle se condamne inévitablement à des catastrophes qui risquent de la détruire d'un seul coup.

Tout ce qui serait — positivement ou négativement — devoir de l'homme et qu'il ne peut pas encore accomplir, vit en tant que forme et qu'anticipation mythologiques à côté de sa conscience, soit comme projection religieuse ou — ce qui est plus dangereux — comme

contenus de l'inconscient qui se projettent spontanément sur des objets parfois incongrus, comme par
exemple : doctrines et procédés hygiéniques promet-
teurs de guérisons. Tout cela est un succédané rationaliste de la mythologie plus dangereux que favorable
pour l'homme, parce que pas naturel.

L'excitation d'un conflit est une vertu luciférienne,
au sens propre du mot. Le conflit engendre le feu des
affects et des émotions et, comme tout feu, celui-ci a
aussi deux aspects qui sont, l'un, la combustion et
l'autre, la production de lumière. L'émotion est d'une
part le feu alchimique dont la chaleur fait apparaître
tout et dont l'ardeur *omnes superfluitates comburit* —
consume tout ce qui est superflu —, et d'autre part,
l'émotion est ce moment où l'acier rencontre une
pierre et en fait jaillir une étincelle : car l'émotion est
la source principale de toute prise de conscience. Point
de passage de l'obscurité à la lumière, ni de l'inertie
au mouvement sans émotion.

Comme la dynamique de la volonté offre à la conscience différenciée de l'homme civilisé un instrument
efficace pour le développement pratique de ses contenus, l'accroissement de plus en plus étendu de la
volonté présente un danger d'autant plus grave d'erre-
ment dans l'unilatéralité et de déviations dans ce qui
n'a ni loi ni racine. Certes, cela indique la possibilité
de liberté humaine, mais, d'autre part, c'est aussi la
source de gauchissements infinis de l'instinct.

Les instincts ne suffisent qu'à une nature qui, dans
l'ensemble, reste toujours la même. L'individu qui
dépend plus de l'inconscient que d'un choix conscient
penche par conséquent vers un conservatisme psychique bien marqué. C'est la raison pour laquelle les primitifs ne se transforment pas, même au cours des
millénaires, et c'est pourquoi aussi ils ont peur de tout
ce qui est étranger et extraordinaire. Cela pourrait les
mener à l'inadaptation et leur causer ainsi les plus
grands dangers de l'âme, une sorte de névrose. La
conscience plus haute et plus vaste qui ne vient que
grâce à l'assimilation de ce qui est étranger incline à

l'autonomie, à la révolte contre les anciens dieux, qui ne sont pas autre chose que les puissants modèles inconscients qui jusqu'alors tenaient la conscience sous leur dépendance. Plus devient forte et indépendante la conscience et en même temps la volonté consciente, plus l'inconscient se voit refoulé à l'arrière-plan, plus naît avec facilité la possibilité que la formation de la conscience s'émancipe du modèle inconscient; ainsi elle gagne en liberté, brise les chaînes de la simple instinctivité pour aboutir à un état sans instinct, ou contraire à l'instinct. Cette conscience déracinée qui, nulle part, ne peut s'en référer à l'autorité des images premières, jouit d'une liberté prométhéenne mais aussi d'un orgueil sans dieu. Elle plane évidemment sur les choses, même sur les hommes; mais elle court le danger de se renverser, non point individuellement pour chacun, mais collectivement à cause des faiblesses d'une telle société prométhéenne que l'inconscient enchaîne au Caucase.

Si, chez l'individu, l'état de conscience se transforme considérablement, les contenus ainsi constellés de l'inconscient se transforment également. Et plus la situation consciente s'est éloignée d'un certain point d'équilibre, plus seront significatifs et, selon le cas, plus seront dangereux les contenus inconscients en quête d'équilibre. Il en résulte finalement une dissociation: d'une part, la conscience de soi tente désespérément de secouer un adversaire invisible et, d'autre part, elle est soumise dans une mesure toujours croissante à la volonté tyrannique d'un contre-gouvernement intérieur qui présente tous les traits d'une sous-humanité, ou d'une surhumanité démoniaque. Si quelques millions d'hommes en arrivent à cet état, il en résulte une situation d'ensemble dont nous prenons connaissance, depuis quelques dizaines d'années, par la leçon quotidienne que nous donnent les faits. Ces événements contemporains, dans toute leur originalité, traduisent leurs arrière-plans psychologiques. La folie de destruction et de dévastation est la réaction de la conscience s'éloignant de sa posi-

tion d'équilibre. Car il existe un équilibre entre le moi
et le non-moi psychique, une «religio», c'est-à-dire
une sérieuse prise en considération des «puissances»
inconscientes présentes, que l'on ne saurait négliger
sans danger. Cette transformation est préparée déjà
depuis des siècles par suite du changement de la situation consciente.

Rien n'est plus propre à provoquer conscience et
éveil qu'un désaccord avec soi-même. On ne pourrait
imaginer absolument aucun autre moyen plus efficace
pour faire sortir toute une humanité de l'état de
demi-sommeil sans responsabilité et sans péché pour la
conduire à un état de consciente responsabilité.

Ce n'est pas par erreur que le récit biblique de la
Création a situé une harmonie pleine et entière entre
les plantes, les animaux, les hommes et Dieu dans le
symbole du paradis, au début de tout devenir psychique, et qu'il a discerné le péché fatal dans cette première pointe de conscience: «Vous serez comme des
dieux, connaissant le Bien et le Mal.» Pour l'esprit
naïf, c'était nécessairement pécher que de rompre la
Loi, l'unité sacrée de la nuit originelle faite d'une
conscience vague, diffuse dans l'univers. C'était la
révolte satanique de l'individu contre l'unité. C'était
un acte hostile du désharmonique contre l'harmonique,
une rupture de l'alliance universelle... Et pourtant la
conquête de la conscience fut le fruit le plus précieux
de l'Arbre de Vie, l'arme magique qui conféra à
l'homme sa victoire sur la terre et qui lui permettra
— nous l'espérons du moins — une victoire encore
plus grande sur lui-même.

Le principal travail du héros est de remporter la victoire sur le monstre de l'obscurité: c'est la victoire
attendue et espérée de la conscience sur l'inconscient.
Jour et lumière sont synonymes de conscience; nuit et
ténèbres, synonymes d'inconscient. L'avènement de la
conscience est peut-être l'expérience vécue la plus
puissante des époques originelles, car par lui le monde,
dont personne ne savait rien auparavant, est entré dans
l'existence. «Et Dieu dit: Que la lumière soit.» Ces

paroles sont la projection de l'expérience vécue, pré-
temporelle, d'une conscience se séparant de l'inconscient.

*
* *

«Mais pourquoi diable, allez-vous certainement
demander, l'homme doit-il à tort et à travers atteindre
une plus haute conscience?» Avec cette question vous
touchez le centre du problème et la réponse ne m'est
pas aisée. C'est une profession de foi. Je crois qu'il
fallait que quelqu'un finisse par savoir que ce monde
merveilleux des montagnes, des mers, des soleils et des
lunes, de la voie lactée et des nébuleuses d'étoiles
fixes, a son existence. Alors que je me trouvais sur
l'Athi Plains en Afrique Orientale, debout sur une
petite colline, et que je voyais paître des troupeaux
sauvages de plusieurs milliers de têtes, sans un bruit,
éventés par le souffle du monde primitif, tels qu'ils
l'avaient toujours fait depuis des temps immémoriaux,
j'avais le sentiment d'être le premier homme, le premier être, le seul à savoir que tout cela existait. Tout
ce monde autour de moi était encore dans la paix du
début et ne savait pas qu'il existait. Au moment même
où je le contemplais le monde était devenu et sans ce
moment il n'aurait pas été. Toute nature tend à cette
fin; elle la trouve remplie en l'homme, et toujours uniquement *dans l'être humain le plus conscient et le plus
évolué.*

Les archétypes

C'est une grosse erreur de croire que l'âme de l'enfant nouveau-né est une *tabula rasa*, comme s'il n'y avait absolument rien en elle. Puisque l'enfant vient au monde avec un cerveau différencié, prédéterminé par hérédité et par conséquent individualisé, il oppose aux impressions sensibles venant du dehors non pas des dispositions quelconques, mais des dispositions spécifiques et cela conditionne sans plus un choix individuel et des formes de l'aperception. On peut prouver que ces dispositions sont des instincts hérités et même des préformations conditionnées par la famille. Ces dernières sont des conditions *a priori* formelles de l'aperception, basées sur des instincts. Leur présence imprime au monde de l'enfant et de celui qui rêve la marque anthropomorphe. Ce sont les archétypes qui indiquent à toute activité imaginative ses voies déterminées ; il en résulte les fantaisies des rêves enfantins ainsi que les fantasmes du schizophrène qui présentent de surprenantes ressemblances mythologiques ; on en trouve finalement aussi de semblables, mais dans une moindre mesure, dans les rêves des gens normaux et des névrosés. Il ne s'agit donc pas de représentations héritées ; il s'agit de possibilités héritées de représentations.

Les conditions originelles de structure de la psyché sont d'une uniformité surprenante, autant que celles du corps visible. Les archétypes sont comme des organes de la psyché pré-rationnelle. Ce sont des formes et des idées héritées, éternelles et identiques, d'abord sans contenu spécifique. Le contenu spécifique apparaît dans la vie individuelle où l'expérience personnelle se trouve captée précisément dans ces formes.

Les archétypes sont précisément comme des lits de rivières, que l'onde a délaissés, mais qu'elle peut irriguer à nouveau après des délais d'une durée indéterminée. Un archétype est quelque chose de semblable à une vieille gorge encaissée, dans laquelle les flots de la vie ont longtemps coulé. Plus ils ont creusé ce lit, plus ils ont gardé cette direction et plus il est probable que tôt ou tard ils y retourneront.

C'est toujours une affaire quelque peu scabreuse que de conclure de l'état d'esprit moderne, ou civilisé, à l'état primitif qui est tellement autre. Car on sait que la conscience primitive diffère sur des points très importants de celle de l'homme blanc d'aujourd'hui. Par exemple, l'«invention» dans les sociétés primitives est une affaire tout à fait différente de ce qu'elle est chez nous où une nouveauté chasse l'autre. Chez le primitif rien ne change au cours du temps, sauf, peut-être, la langue, sans que pour cela une autre soit inventée. La langue «vit» et peut donc se transformer, ce qui fut une découverte désagréable pour maints lexicographes d'une langue primitive. Même le pittoresque slang américain n'a jamais été «inventé»; il apparaît avec son inépuisable fécondité, sortant du sein maternel obscur de la langue courante. De la même manière aussi, sans doute, les rites et les symboles qu'ils renferment sont issus d'origines inconnaissables, et non seulement à un endroit, mais à de nombreux points, au même moment, ou à des moments différents. Les rites se sont développés à partir des conditions qui caractérisent la nature humaine, conditions qui n'ont jamais été inventées mais qui sont partout présentes.

Ce que l'âme engendre c'est, psychologiquement, des images dont la raison admet généralement qu'elles sont sans valeur. Les images de ce genre le sont en fait puisque on ne peut les utiliser avec un succès immédiat dans le monde objectif. Leur première possibilité d'utilisation est l'*art*, si on dispose de cette forme d'expression. La deuxième est la *spéculation philosophique*; une troisième est la spéculation quasi *religieuse* qui mène à l'hérésie et à la fondation de sectes; la quatrième consiste en l'emploi des forces incluses dans les images pour des excès de toutes formes.

Les archétypes étaient et sont des forces vitales psychiques qui demandent à être prises au sérieux et qui
prennent soin aussi, de la façon la plus bizarre, de se
faire valoir. Ils ont toujours été protecteurs et sauveurs ; les enfreindre a pour conséquence ces « périls
de l'âme » bien connus de la psychologie des peuples
primitifs. Ils peuvent être en effet les provocateurs
immanquables de troubles névrotiques et même psychotiques, se comportant exactement comme des organes ou des systèmes organiques négligés ou maltraités.

*
* *

Je ne puis qu'être rempli du plus profond émerveil-
lement et de la plus grande vénération quand je me
tiens en silence devant les abîmes et les hauteurs de la
nature psychique, monde sans espace qui recèle une
abondance incommensurable d'images entassées et
condensées organiquement depuis les millions d'années
que dure l'évolution vivante. Ma conscience est semblable à un œil qui saisit des espaces très lointains,
mais le « non-moi » psychique remplit ces espaces de
son non-espace. Et ces images ne sont pas des ombres
pâlies ; ce sont des conditions psychiques dont l'action
est puissante, que nous méconnaissons, mais que nous
ne pouvons, parce que nous les nions, priver de leur
puissance. A côté de cette impression, je voudrais
encore placer la vision du ciel étoilé, car le seul équi-
valent du monde intérieur, c'est le monde extérieur, et
de même que j'atteins ce monde par le moyen du
corps, c'est par l'intermédiaire de l'âme que j'atteins
l'autre.

A la lumière, l'organisme répond par un nouvel
organe : l'œil ; au processus de la nature, l'esprit
oppose l'image symbolique qui appréhende ce processus, comme l'œil, la lumière ; et de même que l'œil
atteste l'activité créatrice et autonome de la matière
vivante, l'image primordiale exprime la force créatrice
et inconditionnée de l'esprit. L'image primordiale est
donc une expression d'ensemble du processus vital.

Les grands problèmes vitaux sont toujours en rapport avec les images primitives de l'inconscient collectif. Ces images sont même, selon le cas, les facteurs qui contrebalancent ou compensent les problèmes que la réalité à la vie pose. Il n'y a là rien d'étonnant puisque ces images sont des résidus d'expériences plusieurs fois millénaires de lutte pour l'adaptation et l'existence. Tous les grands événements de la vie, toutes les tensions les plus hautes touchent le trésor de ces images, les font surgir en phénomènes intérieurs conscients lorsque l'individu a acquis assez de réflexion et de capacité de compréhension pour penser aussi ce qu'il vit, au lieu de l'exécuter seulement, c'est-à-dire, sans le savoir, de vivre concrètement le mythe et le symbole.

Les choses de l'âme sont des processus vécus, c'est-à-dire des métamorphoses que l'on ne doit jamais désigner de façon univoque si l'on ne veut point rendre statique ce qui est dynamisme vivant. Le mythologème à la fois indéterminé et déterminé et le symbole scintillant expriment le processus mental plus exactement, plus parfaitement et par conséquent beaucoup plus clairement que le concept le plus net ; le symbole, en effet, ne communique pas seulement une idée du processus, il donne en outre — ce qui a peut-être autant d'importance — l'accompagnement vécu, le « revivre » du processus dont la pénombre ne peut être comprise que par sympathie et jamais par la grossière intervention de la précision.

*
* *

Les symboles sont des corps vivants, *corpus et anima* ; c'est pourquoi l'« enfant » représente une formule tellement commode pour le symbole. La particularité de l'âme consiste en ce qu'elle est une « quantité » à réaliser, — jamais entièrement mais toujours par approximation, — qui serait en même temps la base indispensable de toute conscience. Les « couches » plus profondes de l'âme perdent, avec la profon-

deur et l'obscurité croissantes, leurs particularités individuelles. Elles deviennent de plus en plus collectives
à mesure qu'on avance vers le « bas », c'est-à-dire
quand on approche des systèmes fonctionnels autonomes, pour finir par devenir universelles et en même
temps s'éteindre dans la matérialité du corps,
c'est-à-dire dans les éléments chimiques. Le carbone
du corps est carbone en général. C'est pourquoi « au
tréfonds » la psyché et « le monde » sont synonymes.
Dans ce sens, je dois donner entièrement raison à
Kérényi, quand il dit que c'est le monde qui parle par
le symbole. Plus le symbole est archaïque et « profond », c'est-à-dire plus il est physiologique, plus il
devient collectif et universel, « matériel ». Plus il est
abstrait, différencié et spécifique par contre, plus il se
rapproche de la nature de particularités et de faits uni-
ques conscients : plus il se trouve dépouillé de sa qualité essentiellement universelle. Dans la pleine
conscience, il court le danger de devenir simple allé-
gorie qui ne dépasse jamais le cadre de la conception
consciente ; et là, il sera aussi exposé à toutes sortes
de tentatives d'explications rationalistes.

A aucun moment on n'a le droit de s'abandonner à
l'illusion qu'un archétype pourrait être finalement
expliqué et que, de cette façon, on en aurait fini avec
lui. Même la meilleure tentative d'explication n'est
rien d'autre qu'une traduction plus ou moins réussie en
une langue qui se sert d'autres images. (Du reste, le
langage n'est rien d'autre que l'utilisation d'images !)
Dans la meilleure éventualité, on poursuit le rêve du
mythe en lui donnant un revêtement moderne. Et tout
ce qu'une explication ou une interprétation lui fait
subir, on l'inflige à sa propre âme ; les conséquences
qui en résultent ont leur correspondance dans le propre
bien-être. On ne devrait jamais oublier que l'archétype
est un organe psychique, présent chez chacun.

En réalité, on ne se débarrasse jamais d'une façon
légitime des fondements archétypiques, à moins d'être
disposé à les troquer contre une névrose ; tout comme,
sans le suicide, on ne peut s'affranchir de son corps et

de ses organes. Puisque donc on ne peut ni supprimer les archétypes par la négation, ni les rendre inoffensifs d'une autre manière, à tout progrès atteint dans la voie de la différenciation culturelle de la conscience on se trouve placé devant l'obligation de trouver une nouvelle interprétation qui tienne compte du progrès atteint ; et cela pour rattacher la vie du passé encore existante en nous à la vie dans le présent qui menacerait de lui échapper. Si cela ne se faisait pas, il en résulterait un état de conscience déraciné, ne disposant plus du sens d'orientation lié au passé, prêt à succomber sans défense à toutes les suggestions ; c'est-à-dire, dans la pratique, contaminable par les épidémies psychiques. En perdant le passé, devenu l'« insignifiant » déprécié et jamais plus revalorisable, on perd aussi le sauveur ; car ou bien le sauveur est l'insignifiant même, ou bien il en est l'émanation. Dans les « Métamorphoses des dieux » (Gestaltwandel der Götter de Ziegler), l'« insignifiant » se présente toujours comme annonciateur ou premier-né d'une nouvelle génération ; il apparaît, inattendu, aux endroits les plus invraisemblables (naissant d'une pierre ou d'un arbre, d'un sillon, de l'eau, etc.) et sous un aspect équivoque (poucet, nain, enfant, animal, etc.).

En fait, les humains ne supportent pas la perte totale de l'archétype : il en résulte un immense « malaise dans la civilisation », on ne s'y sent plus bien chez soi, parce que chacun s'y sent privé de « père » et de « mère ». Chacun sait quel soin la religion a toujours pris à ce point de vue. Malheureusement, trop de gens faiblement doués, s'enquièrent — sans réfléchir — continuellement de la vérité alors qu'il s'agit ici d'une question de besoin psychologique. Il ne sert de rien de vouloir l'écarter par des explications intelligentes. Mais, quand le « malaise » s'amasse, il a des conséquences dangereuses.

Au fond, tout processus psychique est basé sur l'archétype et s'enchevêtre avec lui à un tel point qu'il faut, dans chaque cas, un effort critique considérable pour distinguer avec sûreté l'événement unique de la

circonstance typique. En fin de compte, chaque vie
individuelle incarne en même temps la vie de l'éternité
de l'espèce. L'individuel est toujours «historique»,
parce que strictement lié au temps; la relation du type
avec le temps est, par contre, indifférente. Dans la
mesure où la vie du Christ est archétypique, et elle
l'est à un haut degré, elle représente également, la vie
même de l'archétype. Mais comme ce dernier est le
préconditionnement inconscient de toute vie humaine,
à travers la vie révélée du Christ s'exprime, dans son
sens profond, la vie secrète et inconsciente de chacun;
autrement dit, tout ce qui survient dans la vie du Christ
se produit toujours et partout. En d'autres termes, on
peut dire que, dans l'archétype chrétien, toute vie de
ce genre est préfigurée et exprimée sans cesse et une
fois pour toutes.

Un symbole perd sa force en quelque sorte magique,
ou, si l'on veut, sa puissance salutaire, dès qu'on a
compris qu'on peut le résoudre. Aussi un symbole actif
doit-il être inattaquable. Il doit être la meilleure
expression possible de la conception du monde d'une
époque donnée, avoir un sens qui ne saurait être
dépassé; il doit en outre être si difficile à comprendre
que l'intellect critique ne puisse le résoudre valable-
ment; enfin sa forme esthétique doit attirer l'adhésion
du sentiment de telle façon qu'aucun argument sentimental ne puisse valoir contre lui.

Comprenons-nous jamais ce que nous pensons?
Nous ne comprenons que cette pensée qui n'est qu'une
équation, d'où ne sort jamais rien de plus que ce que
nous y avons mis. Tel est notre intellect. Mais, au-dessus, il existe une pensée qui revêt la forme des grandes
images primitives, des symboles, plus vieille que
l'homme historique, innée en lui depuis les temps reculés et survivant à toutes les générations, remplissant de
leur vie éternelle les plus lointaines profondeurs de
notre âme. La vie n'est possible dans toute sa plénitude
qu'en accord avec elle. La sagesse consiste à y revenir.

Si cette âme supra-individuelle existait, cela enlève-
rait sans doute tout caractère personnel à ce qui se tra-

duit dans le langage de ses images et, au cas où cela deviendrait conscient, nous le verrions probablement *sub specie aeternitatis*; ce ne sera plus *ma* souffrance, mais *la* souffrance du monde, non plus une souffrance personnelle qui isole, mais une douleur sans amertume qui nous relie à tous les hommes. Que cela puisse guérir, il n'est sans doute point besoin d'en chercher les preuves.

La vision du symbole prépare la suite de la vie, attire la libido vers un but encore lointain mais qui, à partir de ce moment, agit inévitablement sur elle; de sorte que la vie, ranimée comme une flamme, marche sans arrêt vers des buts lointains. Le symbole est donc spécifiquement favorable à la vie. D'où la valeur et le sens des symboles religieux, non pas des symboles morts, figés dans le dogme, mais de ceux qui surgissent de l'inconscient créateur de l'homme vivant. L'importance incommensurable de tels symboles ne peut être niée que si l'on fait partir d'aujourd'hui l'histoire universelle.

*
* *

Pourquoi la psychologie est-elle la plus jeune de toutes les sciences expérimentales? Pourquoi n'a-t-on pas découvert l'inconscient depuis longtemps et n'a-t-on pas mis au jour son trésor d'images éternelles? Simplement, parce que nous disposions d'une formule chrétienne pour toutes les choses de l'âme, formule bien plus belle et plus vaste que l'expérience immédiate. Si pour bien des gens le monde des idées chrétiennes a pâli, par contre les trésors symboliques de l'Orient sont encore pleins de merveilles qui peuvent longtemps nourrir notre désir de visions et de vêtements nouveaux. Et de plus, ces images — qu'elles soient chrétiennes, bouddhistes, ou quoi que ce soit d'autre — sont belles, mystérieuses et pleines d'espoir. Il est vrai que plus elles nous sont habituelles, plus l'usage quotidien les émousse, si bien qu'il n'en subsiste plus que leur extérieur banal dans son caractère paradoxal presque dépourvu de sens.

La forme catholique de la vie ignore absolument,
dans un certain sens, toute problématique psychologique. La vie entière de l'inconscient collectif est, pour
ainsi dire, complètement absorbée dans les archétypes
dogmatiques et s'écoule comme un fleuve endigué dans
la symbolique du rituel et de l'année ecclésiastique.
Ce n'est pas un phénomène d'ordre psychologique.
D'une façon générale, ce ne fut jamais psychologique
car, avant l'Église chrétienne, il y avait les mystères
antiques qui s'étendent jusque dans les grises nébulo-
sités des temps néolithiques. Car jamais les images
puissantes ne firent défaut à l'humanité pour opposer
une protection magique contre la vie effrayante des
profondeurs du monde et de l'âme. Les figures de
l'inconscient s'exprimèrent toujours par des images
protectrices et salvatrices et furent ainsi rejetées dans
l'espace cosmique, en dehors de l'âme.

Les dieux de l'Hellade et de Rome périrent de la même
maladie que nos symboles chrétiens. Jadis comme
aujourd'hui les hommes découvrirent qu'ils n'y avaient
point pensé. Les dieux des étrangers avaient, au contraire,
un mana non encore consommé. Leurs noms étaient
étranges et incompréhensibles et leurs actions mysté-
rieusement obscures, tout à fait différentes de la chronique scandaleuse tellement rabâchée de l'Olympe. Du
moins ne comprenait-on pas les symboles asiatiques ;
aussi étaient-ils sans banalité par opposition aux dieux
auxquels on était habitué depuis toujours. On accepta le
nouveau comme on avait déposé l'ancien ; ce ne fut pas,
alors, un problème. Cela l'est-il de nos jours ? Ces symboles tout prêts, nés sur un sol exotique, imprégnés de
sang étranger, exprimés en des langues étrangères,
nourris de civilisation étrangère, qui ont évolué en une
histoire étrangère, allons-nous pouvoir nous en revêtir
comme d'un habit nouveau, mendiant qui s'enveloppe
d'un manteau royal, roi qui se déguise en mendiant ?
Sans aucun doute cela est possible. Ou bien, perce-
vons-nous, quelque part en nous, le commandement de
ne pas jouer la mascarade ou, peut-être, au contraire,
celui de réaliser nous-même notre habit ?

Il me semble qu'il nous vaudrait mieux reconnaître la pauvreté spirituelle du manque de symboles au lieu de nous imaginer posséder une propriété dont nous ne sommes absolument pas héritiers légitimes. Certes, nous sommes les légitimes héritiers de la symbolique chrétienne; mais cet héritage, nous l'avons gaspillé, on ne sait comment. Nous avons laissé tomber en ruine la maison construite par nos pères et nous tentons maintenant de nous introduire dans des palais orientaux que nos pères n'ont jamais connus. Pourquoi ne pas dire plutôt: «Nous sommes pauvres et prenons au sérieux notre fameuse foi en un dieu dont on parle toujours.» Mais le cas échéant, nous paralysons les bras du bon Dieu et nous voulons agir par nous-mêmes, non seulement comme si nous avions peur, mais parce qu'en fait nous redoutons avec terreur que les choses aillent autrement.

Tous les temps qui nous ont précédés croyaient encore à des dieux sous une forme quelconque. Il a fallu un appauvrissement sans exemple de la symbolique pour redécouvrir les dieux comme facteurs psychiques, c'est-à-dire, comme archétypes de l'inconscient. C'est pourquoi cette découverte est encore incroyable pour l'instant.

Pour la compréhension des choses religieuses, il n'existe guère aujourd'hui que la voie d'accès psychologique; c'est pour cela que je m'efforce de refondre les formes de pensée que l'Histoire a figées, et d'en faire couler la substance dans les vases conceptuels de l'expérience immédiate. C'est certainement une entreprise difficile que de retrouver, de rétablir ce pont qui relie la façon de voir du dogme à l'expérience immédiate des archétypes psychologiques; mais l'exploration des symboles naturels de l'inconscient nous fournit les matériaux nécessaires à sa construction.

Le respect des grands secrets de la nature, dont le langage religieux s'efforce de traduire en des symboles sanctifiés par l'âge la valeur significative et la beauté, ne perd rien du fait que la psychologie s'étend à ce domaine fermé jusqu'alors à la science. Nous nous

contentons de repousser un peu les symboles pour mettre en lumière une partie de leurs domaines, bien persuadés que nous n'avons fait que créer un nouveau
symbole pour traduire une énigme qui en fut toujours
une pour tous les temps qui nous ont précédés. Notre
science est aussi un langage figuré, mais plus adapté à
la vie pratique que la vieille hypothèse mythologique
qui exprimait en représentations concrètes ce que nous
exprimons en concepts.

La vérité éternelle a besoin du langage humain qui,
lui, se transforme avec l'esprit du temps. Les images
premières sont capables d'infinies métamorphoses bien
qu'elles restent toujours ce qu'elles sont; ce n'est que
dans une nouvelle forme qu'on peut les comprendre à
nouveau. Toujours elles ont besoin d'une nouvelle
interprétation, pour que l'archaïcité croissante de leur
notion ne les prive pas de leur puissance de fascination
en face de la continuelle tendance à fuir du « *fugax ille
Mercurius* » et ne laissent échapper l'ennemi, si utile
pourtant et si dangereux. Qu'en est-il du nouveau vin
dans de vieilles outres ? Où sont les réponses aux misères et aux afflictions d'une ère nouvelle ? Où, d'une
façon générale, est la connaissance de la problématique
psychique soulevée par le développement de la conscience moderne ? Jamais auparavant une telle folie
sacrilège du vouloir et du pouvoir ne se dressa plus
provocante en face de la « vérité éternelle ».

Le rêve

Le rêve est une porte étroite, dissimulée dans ce que l'âme a de plus obscur et de plus intime ; elle ouvre sur cette nuit originelle cosmique qui préformait l'âme bien avant l'existence de la conscience du moi et qui la perpétuera bien au-delà de ce qu'une conscience individuelle aura jamais atteint. Car toute conscience du moi est éparse ; elle distingue des faits isolés en procédant par séparation, extraction et différenciation ; seul est perçu ce qui peut entrer en rapport avec le moi. La conscience du moi, même quand elle effleure les nébuleuses les plus lointaines, n'est faite que d'enclaves bien délimitées. Toute conscience spécifie. Par le rêve, en revanche, nous pénétrons dans l'être humain plus profond, plus vrai, plus général, plus durable, qui plonge encore dans le clair-obscur de la nuit originelle où il était un tout et où le Tout était en lui, au sein de la nature indifférenciée et impersonnalisée. C'est de ces profondeurs, où l'universel s'unifie, que jaillit le rêve, revêtirait-il même les apparences les plus puériles, les plus grotesques, les plus immorales.

Jamais je n'ai pu, en dépit de tout le scepticisme et des critiques qui s'agitaient en moi, me résoudre à ne voir dans les rêves qu'une quantité négligeable. Quand ils nous paraissent insensés, c'est nous qui sommes insensés, privés, selon toute apparence, de cette finesse d'esprit nécessaire pour déchiffrer les messages énigmatiques de notre être nocturne. La psychologie médicale devrait d'autant plus se faire un devoir d'exercer sa sagacité par des travaux systématiques sur les rêves, que la moitié au moins de notre vie psychique a notre être nocturne pour théâtre ; et de même que la conscience étend ses ramifications jusque dans nos nuits, l'inconscient aussi émerge dans notre vie diurne. Personne ne doute de l'importance de la vie consciente et de ses expériences ; pourquoi douter alors de la signification des *déroulements inconscients* ? Ils sont aussi notre vie ; en eux, elle palpite autant, si ce n'est parfois plus, qu'en notre existence diurne ; et ils sont parfois plus dangereux, parfois plus salutaires que celle-ci.

On sait que, pour le primitif, certains rêves ont une valeur incomparablement plus grande que pour le civilisé. Non seulement il en parle beaucoup, mais ils ont aussi à ses yeux une telle importance qu'il semble souvent pouvoir à peine les distinguer de la réalité. Pour les hommes civilisés en général, les rêves paraissent sans importance ; pourtant il est aussi parmi eux un très grand nombre d'hommes qui attribuent à certains une grande importance précisément à cause de leur caractère souvent étrange et impressionnant. Cette particularité que présentent certains rêves rend compréhensible la supposition qu'ils sont inspirés.

La psychologie du rêve ouvre la voie à une psychologie comparative générale dont nous pouvons attendre une compréhension de la structure et du développement de l'âme humaine, analogue à celle que nous a apportée l'anatomie comparée pour l'étude du corps humain.

Comme chaque maille du réseau psychique, le rêve se présente comme une résultante de la psyché totale. C'est pourquoi nous devons être préparés à rencontrer dans les rêves les multiples facteurs qui, depuis les temps les plus reculés, ont joué un rôle dans la vie de l'humanité. La vie humaine, en son essence, ne se laisse ni ramener, ni réduire à telle ou telle tendance fondamentale ; bien au contraire, elle se construit à partir d'une multitude d'instincts, de besoins, de nécessités, de conditionnements tant physiques que psychiques ; le rêve, qui en est l'expression, échappera à tout monisme ; quelque séduisante que puisse être, dans sa simplicité, une telle explication, nous pouvons être sûrs qu'elle est erronée. Y aura-t-il jamais, en effet, commune mesure entre une théorie simple des instincts et l'âme humaine, dont le mystère n'égale que la puissance ? Ceci s'étend également à l'expression de l'âme, le rêve. Si nous voulons lui rendre tant soit peu justice, nous devons avoir recours à des instruments, que seules nous livreront des investigations laborieuses dans les différents secteurs des sciences de l'esprit et des civilisations. Ce ne sont pas quelques gaillardises de corps de garde, ni la preuve de certains refoulements, qui résoudront le problème du rêve.

Le rêve s'occupe souvent de détails en apparence oiseux, et il nous apparaît, de ce fait, ridicule. Ou bien il est par son extérieur tellement incompréhensible qu'il excite tout au plus notre étonnement. A cause de cette première impression qu'il nous donne d'être soit ridicule, soit incompréhensible, il nous faut toujours triompher d'une certaine répugnance intellectuelle avant de nous décider à nous mettre sérieusement et patiemment au travail pour débrouiller cet écheveau confus. Mais lorsque nous avons enfin pénétré le sens réel d'un rêve, nous nous apercevons, en contrepartie, que nous nous trouvons au cœur même du rêveur et de ses secrets; nous constatons alors avec étonnement que même un songe insensé en apparence est, en fait, hautement significatif et, au fond, ne parle que de choses sérieuses, de la plus haute importance. Cette observation nous contraint à infiniment plus de déférence à l'égard de la prétendue « superstition » qui voulait donner un sens aux rêves, que n'en pouvaient avoir les tendances rationalistes de l'époque contemporaine.

Les rêves sont des produits de l'âme inconsciente; ils sont spontanés, sans parti pris, soustraits à l'arbitraire de la conscience. Ils sont pure nature et, par suite, d'une vérité naturelle et sans fard; c'est pourquoi ils jouissent d'un privilège sans égal pour nous restituer une attitude conforme à la nature fondamentale de l'homme, si notre conscience s'est éloignée de ses assises et embourbée dans quelque ornière ou quelque impossibilité.

Les hommes et les choses qui existent pénètrent dans le champ de notre vision; de même les images du rêve pénètrent dans le champ de conscience du moi onirique comme une réalité d'autre sorte. Nous n'avons pas le sentiment que nous faisons les rêves, mais qu'ils vien-

nent à nous. Ils ne se soumettent pas à notre bon plaisir, mais obéissent à leurs propres lois. Ils représentent
manifestement des complexes psychiques autonomes
qui se forment d'eux-mêmes. Nous n'avons pas conscience de la source d'où ils proviennent. Aussi
disons-nous qu'ils tirent leur origine de l'inconscient.
Il nous faut donc admettre l'existence de complexes
psychiques indépendants, échappant au contrôle de
notre conscience, apparaissant et disparaissant selon
leurs propres lois.

Au cours du sommeil, l'imagination se fait jour sous
forme de rêves. Mais à l'état de veille, nous continuons de rêver, sous le seuil de la conscience, du fait
de complexes refoulés ou inconscients pour tout autre
motif.

Les extériorisations spécifiques de l'inconscient qui
surgissent dans le conscient, ce sont les rêves. L'âme
a un aspect diurne, la conscience; elle a aussi un
aspect nocturne, le fonctionnement psychique inconscient qui se laisse concevoir semblable aux fantasmes
d'une imagination rêveuse.

Le rêve est une création psychique qui, contrastant
avec les données habituelles de la conscience, se situe
de par son aspect, sa nature et son sens, en marge du
développement continu des faits conscients. Il ne paraît
pas en général être une partie intégrante de la vie consciente de l'âme; ce serait plutôt un incident vécu, quasiment extérieur et survenant, semble-t-il, par hasard.
Les circonstances spéciales de sa genèse motivent sa
situation d'exception: le rêve n'est pas le fruit, comme
d'autres données de la conscience, de la continuité
clairement logique ou purement émotionnelle des événements de la vie; il n'est que le résidu d'une curieuse
activité psychique s'exerçant durant le sommeil. Cette
origine à elle seule isole déjà les rêves des autres
contenus de la conscience; leur teneur singulière, qui
contraste de façon frappante avec la pensée consciente,
les isole encore bien davantage.

La conscience n'est pas continuité uniquement de
désirs et de craintes, mais d'une infinité d'autres cho-

ses encore; de même et selon toute vraisemblance,
l'âme de nos rêves recèle une richesse de possibilités
vitales, comparable ou même supérieure à celle de la
conscience qui, par nature, est synonyme de concentra-
tion, de limitation ou d'exclusivisme.

Les rêves contiennent les images et les associations
d'idées que nous ne créons pas consciemment. Ils naissent avec spontanéité, sans que nous ayons à intervenir, et ainsi, représentent une activité psychique qui se
dérobe à toute volonté arbitraire. Le rêve est un produit naturel et très objectif de la psyché. Il est permis
d'attendre de lui des indications concernant certaines
tendances fondamentales du processus psychique. Ce
processus étant, comme tout processus vivant, non seulement une suite causale, mais aussi un processus
orienté vers un but, on peut demander au rêve — qui
est une auto-description du processus de la vie psychique — des indications sur les causes objectives de la
vie psychique et sur les tendances objectives de
celle-ci.

*
* *

Le rêve rectifie la situation. Il y ajoute ce qui en fait
encore partie et il améliore ainsi l'attitude générale du
rêveur. Voilà pourquoi nous avons besoin de l'analyse
du rêve dans notre thérapeutique.

Le rêve décrit la situation intime du rêveur, situation
dont le conscient ne veut rien savoir, ou dont il
n'accepte la vérité et la réalité qu'à contrecœur.

L'inconscient, c'est ce que, d'un moment à l'autre,
nous ignorons; c'est pourquoi il n'est pas surprenant
que le rêve ajoute, à la situation psychique consciente
du moment, tous les aspects qui seraient essentiels à
une attitude radicalement différente. Il est clair que
cette fonction du songe constitue une régulation psychique, un contrepoids absolument indispensable à
toute activité ordonnée. Réfléchir à un problème, c'est
l'envisager en vue de sa solution, sous toutes ses faces
et avec toutes les conséquences qu'il comporte; ce pro-

cessus mental, en quelque sorte, se perpétue automatiquement durant l'état plus ou moins inconscient du sommeil; d'après notre expérience actuelle, il semble que tous les points de vue méconnus ou sous-estimés à l'état de veille, c'est-à-dire qui étaient relativement inconscients, s'y présentent à l'esprit du rêveur, ne serait-ce que par allusion.

Le rêve, extériorisation d'un processus psychique inconscient, involontaire, soustrait à l'influence consciente, représente la vérité, la réalité intérieure telle qu'elle est; non pas telle que je la suppose ou que je la désire, mais bien *telle qu'elle est*.

Plus l'attitude consciente est d'un extrémisme exclusif, s'éloignant ainsi des possibilités vitales optima, et plus il faut compter avec l'apparition possible de rêves vivaces et pénétrants, au contenu richement contrasté, mais judicieusement compensateur, comme expression de l'autorégulation psychologique de l'individu.

Les *primitifs de l'Afrique orientale* que j'ai observés supposaient que les « grands » rêves n'étaient rêvés que par les « grands » personnages, c'est-à-dire par les sorciers et les chefs. Rien ne dit que cela, à l'échelon primitif, ne soit pas vrai. Chez nous, ces rêves surviennent aussi chez des êtres simples, en particulier chez ceux qui se confinent dans une étroitesse mentale de commande.

Certes, le rêve, ce rejeton de la nature, ignore les intentions moralisatrices; mais il exprime ici la vieille loi bien connue selon laquelle les arbres ne poussent pas dans le ciel mais cachent dans le sol leurs puissantes racines.

L'âme, pareille à un système autorégulateur, est en équilibre, comme est en équilibre la vie corporelle. A tout excès répondent, aussitôt et par nécessité, des compensations sans lesquelles il n'y aurait ni métabolisme normal, ni psyché normale. Dans ce sens, on peut proclamer que la *théorie des compensations* est une règle fondamentale du comportement psychique. Une insuffisance en un point crée un excès en un autre.

Il n'est pas facile de dégager les lois qui président à la compensation onirique. Celle-ci, dans son essence, est intimement liée à la nature entière de l'individu. Les compensations possibles sont innombrables et inépuisables.

Quoique le rêve contribue au gouvernement de l'individu par lui-même en rassemblant presque automatiquement tout ce qui a été refoulé, négligé, ignoré, sa portée compensatrice n'en est pas moins souvent confuse pour nous, qui ne disposons que de connaissances très imparfaites sur la nature et les besoins de l'âme humaine. Car il existe des compensations psychiques fort lointaines. Rappelons-nous que l'homme dans ce cas, dans une certaine mesure, est un représentant de l'humanité tout entière et de son histoire. Ce qui fut possible en grand dans l'histoire de l'humanité peut se présenter à l'échelle de l'individu. Celui-ci, dans certaines circonstances, éprouve les besoins qui tenaillèrent l'humanité. Il n'y a donc pas lieu d'être surpris si les compensations religieuses jouent un grand rôle dans les rêves. Que cela se produise, et justement à notre époque peut-être avec une acuité particulière, n'est que la conséquence naturelle du réalisme immanent de notre vision du monde.

Je ne nie nullement la possibilité de rêves «parallèles», c'est-à-dire de rêves dont le sens est en accord avec l'attitude de la conscience ou même la soutient. Mais selon mon expérience au moins, ils sont relativement rares.

De même que le corps réagit de façon adéquate à une blessure, à une infection ou à un mode de vie anormal, de même les fonctions psychiques réagissent à des troubles perturbateurs et dangereux par des moyens de défense appropriés. Le songe fait partie, à mon avis, de ces réactions opportunes, en introduisant dans la conscience, grâce à un assemblage symbolique, les matériaux constellés dans l'inconscient par les données de la situation consciente. On trouve dans ces matériaux inconscients toutes les associations que leur effacement rendait subliminales, mais qui cependant possèdent assez d'énergie pour se manifester pendant le sommeil. Evidemment l'opportunité du songe et de

ses images n'éclate pas aux yeux à première vue ;
l'analyse du contenu du rêve est nécessaire, pour dégager les éléments compensateurs de son contenu latent.
La plupart des réactions de défense du corps humain
sont aussi de nature obscure et en quelque sorte indirecte ; il a fallu des connaissances approfondies et des
recherches précises pour mettre à jour leur rôle salutaire. Rappelons-nous la signification de la fièvre et
des suppurations dans une blessure infectée.

*
* *

Quand il s'agit de donner une explication scientifique de la psychologie onirique, les idées freudiennes,
du plus pur déterminisme, paraissent séduisantes. Il
n'en faut pas moins les révoquer en doute, car elles
sont forcément incomplètes, l'âme échappant à des
considérations causales qui laissent dans l'ombre tout
ce qui, en elle, est finalité. Seule, la collaboration des
conceptions causales et finales, collaboration qui, en
raison de difficultés énormes, tant théoriques que pratiques, reste aujourd'lui encore à réaliser, est susceptible de nous amener à une compréhension meilleure de
la nature du rêve.

Une attitude purement causale est trop étriquée ; elle
ne satisfait ni à la nature du rêve, ni à celle de la
névrose. Aussi, aborder un rêve avec la seule préoccu-
pation du facteur étiologique, c'est porter un grave préjudice à son travail élaborateur et se fermer à ce qu'il
a de plus productif.

Les rêves sont souvent des anticipations qui perdent
tout leur sens à être examinées du point de vue purement causal. Ces rêves livrent, sur la situation analytique, des informations irrécusables et il est de la plus
grande importance thérapeutique de les apprécier à leur
juste valeur.

Prétendre que les rêves ne sont que la réalisation de
désirs refoulés est une conception depuis longtemps
caduque. Certes, il est aussi des rêves qui réalisent de
toute évidence des vœux ou des appréhensions. Mais

que ne pourrait-on y trouver en outre ! Les rêves peuvent être faits de vérités inéluctables, de sentences philosophiques, d'illusions, de fantaisies désordonnées, de
souvenirs, de projets, d'anticipations, voire de visions
télépathiques, d'expériences intimes irrationnelles, et
de je ne sais quoi encore.

Le déterminisme causal tend, de par sa nature même,
vers cette réduction univoque, c'est-à-dire vers une
codification des symboles et de leur sens. Le point de
vue finaliste, au contraire, voit dans les variations des
images oniriques le reflet de situations psychologiques
infiniment variées. Il ne connaît pas, pour les symboles, de signification figée ; pour lui, les images oniriques sont importantes en elles-mêmes, car c'est en
elles-mêmes qu'elles portent la signification qui leur
vaut jusqu'à leur apparition au cours d'un rêve. D'un
point de vue finaliste, le symbole a presque la valeur
d'une parabole ; il ne dissimule pas, il enseigne.

A mon avis, les excitations somatiques n'ont qu'exceptionnellement une portée déterminante. En général,
elles sont intégrées dans l'expression symbolique de
l'élément inconscient, source du rêve ; autrement dit,
elles sont utilisées comme moyen d'expression. Il n'est
pas rare que les rêves trahissent une combinaison symbolique, intime et singulière, entre une maladie physique indéniable et un problème psychique donné, le
malaise corporel semblant quasiment être l'expression
mimique de la situation psychique.

La façon de voir finaliste, que j'oppose à la conception freudienne, ne signifie pas, je le souligne expressément, négation des causes du rêve ; elle n'en conduit
pas moins à une tout autre interprétation de ses matériaux associatifs. Les faits en eux-mêmes, à savoir les
associations, demeurent inchangés, mais on les confronte
avec une autre unité de mesure. Posons le problème de
façon toute simple et demandons-nous : *à quoi sert, à
quoi rime le songe ? que doit-il susciter ?* Cette question n'est pas arbitraire puisqu'on la pose pour toute
activité psychique. Pour chacune et d'ailleurs en toute
circonstance, on peut se demander «pourquoi ?» et

« dans quelle intention ? ». Toute création organique met en œuvre un système complexe de fonctions au but bien défini et chacune de ces fonctions, à son tour, peut se décomposer en une suite d'actes et de faits concourant par leur orientation à l'édifice commun.

Distinguons la fonction prospective du songe de sa fonction compensatrice. Cette dernière envisage l'inconscient dans sa dépendance du conscient, auquel il adjoint tout cet ensemble d'éléments qui, à l'état de veille, n'ont pas atteint le seuil, pour cause de refoulement, ou simplement parce qu'ils ne possédaient pas l'énergie nécessaire pour parvenir d'eux-mêmes jusqu'au conscient. Cette compensation représente une autorégulation fort appréciée. La fonction prospective, au contraire, se présente sous la forme d'une anticipation, surgissant dans l'inconscient, de l'activité consciente future ; elle évoque une ébauche préparatoire, une esquisse à grandes lignes, un projet de plan exécutoire.

Les pronostics de la fonction prospective du rêve sont souvent franchement supérieurs aux conjectures conscientes ; l'on ne saurait s'en étonner puisque le rêve résulte d'un brassage d'éléments subliminaux, d'une conjonction de toutes ces sensations, de tous ces sentiments et de toutes ces pensées qui, du fait de leur relief estompé, ont échappé à la conscience. En outre, le rêve dispose encore de traces de souvenirs inconscients, qui ne sont plus en état d'influencer efficacement la vie consciente. Le rêve est donc souvent, au point de vue pronostic, dans une situation beaucoup plus favorable que le conscient.

Bon gré, mal gré, il nous faut, par ailleurs, accorder au phénomène télépathique le rang de déterminante possible du rêve. L'on ne saurait aujourd'hui douter de la réalité générale de ce phénomène. Il est évidemment bien simple, en se refusant à l'examen de matériaux qui en témoignent, de nier son existence ; mais c'est là une attitude bien peu scientifique, qui ne mérite aucune considération. J'ai eu l'occasion de constater que les phénomènes télépathiques exercent également une

influence sur les rêves; depuis les temps les plus reculés, nos ancêtres l'affirmaient. Certaines personnes
sont à ce point de vue particulièrement réceptives et
ont fréquemment des rêves d'un caractère télépathique
marqué. Reconnaître, de fait, le phénomène télépathique ne signifie point reconnaître ses conditions théoriques courantes sur la nature de l'*actio in distans*. Le
phénomène existe sans aucun doute possible; mais sa
théorie me paraît devoir être exceptionnellement
compliquée.

*
* *

Le problème particulier de l'analyse onirique se pose
ou ne se pose pas selon que l'on postule ou récuse
l'inconscient.

Sans l'hypothèse de l'inconscient le rêve n'est qu'un
lusus naturæ, qu'un jeu de la nature, qu'un absurde
aggloméré de bribes éparses, déchets de la vie diurne.

Quiconque veut interpréter un rêve doit posséder une
envergure personnelle comparable à celle du rêve, car,
et c'est absolu, on ne reconnaît jamais en quoi que ce
soit plus que ce que l'on est soi-même.

L'interprétation d'un rêve peut, sur le papier, avoir
l'air d'être arbitraire, obscure, et artificieuse, alors que
cette même interprétation, dans la réalité, constitue un
petit drame d'un réalisme inégalable. Vivre un rêve et
son interprétation est quelque chose de profondément
différent du deuxième tirage, qui a comme un goût de
réchauffé et qui est la seule chose que le lecteur puisse
trouver sur le papier imprimé. Toute cette psychologie
est, au fond, expérience vécue; la théorie, même là où
elle prend ses airs les plus abstraits, découle de façon
immédiate d'expériences vivantes.

L'art de l'interprétation des rêves ne s'apprend pas
dans les livres; les méthodes et les règles ne sont bonnes que pour ceux qui sont capables de s'en passer.
Seul dispose de la faculté réelle celui qui a la grâce
du savoir et de la compréhension vivante, seul celui
qui, compréhensif, en a le don gratuit.

Inutile de dire que l'étude des « grands rêves » exige,
pour aboutir à un résultat suffisant, beaucoup plus que
les simples conjectures d'une intuition plus ou moins
divinatrice. Des connaissances étendues sont indispensables qui ne devraient faire défaut à aucun spécialiste.
Les connaissances seules, cependant, elles non plus, ne
suffisent pas ; elles ne doivent point être des souvenirs
momifiés, mais au contraire conserver, chez celui qui
les manie, la saveur de l'expérience vivante. Que signifie, par exemple, la connaissance philosophique chez
celui qui n'est pas philosophe par le cœur ?

Le mieux que l'on puisse faire est de traiter le rêve
comme un objet totalement inconnu : on l'examine
sous toutes ses faces, on le prend en quelque sorte en
main et on le soupèse, on le porte avec soi, on laisse
courir son imagination, on le confie à d'autres personnes. Les primitifs racontent toujours les rêves qui les
ont impressionnés, si possible devant la tribu rassem-
blée ; cet usage était encore accrédité à la fin de l'antiquité, tous les anciens accordant aux rêves une
signification auguste. Une telle démarche suscitera une
foule d'incidents dans l'esprit du rêveur, et l'amènera
déjà à la périphérie du sens du rêve. La découverte de
ce dernier est — si l'on peut dire — une affaire essentiellement arbitraire ; car c'est ici, au déchiffrement,
que commence la témérité. Selon son expérience propre, son tempérament et son goût, on assignera au sens
du rêve des frontières plus ou moins éloignées : certains se contenteront de peu ; pour d'autres, beaucoup
ne sera pas encore assez. Le sens, lui aussi, c'est-à-dire
le résultat de l'interprétation du rêve, dépendra à un
degré élevé de l'intention de l'exégète, de son attente
ou de ses exigences. La signification trouvée sera toujours orientée selon certaines prémisses ; de l'honnêteté
et de la conscience apportées par le chercheur à l'interprétation du rêve dépendront le gain éventuel qu'il
peut en tirer ou l'imbrication plus profonde encore
dans les erreurs qu'il commet.

Le contexte psychologique des contenus oniriques
est composé par le tissu des associations au sein des-

Le rêve   83

quelles l'expression onirique se trouve naturellement incluse. Théoriquement il est impossible de jamais prévoir ce tissu; pratiquement cela devient quelquefois possible si l'on dispose d'une grande expérience et d'une grande pratique; une analyse soigneuse cependant ne devra jamais trop s'en remettre aux règles du métier, le danger d'erreurs et de suggestions étant par trop grand. En particulier lorsqu'il s'agit de l'analyse de rêves isolés, cette prescience et ce savoir préalable, basés sur des attentes d'ordre pratique et des probabilités générales, sont absolument condamnables. Ce doit donc être une règle absolue de partir de l'idée que tout rêve et que tout segment de rêve est tout d'abord inconnu et de ne tenter une interprétation qu'après le rassemblement soigneux du contexte en reportant alors dans le texte du rêve la grille trouvée grâce à la constatation du contexte, et en voyant si cela rend possible une solution fluide, ou si un sens satisfaisant se forme.

Quiconque analyse les rêves de tierces personnes ne devrait jamais perdre de vue qu'il n'y a pas de théorie simple des phénomènes psychiques, de leur nature, de leurs causes ou de leurs buts. Un critère général de jugement nous fait donc défaut. Nous savons qu'il existe des phénomènes conscients et inconscients, des phénomènes sexuels, intuitifs, intellectuels, moraux, esthétiques, religieux, volitifs, etc... Mais nous ne savons rien de certain sur leur nature. Nous savons seulement que l'étude de la psyché, à partir d'un point donné, et sous un angle bien défini, fournit des détails précieux, certes, mais qui ne concourent jamais en une théorie justifiant l'emploi de méthodes déductives. Nous n'avons pas non plus de théories de l'inconscient qui, délimitant son contenu qualitatif, permettraient du même coup d'interpréter les images oniriques en harmonie avec des faits bien établis. L'hypothèse de la sexualité et des désirs, celle de la volonté de puissance, sont des façons de voir qui ont leur valeur, mais auxquelles il faut faire le grief de ne rendre compte en aucune façon de la profondeur et de la richesse de l'âme humaine. Si nous disposions d'une théorie de cette envergure, nous pourrions nous contenter de l'apprentissage pour ainsi dire artisanal de la méthode ; il ne s'agirait plus alors que de déchiffrer certains signes figurant des contenus codifiés correspondants ; il suffirait pour cela de connaître par cœur les règles séméiologiques. L'appréciation exacte de la situation consciente serait aussi superflue que lors d'une ponction lombaire.

Il ne faut jamais oublier que l'on rêve en première ligne, et à peu près exclusivement, de soi et à travers soi-même.

J'appelle interprétation sur le plan de l'objet toute interprétation dans laquelle les expressions du rêve sont tenues pour identiques à des objets réels. A l'opposé de cette interprétation se situe celle qui met en rapport avec la psychologie du rêveur lui-même chaque élément du rêve, par exemple chacune des personnes agissantes qui y figurent. Ce dernier procédé s'appellera l'interprétation sur le plan du sujet. L'interprétation sur le plan de l'objet est analytique : elle décompose le contenu du rêve en sa trame complexe de réminiscences, de souvenirs qui sont l'écho de conditions extérieures. L'interprétation sur le plan du sujet au contraire est synthétique en ce qu'elle détache des causes contingentes les complexes de réminiscences et les donne à comprendre comme des tendances ou des composantes du sujet, auquel, ce faisant, elle les intègre de nouveau. Dans ce cas, par conséquent, tous les contenus du rêve sont considérés comme des symboles de contenus subjectifs.

Si d'aventure notre rêve reproduit quelques représentations, celles-ci sont avant tout nos représentations à l'élaboration desquelles la totalité de notre être a contribué ; ce sont des facteurs subjectifs qui, dans le rêve, non pour des motifs extérieurs, mais de par les mouvements les plus ténus de notre âme, se groupent de telle ou telle façon, exprimant tel ou tel sens. Toute cette genèse est essentiellement subjective, et le rêve est le théâtre où le rêveur est à la fois l'acteur, la scène, le souffleur, le régisseur, l'auteur, le public et le critique.

Il est impossible d'interpréter un rêve, même à une grossière approximation près, si l'on est dans l'ignorance de la situation consciente. Seule la connaissance de la situation consciente permet de préciser le signe sous lequel il faut placer les contenus inconscients. Car le rêve n'est pas un événement isolé, totalement scindé de la vie éveillée et de ses caractères. S'il nous paraît tel, c'est l'œuvre de notre incompréhension, une pure illusion subjective. En réalité règne entre le conscient et le rêve, une stricte causalité et un enchevêtrement de relations d'une extrême finesse.

Les rapports entre le conscient et l'inconscient sont de nature compensatoire : ceci constitue une des règles techniques les mieux vérifiées de l'analyse onirique. Il y a toujours profit, dans la pratique de l'analyse, à se poser la question : Quelle est l'attitude consciente que le rêve tend à compenser ?

Si nous voulons interpréter un rêve correctement, il nous faut une connaissance approfondie de la situation consciente correspondante ; le rêve nous en révèle la face inconsciente et complémentaire, c'est-à-dire qu'il contient les matériaux constellés dans l'inconscient, de par la situation consciente momentanée. Si l'on n'est pas au courant des données conscientes, il est impossible d'interpréter un rêve de façon satisfaisante — exception faite, évidemment, des réussites dues au hasard.

On ne doit dans aucun cas s'attendre à ce que le sens du rêve réponde à n'importe quelle attente subjective, car il est possible et même très fréquent que le rêve exprime quelque chose d'étonnamment différent de ce à quoi on s'attendait. Lorsque le sens trouvé du rêve correspond à l'attente du rêveur, il faut même voir là une raison de méfiance, car en général le point de vue de l'inconscient est complémentaire ou compensateur par rapport à la conscience, et par suite étonnamment « différent » de celle-ci.

Si d'aucuns se complaisaient — on craint précisément que ma critique n'y pousse — à mettre la teneur inconsciente à la place des contenus conscients, elle

refoulerait naturellement ces derniers, opération à la
suite de laquelle les contenus précédemment conscients
reparaîtraient, compensateurs, dans l'inconscient. De
ce fait l'inconscient changerait complètement de
visage : il deviendrait pointilleux, raisonnable, en opposition on ne peut plus frappante avec ce qu'il était
antérieurement. On ne croit pas en général l'inconscient capable de ce revirement, quoiqu'il soit fréquent
et réponde à une de ses fonctions primordiales. C'est
pourquoi tout rêve est un organe d'information et de
contrôle et, de ce fait, l'adjuvant le plus efficace dans
l'édification de la personnalité.

La difficulté commence lorsque le rêve ne concerne
plus des faits palpables ou des relations tangibles ;
c'est fréquent en particulier lorsqu'il cherche à appréhender par prémonition quelque élément futur. Je ne
pense pas nécessairement en cela à des rêves prophé-
tiques, mais seulement à des rêves de pressentiment et
de «récognition». Ces rêves ne font, en quelque sorte,
que subodorer des possibilités : aussi est-il très difficile
de les rendre plausibles à un tiers.

Il n'échappera pas non plus que les rêves possèdent
en outre — si l'on me permet l'expression — une
continuité vers l'avant, certains exerçant, à l'occasion,
des effets notoires sur la vie mentale consciente des
sujets, que rien ne permet de qualifier de superstitieux
ou de particulièrement anormaux.

Dans les écrits de l'Église médiévale, on ne nie pas
que, le cas échéant, une influence divine puisse se
manifester dans les rêves, mais on n'insiste pas sur ce
point, et l'Église se réserve le droit de décider dans
chaque cas si une révélation onirique est authentique
ou non. Bien que l'Église reconnaisse la provenance
divine de certains rêves, elle est peu disposée, elle se
refuse même à s'occuper sérieusement des rêves, bien
qu'elle admette que certains d'entre eux puissent
contenir une révélation divine immédiate. — Le changement d'attitude spirituelle qui s'est opéré, au cours
des derniers siècles, du moins à ce point de vue, n'est
pas tout à fait mal accueilli par l'Église, car ainsi

l'attitude introspective antérieure, si favorable à une considération sérieuse des rêves et des expériences intérieures, fut efficacement découragée.

Bien que nous soyons des êtres individuels, notre individualité n'en est pas moins enchâssée dans l'humaine condition. Un rêve à signification collective sera donc, en premier lieu, valable pour le rêveur, mais il exprimera, en même temps, que le problématisme momentané de celui-ci est aussi partagé par beaucoup de ses contemporains. Pareilles constatations sont souvent d'une grande portée pratique, car nombreux sont les êtres qui, dans leur vie intime, se sentent isolés du reste de l'humanité, prisonniers du mirage que les dilemmes dont ils sont travaillés les affectent seuls parmi les hommes. Ou bien il s'agit de sujets exagérément modestes qui, «dans le sentiment aigu de leur néant», ont maintenu leur activité sociale au-dessous de son niveau possible. D'ailleurs, tout problème particulier est en rapport, de quelque façon, avec les problèmes de l'époque, ce qui explique que, pour ainsi dire, toute difficulté subjective puisse être considérée en fonction de la situation générale de l'humanité. En pratique cependant, cela n'est admissible que si le rêve utilise vraiment une symbolique mythologique, c'est-à-dire collective.

La vie immédiate est toujours individuelle, car c'est l'individu qui est le porteur de vie. Tout ce qui émane de l'individu est à certains égards unique, et de ce fait transitoire et imparfait : spécialement s'il s'agit de phénomènes psychiques spontanés comme les rêves et des manifestations analogues. Personne d'autre n'aura les mêmes rêves bien que plus d'un ait les mêmes problèmes à résoudre. Mais comme il n'y a pas d'individu différencié au point d'être absolument unique, de même il n'y a pas de création individuelle d'une qualité originale absolue.

Si nous gardons présent à l'esprit que l'inconscient renferme à profusion tout ce qui fait défaut au conscient, que l'inconscient a, par suite, une tendance compensatrice, nous pourrons essayer de tirer d'un

rêve des déductions, à la condition qu'il ne sourde pas
de couches psychiques trop profondes. Si, par contre,
il en est ainsi, le rêve renferme en général ce que l'on
appelle des thèmes mythologiques, c'est-à-dire des
associations d'images et de représentations compara-
bles à celles que l'on rencontre dans la mythologie de
son propre peuple ou des peuples étrangers. Dans ce
cas, le rêve contient un sens collectif, c'est-à-dire un
sens général humain.

*
* *

Il est indispensable, pour l'interprétation d'un rêve,
de posséder une connaissance exacte de la situation
consciente qui lui correspond. De même, pour pénétrer
son symbolisme, il est tout aussi important de prendre
en considération les convictions philosophiques, religieuses et morales du sujet conscient. On ne saurait
trop recommander de ne pas considérer le symbolisme
du rêve, dans la pratique, de façon sémiotique,
c'est-à-dire de ne pas voir dans les symboles des
signes ou des symptômes à signification et à caractères
fixes : les symboles du rêve — véritables symboles —
sont les expressions de contenus que le conscient n'a
encore ni appréhendés, ni enserrés dans la formule de
quelque concept ; en outre, ils doivent être considérés
sous l'angle de leur relativité, en fonction de la situation consciente momentanée.

Il est caractéristique que le rêve ne s'exprime jamais
de façon abstraite et logique, mais toujours à l'aide de
paraboles et d'allégories. Cette particularité caractérise
également les langues primitives ; leurs tournures fleu-
ries nous surprennent toujours. Dans les monuments
des littératures antiques, les paraboles de la Bible, par
exemple, ce qui est exprimé aujourd'hui par l'expression abstraite l'était alors par l'image figurée. Même
un esprit aussi philosophique que Platon n'a pas craint
de définir certaines idées fondamentales par le détour
de symboles.

Les rapprochements entre des motifs oniriques types et des thèmes mythologiques permettent de supposer, comme le fit déjà Nietzsche, que la pensée onirique est une forme philogénétique antérieure de notre pensée.

Notre corps conserve des traces de son développement phylogénétique; il en est de même de l'esprit humain. Il est donc possible de voir dans le langage allégorique de nos rêves un reliquat archaïque.

Des recherches ultérieures nous ont montré clairement que le langage sexuel des rêves ne saurait être toujours soumis au malentendu d'une acception concrète; ce langage sexuel est un langage archaïque naturellement plein des analogies les plus immédiates, sans se superposer pour cela chaque fois à une allusion sexuelle active. C'est pourquoi il est injustifié de prendre le langage sexuel du rêve dans son acception concrète, alors que d'autres contenus sont décrétés symboliques. Dès que les expressions sexuelles du langage onirique sont conçues comme les symboles de choses infiniment plus complexes, il se dégage aussitôt une conception autrement profonde de la nature du songe.

Je prends le rêve pour ce qu'il est. Le rêve est une matière tellement difficile et embrouillée que je n'ose faire aucune supposition sur la tendance à la dissimulation qui pourrait lui être inhérente. Le rêve est un événement naturel et il n'y a pas de raison discernable pour supposer qu'il soit une invention rusée en vue de nous berner. Le rêve survient quand la conscience et la volonté sont en majeure partie éteintes. Il semble être un produit naturel qui se rencontre aussi chez des gens qui ne sont pas névrosés. De plus, on connaît si peu la psychologie du processus onirique que nous devons être plus que prudents si nous introduisons dans son interprétation des éléments étrangers au rêve même.

Rien ne nous permet d'accuser le rêve, en quelque sorte, d'une manœuvre intentionnelle de tromperie. La nature, il est vrai, est souvent obscure et impénétrable, mais elle n'a pas ce caractère d'astuce mensongère qui est le fait de l'homme. C'est pourquoi il faut partir de l'idée que le rêve est précisément ce qu'il doit être,

rien de plus, rien de moins. Lorsqu'il décrit l'un de ses
éléments sous un jour négatif, rien ne nous permet de
supposer qu'il veuille au contraire mettre en avant son
aspect positif, et ainsi de suite.

Un minimum de théorie nous est toujours nécessaire
pour concevoir nettement les choses. Ainsi, c'est une
attente théorique que de penser qu'un rêve doit avoir
un sens ; ce qui ne saurait être prouvé strictement pour
tous les rêves, car il en est qui ne sont compris ni du
malade, ni du médecin. Cependant, il me faut croire à
ce postulat dans lequel je puise le courage de m'attar-
der aux songes.

Autant que faire se peut, je n'interprète jamais un
rêve isolément. En règle générale, un rêve appartient à
une série. De même que dans le conscient, il existe une
continuité — abstraction faite qu'elle est régulièrement
interrompue par le sommeil — de même il existe apparemment une continuité dans la suite des processus
inconscients. Cette continuité, dont font preuve les
déroulements inconscients, est même peut-être plus
marquée que dans les phénomènes conscients. — En
tout cas, mon expérience se prononce en faveur de la
probabilité que les rêves sont les maillons visibles
d'une chaîne d'événements inconscients.

Chaque interprétation est une hypothèse, une tentative de déchiffrer un texte inconnu. Il est rare qu'un
rêve obscur et isolé soit interprétable avec quelque certitude. C'est pourquoi j'attribue peu de poids à l'interprétation d'un seul rêve. L'interprétation n'atteint à
une assurance relative qu'au cours d'une série de
rêves, les rêves ultérieurs redressant les erreurs qui ont
pu se glisser dans l'interprétation des rêves précédents.
Autre avantage : les thèmes et les motifs fondamentaux
y acquièrent un relief beaucoup plus accusé.

Du point de vue théorique, une image onirique peut
signifier tout ou rien. Un objet ou un fait en eux-
mêmes ont-ils d'ailleurs une signification ? Une seule
certitude : c'est toujours l'homme qui interprète, autrement dit, qui donne un sens. Et pour la psychologie,
c'est là, d'abord, l'essentiel.

Quiconque veut éviter la suggestion consciente doit considérer que l'interprétation d'un rêve est sans valeur tant qu'elle n'a pas acquis l'assentiment du patient.

Au fond, il importe très peu que le médecin comprenne ; tout dépend de ce que le malade comprend. La compréhension devrait donc être plutôt un accord, fruit d'une réflexion faite en commun. Le danger d'une compréhension unilatérale consiste en ce que le médecin, par suite de son opinion préconçue, se fait sur le rêve un jugement qui concorde — parce qu'il est orthodoxe — avec une quelconque doctrine ou qui même, en dernier lieu, peut être, au fond, exacte. Mais cela ne donne pas l'accord librement voulu par le malade et n'a, par conséquent, aucune valeur pratique. C'est aussi inexact, parce que cela anticipe sur le développement du malade et le paralyse : il ne faut pas instruire le malade d'une vérité, — ce serait s'adresser uniquement à sa tête — il vaut mieux qu'il parvienne à cette vérité ; ainsi on atteint son cœur et on agit plus profondément et plus énergiquement.

*
* *

Mais quand, demandera-t-on à bon droit, peut-on être sûr de l'interprétation ? Existe-t-il un critère de la justesse d'une interprétation auquel on puisse quelque peu se fier ? Par bonheur, on peut répondre affirmativement à cette question ; si nous nous sommes trompés dans une interprétation, ou si elle est restée incomplète, nous pouvons, le cas échéant, nous en apercevoir dès le rêve suivant. Par exemple, le motif antérieur se répète sous une forme plus nette, ou bien une paraphrase ironique vient détruire notre interprétation — à moins que ne se dresse contre elle une violente opposition. Admettons que ces interprétations aussi soient erronées ; alors le manque de résultats et la futilité du procédé se traduiront bientôt par le vide, la stérilité, et l'absurdité de l'entreprise, de sorte que le médecin

aussi bien que le malade étoufferont soit dans l'ennui,
soit dans le doute. Tandis que l'interprétation juste se
voit récompensée par une animation, la fausse est
condamnée à l'arrêt, à la résistance, au doute et à
l'ensablement réciproque.

Tant que j'aide mon patient à découvrir les éléments
efficaces, les moments créateurs de ses rêves et tant
que je m'efforce de lui faire entrevoir le sens général
de ses symboles, il se trouve encore dans un état
d'enfance psychologique, à savoir dans un état de
dépendance par rapport aux rêves qu'il aura ou n'aura
pas et des lumières qu'ils pourront lui procurer. Une
fois les rêves rapportés, le patient va dépendre encore
de la compréhension de l'analyste qui peut laisser à
désirer ou se tarir, et de son savoir qui l'assistera avec
plus ou moins de bonheur dans la recherche de conclusion salutaire. Il se trouve donc encore *dans un état
passif peu enviable où tout a un aspect d'incertitude
et de précarité*. Ni le patient, ni l'analyste ne savent
où mène l'expédition. Souvent elle ressemble à des
tâtonnements dans une obscurité analogue à celle des
recherches d'égyptologie. A cette phase nous ne
devons point escompter d'effets considérables, l'insécurité est trop grande. En outre il faut compter avec le
danger fréquent que ce qui a été tissé pendant le jour
ne se défasse pendant la nuit. Le danger est alors que
rien ne tienne, que rien ne démarre.

Je n'ai pas besoin de prouver que mon interprétation
du rêve est exacte — entreprise qui n'a guère d'issue
— je dois seulement, avec le malade, chercher ce qui
est efficace : je serais presque tenté de dire : ce qui est
réel.

Je ne me prévaux d'aucune théorie des rêves ;
j'ignore leur provenance. Je ne suis pas le moins du
monde assuré que ma façon de manipuler les rêves
mérite le nom de méthode. Je partage tous les préjugés
contre leur interprétation, quintessence d'incertitude et
d'arbitraire. Mais d'un autre côté, je sais que lorsqu'on
médite un rêve assez longtemps, allant au fond,
lorsqu'on le conserve par devers soi, l'examinant de

temps en temps sous ses différents aspects, il s'en exprime en général, toujours, un intérêt certain. Ce que nous en recueillons n'est naturellement pas un résultat scientifique duquel on pourrait retirer quelque gloriole ou que l'on pourrait rationaliser, mais c'est un avertissement d'importance pratique qui indique au patient l'orientation de son cheminement inconscient. Que m'importe que le résultat de la méditation sur le thème onirique soit soutenable scientifiquement et logiquement inattaquable ! Rechercher cet achèvement logique, ne serait-ce point poursuivre un but secondaire auto-érotique ? Je dois être pleinement satisfait que cela parle au malade et donne de la pente au courant de la vie. Le seul critère que je doive reconnaître réside dans l'efficacité ou l'inefficacité de mes efforts. Mon violon d'Ingres scientifique, ce désir de toujours prétendre savoir pourquoi et comment quelque chose agit, doit être réservé aux heures de loisir.

On peut d'ailleurs difficilement penser, quand on s'est fait une idée de la variabilité infinie des rêves, qu'il puisse jamais exister dans ce domaine une méthode, c'est-à-dire une marche à suivre, techniquement prescrite, capable de conduire à un résultat infaillible. Il est d'ailleurs bon que cette méthode fasse défaut ; car, si elle existait, elle porterait préjudice au sens du rêve ; limité avant la lettre, il perdrait précisément cette vertu, cette aptitude à révéler un point de vue nouveau, qui le rend si précieux en psychologie.

Même si nous, hommes du XXe siècle, pensons plus librement à ce sujet, l'idée de l'interprétation des rêves est encore trop entachée de préjugé historique, pour que l'on puisse, sans plus, se familiariser avec elle. Y a-t-il, en général — se demandera-t-on — une méthode d'interprétation des rêves qui puisse inspirer confiance ? On ne peut cependant se fier à n'importe quelle spéculation. Ces scrupules sont les miens à tout point de vue ; je suis même persuadé qu'il n'y a aucune méthode à laquelle on puisse se fier en la matière. D'ailleurs dans l'interprétation des données naturelles il n'y a de sécurité absolue qu'à l'intérieur

de limites très étroites et là ne ressort jamais plus que
ce qui a été introduit. Toute explication de la nature
n'est qu'entreprise hasardeuse.

*
* *

L'utilisation pratique de l'analyse onirique est
encore l'objet de bien des controverses. De nombreux
praticiens considèrent qu'elle est indispensable au traitement des névroses ; par ce fait même, ils confèrent
au rêve une importance psychique fonctionnelle équivalente à celle de la conscience. D'autres, par contre,
dénient toute valeur à l'analyse onirique, ravalent les
rêves au rang de sous-produits psychiques insigni-
fiants. Il va de soi que toute conception qui attribue à
l'inconscient un rôle déterminant dans l'étiologie des
névroses, prête également au rêve — extériorisation
immédiate de cet inconscient — une portée pratique
essentielle. Il est certain que la conception opposée,
qui nie l'inconscient, ou du moins lui refuse toute efficience étiologique, décrétera la superfluité de l'analyse
onirique.

Plus encore que dans notre conscience, c'est dans le
rêve que se révèle l'essence de la psyché telle qu'elle
s'est construite dans son développement historique.
Dans le rêve s'expriment ses images et instincts provenant de la nature la plus primitive. Grâce à l'assimilation de contenus inconscients nous ajustons la vie
consciente du moment — qui a trop tendance à s'écarter de la nature — en fonction de celle-ci et nous ame-
nons à nouveau notre patient à sa légalité naturelle.

Dans de nombreux cas, les rêves ramènent d'abord
au passé et rappellent ce qui a été oublié et perdu ; car
se produisent assez souvent des arrêts et des désorien-
tations, lorsque la conduite de la vie est devenue unilatérale. Alors peut se produire soudain ce qu'on
appelle «une perte de libido», toute activité antérieure
devient sans intérêt, n'a plus de sens et les buts apparaissent soudain comme indésirables. Ce qui chez l'un
n'est qu'humeur passagère peut devenir chez un autre

un état chronique. Dans ce cas-là, il arrive souvent que d'autres possibilités de développement de la personnalité restent enfouies quelque part dans le passé, et personne n'en sait rien, pas même le patient; le rêve peut en découvrir la trace.

En chacun de nous existe un autre être que nous ne connaissons pas. Il nous parle à travers le rêve et nous fait savoir qu'il nous voit bien différent de ce que nous croyons être. Donc, quand nous nous trouvons dans une situation difficile et insoluble, cet autre, étranger, peut parfois nous éclairer d'une lumière plus propre que toute autre à modifier l'attitude qui nous a mis dans la situation difficile.

Où devons-nous conduire notre patient pour lui donner au moins la lueur d'un pressentiment que nous pourrons contrebalancer la banalité de son monde trop connu? Nous devons le mener, parfois par de longs détours, à un endroit de son âme, lieu obscur, de peu d'apparence, sans relief, sans intérêt, sur une voie depuis longtemps dépassée, vers une illusion reconnue depuis longtemps, dont tout le monde sait qu'elle n'est pas autre chose que... Cette place c'est le rêve, cette forme grotesque de la nuit qui plane, passagère, et la voie s'appelle: la compréhension des rêves.

S'occuper des rêves, est une sorte de réflexion sur soi-même. Mais dans ce cas la conscience du moi ne réfléchit pas sur elle-même, elle s'occupe de la donnée objective du rêve comme s'il s'agissait d'une communication ou d'un message de l'âme humaine inconsciente et unique. On réfléchit au Soi, on ne réfléchit pas au moi, on réfléchit sur ce Soi étranger qui nous est originellement propre, qui est notre souche, d'où naquit un jour le moi et qui nous est étranger parce que nous l'avons perdu par suite des errements de la conscience.

Le rêve n'est autre qu'une idée spontanée de l'âme obscure qui relie tout. Aussi qu'y aurait-il de plus naturel, quand nous sommes perdus dans les mille détails et les dispersions infinies du monde superficiel, que de venir frapper à la porte du rêve pour nous ren-

seigner sur les points de vue qui pourraient nous rapprocher des réalités fondamentales de l'existence
humaine ? Mais là, nous nous heurtons aux préjugés les
plus tenaces : « Tout songe est mensonge. » Les rêves
ne sont pas des réalités, ils nous trompent, ce sont de
simples réalisations de désirs. Autant d'échappatoires
pour n'être pas obligé de prendre les rêves au sérieux,
car ce serait bien malcommode. La prétention spirituelle de la conscience aime l'isolement, la séparation
malgré toutes les incompatibilités, et c'est pourquoi on
répugne à reconnaître que la vérité onirique peut être
réelle. Il peut arriver que des saints aient des rêves
sauvages ou crapuleux. Que deviendrait leur sainteté
qui les élève si haut par delà la plèbe, si le mystère
du rêve devenait réalité vraie. Or ce sont précisément
les rêves les plus désagréables qui nous rapproche-
raient le mieux de l'humanité consanguine et modéré-
raient le mieux l'orgueil des êtres qui ne se veulent
pas soumis à leurs instincts. Même quand tout un
monde se disloque, jamais cette liaison universelle de
l'âme obscure ne peut se briser et plus s'élargissent et
se multiplient les failles de la surface, plus grandit
dans la profondeur la force de l'unité.

L'HOMME
DANS SES RELATIONS

Bien des cœurs se perdent dans le général
Mais le plus noble se consacre à l'Un.

GOETHE.

Médecin et malade

Celui qui veut connaître l'âme humaine n'apprendra à peu près rien de la psychologie expérimentale. Il faut lui conseiller d'accrocher au clou la science exacte, de se dépouiller de son habit de savant, de dire adieu à son bureau d'étude et de marcher à travers le monde avec un cœur humain, dans la terreur des prisons, des asiles d'aliénés, des hôpitaux, de voir les bouges des faubourgs, les bordels, les tripots, les salons de la société élégante, la Bourse, les meetings socialistes, les églises, le revival et les extases des sectes, d'éprouver sur son propre corps amour et haine, les passions sous toutes les formes; alors, il reviendra chargé d'un savoir plus riche que celui que lui auraient donné des manuels épais d'un pied et il pourra être, pour ses malades, un médecin, un véritable connaisseur de l'âme humaine.

Le besoin scientifique qu'éprouve le savant s'accompagne toujours, évidemment, de la recherche de règles et de rubriques pour saisir ce qu'il y a de plus vivant dans le vivant. Au contraire, le médecin qui observe, libéré de toute formule, doit laisser agir sur lui la réalité sans loi, vivante, dans toute sa richesse.

C'est à en désespérer, mais il n'y a dans la réalité psychologique ni recette passe-partout, ni norme généralement valable. Il n'y a que des cas individuels révélant des besoins et des exigences si divers, qu'au fond on ne peut jamais savoir d'avance dans quelle voie un cas s'engagera; le médecin a donc avantage à renoncer à toute opinion préalable; cela ne veut pas dire qu'il doive les jeter par-dessus bord, mais qu'il doit les appliquer seulement dans chaque cas d'espèce comme hypothèse d'explication possible.

Un vieil alchimiste disait: «Si un homme absurde utilise les moyens qui conviennent, ces moyens convenables agissent de façon absurde.» Cette sentence chi-

noise, qui malheureusement n'est que trop vraie, forme
un contraste brutal avec notre croyance en la bonne
méthode. La méthode n'est, en fait, que la voie et la
direction prises par un praticien, sa manière d'agir
exprimant au demeurant son propre caractère. S'il n'en
est pas ainsi, la méthode n'est plus qu'une affectation,
artificiellement apprise, sans racine, sans saveur, qui
sert le but illégal de la dissimulation de soi, moyen de
se faire illusion sur soi-même et d'échapper à la loi,
peut-être impitoyable, de son propre être.

Comme le traitement de chaque cas grave ajoute toujours un conflit suprêmement aigu en marge de l'efficacité de n'importe quelle technique, personne ne
devrait jouer de la psychologie analytique comme d'un
instrument facile à manier. Ceux qui écrivent à son
sujet des livres superficiels et de peu de valeur ou bien
ne sont pas conscients de la profonde signification de
la psychologie analytique, ou bien ignorent la véritable
nature de l'âme humaine.

Si nous avons affaire à l'âme humaine, nous ne pouvons la rencontrer que sur son propre terrain ; et c'est
pour nous une obligation lorsque nous nous trouvons
en face des vrais problèmes de la vie, réels et boule-
versants.

La force considérable des contenus inconscients trahit toujours l'existence d'une faiblesse correspondante
de la conscience et de ses fonctions. La conscience est,
pourrait-on dire, menacée d'impuissance ; ce danger est
un des «hasards magiques» que le primitif redoute le
plus. On comprend donc que cette secrète angoisse
puisse se retrouver chez l'homme civilisé. Dans les cas
graves, c'est la peur secrète de la maladie mentale ;
dans d'autres cas plus bénins, c'est la crainte de
l'inconscient que l'homme normal trahit aussi dans sa
résistance aux points de vue et aux explications psychologiques. Véritablement grotesque est la résistance
qui se manifeste dans le refus des essais d'explication
psychologique des choses de l'art, de la philosophie,
de la religion, comme si l'âme humaine n'avait, ou ne
devait rien avoir à faire précisément dans ce domaine.

Le médecin connaît ces zones bien défendues dont il entend parler dans ses consultations ; elles rappellent les points de vue insulaires où le névrosé se place pour se protéger des pieuvres tentaculaires. («Happy neurosis island», l'heureuse île de la névrose, c'est ainsi qu'un de mes malades caractérisait son état de conscience.) Or le médecin sait fort bien que le malade a besoin d'une île et que, sans elle, il serait perdu. Elle est, pour sa conscience, le refuge, l'ultime sécurité contre l'enserrement par l'inconscient qui le menace. Il en est de même des régions tabou de l'homme normal que l'on interdit à la psychologie d'aborder. Mais comme on ne remporte pas la victoire par la seule défensive, il faut, pour sortir de la guerre, ouvrir des pourparlers avec l'ennemi afin de savoir quelles conditions il posera. Telle est l'intention du médecin qui propose sa médiation. Il ne cherche nullement à troubler cette idylle insulaire problématique, ni à raser les remparts protecteurs. Au contraire, il en est réduit à penser qu'il existe un point fixe quelque part, auquel on pourrait se fier et qu'il ne lui faut pas rechercher de prime abord dans le chaos, ce qui constitue toujours une tâche extrêmement difficile. Il sait que l'île est un peu trop étroite, que l'existence sur elle est un peu trop maigre, qu'elle est, en outre, tourmentée de toutes sortes de misères imaginaires parce qu'on a laissé au dehors trop de vie.

La pratique médicale est, et a toujours été, un art. Il faut en dire autant de l'analyse. L'art véritable est créateur, et ce qui crée est au-delà de toute théorie. C'est pourquoi je dis à tout débutant : «Apprenez les théories aussi bien que vous le pourrez, mais laissez-les de côté dès que vous toucherez la merveille de l'âme vivante. Ce ne sont pas les théories, c'est votre personnalité créatrice qui sera décisive.»

Bien qu'il soit impossible d'indiquer, pour les maladies somatiques, un remède ou un procédé dont on puisse affirmer dans tous les cas qu'il ait une action infaillible, il existe pourtant bon nombre de procédés qui conduisent, avec une grande probabilité, au succès désiré, sans que le médecin, ni le malade, éprouvent le moindre besoin de faire intervenir un «*Deo concedente*». Mais ici nous ne traitons pas le corps, nous traitons l'âme. Pour cette raison, nous sommes obligés de parler un autre langage que celui des cellules et des bactéries, un langage adapté au caractère de l'âme; de même, nous devons prendre une attitude qui mesure le danger et se montre à sa hauteur. Il faut que tout cela soit authentique, sinon l'action est nulle, et si tout cela est creux, c'est dommageable pour tous les deux. Le «*Deo concedente*», si Dieu veut, n'est nullement une figure de style, mais bien l'expression d'une attitude déterminée de l'homme qui ne se berce pas de l'illusion de mieux savoir en toutes circonstances et qui a conscience que le matériau inconscient qu'il a devant lui est matière vivante, un Mercurius de nature paradoxale dont un maître a dit: «*Et est ille quem natura paululum operata est et in metallicam formam formavit, tamen imperfectum reliquit*» («Et c'est lui dont la nature s'est quelque peu préoccupée et à qui elle a donné la forme métallique, tout en le laissant cependant imparfait»), un être naturel qui aspire à son intégration dans la totalité de l'homme. Il semble que ce soit un morceau d'âme originelle où aucune conscience n'est encore intervenue pour séparer et ordonner une «double nature» d'une insondable ambiguïté.

Notre médecine officielle moderne, pas plus que la psychologie ou la philosophie universitaires, ne donne au médecin la formation dont il a besoin; elle ne lui enseigne pas davantage les moyens indispensables pour affronter efficacement et avec compréhension les exigences parfois très urgentes de la pratique psychothérapeutique. C'est ce qui nous contraint, en dépit de l'insuffisance de notre dilettantisme historique, de nous mettre à l'école des médecins philosophes appartenant à un lointain passé, qui ont œuvré à une époque où l'âme et le corps n'étaient pas encore écartelés entre différentes facultés. Quoique nous soyons, nous autres psychothérapeutes, spécialistes par excellence, il faut constater que c'est précisément notre domaine particu-

lier qui nous contraint paradoxalement à l'universalisme et nous oblige à surmonter radicalement les travers d'un éparpillement exagéré en spécialités, afin
que la totalité de l'âme et du corps soit pour nous autre
chose qu'un verbiage qui sonne creux.

La thérapeutique suggestive, prétendue hautement
scientifique, travaille avec les moyens du *medicine-
man* et du chaman guérisseur. D'ailleurs, pourquoi ne
devrait-elle pas le faire ? Le public actuel n'est pas
beaucoup plus évolué que la clientèle de ces derniers,
et il attend toujours d'un médecin des effets miracu-
leux. Il faut d'ailleurs dire des médecins qui savent se
donner le nimbe du *medicine-man*, qu'ils ont l'intelligence de leur art, l'intelligence des choses de ce
monde à tout point de vue : car ce sont eux, en effet,
qui non seulement ont la meilleure clientèle, mais aussi
les meilleurs succès thérapeutiques. Cela provient simplement du fait, qu'abstraction faite des névroses,
d'innombrables maladies physiques sont aggravées et
compliquées, à un degré à peine croyable, par des
matériaux psychiques. De tels médecins, auprès desquels le malade sentira s'évoquer en lui ses problèmes,
trahissent déjà par tous leurs gestes qu'ils rendent
entièrement justice aux composantes psychiques de
leur sujet, en donnant à la confiance du malade l'occasion de s'agripper à la personnalité mystérieuse du
médecin. Par là-même, le médecin a conquis l'âme du
malade qui va l'aider dorénavant a amener la guérison
du corps. La meilleure des choses est naturellement
que le médecin croie à ses formules et à ses procédés,
sinon il est assailli par un sentiment d'insécurité scientifique, sentiment qui lui fera perdre le ton juste et
convaincant.

Je tiens donc que le cas de conscience du médecin
qui veut rester fidèle à sa conviction scientifique est
bien minime en face de la question infiniment plus
importante de savoir comment il pourra venir en aide
à son malade. Le médecin doit pouvoir, le cas échéant,
jouer le rôle d'augure. *Mundus vult decipi* — mais le
succès dans la guérison n'est pas une illusion. Il est

certain qu'il y a un conflit entre la conviction idéale et la possibilité concrète. Mais nous préparons mal le terrain pour la semence future si nous oublions la tâche présente pour ne cultiver que des idéaux. C'est là de la rêverie. N'oubliez jamais que Képler faisait des horoscopes pour de l'argent et que de nombreux artistes sont condamnés à un travail servile.

En tant que médecin, ma tâche est d'aider le patient à être capable d'affronter la vie. Au sujet des décisions ultimes qu'il fera siennes à ce propos, je ne puis avoir la présomption de me permettre un jugement, car je sais par expérience que toute contrainte, depuis l'allusion la plus légère jusqu'à la suggestion, en passant par toutes les méthodes d'influence que l'on voudra, ne détermine en fin de compte rien d'autre qu'un obstacle à l'expérience la plus importante et la plus décisive de toutes, qui est la solitude avec soi-même, avec son Soi, quelque nom que l'on choisisse pour désigner l'objectivité de l'âme. Le patient doit être seul, ne serait-ce que pour trouver et connaître ce qui le porte lorsqu'il n'est plus en état de se porter lui-même. Seule cette expérience peut donner à son être des fondements indestructibles.

L'homme étant déterminé non seulement en tant qu'individu, mais aussi en tant que membre d'une société, ces deux tendances inhérentes à la nature humaine ne sauraient être séparées l'une de l'autre sans causer à l'être humain de graves dommages. Dans le cas le plus favorable, le malade sort de l'analyse tel qu'il est réellement, c'est-à-dire, en harmonie avec lui-même, ni bon, ni mauvais, tel qu'est l'homme, être naturel.

*
* *

Il est inouï de voir à quel degré les hommes se prennent à leurs propres paroles; ils s'imaginent toujours que derrière chacune d'elles se cache une réalité. Comme si l'on avait porté un rude coup au diable pour l'avoir maintenant surnommé névrose.

La névrose est très intimement liée au problème de notre temps : elle représente, à vrai dire, une tentative malheureuse de l'individu pour résoudre en lui-même le problème général. La névrose est désunion avec soi-même.

Les natures problématiques sont souvent névrosées ; mais on se méprendrait gravement si l'on confondait ce caractère problématique avec la névrose ; il y a entre les deux une différence capitale : le névrosé est malade parce qu'il n'a pas conscience de ses problèmes, tandis que le problématique souffre, sans être malade, des problèmes qui lui sont conscients.

La plus grosse bourde que puisse commettre, à l'occasion, un analyste, c'est de supposer chez l'analysé une psychologie parente de la sienne propre.

Entre les mains d'un fou, la médecine a été de tout temps poison et mort. De même que nous devons exiger du chirurgien, outre ses connaissances spéciales, qu'il ait une main habile, du courage, de la présence d'esprit et de la décision, nous devons encore bien plus attendre du psychanalyste une formation psychanalytique sérieuse de sa propre personnalité, si nous voulons lui confier un malade. Je voudrais même dire que l'acquisition et le maniement de la psychanalyse présupposent non seulement qu'on ait des dons psychologiques, mais encore en premier lieu un effort sérieux, chez le médecin, pour former son propre caractère.

Chaque cas nouveau, qui demande à être traité à fond, constitue un travail de pionnier et toute trace de routine devient vite erronée. Les formes supérieures de la psychothérapie sont donc une profession très exigeante. Elles exigent, imposent parfois des tâches nécessitant l'entrée en lice non seulement de l'entendement ou de la sympathie, mais même de l'homme tout entier. Le médecin n'hésitera pas à exiger de son malade qu'il entre entièrement dans le jeu ; il est nécessaire qu'il sache bien que cette exigence n'est efficace que si elle le concerne également.

Il y a des médecins qui croient pouvoir se tirer d'affaire par l'auto-analyse. C'est là une psychologie à

la Münchhausen, qui ne les conduira à rien. Ils
oublient qu'une des conditions les plus importantes du
succès thérapeutique est précisément la soumission au
jugement objectif d'un autre. On sait qu'en dépit de
tout on est toujours aveugle à son propre égard.

On s'est trop souvent imaginé que l'on pouvait manier
la psychothérapie comme une «technique», comme on se
sert d'un formulaire de recettes, d'une méthode opéra-
toire, ou bien d'un procédé de teinturier. Le médecin
ordinaire peut utiliser sans difficulté toutes les techniques
possibles, quelle que soit l'opinion qu'il ait de son
malade, quelles que soient les théories psychologiques,
philosophiques ou religieuses qui lui servent de base.
Mais ce n'est pas de cette manière que l'on peut
employer la psychothérapie. Qu'il le veuille ou non, le
médecin s'y trouve intriqué avec toutes ses présupposi-
tions, tout comme le malade. Il est même absolument
sans importance qu'il emploie une technique ou une
autre, car ce n'est pas la «technique» qui importe, c'est
en premier lieu la personnalité qui emploie une méthode.
Ce que vise la méthode, ce n'est ni une pièce anatomique
morte, ni un abcès, ni un corps chimique, c'est au
contraire la totalité d'une personnalité qui souffre. Ce
n'est pas la névrose qui est l'objet de la thérapie, c'est
l'être qui souffre d'une névrose. Une névrose cardiaque,
nous le savons déjà depuis un certain temps, ne provient
pas du cœur, comme on le voulait en mythologie médicale; elle vient de l'âme de celui qui souffre. Elle ne surgit pas non plus de quelque coin obscur de l'inconscient
comme de nombreux psychothérapeutes s'efforcent
encore de le croire aujourd'hui, mais de ce qu'a vécu et
subi pendant des années et des dizaines d'années un
homme dans sa totalité et finalement pas seulement de
sa vie particulière, mais même du vécu collectif du
groupe familial ou même social.

La personnalité du malade demande que ce soit la
personnalité du médecin qui entre en lice, et non point
des tours de main techniques.

*
* *

La psychothérapie est, au fond, une relation dialectique entre médecin et malade. C'est une confrontation entre deux totalités psychiques dans laquelle tout savoir n'est qu'instrument. Le but en est une métamorphose, une métamorphose non déterminée d'avance, une transformation indéterminable dont le seul critère est la diminution de la prédominance du moi. Le médecin ne peut pas déclencher, forcer l'événement décisif; tout au plus peut-il aplanir les voies pour le malade afin qu'il parvienne à une attitude qui oppose la moindre résistance à l'expérience décisive.

Le psychothérapeute ne devrait pas se bercer de l'illusion que le traitement des névroses n'exige rien de plus que la connaissance de la technique; il devrait au contraire être parfaitement conscient du fait que le traitement psychique d'un malade consiste en une relation dans laquelle le médecin se trouve engagé aussi bien que le malade. Un traitement mental réel ne peut être qu'individuel et c'est pourquoi la meilleure technique n'a qu'une valeur relative. L'attitude générale du médecin n'en a que plus d'importance et il doit être orienté sur lui-même de façon à ne pas détruire les valeurs particulières du malade à lui confié — quelles que puissent être ces valeurs.

La plupart des hommes ont besoin d'un vis-à-vis, sinon leur expérience psychique vécue manque de base et de réalité. L'homme ne «s'entend» pas; seul, il ne peut se distinguer de ce qui lui est extérieur, et ne peut donc se contrôler. Tout se déroule en lui-même, ne concerne que lui-même, rien d'étranger à lui ne lui répond. C'est une tout autre affaire d'avouer sa faute à soi-même ou de l'avouer à un autre.

Le processus psychique de différenciation n'est point tâche aisée; il exige une patience de tous les instants. Une telle confrontation avec soi-même, ainsi que l'expose la symbolique alchimique, est absolument impossible s'il n'existe aucune relation avec un vis-à-vis humain. Une «compréhension générale et académique de ses fautes» reste sans effet, parce que dans cette affaire, les «fautes» n'apparaissent pas véritable-

ment; ce qui apparaît, ce sont uniquement leurs représentations. Elles ne prennent un caractère d'acuité que
là où dans la relation avec autrui elles se manifestent
vraiment et se font remarquer aussi bien par l'un que
par l'autre. C'est alors seulement qu'on peut les ressentir et en reconnaître la véritable nature. L'aveu que
l'on se fait à soi-même n'agit le plus souvent que peu
ou pas du tout: par contre, quand il est fait à un autre,
on peut en attendre beaucoup plus d'effet.

Personne ne joue avec le feu ou ne manipule les poi-
sons sans se faire roussir le poil ou sans en sentir, au
moins un peu, les effets en quelque point faible. Car
le vrai médecin ne demeure jamais au bord, mais se
trouve toujours au cœur du problème.

La confrontation avec les problèmes soulevés par les
conceptions du monde est une tâche que la psychothérapie se donne immanquablement à elle-même, même
en tenant compte du fait que chaque malade ne pousse
pas les choses jusqu'aux questions de principe. La
question des critères auxquels on se rapporte, des jugements éthiques qui doivent déterminer notre conduite,
doit d'une façon ou d'une autre recevoir une réponse
car, le cas échéant, le malade attendra de nous une justification de nos décisions et de nos jugements. Si nous
leur refusons une réponse, bien des malades ne se lais-
seront pas acculer à un sentiment d'infériorité infantile; et je passe sous silence le fait que par un tel refus
on commet une maladresse thérapeutique qui consiste
à scier la branche même sur laquelle on s'est assis. En
d'autres termes, l'art de la psychothérapie exige que le
thérapeute soit en possession d'une conviction digne
d'être crue, défendue et, éventuellement, clairement
énoncée, relative aux choses dernières, et qui fait ses
preuves grâce à la constatation qu'elle a aidé le praticien à surmonter en lui-même une dissociation névrotique ou qu'elle l'en a mis à l'abri. La détention d'une
névrose dément le psychothérapeute, dément la validité
de son autorité: on ne peut espérer mener un malade
plus loin que le point que l'on a atteint soi-même.

Si le thérapeute n'est pas enclin à révoquer en doute, pour l'amour de son malade, ses propres convictions, il y a lieu de concevoir quelques soupçons à l'adresse de leur solidité. Peut-être n'est-il point en état, pour des motifs d'auto-défense et d'auto-protection, de céder ou d'accueillir la contradiction avec sincérité et souplesse : ce qui fait qu'il est menacé de rigidité et de pétrification. Les possibilités psychiques de souplesse et d'élasticité ont des degrés très individuels et des limites qui varient d'un individu à l'autre ; quelquefois elles sont si étroites qu'une certaine rigidité constitue en fait la limitation et la restriction des ressources thérapeutiques : « *Ultra posse nemo obligatur* » (La plus belle fille du monde...).

*
* *

Si le médecin veut conduire l'âme d'autrui ou même seulement l'accompagner, il faut, à tout le moins, qu'il soit en contact avec elle. Or, ce contact ne s'établit jamais quand le médecin condamne en son for intérieur l'être qui se confie à lui. Qu'il ne dise rien de cette condamnation ou qu'il l'exprime plus ou moins, de toute manière elle sera ressentie par le patient, et elle aura son cortège de conséquences.

Il y a malheureusement beaucoup trop de gens qui parlent de l'homme comme il serait désirable qu'il fût et jamais de l'homme tel qu'il est en réalité. Le médecin, lui, a toujours affaire à l'homme réel qui reste avec entêtement le même jusqu'à ce que sa réalité soit reconnue de tous. Une éducation ne peut prendre pour point de départ que la réalité toute nue et non point une trompeuse illusion.

On ne saurait changer ce qu'on n'accepte pas. La condamnation morale ne libère point, elle opprime ; dès que je condamne un être en mon for intérieur, je ne suis plus son ami et je ne partage plus ses souffrances ; je suis son oppresseur. Cela ne veut pas dire, bien entendu, que l'on ne doive pas condamner là où on espère et où l'on peut aider et améliorer. Mais, si un

médecin veut aider un homme, il doit d'abord l'accepter dans son «être tel quel»; et il ne peut le faire réellement que lorsqu'il s'est lui-même accepté au
préalable dans son être, avec toutes ses faiblesses.

Tant que l'on sent le contact humain, une atmosphère de confiance naturelle, il n'y a point de danger,
et même lorsque l'on a en face de soi l'horreur de la
folie ou l'ombre du suicide, il subsiste toujours une
sphère de confiance humaine, une certitude que l'on
comprend et que l'on est compris, la conviction que
les deux partenaires feront front courageusement, aussi
profonde que soit la nuit.

Déjà l'usage du mot «devrait» prouve toujours que
le thérapeute est impuissant en même temps qu'il
avoue être au bout de sa sagesse.

On peut s'irriter devant le notoire manque d'esprit
des humains; quand on est médecin, on ne pense pas
en toute circonstance que la maladie, ou le malade, est
de mauvaise foi ou, de quelque manière, moralement
inférieur; au contraire, on soupçonne que le résultat
négatif tient peut-être aux remèdes utilisés.

Le médecin ne peut se permettre d'indiquer les
tables de la Loi en disant «Tu dois» ou «Tu ne dois
pas», accompagnant ces mots d'un geste vain et solennel de trop facile supériorité morale. Il a à juger objectivement et à peser des possibilités, car il sait, moins
par formation et éducation religieuse que par instinct
et expérience, qu'il existe quelque chose qui est
comme une *beata culpa* — un péché heureux. Le
médecin sait que l'on peut non seulement passer à côté
de son bonheur, mais aussi à l'écart de sa culpabilité
décisive, sans laquelle un homme ne pourra parvenir à
sa totalité. Car la totalité est en fait un charisme, une
grâce; on ne peut pas plus l'inventer de toutes pièces
que la fabriquer, ni par art ni par astuce; on ne peut
que progresser vers elle et endurer tout ce que son avènement peut apporter.

Que veulent les hommes d'aujourd'hui? En tout cas
ils ne veulent point d'un enseignement moralisateur,
car ils savent le plus souvent depuis très longtemps ce

qu'on prétend leur apprendre ainsi. Aussi vont-ils chez
le médecin, auprès de qui ils espèrent trouver un peu
de compréhension générale et d'expérience de la vie.
Cela se conçoit : ils voudraient que l'on comprenne que
leur geste peut se justifier et que moraliser ne saurait
faire disparaître la cause qui l'a motivé. Ne l'ont-ils
pas essayé depuis longtemps à leur grand dommage et
ne s'y sont-ils pas ruinés ? Ce n'est pas par la raison
que l'on peut résoudre des conflits de cette sorte ; on
n'y parvient que d'une manière extrêmement mystérieuse, par la croissance symbolique : et cela, nous
sommes absolument incapables de le comprendre. Si
nous étions des Chinois nous le comprendrions aisément. Mais nous pensons si différemment, tellement
exclusivement «avec la tête», «en haut» que nous ne
sommes guère à même de nous représenter ce qu'est
une croissance symbolique, une lente métamorphose.
Pour nous, c'est la conscience qui importe, car la conscience avec sa raison nous a aidés à dominer l'espace,
à soumettre le monde à notre volonté. Mais elle ne
nous a point aidés à comprendre notre être propre, ce
monde de l'infiniment petit, le microcosme en nous.
Celui-ci est le secret que la nature humaine située au-
dessous de l'intellect, «l'homme d'en bas» en quelque
sorte, pressent et connaît parfaitement bien ; pour la
conscience, il reste inconnu.

On ne saurait pas plus traiter l'âme humaine sans
toucher au grand Tout — c'est-à-dire aux questions
ultimes — qu'on ne peut traiter le corps malade sans
prendre en considération l'ensemble de ses fonctions,
voire l'ensemble de l'homme malade, comme le souli-
gnent justement certains représentants qualifiés de la
médecine moderne. Plus un état est «psychique», plus
il est complexe et plus il concerne la totalité de l'être.

Il est impossible de traiter l'âme et la personnalité
humaines en toute généralité par tranches ou par secteurs. Au cours de toutes les perturbations psychiques,
il apparaît, peut-être avec encore plus de clarté que
dans les maladies du corps, que l'être et que l'âme
constituent une totalité où tout est en rapport avec tout.

Le malade qui nous consulte ne nous apporte pas avec
sa névrose un objet susceptible d'être examiné dans la
perspective d'une spécialité ; il nous apporte une âme
entière et, de ce fait, aussi tout un pan du monde
auquel cette âme adhère et sans la prise en considération duquel elle ne saurait être comprise.

Un médecin consciencieux doit pouvoir douter de
son art et de ses théories, sinon il verse dans le sché-
matisme. Or un schéma est toujours borné et inhumain.
La névrose — on ne saurait plus en douter — ne se
laisse pas enfermer dans la formule passe-partout : « Ce
n'est que... ». La névrose est la souffrance d'une âme
avec toute sa complexité, vaste comme le monde, tellement gigantesque que, de prime abord, on peut dire
de toute théorie des névroses qu'elle n'est qu'un
aperçu insignifiant, à moins qu'elle ne dresse une
image monumentale de l'âme, — que seul pourrait
décrire un être dépassant de cent coudées la stature
d'un Faust.

*

* *

Ce n'est pas parce que le névrosé a perdu son
ancienne foi qu'il est malade, mais parce qu'il n'a pas
encore trouvé la nouvelle forme de ses aspirations
meilleures.

Il n'est pas nécessaire d'être névrosé pour ressentir
un « besoin de guérison ». Celui-ci existe chez tout
individu, même chez ceux qui ont la conviction profonde que ces guérisons sont impossibles. Dans un
moment de désarroi, ces sujets ne pourront s'empêcher
par exemple de consulter avec curiosité un livre de
psychologie dans l'espoir d'y trouver, tout simplement
peut-être, une recette pour ramener habilement *à la
raison* un époux récalcitrant.

Il n'y a pas de maladie qui ne soit en même temps
un essai malheureux de guérison. Au lieu de présenter
le malade comme l'auteur ou le complice de secrets
désirs, moralement discutables, on pourrait tout aussi
bien déclarer qu'il est l'innocente victime de problè-

mes instinctuels non compris et que personne dans son entourage ne l'a aidé à résoudre. En outre on pourrait aussi considérer ses rêves comme des révélations de la nature, par-delà toutes les opérations humaines — trop humaines — d'auto-illusionnisme.

La symbolique névrotique est équivoque ; elle indique simultanément l'avant et l'arrière, le haut et le bas. En général, ce vers quoi on marche est plus important que ce qu'on laisse derrière soi, car l'avenir vient et le passé s'en va. Seul celui qui prépare un recul a avantage à regarder surtout en arrière. Mais le névrosé n'a pas lieu de se considérer comme battu ; il n'a fait que méconnaître son adversaire prédestiné et a cru pouvoir s'en défaire à peu de frais. C'est précisément dans ce qu'il s'efforce d'éviter que réside la tâche assignée à sa personnalité. Le médecin qui à ce sujet l'aide à se tromper lui rend un bien mauvais service. Ce que le malade doit apprendre, ce n'est pas comment on se débarrasse d'une névrose, mais comment on l'assume et la supporte. Car la maladie n'est pas un fardeau superflu et vide de sens ; elle est nous-mêmes ; nous-mêmes en tant que « l'autre » qu'on cherche à évincer, par exemple, par désir infantile de commodité, ou par peur, ou pour tout autre motif. De la sorte, on fait du « Moi », comme Freud le dit excellemment, un « antre de peur » qu'il ne serait jamais devenu si l'on ne se défendait névrotiquement contre soi-même.

Nous serions très injustes à l'égard de nos névrosés si nous étions tentés de les faire rentrer tous dans la catégorie des êtres inaptes à la liberté. Nombreux sont ceux parmi eux qui n'ont nul besoin d'être rappelés à leur responsabilité et à leurs devoirs sociaux, mais qui au contraire sont destinés à être les porteurs de nouveaux idéaux de culture. Ils sont névrosés tant qu'ils se plient à une autorité et refusent la liberté à laquelle ils sont voués. Tant que nous considérerons la vie de façon purement rétrospective, nous ne rendrons jamais justice à ces cas-là et ne leur apporterons point la guérison escomptée. Car, de la sorte, nous ne saurions en faire que des enfants dociles, favorisant ainsi précisément ce qui les rend malades.

Le petit monde de l'enfant, le milieu familial, est le modèle du vaste monde. Plus la famille a intensément marqué un enfant, plus il inclinera, une fois adulte, à voir affectivement dans le grand monde son petit monde d'autrefois. Naturellement il ne faut pas voir là un processus intellectuel conscient. Au contraire le névrosé sent et voit le contraste entre jadis et aujourd'hui et il cherche à s'adapter tant bien que mal. Peut-être croit-il être parfaitement adapté parce qu'il domine intellectuellement la situation, Mais cela n'empêche pas le sentiment de suivre cahin-caha, bien loin derrière la compréhension intellectuelle.

Dans la névrose résident en réalité des éléments de personnalité non encore développés, une précieuse parcelle de l'âme sans laquelle l'homme est voué comme un damné à la résignation, à l'amertume et autres animosités contre la vie. La psychologie des névroses qui ne voit que le côté négatif, vide tout à la fois « l'eau du bain et l'enfant qui s'y trouve » en négligeant le sens et la valeur des imaginations « infantiles », qui recèlent souvent des trésors d'imagination créatrice.

Lorsque le moi est un « antre de peur », c'est que l'individu s'enfuit devant lui-même sans en rien vouloir connaître.

La qualification d'«infantile» ne manque pas d'ambiguïté. L'infantilisme premièrement peut être intrinsèque ou seulement symptomatique et, deuxièmement, il peut être purement régressif ou désigner un état naissant. Car il y a une grande différence entre un élément demeuré infantile et un élément en cours de développement. Tous deux peuvent avoir une forme infantile ou embryonnaire et il est souvent — c'est même la règle générale — impossible de reconnaître au premier coup d'œil s'il s'agit d'un élément de l'enfance dont la survivance est regrettable ou d'un important bourgeonnement créateur. Seul sourira de ces possibilités un lourdaud qui ignore que l'avenir est encore plus important que le passé.

La névrose, en effet, n'est pas seulement une innovation négative ; elle possède aussi des aspects positifs.
Seul un rationalisme sans âme pouvait nier ce fait et
l'a effectivement nié, épaulé qu'il était par l'étroitesse
d'une conception du monde purement matérialiste. En
réalité, dans la névrose est incluse l'âme du malade,
ou du moins de certains de ses éléments essentiels ; si,
comme le veut l'intention rationaliste, la névrose pouvait être arrachée comme une dent malade, le patient
n'y aurait rien gagné ; il aurait même perdu quelque
chose de très essentiel, comme si un penseur venait à
perdre le pouvoir de douter de la vérité de ses conclusions, ou un moraliste, la tentation, ou un brave, la
peur. Perdre une névrose est synonyme de perdre son
objet ; la vie s'émousse et ainsi demeure vide de sens.
Ce n'est pas une guérison, c'est une amputation.

*
* *

Ce qui guérit une névrose doit être aussi convaincant
que la névrose elle-même et cette dernière n'étant que
trop réelle, l'expérience salvatrice doit être d'une égale
réalité. Ce doit être une illusion bien réelle, si nous
voulons employer le langage pessimiste. Mais quelle
différence y a-t-il entre une illusion réelle et une expérience religieuse qui vous guérit ? Simple question de
terminologie. Nous pouvons dire par exemple que la
vie est une maladie dont le pronostic est bien mauvais ;
elle traîne pendant des années pour se terminer par la
mort. Ou encore : que la normalité est la prédominance
généralisée d'une débilité constitutionnelle ; que
l'homme est un animal dont le cerveau est incurable-
ment hypertrophié. Ce genre d'arguments est la prérogative habituelle des hypocondriaques.

Le problème de la guérison est un problème religieux. Ce qui, pour emprunter une image au plan
social, correspond le mieux à l'état de souffrance de
la névrose, c'est la guerre civile. Par la vertu chrétienne, qui fait aimer ou accepter l'ennemi, et par le
pardon, les hommes guérissent l'état de souffrance

entre les hommes. Ce que par conviction chrétienne on
recommande à l'extérieur, il faut l'appliquer sur le
plan intérieur dans la thérapie des névroses. C'est
pourquoi les hommes modernes ne veulent plus entendre parler ni de faute, ni de péché. Ils ont assez affaire
avec leur mauvaise conscience personnelle, déjà lour-
dement chargée ; ce qu'ils désirent apprendre, c'est
comment on peut se réconcilier avec ses propres turpitudes, comment on peut aimer l'ennemi qu'on a dans
son propre cœur, et comment on peut dire « Frère » au
loup qui nous dévore.

Une névrose est vraiment « liquidée » quand elle a
corrigé la mauvaise attitude du moi. Ce n'est pas elle
qui est guérie, c'est elle qui nous guérit. L'homme est
malade ; or la maladie est l'effort que fait la nature
pour le guérir. Nous pouvons donc apprendre beaucoup
de la maladie pour notre retour à la santé, et ce qui
apparaît au névrosé indispensable à repousser renferme
l'or véritable qu'il n'a trouvé nulle part ailleurs.

Les efforts du médecin aussi bien que la quête du
patient sont dirigés vers cet homme « total », homme
caché et qui ne s'est pas encore manifesté, qui est
pourtant, en même temps, l'homme plus vaste et celui
de demain. Or le juste chemin vers la totalité est fait,
malheureusement, des détours et des errements que
nous apporte le Destin. C'est une *longissima via*
— une voie très longue — et non pas rectiligne mais
tortueuse, qui réunit les contraires ; elle rappelle le
caducée conducteur et guide ; c'est une sente de laby-
rinthe dont les méandres ne sont pas dépourvus de
terreurs. Sur ce très long chemin, nous nous rencontrons avec ces expériences que l'on se plaît à dire
« inaccessibles ». Leur inaccessibilité repose sur le fait
qu'elles nous *coûtent* une énorme somme d'efforts :
elles exigent ce que nous redoutons le plus, à savoir
la *totalité*, dont on parle sans cesse et avec tant de
faconde, à propos de laquelle on peut théorétiser à
l'infini, mais au large de laquelle, dans la réalité de la
vie, nous passons en empruntant le plus ample arc de
cercle. La « psychologie à compartiments » est infini-

ment plus prisée, cette psychologie où un secteur de l'homme ignore et veut ignorer ce qu'il y a dans les autres.

Si l'intention finale de parvenir à la totalité et à la réalisation de la personnalité originelle doit naturellement s'intensifier chez le malade, il est de notre devoir de l'aider par notre compréhension à atteindre ce but. Mais si elle ne s'accroît pas d'elle-même, nous ne saurions l'implanter sans qu'elle reste durablement comme un corps étranger dans le sujet. C'est pourquoi nous renonçons à ces artifices, tant que la nature n'agit pas nettement en vue de cette fin. Art médical muni de moyens d'action humains, ma psychologie ne s'avise nullement de prêcher une guérison ou de prôner une voie de salut; cela n'est pas en son pouvoir.

Homme et femme

Là où l'amour règne, il n'y a pas de volonté de puissance et là où domine la puissance, manque l'amour. L'un est l'ombre de l'autre.

Il n'est à mon avis caractéristique pour notre psychologie qu'au seuil de l'époque nouvelle se rencontrent deux penseurs qui devaient exercer sur les cœurs et les esprits de la jeune génération une influence considérable : *Wagner* et *Nietzsche* ; le premier, défenseur de l'amour, fait retentir dans sa musique toute l'échelle sentimentale de Tristan jusqu'aux bas-fonds de la passion incestueuse, et de Tristan jusqu'au sommet de la spiritualité du Graal ; le second est l'avocat de la puissance et de la volonté victorieuse de l'individu. Wagner se rattache dans son expression la plus noble à la légende du Graal, comme *Goethe* et *Dante* ; Nietzsche au contraire, à l'idée d'une caste et d'une morale des maîtres, comme le Moyen Age en avait plus d'une fois réalisé dans les personnages de nombreux chevaliers héroïques à la blonde chevelure. Wagner brise les liens qui entravaient l'amour, Nietzsche brise les « tables de valeur » qui étranglent l'individualité. Tous deux tendent vers des buts analogues, mais ils provoquent l'irréparable scission, car là où règne l'amour, la puissance individuelle n'a nul pouvoir, et là où domine cette puissance, il n'y a point d'amour.

Il est difficile de croire que ce monde si riche puisse être pauvre au point de ne pouvoir offrir un objet à l'amour d'un être humain. Il offre à chacun un espace infini. C'est bien plutôt *l'incapacité d'aimer*, qui enlève à l'homme ses possibilités. Notre monde n'est vide que pour qui ne sait pas diriger sa libido sur les choses et les hommes et se les rendre vivants et beaux. La beauté ne réside pas dans les choses mais dans le sentiment que nous conférons aux choses. Donc, ce qui nous contraint à créer de nous-mêmes un substitut, ce n'est pas le manque extérieur d'objets, c'est notre incapacité de saisir avec amour une chose hors de nous. Certes, les difficultés des conditions d'existence, les contrariétés de la lutte pour la vie nous accableront, mais, d'autre part, des situations extérieurement pénibles ne contrarieront pas l'amour; au contraire, elles peuvent nous éperonner pour de plus grands efforts, nous amenant à inscrire toute notre libido dans la réalité.

Notre duperie sentimentale a pris des proportions vraiment inconvenantes. Pensons au rôle vraiment catastrophique des sentiments populaires en temps de guerre! Pensons à notre prétendue humanité! Combien chaque particulier est la victime impuissante, mais nullement à plaindre, de ses sentiments! sans doute le psychiatre pourrait-il en révéler bien des choses. La sentimentalité est une superstructure de la brutalité. L'insensibilité est la position contraire; elle souffre inévitablement des mêmes manques.

Par malheur, c'est presque un idéal collectif que de rester aussi négligent et inconscient que possible dans les situations concernant l'amour. Derrière le masque de respectabilité et d'attachement, la puissance négligée de l'amour empoisonne les enfants. Evidemment on ne peut faire aucun reproche à l'individu puisqu'on ne peut attendre de lui qu'il sache quelle attitude il devrait faire sienne et comment il devrait résoudre le problème de l'amour dans le cadre de notre idéal et de nos convictions d'aujourd'hui. Le plus souvent on ne connaît que les moyens négatifs: négligence, ajournement, refoulement et répression.

Plus est lointaine et irréelle la mère personnelle, plus la nostalgie du fils va chercher loin dans les profondeurs de l'âme et y réveille cette image originelle et éternelle de la mère, à cause de laquelle tout ce qui embrasse, qui entoure, qui nourrit et qui aide prend la figure de la mère, de l'*alma mater* de l'université jusqu'à la personnification des villes, des pays, des sciences et des idéaux.

On ne résout pas un complexe materne en réduisant
unilatéralement la mère à sa mesure humaine, en la
rectifiant en quelque sorte. Ce faisant on court le risque de dissocier en atomes l'expérience vécue « mère »
et de détruire ainsi une valeur suprême, jetant la clef
d'or qu'une fée bienfaisante avait placée dans notre
berceau. Aussi l'homme a-t-il instinctivement, de tout
temps, uni au couple parental le couple divin préexistant en tant que « god father » et « godmother » du
nouveau-né, afin que celui-ci ne s'oublie jamais, par
suite d'un coupable rationalisme, à charger les parents
de divinité.

L'exaltation exagérée de l'instinct maternel, est cette
image de la mère qui, en tous temps et dans toutes les
langues, a été chantée et glorifiée ; cet amour maternel
fait partie des souvenirs les plus touchants et les plus
inoubliables de l'âge adulte, racine mystérieuse de tout
devenir et de toute métamorphose, retour chez soi et
descente en soi-même, fond originel silencieux de tout
commencement et de toute fin. Intimement connue et
étrangère comme la nature, d'une tendresse pleine
d'amour et d'une fatale cruauté — dispensatrice de vie,
joyeuse et jamais lasse, mère de douleur, porte muette
qui se referme sans réponse derrière la mort. Mère,
c'est l'amour maternel, c'est ce que *moi* je vis, c'est
mon secret. Que saurait-on dire de trop, de trop
inexact, de trop insuffisant, voire de trop mensonger
de cet être humain appelé mère qui est peut-être
— devrait-on dire — la porteuse fortuite de cette vie
qui enferme en elle et moi et toute l'humanité, même
toute créature vivante qui devient et disparaît, aventure
de la vie dont nous sommes les enfants ? Certes on l'a
toujours fait et on le fera toujours. Pourtant, celui qui
sait ne peut plus accabler de cet énorme et important
fardeau de responsabilités et de devoirs, de ciel et
d'enfer, cet être humain faible et faillible, digne
d'amour et d'indulgence, de compréhension et de pardon que fut pour nous notre mère. Il sait que de toujours, ce fut elle qui porta l'image innée de la *mater
natura* et de la *mater spiritualis*, de tout ce qui englobe

la vie à qui, enfants abandonnés, nous avons été confiés ; mais aussi livrés à merci.

Malgré toute assurance contraire et indignée, c'est un fait que l'amour (dans le sens étendu qui lui revient de nature et qui ne comprend pas uniquement la sexualité) constitue avec ses problèmes et ses conflits un facteur d'une importance fondamentale pour la vie humaine et, comme il apparaît dès qu'on en fait un examen sérieux, d'une importance bien plus grande que ne le soupçonne l'individu.

Le problème de l'amour constitue une des grandes souffrances de l'humanité et personne ne doit avoir honte de lui payer son tribut.

*
* *

Il est difficile de juger son propre temps. Mais quand nous observons comment se développent les arts, le sens esthétique et le goût du public, ce que les hommes lisent, écrivent, toutes les sociétés qu'ils fondent, toutes les « questions » qui sont à l'ordre du jour, et contre quoi les « philistins » se dressent, ce n'est pas à la dernière place, dans le long registre des problèmes sociaux que se range ladite question sexuelle, soutenue par des hommes qui ébranlent la morale sexuelle existante et qui voudraient jeter bas le fardeau de culpabilité morale que les siècles passés ont entassé sur l'Eros. On ne saurait nier simplement l'existence de ces efforts ou leur reprocher de n'être pas justifiés ; ils existent et ont pour cela des raisons suffisantes. Il est plus intéressant et plus utile d'étudier avec attention les causes de ces mouvements que de prendre le ton des lamentations des pleureuses morales qui prophétisent, dans leur extase hystérique, le déclin moral de l'humanité.

Alors que nous sommes tous d'accord pour dire que, de toute évidence, le meurtre, le vol et autres brutalités affectives de tous genres sont inadmissibles, il n'en existe pas moins ce qu'on appelle une question sexuelle. On ne parle jamais d'une question du meur-

tre, ni d'une question de la fureur. On ne demande pas
de mesures sociales contre ceux qui épanchent leur
mauvaise humeur sur leurs semblables. Et pourtant ce
sont là aussi des instinctivités; mais leur répression
nous semble aller de soi. C'est uniquement pour la
sexualité que l'on pose une question. C'est l'indice
d'un doute, doute sur la suffisance et la convenance
des idées morales observées jusqu'à présent et des institutions légales fondées sur elles. Nul homme éclairé
ne contestera qu'en ce domaine les opinions sont très
partagées. Il n'y aurait pas de problème de cette sorte
s'il n'y avait pas de désaccord à ce sujet, dans l'opinion publique. Il est évident que se manifeste ici une
réaction contre une moralité trop rigoureuse. Il ne
s'agit d'ailleurs pas de la simple explosion d'une instinctivité primitive. Les explosions de cette sorte ne se
sont jamais souciées, on le sait, de lois, ni de problématiques morales. Il s'agit au contraire du scrupule
sérieux qui se demande si la conception morale que
nous avons eue jusqu'alors est, ou non, équitable à
l'égard de la nature de notre sexualité. Ce doute fait
tout naturellement naître un intérêt légitime pour une
meilleure et plus profonde compréhension de cette
nature.

Il est sans aucun doute exact que l'instinctivité dans
le domaine sexuel entre, le plus souvent de la façon la
plus pressante, en collision avec les conceptions morales. Le choc de l'instinctivité infantile avec l'éthos est
absolument inévitable. Il est même, ce me semble, la
condition sine qua non de l'énergie psychique.

Il faut parvenir à comprendre que la pensée psychanalytique, allant précisément à l'encontre des habitudes
de pensée ordinaires, s'efforce de remonter le fil de
toutes ces structures symboliques qui — résultat
d'innombrables retouches surajoutées les unes aux
autres — devinrent toujours plus compliquées; elle
opère à une réduction qui serait une joie intellectuelle,
s'il s'agissait d'autre chose. Mais de telles constatations dans ce domaine produisent une impression désagréable, non seulement au point de vue esthétique,

mais, semble-t-il, au point de vue moral également, parce que les refoulements qu'il s'agit de surmonter sont justement dus à nos meilleures intentions. Commençons par surmonter notre puritanisme, tout en nous attendant à tomber de l'autre côté dans la turpitude. Car la grande vertu est toujours compensée intérieurement par une forte inclination à l'infamie. Combien de dépravés conservent un fond de puritanisme douceâtre aussi insipide qu'intolérant.

Que l'on ne m'accuse pas d'avoir la légèreté de vouloir, par réduction analytique, ramener la libido, pour ainsi dire, à des stades primitifs et presque surmontés, et de ne pas m'imaginer parfaitement quelle calamité s'abattrait alors sur l'humanité. Certains évidemment se laisseraient emporter à leur propre détriment, par le déchaînement antique de la sexualité, libérée du fardeau du péché ; mais ceux-là seuls qui, en d'autres circonstances, auraient sombré autrement. D'ailleurs, le plus efficace régulateur de la sexualité humaine, le plus inexorable, c'est, je le répète, la nécessité.

C'est une erreur qu'aiment à commettre les névrosés de penser que la véritable adaptation au monde consiste à vivre à fond sa sexualité.

La sexualité, étant exagérément méprisée, maltraitée et refoulée par notre « culture », qui lui refuse une place au soleil et l'empêche de jouer son rôle normalement, cherche forcément une issue ailleurs, tâche de se frayer un chemin à travers des domaines étrangers, quitte à faire des détours presque incroyables ; elle essaie de se faufiler n'importe où, à la faveur d'un déguisement ; si bien qu'on peut s'attendre à la rencontrer un peu partout, sous un accoutrement qui la rend méconnaissable. Ainsi l'idée de la compréhension intime d'une âme humaine, chose belle et pure, est souillée, défigurée, jusqu'à répugner dès que s'y infiltre la signification sexuelle indirecte. L'expression directe et spontanée de la sexualité est un phénomène naturel, qui, comme tel, n'a rien de laid ni de repoussant, tandis que son refoulement « moral » la rend d'une part sale et hypocrite, d'autre part insolente et

importune. C'est sur ce sens tout accessoire, ou plutôt
sur l'abus des plus hautes fonctions psychiques par la
sexualité niée et refoulée, que s'appuient certains de
nos détracteurs, quand il prétendent, par exemple, que
la psychanalyse évoque un romantisme de confession-
nal douteux !

Nous n'avons aujourd'hui qu'une appréciation légale
de la sexualité, mais nullement une morale sexuelle
proprement dite, de même que les débuts du Moyen
Age n'avaient à vrai dire aucune moralité en ce qui
concerne les affaires d'argent, mais seulement des préjugés et des appréciations légales. Nous n'en sommes
pas encore arrivés à distinguer dans le libre comportement sexuel ce qui est moral et ce qui est immoral. On
en trouve une claire expression dans la façon dont on
traite — ou plutôt dont on maltraite — publiquement
la maternité illégale. Tout ce qu'il y a de hideuse
hypocrisie, le grand flot de la prostitution et des maladies vénériennes, nous les devons à notre jugement
d'ensemble, légal et barbare, sur notre agissement
sexuel et à notre incapacité à développer une sensibilité morale plus fine à l'égard des énormes différences
psychologiques à l'intérieur de notre libre agissement
sexuel.

Le conflit entre éthos et sexualité n'est pas
aujourd'hui une simple collision entre instinctivité et
morale ; c'est une lutte pour le droit à l'existence d'un
instinct ou pour la reconnaissance d'une force qui
s'exprime en lui, force avec laquelle on ne plaisante
pas et qui, pour cette raison, refuse de se soumettre
aux bonnes intentions de nos lois morales. La sexualité
n'est pas seulement instinctivité ; elle est aussi, indubitablement, puissance créatrice, non seulement cause
essentielle de notre vie individuelle, mais encore facteur qu'il faut prendre très au sérieux dans notre vie
psychique. Nous savons aujourd'hui quelles lourdes
conséquences des troubles sexuels peuvent entraîner
après eux.

L'Erôs est au fond une toute-puissance qui, comme
la nature, se laisse utiliser et maîtriser, comme s'il était

impuissant. Mais le triomphe sur la nature se fait chèrement payer. La nature n'a que faire d'explications de
principe; elle réclame tolérance et sage mesure.
Comme la sage Diotima le disait à Socrate, «l'Erôs est
un grand démon». On n'en a jamais tout à fait fini
avec lui, ou, si on en a tout à fait fini, c'est à ses propres dépens. Il ne constitue pas toute la nature en nous,
mais au moins un de ses aspects principaux.

Le conflit entre «amour et devoir» doit être résolu
au niveau caractérologique où amour et devoir ne sont
plus des opposés, ce que, en réalité, ils ne sont pas.
De même le conflit bien connu entre instinct et «morale conventionnelle» doit être résolu de telle façon
que les deux facteurs soient suffisamment pris en
considération, ce qui n'est guère possible qu'au moyen
d'un changement de caractère. Les solutions purement
extérieures sont, dans ces cas-là, plus mauvaises que
l'absence de solution,

La vie érotique enclot des problèmes qu'elle
comportera jusqu'à la fin des temps, quelles que soient
les dispositions que des législations futures pourront
être amenées à envisager. Son problématisme procède,
d'une part, du fait que l'homme possède à titre originel
une nature animale qui persistera tant que l'homme
aura un corps animal et, d'autre part du fait qu'elle est
apparentée aux formes les plus hautes de l'esprit. Par
suite, la vie érotique ne s'épanouit que lorsque l'esprit
et l'instinct se trouvent en une heureuse concordance.
Que l'un ou l'autre aspect présente une carence, et déjà
se fait jour un dommage ou au moins une unilatéralité
déformante qui mène facilement vers le maladif. Trop
d'animalité défigure l'homme civilisé, trop de culture
crée des animaux malades.

La sexualité normale, expérience que les conjoints
partagent, et qui semble avoir chez eux la même orientation, renforce le sentiment d'unité et d'identité. On
appelle cet état harmonie totale; on le chante comme
un grand bonheur («un cœur et une âme»), et à juste
raison, sans doute, car le retour à cet état d'inconscience et d'unité instinctive d'autrefois est comme un

retour à l'enfance (d'où le comportement puéril de tous les amoureux) et plus encore, c'est comme un retour dans le sein maternel, dans les eaux mystérieuses, pleines d'une abondance créatrice encore inconsciente. En vérité, il est impossible de le nier, c'est faire vivre en soi la divinité dont la toute-puissance efface et engloutit tout ce qui est individuel. C'est une véritable communion avec la vie et la destinée impersonnelle. La volonté opiniâtre de conservation personnelle est brisée : la femme devient mère, l'homme devient père et tous deux perdent de ce fait leur liberté pour devenir les instruments de la vie en marche.

*
* *

La conscience n'est jamais que la conscience du moi, du moins à notre avis. Pour être conscient de moi-même, il faut que je puisse me distinguer des autres ; sans cette distinction aucune relation ne peut avoir lieu.

Quoique l'homme et la femme s'unissent, ils n'en représentent pas moins des contrastes inconciliables qui, lorsqu'ils sont activés, dégénèrent en une inimitié mortelle. Ainsi ce contraste originel décrit symboliquement toutes les autres paires de contrastes possibles et imaginables : chaud et froid, clair et obscur, nord et sud, sécheresse et humidité, le bien et le mal, etc., et de ce fait aussi dans la psyché masculine le conscient et l'inconscient.

La rencontre de deux personnalités est comme la réunion de deux corps chimiques différents : si une combinaison a lieu, les deux corps s'en trouvent modifiés.

Le sexe opposé a un charme mystérieux, teinté de crainte, peut-être même d'un peu de dégoût ; c'est ce qui fait précisément l'attirance et la fascination étranges de ce charme, même quand il se présente à nous, non de l'extérieur sous les traits d'une femme, mais de l'intérieur comme action de l'âme, sous forme de tentation à s'abandonner à une humeur ou à une émotion.

A l'âge nubile, il est vrai, tout jeune être humain possède un peu de conscience du moi (la jeune fille ordinairement plus que le jeune homme); mais, il n'y a pas encore bien longtemps que cette conscience a émergé des brumes de l'inconscience première; aussi de vastes régions sont-elles encore plongées dans l'ombre de l'inconscience, entravant, partout où elles s'étendent, les possibilités d'une relation psychologique. Pratiquement, cela veut dire que le jeune être humain ne possède des autres, aussi bien que de lui-même, qu'une connaissance incomplète; il ne sera, par conséquent, qu'insuffisamment informé des motifs de ceux qui l'entourent ainsi que des siens propres. Ce sont en général des motifs inconscients surtout qui déterminent ses actes. Naturellement, il a l'impression subjective qu'il est parfaitement conscient, parce que l'on surestime toujours les contenus momentanés de la conscience, et l'on est et reste bien étonné de découvrir que ce que nous considérions comme un sommet péniblement atteint, n'est en réalité que le degré inférieur d'un très long escalier.

Nous vivons une époque où nous commençons à comprendre que le peuple qui vit sur l'autre versant de la montagne n'est point simplement fait de démons à cheveux roux, qui seraient responsables de tous les malheurs qui fondent sur ce côté-ci de la montagne. Il y a aussi un peu de cette obscure idée dans la relation des sexes. Tout le monde n'est plus absolument persuadé que tout ce qui est bien se trouve dans le moi et tout ce qui est mal, dans le toi. Des personnes ultra-modernes se demandent aujourd'hui, très sérieusement, si finalement tout est vraiment si bien, si nous ne sommes pas trop inconscients, peut-être trop « vieux jeu » et si, pour ce qui concerne les difficultés des relations entre les sexes, nous n'employons pas des méthodes moyenâgeuses, voire datant de l'ère des cavernes.

Le culte collectif de Marie exprimant la relation spirituelle avec la femme, l'image de cette dernière perdait une valeur à laquelle aspire l'être humain. Cette valeur, dont le choix individuel est la seule manifestation naturelle, devient inconsciente chaque fois qu'un expression collective remplace l'expression indivi-

duelle. Alors l'image de la femme dans l'inconscient
se charge d'un potentiel qui anime des dominantes
archaïques infantiles. La dépréciation relative de la
femme réelle crée ainsi le cercle vicieux d'une
compensation par des traits démoniaques.

Tous les contenus inconscients, activés par des fragments indépendants de libido, apparaissent en projection sur l'objet. La relative dépréciation de la femme
signifie : l'homme l'aime moins en un certain sens,
mais par contre, elle prend la figure d'une persécutrice,
c'est-à-dire d'une sorcière. Ainsi se développa, en
même temps que s'intensifiait le culte de Marie et à
cause de lui, la sorcellerie, souillure ineffaçable de la
fin du Moyen Age.

Quoique la mentalité préhistorique ne soit pas
encore — et de loin — surmontée, précisément pas
dans le domaine de la sexualité où l'homme prend
conscience avec le plus de netteté de sa nature de
mammifère et où cette mentalité connaît ses triomphes
les plus remarquables, il n'en est pas moins vrai cependant que, d'un autre côté, sont apparus certains affine-
ments éthiques qui permirent d'élever l'homme à un
degré légèrement supérieur, après qu'il eut subi dix ou
quinze siècles d'éducation chrétienne. A ce degré,
l'esprit — ce phénomène psychique incompréhensible
aux yeux de la conception biologique — l'esprit donc
a joué un rôle dont on ne saurait surestimer l'importance psychologique. Il avait déjà eu à donner un avis
de poids dans l'idée du mariage chrétien. De nos jours,
dans la mise en doute et la dépréciation du mariage, il
joue son rôle négatif d'avocat de l'instinct et le rôle
positif de défenseur de la dignité humaine dans la discussion. Et il n'y a rien d'étonnant si naît un conflit
sauvage et troublant entre l'homme, être d'instinct
naturel, et l'homme, être de culture. Le mauvais dans
cette concurrence, c'est que toujours l'un cherche à
écraser l'autre par la violence pour mettre sur pied une
solution soi-disant harmonieuse et unique du conflit. Il
est regrettable que trop nombreux soient ceux qui
croient à cette méthode toute-puissante en politique ;

rares, en effet, sont ceux qui, d'un côté comme de l'autre, condamnent sa barbarie et préféreraient la remplacer par un juste accommodement où les deux parties pourraient avoir voix au chapitre.

Un homme peut-il écrire sur la femme, sur son propre contraire ? Peut-il, veux-je dire, écrire à son sujet quelque chose d'exact où n'interviennent ni programme sexuel, ni ressentiment, ni illusion, ni théorie ? Je ne vois guère qui pourrait s'attribuer une telle supériorité, car la femme est toujours là où se trouve l'ombre de l'homme ; aussi la confond-il trop facilement avec cette dernière ; et quand il veut réparer cette méprise, il surestime la femme et en fait le réceptacle de tous ses mirages.

Un être humain suppose toujours chez autrui sa propre psychologie ; cette vérité toute première rend difficile, ou impossible, la compréhension véritable de la psyché féminine.

*
* *

Malheureusement, quand il s'agit des problèmes du rapport entre les sexes, personne ne peut introduire pour soi seul un accommodement ; celui-ci ne peut se réaliser que dans la relation avec l'autre sexe. D'où la nécessité de la psychologie ! Sur ce plan, la psychologie devient un plaidoyer ou, mieux encore, la « méthodique de la relation ». La psychologie garantit la réalité du savoir concernant l'autre sexe et remplace l'opinion arbitraire, source de méprises incurables, minant jusqu'à les détruire les mariages de notre temps.

La discussion du problème sexuel n'est que l'amorce quelque peu brutale d'une question infiniment plus profonde, devant laquelle pâlit son importance : celle des rapports spirituels entre les deux sexes. Avec elle, nous pénétrons réellement dans le domaine de la femme. La psychologie de la femme repose sur le principe du grand Erôs qui unit et sépare, tandis que l'homme s'attache, depuis toujours, au Logos comme principe suprême.

Alors que, dans l'attitude externe de l'homme, logique et réalisme prédominent ou sont, pour le moins, son idéal, chez la femme, c'est le sentiment qui tient le plus de place. Dans l'âme, c'est le contraire ; intérieurement, l'homme s'abandonne aux sentiments et la femme délibère. Aussi l'homme désespère-t-il plus vite dans des circonstances où la femme peut toujours consoler et espérer, et recourt-il plus facilement au suicide. Si la femme devient aisément victime des conditions sociales (dans la prostitution, par exemple), l'homme succombe aussi aisément aux poussées de l'inconscient comme dans l'alcoolisme ou autres vices semblables.

La lutte des contraires — qui se joue dans le monde des hommes de l'Europe dans le domaine des applications de l'esprit et s'exprime sur les champs de bataille et par les bilans des banques — est, chez la femme, conflit spirituel.

La femme sait de plus en plus que l'amour seul lui donne la plénitude du développement, de même que l'homme commence à saisir que l'esprit seul donne à sa vie son sens le plus noble, et tous deux, au fond, cherchent le rapport qui les unira, parce que l'amour a besoin, pour se compléter, de l'esprit, et l'esprit, de l'amour.

La femme d'aujourd'hui a pris conscience de cette réalité indéniable qu'elle n'atteint à ce qu'il y a de plus élevé et de meilleur en elle que dans l'état d'amour et ce savoir la pousse à cette autre connaissance que l'amour est au-delà de la loi ; mais là contre se dresse la respectabilité.

Ce que veut l'amour de la femme, c'est l'homme tout entier, non pas l'homme seulement, mais en plus l'indice de sa négation. L'amour, chez la femme, n'est pas sentimental — il ne l'est que chez l'homme — : il est une volonté de vivre, parfois terriblement dépourvue de sentimentalité, et qui même la conduira au sacrifice de soi. Un homme ainsi aimé ne peut échapper à ce qu'il y a d'inférieur en lui, car il ne peut répondre à cette réalité que par sa propre réalité.

Tant qu'une femme se contente d'être «femme à hommes», elle n'a pas d'individualité féminine. Récipient bienvenu pour les projections de l'homme, elle est creuse et n'a que du clinquant. La femme comme personnalité, c'est tout autre chose : les illusions ne servent plus à ce moment. Quand conséquemment la question de la personnalité se pose, ce qui en règle générale est l'affaire pénible de la seconde moitié de la vie, la forme enfantine du soi-même devient caduque.

La femme qui lutte contre son père conserve certes la possibilité de mener une vie féminine conforme à son instinct, car elle ne repousse que ce qui lui est étranger. Mais si elle lutte contre sa mère, elle peut, au risque d'endommager son instinct, parvenir à une conscience plus haute, car en sa mère elle renie aussi toute l'obscurité, l'instinctivité, l'équivoque et l'inconscience de son être.

La caractéristique de la femme est de pouvoir tout faire par amour pour un être humain. Mais les femmes qui font des travaux importants par amour pour une chose sont de rares exceptions ; ce genre d'activité n'est pas en harmonie avec leur nature. L'amour des choses est une prérogative masculine. Mais comme l'être humain réunit en lui le masculin et le féminin, il peut arriver qu'un homme vive en femme et une femme, en homme. Chez l'homme, cependant, le féminin est à l'arrière-plan, comme chez la femme, le masculin. Quand on vit ce qui est le propre du sexe opposé, on vit, en somme, dans son propre arrière-plan, et c'est l'essentiel qui est frustré. L'homme devrait vivre en homme ; la femme, en femme.

La nature émotionnelle de l'homme (vir) correspond à l'être conscient de la femme, mais non pas l'«esprit». L'esprit, correspond bien plutôt à l'âme, mieux, à l'animus de la femme. Et de même que l'anima de l'homme se compose d'abord de relations affectives de moindre valeur, l'animus de la femme est fait de jugements inférieurs ou plutôt d'opinions.

Les suppositions, ou les opinions inconscientes, sont les plus grandes ennemies de la nature féminine, parfois véritable passion démoniaque qui irrite les hommes, les indispose et cause aux femmes le très grand dommage d'étouffer peu à peu le charme et le sens de leur nature et de les rejeter à l'arrière-plan. Une évolution de ce genre conduit finalement à un profond désaccord avec soi-même, autrement dit, à la névrose.

Aucun homme, en effet, n'est si totalement masculin qu'il soit dépourvu de tous traits féminins. En fait, au contraire, des hommes précisément très mâles possèdent une vie du cœur, une vie intime très tendre et très vulnérable (que, certes ils protègent et cachent de leur mieux, bien qu'on ait souvent tort de voir en elle une « faiblesse féminoïde »). Il semble admis une fois pour toutes que c'est une vertu chez l'homme de refouler tout trait féminin, autant que faire se peut ; de même que pour la femme, jusqu'à présent, du moins, le genre hommasse était peu apprécié. Le refoulement par l'homme de ses tendances et de ses traits féminins détermine naturellement l'accumulation de ces besoins et de leurs exigences dans l'inconscient. L'imago de la femme — qui figure l'âme dans l'homme — en devient tout aussi naturellement le réceptacle ; et c'est pourquoi l'homme, dans le choix de la femme aimée, succombe souvent à la tentation de conquérir précisément la femme qui correspond le mieux à la nature particulière de sa propre féminité inconsciente : il aspirera ainsi à trouver une compagne qui puisse recevoir avec aussi peu d'inconvénients que possible la projection de son âme. Quoiqu'un tel choix amoureux soit le plus souvent considéré et éprouvé comme le cas idéal, il n'en résulte pas moins que l'homme, de la sorte, peut épouser l'incarnation de sa faiblesse la plus insigne.

Depuis toujours, chaque homme porte en lui l'image de la femme ; non l'image de telle femme déterminée, mais celle d'un type de femme déterminé. Cette image est, au fond, un conglomérat héréditaire inconscient d'origine très lointaine, incrusté dans le système vivant, « type » (Archétype) de toutes les expériences de la lignée ancestrale au sujet de l'être féminin, résidu de toutes les impressions fournies par la femme, sys-

tème d'adaptation psychique hérité. S'il n'y avait pas
de femmes, cette image inconsciente nous permettrait
de fixer les caractéristiques spirituelles qu'une femme
devrait posséder. Il en est de même pour la femme.
Elle aussi porte en elle une image innée de l'homme

La persona, l'image idéale de l'homme tel qu'il
devrait et voudrait être, se trouve intérieurement de
plus en plus compensée par une faiblesse toute féminine; et, dans la mesure où extérieurement il joue
l'homme fort, intérieurement il se métamorphose en
une manière d'être féminoïde, que j'ai appelé anima;
car c'est alors l'anima qui s'oppose à la persona. Or,
pour la conscience extravertie, l'infériorité demeure
obscure et invisible; en outre, l'individu peut d'autant
moins percevoir ses propres faiblesses qu'il s'identifie
davantage à sa persona; dès lors, on comprend que
l'anima, le pôle opposé à la persona persiste reléguée
dans l'obscurité la plus totale, dans une nuit impénétrable à la conscience. C'est pourquoi l'anima se trouvera automatiquement projetée, processus qui fera
passer le héros sous la pantoufle de sa femme. Si la
puissance de cette dernière s'accroît considérablement,
comme cela est alors coutumier, si elle exerce une
domination trop absolue sur l'homme, elle supportera
mal cet accroissement de force potentielle, dont elle ne
sait que faire et dans laquelle elle s'empêtre. Elle
développe alors un complexe d'infériorité, témoigne
corrélativement d'un comportement de qualité inférieure, ce qui, en retour, apporte à l'homme la preuve
bienvenue que ce n'est pas lui, le «héros», qui dans
la vie privée manque de «classe» et de capacité, mais
que c'est bel et bien sa femme. Celle-ci — abstraction
faite de sa propre incapacité, voire de sa nullité —
récupère alors au moins cette illusion, si séduisante au
cœur de la majorité des femmes, d'avoir épousé un
héros. C'est ce jeu réciproque, ce va-et-vient de chimères que l'on appelle bien souvent: contenu d'une
vie.

Il ne sert à rien d'apprendre par cœur une liste des
archétypes, ceux-ci étant des complexes vécus qui

apparaissent fatalement; leur action commence dans
notre vie la plus personnelle. C'est pourquoi l'anima
parfois ne se présente pas à nous sous les traits d'une
sublime déesse; dans certains cas, elle est notre
méprise sanglante la plus personnelle. Si, par exemple,
un vieux savant plein de mérites, abandonne, à
soixante-dix ans, sa famille pour épouser une actrice
de vingt ans à cheveux roux, nous comprenons alors
que les dieux sont encore une fois venus chercher une
victime.

La représentation que se font les hommes de l'érotisme féminin et, en général, de la vie sentimentale des
femmes, repose en majeure partie sur la projection de
leur propre anima. D'où la fausseté de cette représentation.

Une grande et vaporeuse indécision féminine est le
pendant ardemment désiré de la précision et de l'esprit
de clarté masculins; or, cet esprit masculin ne peut
s'établir de façon quelque peu souveraine que lorsqu'il
a été possible de rejeter tout ce qui est douteux, équivoque, indécis, obscur en soi-même, par le truchement
d'une projection, sur une ravissante innocence féminine. La femme réagit par un manque caractéristique
de participation intime et par des sentiments d'infériorité qui donnent continuellement l'illusion de l'innocence blessée, en face de laquelle l'homme prend le
rôle avantageux de supporter d'un air supérieur et
indulgent, chevaleresquement pourrait-on dire, les
insuffisances manifestes de la femme.

Le vide est un grand mystère féminin. Il est ce qui
est originairement étranger à l'homme, le creux,
l'autrui aux profondeurs abyssales, le Yin. La misère
lamentable de cette nullité, qui engendre la pitié
(je parle ici en tant qu'homme) est malheureusement
— pourrais-je dire — le puissant mystère de ce qu'il
y a d'insaisissable dans le féminin. Une telle femme
est un destin, absolument. Un homme peut tout dire là-
dessus, là contre ou en sa faveur, ou ne rien en dire,
ou dire l'un et l'autre; finalement, il tombe, déraison-
nablement transporté, dans le trou ou bien il a manqué

ou gaspillé la chance unique de gagner empiriquement sa masculinité ; dans le premier cas, on ne peut lui discuter son sot bonheur, dans le second, on ne peut lui rendre plausible son malheur. « Les mères ! Les mères ! » comme cela résonne étrangement !

La détresse notoire de la jeune fille est particulièrement attirante. Elle est à un tel point dépendante de sa mère qu'elle ne sait absolument pas ce qui lui arrive quand un homme s'approche d'elle. Elle est si désemparée, si ignorante de tout que même le plus doux des bergers devient un audacieux ravisseur de femmes qui, traîtreusement, enlève sa fille à une mère aimante. Cette chance immense de pouvoir être une fois ce diable d'homme ne se trouve pas tous les jours et c'est pourquoi n'est nullement minime sa puissance de motivation. Pluton aussi a ravi Perséphone à l'inconsolable Déméter ; mais par contre, sur le conseil des dieux, il avait dû chaque fois rendre sa femme à sa belle-mère pour la saison d'été.

La relation humaine, contrairement aux affrontements objectifs et aux conventions, passe par le plan psychique, domaine intermédiaire qui va du monde des sens et des affects jusqu'à l'esprit, empruntant à l'un et à l'autre, sans rien perdre cependant de son étrange nature particulière. Il est nécessaire que l'homme s'aventure sur ce terrain, s'il veut apporter à la femme une certaine compréhension. De même que les circonstances l'obligèrent, elle, à s'attribuer une part de virilité, pour ne pas rester engoncée dans une féminité surannée et tout instinctive, étrangère au monde de l'homme où, sorte de poupon mental, elle se sent perdue, de même l'homme se verra contraint de développer en lui une part de féminité, c'est-à-dire d'ouvrir les yeux sur le domaine psychologique et érotique, s'il ne veut point courir sans espoir, comme un collégien rempli d'admiration et au risque d'être absorbé par elle, vers la femme qui le devance.

La virilité de la femme et la féminité de l'homme sont de valeur médiocre, et il est regrettable que l'on ajoute à la valeur entière une valeur mineure. D'un autre côté pourtant, les ombres font partie de la personnalité totale; le fort doit pouvoir être faible de quelque façon, l'intelligent, sot par quelque côté, sinon l'être humain deviendrait invraisemblable et tout dégénérerait en pose et en bluff. N'est-ce pas une vieille vérité que la femme aime la faiblesse du fort plus que sa force, et la sottise de l'intelligent plus que son intelligence?

Les natures un peu dédaléennes peuvent facilement égarer le conjoint. Il y trouve, en effet, une telle abondance de possibilités d'expériences vitales que son intérêt personnel y est complètement absorbé, ce qui n'est pas toujours agréable, certes, car son occupation consiste bien souvent à suivre son compagnon sur des chemins erronés et des voies détournées. Toutefois il y a une telle richesse de vie possible que la personnalité la plus simple en est comme baignée, qu'elle en est, en quelque sorte, captée, prisonnière; elle s'absorbe, pourrait-on dire, dans la personnalité plus vaste et ne voit plus rien au-dessus d'elle. Voilà le phénomène que l'on constate presque régulièrement: une femme intellectuellement absorbée par son mari; un homme affectivement absorbé par sa femme. On pourrait appeler ce problème: le problème du contenu et du contenant.

*
* *

Si l'on ne voyait dans l'individu qu'un instrument de conservation de l'espèce, le choix matrimonial purement instinctif serait de beaucoup le meilleur. Mais comme les fondements de ce choix sont inconscients, on ne peut bâtir sur eux qu'une sorte de rapport impersonnel, analogue à celui que l'on observe fort bien chez les hommes primitifs. La «relation», si l'on peut toutefois parler ici de relation, n'est guère qu'un rapport sans relief et distant, de nature purement impersonnelle, entièrement réglé par des coutumes et des préjugés transmis, prototype de tout mariage de convention.

L'âme de l'Europe est déchirée par l'infernale barbarie de la guerre. Tandis que l'homme a du travail à pleines mains pour réparer les dommages extérieurs, la femme entreprend — inconsciemment comme toujours — de guérir les plaies intérieures, et pour ce travail, il lui faut, comme instrument le plus précieux, la relation d'âme à âme. Or, rien ne s'y oppose plus fortement que l'enkystement du mariage moyenâgeux, puisqu'il la rend tout à fait superflu. Elle n'est possible qu'avec une certaine distance psychique ; de même, la moralité suppose toujours la liberté. C'est pourquoi la tendance inconsciente de la femme est de relâcher le mariage et la famille, nullement de les détruire.

A la virilité exclusive et à la féminité exclusive suffit le traditionnel mariage moyenâgeux, très louable institution qui a souvent fait ses preuves dans la pratique. Mais l'homme d'aujourd'hui éprouve bien des difficultés à retourner vers lui et il lui arrive de n'y point réussir du tout ; car cette forme de mariage ne peut exister que si l'on exclut les problèmes posés par le temps présent.

Cette question des relations humaines concerne un domaine obscur et gênant pour l'homme. Il ne l'aime que dans le cas où c'est la femme qui en souffre, c'est-à-dire quand il est le «contenu», autrement dit, quand elle peut se représenter des relations avec un autre homme et se trouve par suite en désaccord avec lui-même. Dans ce cas, c'est elle qui est aux prises avec le problème, tandis qu'il n'a pas besoin de considérer le sien, ce qui lui est un grand soulagement. Sa situation favorable et imméritée est celle du voleur qui a été devancé par un confrère que la police a surpris. Il est, d'un coup, transformé en spectateur honnête et désintéressé. Dans une situation autre, un homme considère la discussion de la relation personnelle comme toujours pénible et ennuyeuse, tout comme l'épouse considérerait le désir de son mari de l'interroger sur la «Critique de la raison pure». L'Eros appartient, pour l'homme, au pays des ombres et l'embrouille dans l'inconscient féminin, dans le « psychique », tan-

dis que le Logos, pour la femme, n'est qu'une
ennuyeuse subtilité, à moins qu'il ne lui fasse peur et
ne provoque son dégoût.

En langage moderne, on pourrait traduire le concept
de l'Eros par «relation psychique» et celui du Logos
par «intérêt objectif». Tandis que, dans l'esprit de
l'homme ordinaire, l'amour proprement dit se confond
avec l'institution du mariage et qu'il n'y a plus, en
dehors de celui-ci, qu'adultère ou amitié correcte, le
mariage, pour la femme n'est pas une institution, mais
une relation humaine érotique.

Pour la femme d'aujourd'hui — les hommes
devraient s'en souvenir — le mariage moyenâgeux
n'est plus un idéal. Elle se dissimule, il est vrai, à elle-
même ce doute et sa résistance; l'une parce qu'elle est
mariée et, par conséquent, trouve tout à fait inopportun
que la porte du coffre-fort ne ferme pas hermétique-
ment; l'autre, parce qu'elle est célibataire et trop
«comme il faut» pour prendre délibérément conscience
de sa tendance. Cependant, la part de virilité qu'elles
ont acquise les empêche, toutes deux, de considérer la
forme traditionnelle du mariage comme une affaire de
bon aloi («il sera ton seigneur»). Virilité signifie:
savoir ce que l'on veut et faire le nécessaire pour
atteindre le but.

On se trompe beaucoup quand on s'imagine que bon
nombre de femmes mariées sont névrosées parce
qu'elles n'éprouvent aucune satisfaction sexuelle, ou
parce qu'elles n'ont pas trouvé l'homme qui leur
convient, ou parce qu'elles sont encore fixées à la
sexualité infantile. La vraie raison de la névrose est,
dans bien des cas, qu'elles sont incapables de
comprendre la tâche culturelle qui leur revient. Nous
nous tenons encore trop au point de vue du «nothing
–but–psychologie», ce qui veut dire que nous croyons
toujours que nous pouvons contraindre le nouveau et
le futur, qui se pressent à la porte, à entrer dans le
cadre de ce que nous connaissons déjà.

La plupart des hommes sont aveugles au point de
vue érotique, parce qu'ils commettent l'impardonnable

méprise de confondre l'Eros avec la sexualité. L'homme s'imagine posséder une femme quand il la possède sexuellement. Or il n'est pas de moment où il la possède moins. Car, pour la femme, la relation érotique seule importe. Le mariage est pour elle une relation à laquelle s'ajoute la sexualité.

La tradition fait de l'homme le destructeur de la paix conjugale. Cette légende nous vient d'époques, disparues depuis longtemps, où les hommes avaient encore des loisirs pour se livrer à toutes sortes de divertissements. Mais aujourd'hui, la vie exige de l'homme tant d'efforts que le noble hidalgo Don Juan ne se rencontre plus guère qu'au théâtre. Plus que jamais l'homme aime ses aises; nous vivons à l'époque de la neurasthénie, de l'impuissance, et des *easy chairs*. Il ne lui reste, pour grimper au balcon et pour se battre en duel, aucune parcelle d'énergie. S'il s'engage dans l'adultère, il faut que l'aventure soit facile. Elle ne doit être coûteuse à aucun point de vue; aussi ne peut-elle être que passagère; l'homme d'aujourd'hui a grand-peur d'ébranler l'institution du mariage.

La femme sent que le mariage ne présente plus de réelle sécurité; que lui importe, en effet, la fidélité du mari, si elle sait que ses sentiments et ses pensées restent en dehors et qu'il est simplement trop raisonnable et trop lâche pour les suivre? Que lui importe sa propre fidélité si elle sait que seul son droit légal de propriété y trouve son compte, tandis que son âme dépérit? Elle pressent une fidélité supérieure, fidélité en esprit et en amour, par-delà les faiblesses et les imperfections des hommes.

Le code sait-il ce que c'est que l'adultère? Sa définition est-elle une vérité éternelle découverte une fois pour toutes? En réalité, du point de vue psychologique, le seul qui importe vraiment pour la femme, le code est un méchant ouvrage bien misérable, comme tout ce que l'homme imagine pour donner à l'amour une expression compréhensible. Car il ne s'agit, pour la femme, ni du «contact des organes génitaux» ou autres formules du même goût qu'invente l'entendement

mâle, si aveugle quand il est question d'Eros et que
répète cette diabolique «opinion» de la femme; il ne
s'agit pas non plus d'«erreurs matrimoniales», de
«relations sexuelles extra-matrimoniales» ni de «tromper son mari»: il s'agit de l'amour. Celui-là seul qui
croit au caractère inviolable du mariage traditionnel
peut s'adresser aux trivialités désignées par le code, de
même que celui-là seul qui croit en Dieu peut blasphé-
mer réellement. Mais celui qui doute du mariage ne
peut connaître l'adultère; peu lui importe le paragraphe; il se sent, comme saint Paul, par-delà la loi, dans
l'état supérieur de l'amour. Cependant, comme tous les
fervents de la loi la transgressent fréquemment par sottise, par séduction, par vice, la femme d'aujourd'hui
finit par se demander si elle n'appartient pas à la
même catégorie.

La secrétaire, la dactylo, la modiste, toutes agissent
et par des millions de canaux souterrains, s'étend
l'influence qui mine le mariage; car le désir de toutes
ces femmes n'est pas d'avoir des aventures amoureuses
— seul un sot peut le penser — c'est de se faire épouser. Les *beatæ possidentes*, les heureuses possédantes,
les femmes mariées, il faut les repousser, généralement
sans bruit et sans violence, mais par l'entêtement silencieux du désir qui agit, chacun le sait, par un charme
analogue au regard fascinant du serpent. Telle fut,
depuis toujours, la voie de la femme.

Il ne s'agit pas de quelques douzaines de vieilles fil-
les volontaires, ou involontaires, éparses çà et là, mais
de millions de femmes. Notre code et notre morale
sociale ne répondent en rien à la demande de ces millions d'êtres. Car enfin, l'Eglise peut-elle donner une
réponse satisfaisante? Faut-il construire de gigantesques cloîtres pour les y enfermer toutes de façon
convenable? Ou bien faut-il étendre encore la prostitution que la police tolère? Tout cela est évidemment
impossible, car il ne s'agit ni de saintes, ni de prosti-
tuées, mais de femmes normales qui ne peuvent livrer
au contrôle policier l'exigence de leur âme. Ce sont
des femmes honnêtes, qui veulent bien se marier et si

ce n'est pas possible, voudraient au moins quelque chose d'approchant.

La vie non vécue est une puissance irrésistible de destruction qui agit en silence, mais inexorablement. Il en résulte que la femme mariée se met à douter du mariage. La célibataire y croit, parce qu'elle le désire.

Il est de mauvais augure de voir les médecins écrire des livres remplis de conseils en vue du « mariage parfait ». Les gens sains n'ont nul besoin du médecin. Or, c'est un fait, le mariage d'aujourd'hui est devenu quelque peu précaire. (En Amérique, un quart des unions, en moyenne, sont rompues par le divorce.) Le plus étonnant dans cette affaire, c'est que le bouc émissaire n'est pas le mari, cette fois, mais la femme. C'est d'elle qu'émanent le doute et l'insécurité. Rien d'étonnant qu'il en soit ainsi, car il y a, dans l'Europe d'après-guerre, une telle quantité de femmes non mariées qu'il serait extraordinaire qu'elles ne réagissent point.

Une union parvient rarement, pour ne pas dire jamais, sans heurts et sans crise, à la relation individuelle. La prise de conscience ne se fait jamais sans douleur.

La seconde moitié de la vie se proposant d'autres buts que la première, l'individu qui persévère trop longtemps dans l'attitude juvénile, court au-devant d'un désaccord avec sa volonté profonde. La conscience cherche toujours à progresser, obéissant pour ainsi dire aux lois de sa propre inertie ; mais l'inconscient la retient parce que la force et la volonté internes, nécessaires à un développement ultérieur, sont épuisées. Ce désaccord avec soi-même provoque du mécontentement et comme on n'a nullement conscience de l'état dans lequel on se trouve, on en projette généralement les causes sur le conjoint. De là cette atmosphère critique, condition préalable à toute prise de conscience. Ordinairement cet état n'est pas simultané chez les deux époux. La vie conjugale la plus parfaite ne pourrait effacer les dissemblances individuelles des conjoints au point d'aboutir à une identité absolue de leurs états mentaux. Le plus souvent, l'un s'adapte plus

vite que l'autre à la vie conjugale. Si c'est un rapport
positif qui le fixe à ses parents, l'adaptation au
conjoint se fera sans difficulté; celui qui, au contraire,
est uni aux parents par des liens plus profonds et
inconscients s'en trouvera gêné; car dans ce cas
l'adaptation complète ne pourra se faire que plus tard;
mais ayant été plus difficile à réaliser, peut-être
durera-t-elle plus longtemps. La différence de rythme
d'une part, l'envergure de la personnalité spirituelle
d'autre part, voilà des facteurs qui suscitent la réelle
difficulté typique, dont l'efficacité se fera sentir à
l'instant critique.

Rien d'étonnant si la plupart des mariages atteignent, avec leur destination biologique, leur limite psychologique extrême, sans qu'il y ait pour autant
dommage pour la santé spirituelle et morale. Rarement
se produit une désunion intérieure plus grave. Lorsque
la misère extérieure est grande, le manque d'énergie ne
permet guère la tension dramatique. Mais, à mesure
qu'augmente la sécurité sociale, augmente aussi l'insécurité psychologique, inconsciente d'abord, provoquant
des névroses, consciente ensuite, provoquant sépara-
tions, querelles, divorces, et autres « malentendus
matrimoniaux ». A des degrés plus élevés encore, on
rencontre d'autres possibilités d'évolution psychologique touchant à la sphère religieuse, et là cesse tout
jugement critique.

Pour les nombreux individus qui ne peuvent vivre le
présent, il est de la plus haute importance de croire à
l'idéal du mariage et de le conserver; on ne gagne
absolument rien à la destruction d'un idéal d'une
valeur indubitable, si on ne le remplace par quelque
chose de meilleur. Aussi la femme hésite-t-elle, mariée
ou non; ne pouvant se placer nettement du côté de la
rébellion, elle reste dans un doute obscur.

Une chose est tout à fait hors de doute: la femme
d'aujourd'hui se trouve dans le même mouvement de
transition que l'homme. Que cette transition soit, ou
non, un tournant de l'histoire, peu importe.

Jeunesse et vieillesse

Le matin et le printemps, ainsi que le soir et l'automne de la vie ne sont pas des expressions uniquement sentimentales; ce sont des vérités psychologiques; plus encore, ce sont des réalités physiologiques.

Notre vie est comparable au cours du soleil. Le matin, le soleil augmente progressivement sa force jusqu'à ce qu'il atteigne, brillant et intense, son apogée de midi. Alors survient l'énantiodromie; sa constante marche en avant n'implique plus augmentation mais bien diminution de sa force. De ce fait, notre tâche devant un homme jeune n'est pas la même qu'en face d'un homme vieillissant. Chez le premier, il suffit de lever tous les obstacles qui empêchent l'épanouissement et l'ascension; chez le second, il nous faut favoriser tout ce qui peut fournir un appui au cours de la descente.

On ferait mieux de ne pas appliquer aux enfants, le haut idéal d'éducation de la personnalité; car ce que l'on entend communément par «personnalité», c'est-à-dire une totalité psychique déterminée, capable de résistance et dotée de forces, est un idéal d'adulte; on n'a pu l'attribuer à l'enfance qu'à une époque où l'individu adulte était encore inconscient du problème de sa prétendue maturité ou, ce qui est pis encore, il n'en était que semi-conscient, en projetant la notion sur l'enfant, pour pouvoir se permettre d'y couper lui-même.

Tout ce que nous voulons modifier chez les enfants devrait d'abord être examiné avec attention pour voir si ce n'est pas quelque chose qui devrait être changé en nous-mêmes: notre enthousiasme pédagogique, par exemple. C'est à nous peut-être que cela s'adresse. Peut-être méconnaissons-nous le besoin pédagogique parce qu'il éveille en nous le gênant souvenir que nous sommes encore des enfants par quelque côté, et que nous aurions largement besoin d'être éduqués.

Notre problème éducatif souffre en somme de ne viser unilatéralement que l'enfant qu'il faut élever et de négliger unilatéralement aussi le fait que les éducateurs adultes n'ont pas été eux-mêmes éduqués.

J'ai la suspicion que la *furor pedagogicus*, la fureur pédagogique, est un faux-fuyant commode par lequel on essaie d'éviter le célèbre problème essentiel de Schiller, celui de l'éducation de l'éducateur. Les enfants sont éduqués par ce que l'adulte est et non par ses bavardages.

Un enfant s'en laisse certainement imposer par les grands mots de ses parents. Mais on semble aller jusqu'à croire que c'est ainsi que se pratique l'éducation. En réalité, ce qui éduque l'enfant, c'est la vie des parents, et ce qu'ils y adjoignent de mots et de gestes ne fait guère que le troubler. Il en est de même du maître. Mais on a une telle confiance en les méthodes que la bonne méthode semble sanctifier le maître qui l'applique.

Un homme de valeur inférieure n'est jamais un bon maître ; il dissimule sa dangereuse infériorité, empoisonneuse secrète des élèves, derrière d'excellents procédés et une brillante aptitude intellectuelle à l'élocution. Evidemment l'élève d'âge mûr ne demande rien de mieux que de connaître des méthodes utiles parce qu'il a déjà succombé à l'attitude commune qui croit à la victorieuse méthode. Il a déjà appris que le cerveau le plus vide, pourvu qu'il se fasse l'écho d'une méthode, est aussi le meilleur élève. Tout son entourage dit, et vit de l'idée, que tout succès et tout bonheur est au-dehors et qu'il suffit de méthodes convenables pour atteindre ce que l'on désire. Or la vie de son maître d'instruction religieuse lui montre-t-elle ce bonheur qui doit sortir rayonnant de la richesse de l'intuition intime ?

On se souvient certes avec reconnaissance de ses excellents maîtres, mais on éprouve de la gratitude pour celui qui sut s'adresser à l'homme en nous. La discipline à étudier est évidemment un matériau dont on ne peut se passer, mais la chaleur est l'élément vital nécessaire à la plante comme à l'âme de l'enfant.

Si l'on entend par éducation un moyen grâce auquel on donne à un arbre, en le taillant, une forme artistique, alors la psychanalyse n'est pas une méthode éducative. Mais celui qui a, de l'éducation, une notion supérieure, jugera que la meilleure méthode est celle qui sait faire pousser un arbre de façon qu'il remplisse le plus parfaitement possible les conditions de croissance mises en lui par la nature.

L'esthétisme est impropre à résoudre la tâche éminemment grave et difficile de l'éducation des hommes, parce qu'il présuppose toujours ce qu'il devrait produire, l'aptitude à l'amour du beau. Il empêche même d'approfondir le problème parce qu'il se détourne toujours du mal, du laid et du difficile et tend à la jouissance fut-elle toujours noble, il est vrai. Il lui manque ainsi toujours une force de motivation morale ; il n'est au tréfonds de son essence qu'un hédonisme affiné.

Les enfants ont un instinct effarant pour découvrir les insuffisances de l'éducateur. Ils remarquent souvent mieux qu'on ne le voudrait ce qui est vrai et ce qui est faux. C'est pourquoi le pédagogue devrait faire attention à son propre état mental, afin de voir d'où proviennent les difficultés qu'il rencontre avec les enfants qui lui sont confiés. Il se peut fort bien qu'il soit lui-même la cause inconsciente du mal. Nous ne devons naturellement jamais nous laisser aller à la naïveté ; il y a des gens, médecins-analystes aussi bien que pédagogues, qui pensent en secret (mais sans l'avouer) qu'une personne en situation d'autorité peut se comporter comme bon lui semble et que l'enfant n'a simplement qu'à s'adapter tant bien que mal, parce que, plus tard, les réalités de la vie en disposeront de même avec le jeune être humain. Ces gens sont en secret (jamais ouvertement) persuadés que la seule chose importante est d'obtenir un succès tangible et que la seule barrière morale réelle et convaincante, c'est le gendarme brandissant les paragraphes du code pénal. Lorsque l'adaptation absolue aux forces concrètes du monde représente le principe suprême, il serait évidemment déplacé d'espérer une introspection psychologique d'une personne en situation d'autorité et de faire de cette introspection une obligation morale. Mais quand on est attaché à une conception démocratique du monde, on ne peut accepter une telle attitude, parce que l'on croit à une juste distribution des défauts et des qualités. L'éducateur n'est pas toujours celui qui éduque et l'enfant est parfois autre chose qu'un être à éduquer. D'un autre côté, l'éducateur est aussi un être faillible et l'enfant qui lui est confié reflète ses défauts. Aussi serait-il bon d'exiger que l'éducateur connaisse aussi clairement que possible ses propres conceptions et en particulier ses points faibles, ses propres défauts. De ce qu'est l'homme dépend ce que sera sa vérité dernière et la force de son efficacité.

Certes, il est judicieux d'ouvrir les yeux et les oreilles de la jeunesse aux perspectives du vaste monde, mais c'est folie que de croire avoir ainsi préparé suffisamment les êtres à la vie ! Cette éducation permet tout juste à l'être jeune une adaptation extérieure aux réalités du monde ; mais personne ne songe a une adaptation au Soi, aux puissances de l'âme dont l'omnipotence dépasse de très loin tout ce que le monde extérieur peut receler de grandes puissances. Il existe encore, il est vrai, un système d'éducation ; il provient en partie de l'Antiquité et en partie du début du Moyen Âge. Il se nomme Église chrétienne. Cependant on ne peut nier que le christianisme — au cours des deux derniers siècles, de même que le confucianisme et le bouddhisme en Chine — n'ait perdu une grande part de son efficacité éducative. Ce n'est pas la perversité des hommes qui en est responsable, mais l'évolution spirituelle progressive et générale dont le premier symptôme chez nous fut la Réforme. L'autorité éducative en fut ébranlée et le processus de démolition du principe d'autorité débuta. L'inévitable conséquence fut un accroissement de l'importance de l'individu qui s'est exprimée avec le plus de force dans les idéaux modernes d'humanité, de bien-être social et d'égalité démocratique.

Le fait que la plus grande partie de l'humanité non seulement a besoin d'un guide, mais désire être conduite et tenue en tutelle, justifie jusqu'à un certain point la valeur morale que l'Eglise attribue à la confession. Le prêtre, muni de tous les attributs de l'autorité paternelle, est le guide responsable, le berger de son troupeau, le confesseur, tandis que les membres de la communauté sont les pénitents ; l'Église et lui remplacent les parents et libèrent ainsi les hommes de l'étroitesse du lien familial. Tant que le prêtre est une personnalité de haute moralité, possédant une vraie noblesse d'âme et la culture d'esprit nécessaire, on peut considérer la confession comme un admirable moyen social de direction, d'éducation ; elle le fut durant plus de quinze cents ans, aussi longtemps que l'Église chrétienne du Moyen Âge sut être la gardienne de l'art et de la science. Cela fut le cas, par périodes, grâce à une large tolérance des éléments séculiers dont elle fit preuve. Mais la confession perdit sa valeur éducative, du moins pour les êtres de haute tenue intellectuelle, dès que l'Église se montra incapable d'assurer sa fonction de guide spirituel, conséquence inévitable d'une pétrification dans ce domaine.

*
* *

Le « spirituel », aussi bien que le « biologique », a ses droits imprescriptibles. Ce n'est sans doute point par une coïncidence fortuite que, chez certains peuples primitifs, les adultes mêmes n'hésitent pas à se représenter les faits sexuels, qu'ils connaissent parfaitement, d'une façon purement fantastique, à nier, par exemple, qu'il y ait aucun rapport entre le coït et la grossesse. On a voulu en conclure que ces sauvages ignoraient réellement la connexion des deux faits. Mais des recherches plus approfondies ont démontré qu'ils la connaissaient fort bien en ce qui concerne les animaux ; c'est pour les hommes qu'ils se refusent à l'admettre. Non point qu'ils l'ignorent, mais ils la nient justement parce qu'ils préfèrent à l'explication naturelle une explication mythologique débarrassée des entraves du concrétisme. Les peuples primitifs nous offrent maints exemples de cette disposi-

tion mentale; il est clair qu'il faut y voir l'apparition de
cette faculté qui est à la base de toute culture: l'abstraction. Or, nous avons tout lieu de croire qu'il en va de
même chez l'enfant.

Si l'enfance est importante, ce n'est pas seulement
parce que c'est en elle qu'ont pris leur départ certaines
mutilations de l'instinct, mais parce que c'est là que
se présentent à l'âme enfantine, effrayants ou encoura-
geants, ces rêves ou ces images aux lointaines perspectives qui préparent tout un destin, en même temps que
ces pressentiments rétrospectifs qui atteignent bien au-
delà de l'expérience enfantine jusqu'à la vie des ancêtres. Il y a donc, dans l'âme de l'enfant, en face de la
condition « naturelle », une condition spirituelle.

Les contes de fées sont les mythes de l'enfant: on
peut y retrouver entre autres toute la mythologie que
l'enfant bâtit autour des phénomènes sexuels. Et s'il y
a pour les adultes eux-mêmes, un charme spécial dans
la poésie des contes de fées, peut-être que ces vieilles
fictions demeurent en quelque mesure vivantes en
nous, que leur action continue à s'exercer dans notre
inconscient. Car tout ce qui réveille les impressions de
la première enfance fait vibrer en nous quelque chose
de particulièrement intime et profond, et cela d'autant
plus que ce passé, ainsi ravivé, ne parvient pas à la
conscience comme un souvenir, mais seulement comme
un lointain écho d'intenses émotions.

Est infantile quiconque ne s'est qu'insuffisamment, ou
point, libéré de son milieu d'enfant, c'est-à-dire de son
adaptation à ses parents; c'est pourquoi il a le tort, d'une
part, de se comporter avec le monde comme un enfant
envers ses parents, espérant toujours de l'amour ou une
récompense immédiate à ses sentiments; d'autre part,
identifié à ses parents par suite de son étroit attachement à eux, l'infantile se comporte comme le père et
comme la mère. Il est incapable de vivre sa vie et de
trouver le type adéquat qui lui convient.

Rien n'a d'influence psychique plus puissante sur
l'entourage de l'homme, et surtout sur les enfants, que
la vie que les parents n'ont pas vécue.

En règle générale, tout ce que les parents auraient pu vivre, si des raisons artificielles ne les en avaient empêchés, est transmis aux enfants sous une forme inversée; autrement dit, la vie des enfants se trouve inconsciemment orientée de telle sorte qu'elle compense ce que les parents n'ont pu réaliser dans la leur. De là vient que les parents à moralité exagérée ont des enfants immoraux; qu'un père irresponsable et déchu a un fils d'une ambition morbide, et ainsi de suite.

Infantile est non seulement celui qui persiste trop longtemps dans l'enfance, mais aussi celui qui, s'en séparant, prétend que ce qu'il ne voit plus n'existe pas. Mais quiconque s'en retourne au pays de l'enfance appréhende de redevenir infantile, ignorant que tout ce qui est spontanément psychique revêt un double visage: l'un est tourné vers l'avenir et l'autre vers le passé, double visage équivoque et par suite symbolique, comme toute réalité vivante.

L'homme ne vit pas impunément trop longtemps dans le cercle de son enfance ou au sein de sa famille. La vie l'appelle au-dehors vers l'indépendance, et celui qui, par indolence infantile ou crainte, n'obéit pas à cette dure loi, est menacé de névrose. Or, dès que la névrose a éclaté, elle trouve de plus en plus de raisons valables pour fuir la lutte avec la vie et végéter pour toujours dans la néfaste ambiance infantile.

Chacun de nous ne peut éprouver un réel bien-être qu'en devenant, dès l'âge adulte, le centre d'un système nouveau, après n'avoir été, jusque-là, qu'une particule gravitant autour de l'ancien centre.

*
* *

Quand on cherche à dégager de la multiplicité presque inépuisable des problèmes individuels de la jeunesse ce qu'ils ont de commun et d'essentiel, on rencontre une caractéristique déterminée qui semble appartenir à tous les problèmes de ce stade: il s'agit d'un attachement plus ou moins net au degré de conscience de l'enfance, d'une résistance aux puissances du destin en nous et autour de nous qui veulent nous entraîner dans le monde. Quelque chose en nous voudrait rester enfant, dans une pleine inconscience, ou tout au moins n'être conscient que de son propre moi, repousser tout ce qui est étranger ou le soumettre à sa propre volonté, être sans responsabilité, ou du moins réaliser son propre désir ou sa propre puissance; il y a là quelque chose d'analogue à l'inertie de la matière; c'est une persistance dans l'état antérieur, dont la conscience est plus petite, plus étroite, plus égoïste que celle de la phase dualiste dans laquelle l'individu se trouve contraint de reconnaître et d'admettre que l'autre, le non-moi, l'étranger, est aussi sa vie, fait aussi partie de lui-même.

Il est naturel de penser que la période de la jeunesse de la vie gagne à une large reconnaissance de la nature instinctive, en particulier de la sexualité, dont le refoulement névrotique maintient l'homme, plus qu'il ne faudrait, loin de la vie, quand il ne le pousse pas dans le malheur d'une vie impropre, avec laquelle il ne peut qu'être en désaccord. La juste reconnaissance et la juste estimation des instincts normaux mènent l'homme jeune à la vie et l'impliquent dans des destinées qui le poussent à des obligations génératrices de sacrifice et de travaux qui affermissent son caractère et mûrissent son expérience. Pour l'adulte, au contraire, qui se trouve à la seconde moitié de la vie, le juste principe n'est plus, évidemment, l'élargissement vital continuel; la descente à l'après-midi de la vie exige simplification, limitation et intériorisation, autrement dit: culture individuelle.

Il semble que les êtres jeunes qui ont fort à lutter dans la vie extérieure soient épargnés par les problèmes intimes, tandis que ceux qui, pour des raisons quelconques, jouissent d'une facile adaptation, développent des problèmes sexuels ou des conflits d'infériorité.

La solution des problèmes de la jeunesse, par leur limitation à ce qui est à portée de main, ne peut avoir qu'une valeur momentanée sans rien, en somme, de durable. En tout cas, c'est un travail énorme que de se créer par la lutte une existence sociale et de transformer sa nature primitive de telle sorte qu'elle s'adapte plus ou moins à cette forme d'existence. C'est un combat intérieur et extérieur à la fois, comparable à celui que livre l'enfance pour l'existence du moi. Il se déroule, il est vrai, pour la plupart d'entre nous, dans l'ombre ; mais quand nous voyons avec quelle obstination les illusions, les idées préconçues, les habitudes égoïstes de l'enfance se conservent plus tard, nous pouvons mesurer la force intense employée autrefois à les produire. Il en est de même des idéaux, convictions, idées directrices, attitudes, etc... qui nous guident dans la vie durant notre jeunesse et pour lesquels nous luttons, nous souffrons et nous vainquons ; ils s'incarnent en nous, nous nous transformons en eux, semble-t-il ; c'est pourquoi nous les continuons *ad libitum* aussi naturellement que le jeune homme fait valoir, *nolens, volens*, son propre moi vis-à-vis du monde et de lui-même.

Production, utilité, etc..., voilà les idéaux qui semblent indiquer comment on pourrait échapper à la confusion des problèmes. Ce sont les guides vers l'élargissement et la consolidation de notre existence physique, vers notre enracinement dans le monde ; mais ils sont sans utilité pour le développement de la conscience humaine, de ce qu'on appelle la civilisation. Pour la jeunesse, certes, cette ligne de conduite est normale et préférable, en tout cas, à l'attitude qui consisterait à persévérer dans le problématique.

Plus on approche du midi de la vie, plus on réussit à se consolider dans son attitude personnelle et dans sa situation sociale, plus il semble que l'on ait découvert le cours normal de la vie et les idéaux et principes exacts de conduite. Aussi présuppose-t-on toujours leur valeur éternelle et se fait-on toujours une vertu d'y rester à jamais attaché. On oublie une chose essentielle : c'est que l'on n'atteint le but social qu'aux dépens de la totalité de la personnalité. Beaucoup, trop même, de ce qui aurait pu être vécu est resté peut-être dans le débarras des poussiéreux souvenirs, souvent, il est vrai, sous forme de charbons ardents sous la cendre grise.

La découverte des valeurs de la personnalité appartient à l'âge mûr. Pour les adolescents, une recherche prématurée des valeurs précieuses de la personnalité n'est souvent qu'un paravent pour masquer la fuite devant les devoirs biologiques. Inversement, la nostalgie rétrospective des êtres d'un certain âge pour les valeurs sexuelles de la jeunesse revient à esquiver, par lâcheté et paresse, les devoirs culturels : reconnaissance des valeurs de la personnalité et soumission à leur hiérarchie. Le névrosé adolescent s'effraie de l'élargissement de sa vie et de ses devoirs ; le névrosé d'âge mûr redoute l'appauvrissement et le rétrécissement des biens de ce monde.

La psyché n'est pas seulement réactive ; la façon même qu'elle a de réagir aux influences s'exerçant sur elle dépend pour plus de la moitié de son essence particulière, de ses conditionnements, de ses déterminations, et lui appartient en propre. Il serait faux de prétendre ne voir dans la culture qu'une réaction à des circonstances. Nous pouvons en toute quiétude abandonner au siècle passé cette plate façon de voir. Précisément, c'est dans la psychologie qu'il nous est donné de nous convaincre tous les jours de l'importance des déterminations intimes qui sont comme autant d'impératifs. Ces déterminations intimes de l'âme sont ce que, pour ma part, et dans un sens très large, j'entends par « devoirs biologiques ».

Pour l'adolescent encore inadapté et en quête de succès, il est de la dernière importance de se constituer un moi aussi efficace que possible, c'est-à-dire d'éduquer sa volonté. S'il n'est pas un authentique génie, il doit se garder de croire à une force agissante en lui, non identique à sa volonté. Il doit éprouver qu'il est un être de volonté et doit minimiser en lui tout le reste et se convaincre qu'il a soumis à sa volonté tout ce qui ne cadre pas avec elle ; sans cette illusion, son adaptation sociale a peu de chances de réussite. Il en va tout autrement pour l'être qui a atteint la deuxième moitié de l'existence, qui n'a plus besoin d'éduquer sa volonté consciente, qui a besoin bien davantage, pour saisir intelligemment le sens de sa vie individuelle, de l'expérience de sa propre nature. L'utilité sociale, dont il reconnaît le caractère nécessaire, ne saurait plus pour lui être un but. Il ressent son activité créatrice, dont l'inutilité sociale lui est évidente, comme un travail sur lui-même et comme un bienfait envers lui-même. Cette activité le libère de façon croissante de toute dépendance maladive et lui conquiert une solidité intérieure et une confiance nouvelle en lui-même.

*
* *

Le midi de la vie est un point de la plus haute importance psychologique. L'enfant commence sa vie psychologique dans un milieu très restreint, dans le domaine fermé de la mère et de la famille. A mesure qu'il mûrit, son horizon s'élargit en même temps que sa sphère d'influence. Ses intentions et ses espérances visent à l'extension de sa sphère personnelle de puissance et de possession, son désir se tend de plus en plus vers le monde extérieur. La volonté individuelle s'identifie de jour en jour davantage aux fins naturelles des facteurs inconscients. Ainsi l'homme en arrive à insuffler aux choses sa propre vie en quelque sorte, si bien qu'elles finissent par vivre d'elles-mêmes, se multiplier, et qu'il se trouve insensiblement dépassé par elles. Les mères sont distancées par leurs enfants, les hommes, par leurs œuvres, ce qui fut créé d'abord péniblement, peut-être au prix de très grands efforts, ne peut plus être entravé dans sa marche. D'abord c'était de la passion : puis ce fut une obligation et, finalement, c'est un insupportable fardeau, un vampire qui a sucé la vie de son créateur.

Le midi de la vie est l'instant du déploiement extrême où l'homme est tout entier à son œuvre, avec tout son pouvoir et tout son vouloir. Mais c'est aussi l'instant où naît le crépuscule : la deuxième moitié de la vie commence. La passion change de visage et prend dès lors le nom de devoir ; impitoyablement, le « je veux » devient un impérieux « tu dois » ; les sinuosités du chemin qui jadis, apportaient surprises et découvertes, deviennent des habitudes. Le vin ne fermente plus, la clarification commence. Si tout va bien, l'homme développe des tendances conservatrices. Ce n'est plus en avant, mais en arrière que l'on regarde involontairement ; et l'on commence à se rendre compte à soi-même de la manière dont la vie s'est développée jusque-là. On en recherche les véritables motifs et des découvertes surgissent. Les réflexions critiques qu'il fait sur lui-même et sur son destin dévoilent à l'homme la particularité de son être. Mais ces acquisitions ne lui viennent pas sans peine ; elles succèdent à des bouleversements violents.

Imaginez un soleil animé de sentiments humains et de la conscience humaine du temps. Le matin, il naît de la mer nocturne de l'inconscient et regarde le vaste monde bigarré dont l'étendue s'élargit à mesure qu'il s'élève au firmament. A cet élargissement de son cycle d'action, qui résulte de son ascension, le soleil reconnaîtra son importance et verra son but suprême du plus haut qu'il soit possible et dans la plus grande étendue de sa bénédiction. Dans cette conviction, il atteindra à l'improviste le zénith, auquel il n'avait pas songé parce que son existence individuelle, qui est unique, ne pouvait pas connaître d'avance son point culminant. A midi commence la descente, déterminant un renversement de toutes les valeurs et de tous les idéaux du matin.

La transition de la matinée à l'après-midi de la vie se fait par une sorte de transmutation des valeurs. La nécessité s'impose de reconnaître la validité non plus de nos anciens idéaux, mais de leurs contraires, de percevoir l'erreur dans ce qui était jusqu'alors notre conviction, de sentir le mensonge dans ce qui était notre vérité et de mesurer combien il y avait de résistance et même d'animosité dans ce que nous prenions pour de l'amour.

Le vin de la jeunesse ne se clarifie pas toujours dans l'âge mûr; il se trouble aussi parfois.

Sans préparation aucune, les hommes atteignent la deuxième moitié de la vie. Existe-t-il quelque part des écoles, non seulement des écoles supérieures, ou des écoles d'un degré plus élevé, qui prépareraient les quadragénaires à leur vie de demain et à ses exigences, comme les universités et les écoles ordinaires donnent aux jeunes gens une première connaissance du monde et de la vie? Nullement. C'est tout à fait à l'improviste que nous arrivons au midi de la vie; pis encore, nous l'atteignons armés des idées préconçues, des idéaux, des vérités que nous avions jusqu'alors. Or, il est impossible de vivre le soir de la vie d'après les mêmes programmes que le matin, car ce qui était alors de grande importance en aura peu maintenant et la vérité du matin sera l'erreur du soir.

Autant notre éducation collective s'inquiète de l'éducation de la jeunesse, aussi peu pense-t-elle à l'éducation de l'adulte dont on suppose toujours — on ne sait de quel droit — qu'il n'en a plus du tout besoin. Pour ce passage extraordinairement important de l'attitude biologique à l'attitude culturelle, pour la transformation de l'énergie de sa forme biologique en sa forme culturelle, il est pour ainsi dire dépourvu de tous conseils. Ce processus de transposition étant un processus individuel, ne peut être commandé par des règles et des prescriptions générales.

La jeunesse sans expérience pense souvent qu'on pourrait bien laisser de côté les vieux dont il n'y a plus rien à attendre et qui sont tout au plus bons à représenter des survivances pétrifiées du passé. C'est là une grave erreur de croire que le sens de la vie s'épuise au cours de la phase de jeunesse et d'expansion, que, par exemple, une femme soit «finie» après la ménopause. L'après-midi de la vie a tout autant de sens que le matin; mais son sens et son but sont tout différents.

L'homme qui vieillit devrait savoir que sa vie ne monte, ni ne s'élargit plus, mais qu'un processus interne impitoyable la rétrécit. Pour l'homme jeune, c'est presque un péché ou un danger de s'occuper de lui-même ; pour l'homme qui vieillit, c'est au contraire un devoir et une nécessité de considérer son soi-même avec sérieux. Le soleil rentre ses rayons comme pour s'éclairer lui-même après avoir gaspillé sa lumière sur un monde. Au lieu de cela, beaucoup de vieux préfèrent être des hypocondres, des avares, des hommes à principes et des *laudatores temporis acti* ou des éternellement jeunes, attitudes qui sont de misérables remplaçants de l'éclairement de soi-même, de son Soi ; c'est là une conséquence inévitable de la folie qui voudrait que la deuxième moitié de la vie fût régie par les mêmes principes que la première.

Les troubles névrotiques très fréquents de l'âge adulte se ressemblent en ce qu'ils veulent tous transférer la psychologie de la phase de jeunesse au-delà du seuil de quarante ans. Qui ne connaît de ces vieux messieurs pathétiques qui ne cessent de ranimer les souvenirs du temps où ils furent étudiants et ne peuvent attiser la flamme de leur vie qu'en regardant vers l'époque de leur héroïsme homérique, mais qui sont, par ailleurs, encroûtés dans leur vie de philistins sans espoir et sans événements ? Ils ont, il est vrai, cet avantage, dont il ne faut pas méconnaître la valeur, de n'être pas névrosés et de n'être, à l'ordinaire, que d'une ennuyeuse monotonie. Le névrosé est plutôt celui qui ne réussit jamais, dans le présent, comme il le voudrait et qui ne peut jamais non plus se réjouir du passé.

Le sol nourricier de l'âme, c'est la vie naturelle. Celui qui ne la suit pas reste suspendu en l'air et se fige... A partir du milieu de la vie, celui-là seul reste vivant qui veut mourir avec la vie.

D'après mon expérience, évidemment limitée, il serait bien indispensable à bon nombre d'hommes d'âge déjà mûr de développer précisément leur individualité ; je me suis fait l'opinion personnelle, qui n'engage personne, que l'homme d'âge mûr de notre temps aurait justement un besoin pressant de culture individuelle un peu plus poussée, lui qui en a subi une exclusivement collective dans sa jeunesse et éventuellement à l'Université et qui est tout imprégné d'une mentalité collective.

*
* *

La vieillesse est extrêmement impopulaire. On se refuse à voir que ne pouvoir vieillir est aussi stupide que de ne pas pouvoir sortir de l'enfance. On doit certes déplorer qu'un homme de trente ans en soit resté au stade infantile ; mais un septuagénaire juvénile, n'est-ce pas charmant ? L'un et l'autre pourtant sont pervers, sans style, des contre-natures psychologiques. Un jeune qui ne lutte ni ne remporte de victoires a manqué le meilleur de sa jeunesse et le vieillard qui ne sait pas prêter l'oreille au secret des torrents qui bruissent en roulant du sommet des montagnes jusqu'aux vallées, est insensé, momie spirituelle, rien d'autre que passé glacé. Il se tient en dehors de sa propre vie, se répétant machinalement, jusqu'au radotage. Que dire d'une civilisation qui a besoin de tels fantômes ?

Pour le médecin de l'âme, le vieillard qui ne peut se séparer de la vie est aussi faible et maladif que le jeune homme incapable de la construire. Il s'agit en effet, souvent, dans l'un et l'autre cas, de la même convoitise infantile, de la même crainte, du même défi, du même entêtement.

L'homme n'atteindrait certainement pas ses soixantedix ou quatre-vingts ans si cette durée de vie ne correspondait pas au sens de son espèce. Aussi l'après-midi de sa vie doit-il avoir également son sens et son but propres ; il ne peut pas être seulement un misérable prolongement du matin. Celui-ci a certainement pour sens le développement de l'individu, sa consolidation et sa reproduction dans le monde extérieur, ainsi que le souci de sa descendance. Tel est évidemment son but naturel. Mais une fois ce but atteint, largement atteint, est-il nécessaire de continuer sans cesse à gagner de l'argent, à conquérir encore et à élargir son

existence au-delà de toute limite raisonnable ? Celui
qui transporte ainsi la loi du matin, le but naturel par
conséquent, sans besoin dans l'après-midi de la vie,
subira de ce fait des dommages psychiques, exactement
comme le jeune homme qui voulant conserver, dans
l'âge adulte, son égoïsme infantile, paie son erreur par
des échecs sociaux.

N'oublions pas que très peu d'hommes sont des
artistes de la vie, que l'art de vivre est le plus noble
et le plus rare de tous ; vider en beauté toute la coupe,
qui donc y réussirait ? Trop de choses restent que beaucoup d'hommes n'ont pas vécues, qu'ils n'auraient
même pas pu vivre avec la meilleure volonté du
monde.

Nos religions sont depuis longtemps des écoles pour
quinquagénaires, ou du moins elles le furent autrefois.
Mais pour combien d'êtres le sont-elles encore ?
Combien parmi nous autres, gens d'âge moyen, ont été
réellement préparés dans une telle école aux secrets de
la deuxième moitié de l'existence, en vue de la vieillesse, de la mort et de l'éternité ?

De même que l'homme infantile recule, effrayé,
devant les inconnues du monde et de la vie, l'adulte
recule aussi devant la deuxième moitié de l'existence,
comme si des tâches inconnues et dangereuses l'y
attendaient, comme s'il était menacé de sacrifices et de
pertes qu'il ne pourrait pas supporter, ou comme si la
vie passée lui était apparue jusque-là si belle et si précieuse qu'il ne puisse plus s'en passer ! Serait-ce, peut-
être, en dernier ressort, la crainte de la mort ? Cela me
semble peu vraisemblable, parce que la mort est, en
général, encore lointaine et, par suite, encore abstraite.
L'expérience montre au contraire, que la raison et la
cause de toutes les difficultés de cette transition résident en une profonde et étonnante modification de
l'âme.

La personnalité se développe au cours de la vie à
partir de dispositions germinatives difficiles ou même
impossibles à interpréter ; et ce n'est que par notre
action que nous découvrirons qui nous sommes. Nous

sommes comme le soleil qui entretient la vie sur la terre, produisant toutes sortes de choses belles, étranges et mauvaises; nous sommes comme les mères qui portent dans leur sein bonheur et souffrance ignorés. Nous ne savons pas d'abord quelles actions, quels forfaits, quels destins, quel bien et quel mal nous renfermons en nous et l'automne seulement montrera ce que le printemps a produit; ce n'est que le soir que s'éclairera ce que le matin avait commencé.

*
* *

L'homme a deux fins dans la vie: la première, c'est la fin naturelle, la procréation d'une descendance et les soins que nécessite la préservation de la couvée, soins qui comprennent le gain et la position sociale; lorsque l'été a satisfait à cette fin, une autre phase commence, celle qui a pour but la culture. Pour arriver au premier de ces buts nous sommes aidés par la nature, et de plus par notre éducation; pour arriver au second, nous ne sommes secondés par rien, ou par peu de chose. On rencontre même souvent un amour-propre déplacé d'après lequel un homme âgé devrait viser à être comme un homme jeune, ou au moins devrait faire semblant de l'être quoique, intérieurement, il ne puisse au fond du cœur, adhérer à cette illusion. C'est pourquoi le passage de la phase «naturelle» de l'existence à sa phase «culturelle», est pour tant de personnes, si laborieux et si amer; elles s'accrochent aux illusions de la jeunesse, ou bien encore à leurs enfants, espérant ainsi sauver un lambeau de jouvence. Cette attitude se rencontre surtout chez les mères, qui voient toutes leurs raisons d'être dans leurs enfants et qui croient tomber dans un néant sans fond lorsque, leurs enfants se mettant à voler de leurs propres ailes, elles doivent cesser de se consacrer à eux. Il n'y a donc pas lieu de s'étonner si bon nombre de névroses graves se déclarent au début de l'après-midi de la vie. C'est une phase qui est une sorte de deuxième puberté ou de période de «Sturm und Drang», souvent marquée par tous les

orages de la passion. Mais les problèmes qui surgissent
à cet âge ne peuvent plus être résolus à l'aide des
recettes qui ont fait leurs preuves dans l'adolescence ;
l'aiguille de l'horloge de la vie ne se laisse pas reculer.
Ce que la jeunesse trouva et devait trouver au-dehors,
l'homme, dans son après-midi, doit le trouver au
dedans de lui-même.

Le fond de l'âme est nature et la nature est vie créatrice. La nature, il est vrai, abat ce qu'elle a construit,
mais c'est pour le reconstruire. Les valeurs que le relativisme moderne détruit dans le monde visible, l'âme
nous les redonne.

Il n'est pas d'horreurs, ni d'anomalies humaines qui
n'aient été portées dans le sein d'une mère aimante.
De même que le soleil luit sur les justes et sur les
méchants et que les mères qui portent dans leur sein
des enfants et les nourrissent, prennent soin avec un
amour égal des enfants de Dieu et de ceux du diable,
sans s'inquiéter des conséquences possibles, de même
nous sommes aussi des parties de cette étrange nature
et portons en nous, comme elle, l'imprévisible.

C'est une prérogative des moralistes d'avoir le
moins de confiance en Dieu ; ils croient en effet que
le bel arbre de l'humanité ne prospère que grâce à
l'élagage, au palissage et à l'installation d'espaliers,
alors que le soleil, qui est le père, et la terre, qui est
la mère, l'ont laissé croître librement à leur fantaisie,
selon des lois profondes et pleines de sens.

On sait que le développement rapide des villes avec
leur extraordinaire division du travail qui favorise
l'exécution, l'industrialisation croissante des plaines et
l'accroissement de la sécurité d'existence enlèvent aux
hommes bien des occasions de se libérer de leurs énergies affectives. Le paysan avec son activité richement
diversifiée, qui lui confère grâce à ses contenus symboliques des satisfactions inconscientes, que ne
connaissent pas l'ouvrier d'usine ni le bureaucrate, et
qu'ils ne peuvent jamais connaître, la vie près de la
nature, les beaux instants où le paysan, maître et
fécondateur de la terre, pousse sa charrue à travers le

sol, où d'un geste royal il lance la semence de la moisson future, son angoisse compréhensible en face des
puissances destructrices des éléments, sa joie en face
de la fécondité de son épouse, qui lui donne fils et fil-
les, qui sont pour lui forces de travail augmentées et
bien-être accru, — hélas! — nous autres, gens des villes, modernes machines citadines, que nous sommes
loin de tout cela! Ne sommes-nous pas déjà privés de
la plus naturelle et de la plus belle de toutes les satisfactions lors de la venue de notre propre semence, de
la «bénédiction» de nos enfants, que nous ne pouvons
plus regarder avec une joie sans mélange? Les mariages où fleurissent tous les arts de l'alcôve, nous pouvons les compter. N'est-ce pas un tout premier adieu
à la joie que la mère nature donnait à son fils premier-
né? Peut-il sortir de là quelque satisfaction?

Il ne faut rien vouloir prescrire à la nature, quand
on veut observer son comportement sans le troubler.

La nature a les premiers droits sur l'homme; tout en
dernier lieu, seulement, vient le luxe de l'entendement.
Il serait bien temps de remplacer l'idéal médiéval
d'une vie en vue de la mort par une conception plus
naturelle faisant droit à nos exigences naturelles. Dès
lors, les hantises de la sphère animale n'auraient plus
besoin, pour pouvoir se réaliser, d'asservir au préalable
les biens précieux de la sphère spirituelle.

On doit se garder de s'élever à coups d'intuitions
«spirituelles» au-dessus de la terre, c'est-à-dire de se
retirer au-delà de la dure réalité, ce qui est une façon
de la fuir et ce qui est si fréquent, lorsque l'on a de
brillantes intuitions. On n'est jamais à la hauteur de
ses pressentiments et il ne faut donc pas s'identifier à
eux. Seuls les dieux franchissent les arcs-en-ciel; les
mortels, eux, déambulent sur la terre et sont soumis à
ses lois.

La réduction à l'état naturel n'est pour l'homme ni
un idéal, ni une panacée. Si vraiment l'état naturel
était cela, le primitif devrait mener une existence
enviable. Or, il n'en est pas du tout ainsi: le primitif
est tourmenté par des superstitions, des angoisses et

des contraintes, qui s'ajoutent à toutes les autres douleurs et les autres peines de la vie humaine, et s'il
vivait dans notre civilisation, on ne pourrait le considérer autrement que comme gravement névrosé, sinon
comme fou.

Certes, le caractère terrestre de l'homme, face aux
élans de son intuition, est d'une lamentable imperfection. Mais précisément cette imperfection fait partie de
sa nature innée, de la réalité de l'homme. L'homme
n'est pas fait seulement de ses plus sublimes pressentiments, de ses suprêmes idées, de ses efforts les plus
méritants, mais aussi de ses données fâcheuses, telles
que son hérédité et que cette longue série indélébile de
souvenirs qui lui crient : « C'est toi qui as fait cela, et
c'est ça ce que aussi tu es ! » Il est vrai que l'homme
a perdu le vieil appendice caudal des sauriens, mais il
n'en reste pas moins vrai qu'une chaîne demeure fixée
à son âme, le liant à la terre, une chaîne rien moins
qu'homérique de « données », de si considérable importance, qu'il vaut mieux leur demeurer fidèle, au risque
de ne devenir ni un héros, ni un saint. Être lié à la
terre ne signifie point que l'on ne puisse grandir ; au
contraire, cela en est même une condition *sine qua
non*. Nul arbre noble et de haute futaie n'a jamais
renoncé à ses racines obscures. Non seulement il
pousse vers le haut, mais aussi vers le bas.

Dans la première moitié de la vie, dont l'orientation
est biologique, l'homme a, en général — vu la juvénilité de tout son organisme — la possibilité de supporter
l'élargissement vital et d'en faire quelque chose de
valable. L'homme dans la seconde moitié est naturellement orienté vers le savoir parce que les forces décli-
nantes de son organisme permettent de subordonner les
instincts aux intérêts culturels.

Le processus même de la civilisation consiste en un
domptage progressif de tout ce qu'il y a d'animalité
dans l'homme ; il s'agit bel et bien d'une domestication
qui ne saurait aller sans révolte de la part de sa nature
animale, assoiffée de liberté. Ainsi de temps en temps,
une griserie s'empare de l'humanité, qui se brise elle-

même de plus en plus par les contraintes de la civilisation. L'Antiquité en a été le témoin quand le flot des
orgies démoniaques, venues de l'Orient, a déferlé sur
elle. Ces orgies devinrent partie intégrante, essentielle
et caractéristique de la culture antique ; l'esprit qui les
animait n'a pas peu contribué au développement, dans
de nombreuses sectes et dans de nombreuses écoles
philosophiques du dernier siècle avant Jésus-Christ, de
l'idéal stoïcien d'ascétisme ; c'est ainsi que jaillirent
du chaos polythéiste de cette époque les religions ascé-
tiques de Mithra et du Christ. Une seconde vague
d'ivresse et de liberté s'empara du monde occidental
lors de la Renaissance. Il est difficile de juger de son
propre temps ; toutefois, dans la liste des questions
révolutionnaires soulevées par la première moitié du
XXᵉ siècle, on relève la «question sexuelle», qui
engendra toute une littérature d'un genre particulier.
La psychanalyse, à ses débuts, plonge ses racines dans
«ce mouvement» qui influença, de façon essentielle et
unilatérale, la formation de ses conceptions théoriques.
Car personne n'arrive jamais à se soustraire aux courants contemporains dans lesquels il vit. Depuis, la
«question sexuelle» a été refoulée à l'arrière-plan,
dans une large mesure, par des problèmes politiques et
des problèmes de conception du monde. Mais cela ne
modifie en rien le fait de base que la nature humaine,
instinctive, se heurte toujours à nouveau aux imitations
imposées et valorisées par la civilisation. Celles-ci
changent parfois de nom, la position générale demeure
toutefois fondamentalement la même.

*
* *

Deux réalités s'imposent nécessairement en nous :
nature et civilisation. Nous ne pouvons être uniquement nous-mêmes ; il nous faut aussi entrer en rapport
avec autre chose. Aussi doit-il y avoir un moyen qui
ne soit pas simplement un compromis rationnel mais
un état, ou un processus, absolument conforme à l'être
vivant, comme dit le prophète : une «*semita et via*

sancta », une « *via directa ita ut stulti non errent per
eam* » (une voie droite et sainte, une voie directe où
les fous ne peuvent errer).

On ne possède pas le présent de prime abord ; on y
pénètre bien plutôt peu à peu ; car sans le passé, il
n'est pas de présent. Le jeune être humain n'a pas
encore de passé, et pour cette raison, pas de présent.
Aussi ne crée-t-il pas de culture, mais seulement
l'existence. C'est l'avantage et le devoir de l'âge mûr,
qui a déjà franchi le midi de la vie, de produire de la
culture.

Dans la nature abandonnée à elle-même, l'énergie se
transforme selon sa pente naturelle, par quoi elle produit des phénomènes naturels, mais « n'accomplit
aucun travail ». C'est également ainsi que vit l'homme,
quand il est abandonné à lui-même, phénomène naturel, pourrait-on dire, qui ne produit aucun travail au
sens propre du mot. Mais la civilisation représente la
machine grâce à laquelle la pente naturelle est exploi-
tée en vue de la production de travail. Si l'homme est,
en somme, arrivé à inventer cette machine, c'est sans
doute que cela est profondément fondé dans sa nature,
comme en général dans la nature des êtres vivants,
puisque la matière vivante elle-même est un transfor-
mateur d'énergie et que de quelque manière, bien que
l'on ignore encore comment, la vie participe à ce processus de transformation. La vie se maintient parce
qu'elle utilise les conditions naturelles physiques et
chimiques comme moyens d'existence, pourrait-on dire.

Les contrastes se tiendraient toujours en équilibre —
signe de haute culture ; tandis que l'unilatéralité procure certes toujours une force d'attaque, mais par
contre est un signe de barbarie.

L'aptitude consciente à l'unilatéralité est l'indice
d'une très haute culture. Mais l'unilatéralité involontaire, autrement dit l'incapacité de se soustraire à l'unilatéralité est indice de barbarie. Pour le barbare, le plus
grand danger est toujours d'être victime d'une unilatéralité et de perdre ainsi de vue l'ensemble de sa personnalité.

La terre vierge, par ses implications, fait partout descendre l'inconscient du conquérant au niveau des habitants autochtones. Aussi existe-t-il, entre la conscience et l'inconscient de l'Américain, une distance que l'on ne trouve pas chez l'Européen, une tension entre une très haute culture consciente et une primitivité inconsciente directe. Cette tension est un potentiel psychique qui donne à l'Américain un esprit d'entreprise que rien n'arrête et un enthousiasme, en somme enviable, que nous ne connaissons pas en Europe. C'est précisément parce que nous sommes encore en possession des esprits de nos ancêtres, autrement dit, parce que tout est chez nous, tradition historique que, tout en restant en contact avec notre inconscient, nous sommes entravés par ce contact, tellement entravés même par le conditionnement historique, qu'il faut déjà de grosses catastrophes pour que nous nous ressaisissions, pour ne plus conserver, par exemple, un comportement politique semblable à celui que nous avions il y a cinq cents ans. Le contact avec l'inconscient nous enchaîne à notre terre, nous rendant difficile tout mouvement; et ce n'est certainement avantageux ni pour le progrès, ni au point de vue de la souplesse par ailleurs désirable.

Plus grand est le contraste, plus grand est aussi le potentiel. Une grande énergie ne peut sortir que d'une tension correspondante des contrastes.

A vrai dire, il n'est point de culture complète; chacune penche plus ou moins d'un côté ou de l'autre, ce qui signifie que tantôt l'idéal culturel est extraverti et que la valeur principale se trouve en l'objet et en la relation avec lui; tantôt il est introverti, et c'est l'individu, le sujet et la relation avec l'idée qui joue le rôle principal. Dans le premier cas, la culture prend une forme collective, dans le deuxième, une forme individuelle.

Personne ne fait l'histoire s'il n'ose risquer sa peau en conduisant jusqu'au bout l'expérience qu'est sa vie et s'il ne la considère pas comme un commencement et non comme une continuation. Continuer, l'animal lui-même sait le faire; commencer est la prérogative de l'homme.

Gain d'argent, existence sociale, famille, descendance, tout cela n'est en somme que nature; ce n'est pas de la civilisation. La civilisation se situe au-delà du but naturel.

Nous connaissions la maîtrise et la soumission psychiques, mais nul développement méthodique de l'âme et de ses fonctions. Notre culture est encore toute jeune et les cultures jeunes ont besoin de tout l'art du dressage pour dégrossir tant bien que mal la sauvagerie barbare et récalcitrante. A un échelon culturel plus avancé, c'est le développement qui doit remplacer et qui remplacera la contrainte.

Où en sommes-nous maintenant? S'il est permis d'exprimer à ce sujet une opinion, nous devons dire: apparemment les deux tendances nous sont nécessaires: la civilisation et la culture; le raccourcissement de la fonction secondaire chez les uns, son allongement chez les autres. L'un ne va pas sans l'autre et — malheureusement — les deux manquent à l'humanité d'aujourd'hui. L'un manque de ce que l'autre a en abondance. Notre continuel bavardage sur le progrès est désormais peu digne de foi et suspect.

Ce qui faisait frissonner de terreur le Grec de jadis existe encore, mais seulement si nous abandonnons la vaine illusion, forgée par nos derniers siècles, que nous sommes différents des anciens, c'est-à-dire plus moraux. Nous avons tout simplement réussi à oublier qu'une communauté indissoluble nous unit aux hommes d'alors. Aussi s'ouvre pour la compréhension de l'esprit antique, un chemin comme jamais il n'en a existé auparavant, celui de la sympathie intérieure d'une part, et de la compréhension intellectuelle d'autre part. En fouillant les substructures enfouies de notre âme, nous parvenons à saisir dans toute sa vivacité la culture antique et à découvrir, en dehors de notre propre culture, une base solide d'où il sera possible d'en explorer objectivement les courants. C'est du moins l'espoir que nous puisons dans la redécouverte de l'immortalité du complexe d'Œdipe.

Douter de notre civilisation et de ses valeurs est une névrose de notre époque. Si nos convictions étaient absolument certaines, on ne pourrait pas non plus les mettre en doute.

Celui-là dure qui reste sur sa terre. L'éloignement de l'inconscient et, en même temps, du conditionnement historique, est un manque de racines. Là est le danger que court le conquérant de terres étrangères ; mais c'est aussi le danger que court l'individu lorsque, s'attachant avec partialité à un « isme » quelconque, il perd tout contact avec le fond obscur, maternel et terrestre de son être.

Une des propriétés les plus fondamentales de toute culture est de comporter la durée ; la culture est un arrêt créé de main d'homme, arrêt remporté de haute lutte sur les transformations insensées et les métamorphoses continuelles de la nature. Chaque maison, chaque pont, chaque rue représente de la durée conquise sur la nature.

L'idée exige immutabilité et éternité. Qui se trouve sous le primat de l'idée aspire à la durée et tout ce qui aspire au changement doit se trouver à son opposé.

L'individu et la communauté

Dire de l'homme civilisé d'aujourd'hui quelque chose d'essentiel est une tâche des plus difficiles et des plus ingrates que l'on puisse imaginer, parce que celui qui parle est arrêté par les mêmes hypothèses et aveuglé par les mêmes préjugés que ceux sur lesquels il devrait faire des remarques d'importance.

Des hommes modernes, ou mieux, vivant dans le présent immédiat, il n'en est pas beaucoup, car leur existence exige la plus haute conscience de soi, une conscience intensive et extensive à l'extrême, avec un minimum d'inconscience; car celui-là seul est entièrement présent qui a une pleine conscience de son existence d'être humain. Entendons-nous bien: ce n'est pas l'homme actuellement vivant qui est moderne car alors tout ce qui vit aujourd'hui le serait; c'est seulement celui qui a la plus profonde conscience du présent.

Normal est l'homme qui peut exister dans toutes les circonstances qui lui offrent, d'une façon générale, le minimum nécessaire de possibilité vitale. Mais beaucoup ne le peuvent pas, et c'est pourquoi il n'y a pas non plus beaucoup d'humains qui soient normaux.

Nous découvrons toujours en un malade, un conflit qui, à un certain point, tient aux grands problèmes de la société, de sorte que lorsqu'on s'est avancé jusqu'à ce point, le conflit d'apparence individuel du malade se dévoile être un conflit général de son milieu et de son époque. Ainsi la névrose n'est en somme pas autre chose qu'une tentative individuelle de solution (malheureuse, il est vrai) d'un problème général; et il faut qu'il en soit ainsi, car un problème général, une «question» n'est pas *ens per se*, une chose en soi; il n'existe que dans le cœur des hommes en tant qu'individus.

L'homme éternellement ne trouve sa satisfaction et son accomplissement que dans ce qu'il ne possède pas encore; pourrait-il se rassasier de ce dont il a déjà à satiété ? Etre un homme social et adapté ne présente pas le moindre charme pour quiconque y satisfait comme en se jouant. Rien de plus fastidieux à la longue, pour l'homme qui le fait naturellement, que d'agir en toutes circonstances comme il convient ; tandis que pour l'être qui accumule les impairs et qui semble continuellement en perte d'équilibre, l'attitude normale demeure le but de sa secrète nostalgie. Les besoins et les nécessités des hommes sont d'une infinie diversité ; ce qui pour l'un réalisera une libération sera l'asservissement de l'autre. Cette diversité se retrouve aussi dans ce qui touche à la normalité et à l'adaptation. Bien qu'une thèse biologique prétende que l'homme est un animal grégaire qui n'atteint à la pleine santé qu'à l'état social, qui sait jamais si notre prochain malade ne bouleversera pas cette doctrine et ne nous prouvera pas qu'il n'est pleinement sain que lorsqu'il vit de façon anormale et asociale ?

L'homme n'est pas une machine qui pourrait accomplir de façon continue la même performance de travail : au contraire, il ne peut répondre totalement et de façon idéale aux exigences de la nécessité extérieure que s'il est adapté à son monde intime propre et s'il est en accord avec lui-même. Inversement, il ne peut s'adapter à son propre monde intérieur et parvenir à l'accord avec lui-même que s'il est aussi adapté aux conditions du milieu.

Car les religions anciennes avec leurs symboles cruels ou bons, ridicules ou solennels, ne sont pas nées d'un ciel serein, mais ont été créées par et dans cette âme humaine, telle qu'elle fut de toujours et telle qu'elle vit en ce moment en chacun de nous. Toutes ces choses, par leurs structures de base, par leurs formes archétypiques, vivent en nous et peuvent à tout moment fondre sur nous avec la puissance destructrice d'une avalanche, à savoir sous forme de suggestion de masse contre laquelle l'individu isolé est sans défense. Nos dieux terrifiants ne se sont prêtés qu'à un changement de nom et leurs nouvelles appellations riment en « isme ». Quelqu'un aurait-il le front de prétendre que la guerre mondiale ou le bolchevisme avec leur cortège

de catastrophes ont été des trouvailles ingénieuses ? De
même que, extérieurement, nous vivons dans un monde
où à tout moment un continent peut s'effondrer, un
pôle se déplacer, une nouvelle épidémie éclater, de
même intérieurement nous vivons dans un monde où
un cataclysme comparable peut survenir, certes uniquement sous forme d'idéologie, avec pour point de départ
une idée, mais cette forme n'en est pas moins dangereuse et imprévisible. La non-adaptation à notre cosmos intérieur est une lacune susceptible d'avoir des
conséquences tout aussi néfastes que l'ignorance et
l'incapacité dans le monde extérieur.

Nombreuses sont les personnes dont l'attitude consciente adaptée à l'ambiance extérieure, cadre mal avec
le caractère personnel. Ce sont des individus dont
l'attitude consciente et l'effort d'adaptation outrepas-
sent les ressources individuelles : ils semblent meilleurs
et plus précieux qu'ils ne sont. Cet excédent d'activité
extérieure n'est évidemment jamais alimenté grâce aux
seules facultés individuelles ; ce sont en grande partie
les réserves dynamiques de la suggestion collective qui
y pourvoient. Ces personnes s'agrippent à un niveau
plus élevé que celui qui leur revient de nature, grâce,
par exemple, à l'efficacité d'un idéal commun, au
rayonnement d'un avantage collectif ou au soutien
aveugle de la société. Intérieurement, elles ne sont pas
à la hauteur de leur situation extérieure.

Nous sommes naturellement portés à supposer que le
monde est comme nous le voyons ; avec une égale
légèreté, nous supposons que les hommes sont comme
nous nous les figurons ; ceci en l'absence de toute physique qui nous démontrerait le caractère adéquat de la
représentation et de la réalité. Quoique la possibilité
d'erreur grossière y soit beaucoup plus considérable
que pour les perceptions des sens, nous n'en projetons
pas moins, sans la moindre gêne, et ordinairement avec
une irréflexion totale, notre propre psychologie dans
autrui. Chacun se crée ainsi un ensemble de relations
plus ou moins imaginaires, reposant uniquement sur
des projections de cette sorte.

L'écrasante majorité des hommes est absolument incapable de se transférer individuellement dans l'âme d'un autre. C'est là un art bien rare et qui ne va jamais très loin. Même l'homme que nous pensons connaître le mieux et qui lui-même nous confirme que nous le comprenons tout à fait, nous est, au fond, étranger. Il est autre, et le mieux et le plus que nous puissions faire, est de soupçonner cet autre, de faire attention à lui et de nous garder de cette énorme stupidité qui consiste à vouloir l'interpréter.

On le sait, chez le primitif: étranger, est synonyme d'ennemi et de mauvais. Chez nous, jusqu'à la fin du Moyen Âge, «l'étranger» (Fremde) et la «misère» (Elend) étaient des termes identiques. Cette localisation, cette répartition joint l'utile à l'agréable; c'est pourquoi l'individu normal n'éprouve nul besoin de rendre ses projections conscientes, quoique cet état, fait d'illusions, ne soit pas dépourvu de danger. La psychologie de la guerre a fortement accusé tous ces traits, tout ce que notre propre nation fait est bien, tout ce que les autres nations font est mal. Le centre de toutes les infamies se trouve à une distance de plusieurs kilomètres en arrière des lignes ennemies. Cette psychologie primitive est aussi celle de chacun en son particulier; c'est pourquoi toute tentative d'élever à la conscience ces projections, inconscientes de toute éternité, se heurte à une antipathie active. Il est certain que nous serions heureux d'améliorer nos relations avec nos congénères, mais évidemment à la condition qu'ils comblent nos attentes, c'est-à-dire qu'ils se comportent comme les porteurs dociles de nos projections. Cependant, si ces projections sont rendues conscientes, des difficultés nouvelles peuvent venir entraver les relations avec les autres hommes; car cela signifie la destruction de cette passerelle d'illusions, par où se libéraient nos flots d'amour et de haine, la destruction de ce pont aux chimères, qui créait si facilement des débouchés à nos redoutables vertus réformatrices «d'amélioration» et de «relèvement» d'autrui.

Il est tellement plus aisé de prêcher la panacée à des centaines de milliers d'autres êtres que d'en user soi-même ! Car, ainsi que nous le savons, les pires désastres s'estompent lorsque nous sommes tous logés à la même enseigne. Dans le troupeau, le doute ne saurait exister ; à la multitude la plus nombreuse appartient toujours la vérité la meilleure... mais aussi les catastrophes les plus retentissantes.

Ce sur quoi les hommes extérieurement se disputent, est aussi un conflit dans leur propre intimité. Car enfin il faut faire sienne la connaissance que l'humanité n'est pas un amas d'individualités séparées les unes des autres, mais qu'elle possède un si haut degré de communauté psychique que ce qui est individuel ne semble être, à côté, qu'une variante. Mais comment pourrions-nous juger justement d'une chose si nous ne pouvons nous avouer qu'elle constitue aussi un problème pour nous ? Celui qui s'avoue cela, tente de résoudre le problème sur lui-même : c'est ainsi, en général, que se préparent les grandes solutions.

*
* *

Ce qu'il faut dire de l'humanité en général s'applique également à chacun de nous en particulier, car l'ensemble de l'humanité n'est fait que d'individus isolés et telle est la psychologie de l'humanité, telle est aussi la psychologie de chacun. Nous avons vécu, dans la première guerre mondiale, un terrible règlement de comptes ; nous avons assisté à l'entre-choc des intentions rationnelles de la culture organisée. Ce qu'on nomme « volonté » chez le particulier s'appelle « impérialisme » chez les nations ; car la volonté, c'est la manifestation du pouvoir sur le destin, c'est-à-dire l'exclusion du hasard. L'œuvre de civilisation est une sublimation opportunément voulue et concertée d'énergies libres. Ceci est vrai également au cœur et dans le cadre de l'individu. Et si la conception d'une organisation commune de la civilisation a subi une cruelle mise au point du fait de la guerre, l'être individuel lui aussi doit souvent, au cours de son existence, apprendre à ses dépens que les énergies prétendues « disponibles » ne permettent pas qu'on dispose d'elles.

On se rapprochera sans doute au mieux de la vérité en concevant que notre psyché personnelle et consciente s'édifie sur les larges fondements d'une disposition mentale générale et héritée qui, en tant que telle, est inconsciente et implicite, et que, dès lors, notre psyché personnelle est à la psyché collective un peu ce que l'individu est à la société.

Dès que ce n'est plus l'être mais la masse qui se meut, la régulation humaine cesse et les archétypes commencent à exercer leur influence, comme cela se produit dans la vie de l'individu quand il se trouve confronté avec des situations qu'il ne peut plus surmonter à l'aide des modalités, des catégories qui lui sont connues.

Cette guerre a montré à l'homme civilisé qu'il est encore barbare et impitoyablement elle lui a montré en même temps les verges de fer qui l'attendent s'il lui vient encore une fois à l'esprit de rendre ses voisins responsables de ses propres défauts. Or la psychologie des individus correspond à la psychologie des nations. Ce que font les nations, chaque individu le fait aussi et tant que l'individu fait une chose, la nation fait de même. Seules des modifications dans l'attitude profonde des individus peuvent être à l'origine de changements dans la psychologie de la nation.

Lorsque le destin, durant quatre années entières, fomenta sur l'Europe une guerre d'une grandiose atrocité — une guerre que *personne* n'avait voulue —, nul esprit pour ainsi dire ne songea à se demander ni ne se demanda qui ou quoi avait au juste causé cette guerre et sa perpétuation. Personne ne se rendit compte que l'homme européen était possédé par quelque chose qui le dépouillait de tout libre arbitre. Et cet état de possession inconsciente se perpétue inaltérablement et se perpétuera jusqu'à ce que les Européens «tremblent enfin de leur ressemblance à Dieu[1]». Or, cette méta-

---

1. «Ressemblance à Dieu», expression reprise à la fois à A. Adler (*Gottähnlichkeit*) et à Gœthe que C. G. Jung a notamment analysée et commentée dans son ouvrage *Dialectique du Moi et de l'Inconscient*, traduction, préface et notes du docteur Roland Cahen, Gallimard, Paris, 1964, p. 58 et ss. (N.d.T.).

morphose ne peut commencer que chez l'individu isolé, car les masses sont des animaux aveugles, ce que nous devrions déjà savoir à satiété.

Si un problème, au fond personnel et d'apparence subjective, se heurte à des événements extérieurs d'une psychologie analogue à la sienne, il arrive souvent qu'il prenne brusquement les dimensions d'une question générale, intéressant la société tout entière. Ce problème personnel acquiert ainsi une gravité qu'il ne possédait pas auparavant, parce que le conflit avec soi est toujours quelque peu humiliant; il abaisse intérieurement et extérieurement, comme une guerre civile déshonore un État. Aussi a-t-on honte d'étaler devant un grand public un conflit purement personnel — à moins que l'on ne souffre d'une trop téméraire surestimation de soi. Mais si l'on parvient à découvrir et à comprendre le rapport entre le problème personnel et de grands événements contemporains, cette coïncidence libère de la solitude du personnel pur en élargissant le problème aux dimensions d'une question générale concernant toute la société.

Dans la mesure où les collectivités sont de simples accumulations d'individus, leurs problèmes sont aussi des accumulations de problèmes individuels. Une partie de la société s'identifie avec l'homme supérieur, ne peut s'abaisser, et l'autre s'identifie avec l'homme inférieur et essaie d'atteindre au niveau plus élevé. De pareils problèmes ne sont jamais résolus par la législation ou par des tours de passe-passe. Ils ne peuvent être résolus que par un changement général dans l'attitude de l'homme. Et ce changement ne saurait commencer ni par la propagande ou par des meetings monstres, ni par la violence. Il commence par un changement dans les individus. Et il se manifestera par la transformation de leurs penchants, de leurs goûts et dégoûts personnels, et de leur conception de la vie et de ses valeurs, et seule une accumulation de telles métamorphoses individuelles amènera une solution collective.

Quand nous considérons l'histoire de l'humanité, nous ne distinguons que la couche la plus superficielle des événements, troublée en outre par le miroir déformant de la tradition. Ce qui s'est passé au fond échappe au regard même le plus scrutateur de l'historien, car la marche propre de l'histoire est profondément cachée, vécue par tous et masquée au regard de chacun. Elle est faite de vie psychique et d'expériences privées et subjectives au suprême degré. Les guerres, les dynasties, les bouleversements sociaux, les conquêtes et les religions ne sont que les symptômes les plus superficiels d'une attitude fondamentale et secrète de l'individu, attitude dont il n'a pas lui-même conscience et qui, par suite, échappe à l'historien; ce sont peut-être les créateurs de religions qui sont à cet égard les plus révélateurs. Les grands événements de l'histoire du monde sont, au fond, d'une insignifiance profonde. Seule est essentielle, en dernière analyse, la vie subjective de l'individu. C'est celle-ci seulement qui fait l'histoire; c'est en elle que se jouent d'abord toutes les grandes transformations; l'avenir et l'histoire entière du monde résultent en définitive de la somme colossale de ces sources cachées et individuelles. Nous sommes, dans ce que notre vie a de plus privé et de plus subjectif non seulement les victimes, mais aussi les artisans de notre temps. Notre temps — c'est nous !

Je crois que les circonstances extérieures ne sont, plus ou moins, que de simples occasions grâce auxquelles se manifeste la nouvelle attitude en face du monde et de la vie, qui s'est préparée dans l'inconscient. Les conditions politiques, sociales et religieuses générales affectent l'inconscient collectif en ce sens que tous les facteurs que réprime la conception dominante du monde, ou l'attitude en face de la vie, se rassemblent peu à peu dans l'inconscient collectif et animent ainsi ses contenus. Le plus souvent alors un individu, ou plusieurs, doués d'une intuition particulièrement puissante, perçoivent ces transformations de l'inconscient collectif et les traduisent en idées communicables. Ces idées se répandent ensuite avec rapidité, parce que des transformations analogues se sont produites dans l'inconscient des autres hommes.

Il règne une disposition générale à accepter les idées nouvelles malgré la résistance qui se manifeste d'autre part. Les idées neuves ne sont pas seulement de simples ennemies des anciennes; elles se présentent aussi le plus souvent sous une forme qui semble plus ou moins inacceptable à l'attitude antérieure.

Si l'Antiquité favorisa dans une classe supérieure le développement individuel, en opprimant une abondante masse populaire (ilotes, esclaves), l'époque chrétienne, qui vint ensuite, atteignit l'état de culture collective en transférant le plus possible ce même processus dans l'individu: Le dogme chrétien proclama la valeur de l'individu en affirmant que l'âme était immortelle; l'humble masse du peuple ne put désormais être vraiment sacrifiée à la liberté d'une minorité supérieure. La fonction supérieure l'emporta dans l'individu sur ses fonctions inférieures. La valeur essentielle se trouva transférée sur une unique valeur supérieure au détriment de toutes les autres. Psychologiquement, la forme sociale de la culture antique se trouva transposée dans le sujet, intériorisant ainsi ce qui, chez les anciens, avait été extérieur, fonction dominante favorisée, développée et différenciée aux dépens d'une majorité inférieure. Ce processus psychologique aboutit peu à peu à une culture collective qui accordait à chacun les «droits de l'homme» beaucoup plus largement que l'antiquité ne l'avait fait, mais qui avait le désavantage de reposer sur la culture subjective servile, sur un transfert dans le domaine psychologique de l'asservissement de la majorité; la culture collective s'en trouve élevée, la culture individuelle en est abaissée. Si l'asservissement de la masse fut la blessure vive de l'antiquité, l'asservissement des fonctions inférieures est une blessure toujours saignante dans l'âme de l'homme moderne.

Le Moi vit dans l'espace et dans le temps: il doit être adapté à leurs lois s'il veut simplement exister. S'il est assimilé à l'inconscient au point que ce dernier soit maître des décisions, alors il étouffe et il n'y a plus rien en quoi l'inconscient puisse s'intégrer ou en quoi il puisse se réaliser. La distinction entre le Moi

empirique et l'homme « éternel » et universel est donc
d'une importance vitale, notamment de nos jours où la
massification de la personnalité fait d'inquiétants progrès. Or cette massification ne vient pas exclusivement
du dehors, elle vient aussi du dedans, de l'inconscient
collectif. A l'extérieur «les droits de l'homme» assu-
raient une protection; actuellement la plus grande partie de l'Europe les a perdus et là où ils n'ont pas
encore disparu, des partis politiques aussi puissants
que naïfs sont à l'œuvre qui cherchent de toutes leurs
forces à miner ces droits éternels de l'homme, à les
éliminer au profit d'une existence d'ergastule (prison
d'esclaves) par l'appeau de la sécurité sociale. Contre
le démonisme de l'intérieur, la présence de l'Église
protège tant qu'elle conserve son autorité. Protection
et sécurité cependant n'ont de valeur que pour autant
que de leur côté elles n'oppressent pas la vie outre
mesure; de même la supériorité de la conscience n'est
désirable que pour autant qu'elle n'opprime pas une
trop grande quantité de vie et ne la supprime pas. La
vie, toujours, est un voyage entre Charibde et Scylla.

Plus se perd l'autorité absolue des idées chrétiennes,
plus devient perceptible la «bête blonde» dans sa prison souterraine où elle se retourne et nous menace
d'une explosion de conséquences dévastatrices. Ce
phénomène apparaît comme révolution psychologique
chez l'individu et peut aussi prendre la forme d'un
phénomène social.

Dionysos représente l'abîme de la dissolution pas-
sionnée de tout particularisme humain au sein de ce
que l'âme originelle peut avoir de divin et d'animal;
expérience aussi terrifiante que riche de bénédictions,
à laquelle une humanité mollement assoupie dans la
culture croit avoir échappé, jusqu'à ce que survienne
le déchaînement d'un nouveau bain de sang, remplissant d'étonnement tous les gens bien-pensants qui ne
savent plus qu'accuser les gros capitaux, l'industrie de
l'armement, les juifs et les francs-maçons.

Il fallut la catastrophe de la guerre de 1914 et les
extraordinaires manifestations ultérieures d'un désarroi

spirituel profond pour que l'on se mît à douter de
l'équilibre mental de la race blanche. Avant que la
guerre de 1914 n'éclatât, nous étions certains que le
monde pouvait être remis en ordre par des procédés
rationnels. Or nous avons maintenant le spectacle ahu-
rissant d'États qui reprennent à leur compte l'antique
revendication de la théocratie, c'est-à-dire celle d'un
totalitarisme entraînant fatalement la suppression de
toute liberté d'opinion. Sous nos yeux, de nouveau des
hommes se coupent mutuellement la gorge dans la
seule intention de défendre des théories enfantines
concernant la manière d'installer le paradis sur terre.
Il n'est pas difficile de voir que des puissances inférieures — pour ne pas dire infernales — qui avaient
été auparavant plus ou moins enchaînées et domestiquées dans un gigantesque édifice mental, sont maintenant en train de créer, ou de chercher à créer, une
nouvelle forme d'esclavage d'État ou de prison d'État,
dénuée de tout charme spirituel ou intellectuel.
D'aucuns sont persuadés de nos jours que la seule raison humaine n'est pas entièrement à la hauteur de la
tâche immense de dompter le volcan en éruption.

*

* *

L'homme a effectivement toutes raisons de redouter
ces forces impersonnelles qui siègent dans l'inconscient. Nous nous trouvons dans une inconscience béate
en ce qui concerne ces forces parce qu'elles ne se
manifestent jamais, ou presque jamais, dans nos actes
personnels, tant que nous sommes dans des circonstances normales. Mais par contre, si des hommes s'agglo-
mèrent et forment une foule, alors le dynamisme de
l'homme collectif se déchaîne — bêtes fauves ou
démons qui dorment au fond de chaque individu —
jusqu'à ce qu'il devienne comme une molécule de la
masse. Au sein de la masse, l'homme s'abaisse inconsciemment à un niveau moral et intellectuel inférieur, à
ce niveau qui est toujours présent sous le seuil de la

conscience, prêt à se déchaîner dès qu'il est excité et soutenu par la formation d'une foule.

La modification du caractère qui résulte de l'irruption des forces collectives est étonnante. Un être doux et raisonnable peut devenir un forcené ou une bête sauvage. On est toujours enclin à attribuer la faute à des circonstances extérieures, mais rien ne pourrait exploser en nous, si cela ne s'y était trouvé. Effectivement, nous vivons sans cesse sur un volcan et, pour autant que nous sachions, il n'existe aucun moyen préventif humain contre une éruption possible, qui détruira tout ce qui se trouve à sa portée. C'est certainement une excellente chose que de prêcher la raison et le bon sens humain, mais que faire si vous avez comme auditoire une maison d'aliénés ou une foule en proie à la passion collective ? Il n'y a guère de différence entre les deux, car le fou comme la masse est mené par des forces bouleversantes, impersonnelles.

La tendance expressément individualiste de la dernière phase de notre développement a eu pour conséquence un rebondissement compensateur vers l'homme collectif, dont l'affirmation autoritaire constitue actuellement le centre de gravité des masses. Rien d'étonnant donc à ce que règne actuellement une atmosphère de catastrophe, comme si une avalanche avait été déclenchée, que personne ne peut plus arrêter. L'homme collectif menace d'étouffer, d'engloutir l'individu, l'être humain pris à part, sur la responsabilité duquel repose pourtant toute l'œuvre édifiée de main d'homme.

Personne ne pourrait se vanter d'être immunisé contre l'esprit de son temps ou même d'en avoir une parfaite connaissance quelle que soit notre conviction consciente, chacun, sans exception, puisque particule d'une masse, est cloué quelque part, teinté ou même miné par l'esprit qui passe à travers les masses. La liberté ne s'étend jamais qu'aussi loin que s'étendent les limites de notre conscience.

Le plus grand nombre des contemporains a toujours pour rôle de maintenir le présent immédiat, de le faire valoir et d'amener de cette manière l'issue fatale dont

l'esprit créateur, qui la pressentait, avait déjà cherché
la solution.

Si je trouve dans le groupe ce qu'il est convenu
d'appeler un vécu communautaire, cet événement se
produit à un niveau de conscience moins élevé que si je
suis seul à le vivre. Aussi cette expérience vivante dans
le groupe est-elle bien plus fréquente qu'une expérience personnelle de métamorphose. Elle est de même
plus aisée à atteindre, car la communauté d'un grand
nombre possède une grande force de suggestion.
L'individu, dans la masse, est suggestible au-delà de
toute mesure. Dès que l'homme est pris dans la masse,
il est au-dessous de son niveau. Il peut naturellement
conserver le souvenir de cette haute personnalité éthique qu'il fut autrefois, mais, quand il est dans la
masse, son souvenir n'est guère plus qu'une illusion.
Il suffit que quelque chose se produise, une proposition, par exemple, qu'approuve toute la masse, et alors
il en est aussi — même si la proposition est immorale.
Dans la masse on ne ressent aucune responsabilité,
mais non plus, aucune crainte.

Conscience individuelle signifie rupture et hostilité ;
l'humanité en a fait d'innombrables fois, tant dans son
ensemble que par des actes isolés, la pénible et vivante
expérience. Chez l'individu, la période de dissociation
est une période de maladie ; il en est de même de la
vie des peuples. On saurait à peine nier que les temps
présents ne soient aussi une de ces époques de dissociation et de maladie. La situation politique et sociale,
l'éparpillement religieux et philosophique, l'art et la
psychologie modernes, tout confirme cette opinion.
Quiconque possède, ne serait-ce qu'une parcelle de
sentiment de responsabilité humaine peut-il se sentir à
son aise ? En toute sincérité, il faut même avouer que
personne n'est plus tout à fait à son aise dans ce
monde contemporain ; le malaise va d'ailleurs grandis-
sant. «Crise» est un terme médical, il désigne toujours
un sommet dangereux de la maladie.

Chaque fois que des contenus de l'inconscient collectif s'animent, cet événement exerce sur la cons-

cience une action d'une puissance extrême. Il se produit toujours une certaine confusion. Si la réanimation de l'inconscient a pour cause la faillite totale des espérances et des attentes d'une vie, le danger est grand que l'inconscient ne prenne la place de la réalité. Ce serait là un état morbide. Si au contraire l'animation de l'inconscient collectif a pour cause des processus psychologiques dans l'inconscient du peuple, l'individu se sent certes menacé, ou tout au moins désorienté, mais l'état qui en résulte n'a rien de maladif, du moins pour l'individu. On pourrait toutefois comparer l'état mental du peuple tout entier à une psychose.

Les amas d'hommes sont toujours les foyers d'épidémies psychiques.

Il est difficile de juger du présent immédiat dans lequel on vit. Mais si nous nous reportons à l'histoire de la maladie spirituelle de l'humanité, nous rencontrons des accès antérieurs que nous embrassons plus facilement du regard. Une des crises les plus graves fut la maladie du monde romain au cours des premiers siècles de l'ère chrétienne. Le phénomène de dissociation se révéla par des fissures d'une ampleur sans exemple qui émiettaient l'état politique et social, les convictions religieuses et philosophiques, et par une décadence déplorable des arts et des sciences. Réduisons l'humanité d'abord aux proportions d'un seul individu ; nous avons devant nous une personnalité hautement différenciée à tous les points de vue, qui au début a réussi, avec une souveraine sûreté de soi-même à étendre sa puissance à tout son entourage, mais qui, le succès une fois acquis, s'est éparpillée en un grand nombre d'occupations et d'intérêts différents ; tant et si bien qu'elle a fini par en oublier son origine, ses traditions et même ses souvenirs personnels, et qu'elle s'imagine être identique à telle ou telle chose, ce qui la précipite dans un conflit irrémédiable avec elle-même. Ce conflit cause finalement un tel état de faiblesse que le monde ambiant, précédemment jugulé, fait une irruption dévastatrice qui hâte le processus de décomposition.

Si tant est que la vie de l'individu est régularisée, comme dans un canal, au sein de la société humaine et en particulier de l'État, il n'en demeure pas moins que la vie des peuples est semblable au cours d'un torrent bouillonnant que personne ne peut endiguer ; personne n'en est maître, en tout cas aucun être humain, mais Un seul Etre qui fut toujours plus puissant que les hommes. La Société des Nations, qui devait posséder une autorité supra-nationale, est pour les uns encore semblable à un enfant sans défense qui réclame aide et protection, pour les autres, une naissance prématurée. Par suite, la vie des peuples roule sans rênes et sans frein, sans être conduite non plus, inconsciente vers un but imprécis, comme un bloc de rocher qui roule le long d'un éboulis et qui ne s'arrête que contre un obstacle inébranlable. C'est pourquoi les événements politiques ne sortent d'une impasse que pour entrer dans une autre, comme un torrent pris dans des gorges, des méandres et des marécages.

Il faut chercher le sens des choses, car on ne voit tout d'abord que non-sens, et cela en particulier dans notre monde d'aujourd'hui. C'est certainement une des choses les plus difficiles que de découvrir un sens en quelque endroit. Et sa recherche est rendue rebutante, jusqu'au découragement, du fait qu'il existe déjà trop de « sens », des millions de sens, en quelques sorte à souffles courts, une myriade de sens intentionnels, qui apparaissent prodigieusement sensés à tous ceux qui y sont enfouis jusque par-dessus les oreilles, et cela d'autant plus qu'ils sont, ces prétendus sens, au fond plus insensés. Ce spectacle, déjà désespérant, oppresse lorsque, soustrait à la sphère individuelle, plus bornée et moins douloureuse, on le voit se développer pour constituer ce que l'on appelle l'âme d'un peuple.

Puisque chacun est aveuglément convaincu de n'être rien que sa propre conscience, très modeste et sans importance, qui remplit scrupuleusement ses devoirs et gagne raisonnablement sa vie, personne ne remarque que cette foule rationnellement organisée que l'on appelle État ou nation, est mue par une puissance impersonnelle, imperceptible mais terrifiante, que rien ni personne ne peut mettre en échec. Ce pouvoir atroce est le plus souvent compris comme fait de la crainte d'une nation voisine, que l'on croit possédée d'un mauvais démon. Or, comme personne ne saurait reconnaître en quoi et dans quelle mesure il est lui-même possédé et inconscient, on projette tout simplement sur le voisin son propre état psychique : ainsi se crée le devoir sacré d'avoir les plus gros canons et les gaz les plus asphyxiants. Le pis est que chacun a raison. Tous les voisins sont contrôlés par une peur incontrôlée et incontrôlable, exactement comme soi-même. Dans les asiles d'aliénés, on sait très bien que les malades sont plus dangereux s'ils souffrent de peur que s'ils sont mus par la colère ou la haine.

Dans la masse règne de plus en plus la «participation mystique» qui n'est rien d'autre qu'une identité inconsciente. L'homme, par exemple, va au théâtre : aussitôt tous les regards sont suspendus à tous les regards, chacun regarde l'autre, et tous sont rattachés aux fils invisibles de la relation inconsciente réciproque. Si cet état s'accentue, on se trouve littéralement porté par la vague générale d'identification. Ce peut être un sentiment agréable : brebis parmi dix mille brebis. Ou bien si j'entends dire que cette foule est une grande et merveilleuse unité, alors je suis un héros grandi par le groupe. Si, ensuite, je reviens à moi, je découvre que je m'appelle un tel ou un tel et que je demeure dans telle ou telle rue, au troisième étage, et qu'au fond cette histoire a été bien belle ; espérons qu'elle recommencera demain pour que je puisse me sentir encore comme un peuple tout entier, ce qui vaut mieux que d'être le banal X... ou Y... Comme c'est là une manière plus aisée et plus commode d'élever la personnalité à un rang supérieur, l'homme a toujours constitué des groupes qui facilitaient les expériences collectives de métamorphoses souvent sous la forme d'une sorte d'ivresse. La réidentification avec des états de conscience inférieurs et plus primitifs est toujours liée à une élévation du sentiment d'être.

L'être humain possède une faculté, la *faculté d'imitation*, qui est de la plus grande utilité du point de vue collectif et qui est on ne peut plus nuisible du point de vue de l'individuation. La vie psychologique et sociale des groupes ne saurait se passer de l'imitation : sans elle, pas d'organisation des masses, pas d'État, ni d'ordre possible. Car ce n'est pas la loi qui fait l'ordre et la structure sociale, mais bel et bien l'imitation, notion dans laquelle il faut inclure la suggestibilité, la suggestion et la contagion mentale. Cependant nous voyons aussi quotidiennement que ce mécanisme de l'imitation peut être utilisé — plus précisément il peut en être abusé, car c'est alors une manière d'abus — en vue de la différenciation personnelle : on imite simplement une personnalité éminente ou une qualité ou une activité rare, ce qui entraîne extérieurement une distinction de l'entourage immédiat. Mais il s'ensuit — on serait tenté de dire, comme par punition — une aggravation de la ressemblance existante avec l'entourage qui, toutefois, s'est déplacée sur le plan inconscient où elle se manifeste en une manière de lien contraignant. En général, une tentative de différenciation individuelle, entreprise par le moyen de l'imitation, s'en trouve faussée, falsifiée ; elle échoue le plus souvent et le sujet reste figé dans une attitude affectée ; il se retrouve au niveau où il se trouvait précédemment, ayant pour tout bénéfice une stérilité aggravée.

*
* *

C'est l'individu qui est par excellence le facteur de différenciation. Les plus grandes vertus, les créations les plus sublimes, comme aussi les pires défauts et les pires atrocités, sont individuelles. Plus une communauté est nombreuse, plus la sommation des facteurs collectifs qui est inhérente à la masse se trouve accentuée au détriment de l'individu par le jeu des préjugés conservateurs ; plus aussi l'individu se sent moralement et spirituellement anéanti, ce qui tarit ainsi la seule source possible du progrès moral et spirituel d'une

société. Dès lors, naturellement, seuls prospéreront la
société et ce qu'il y a de collectif dans l'individu. Tout
ce qu'il y a d'individuel en lui est condamné à sombrer, c'est-à-dire à être refoulé. De ce fait tous les facteurs individuels deviendront inconscients, tomberont
dans l'inconscient; ils y végéteront et s'y transforme-
ront selon une loi implacable en une manière de néga-
tivité systématique, de malignité principielle, qui se
manifestent en impulsions destructrices et en compor-
tements anarchiques. Ces tentances deviendront agissantes sur le plan social, chez l'individu tout d'abord :
certains sujets à tempérament prophétique deviennent
l'instrument de crimes à sensation, meurtre de roi, etc. ;
mais elles se font sentir chez tous de façon indirecte,
à l'arrière-plan, par une décadence morale inévitable
de la société.

C'est un fait évident que la moralité d'une société,
prise dans sa totalité, est inversement proportionnelle
à sa masse, car plus grand est le nombre des individus
qui se rassemblent, plus les facteurs individuels sont
effacés et du même coup aussi la moralité qui repose
entièrement sur le sentiment éthique de chacun et, par
le fait même, sur la liberté de l'individu, indispensable
à son exercice. C'est pourquoi tout individu, en tant
que membre d'une société, est inconsciemment plus
mauvais, dans un certain sens, qu'il ne l'est lorsqu'il
agit en tant qu'unité pleinement responsable. Car fondu
dans la société, il est en une certaine mesure libéré de
sa responsabilité individuelle.

Un groupe important qui ne serait composé que
d'hommes excellents équivaut en tout point, pour ce
qui est de la moralité et de l'intelligence, à une espèce
de gros monstre, balourd, obtus, impulsif et sans dis-
cernement. Plus une organisation est monumentale et
plus son immoralité et sa bêtise aveugle sont inévita-
bles (*Senatus bestia, senatori boni viri* : les sénateurs
sont des hommes bons, et le Sénat est une bête
cruelle). La société, en favorisant dans tous ses membres individuels automatiquement les qualités collectives, laisse le champ libre, par le fait même, à toutes

les médiocrités, cultivant à bon marché tout ce qui est en passe de végéter de façon irresponsable : dès lors l'oppression des valeurs et des facteurs individuels est inéluctable. Ce processus commence dès l'école, continue au cours de la vie universitaire et imprime son sceau à tout ce qui de près ou de loin, concerne l'État. Plus un corps social est petit, plus est garantie l'individualité de ses membres ; plus sont grandes leur liberté relative et les possibilités d'une responsabilité consciemment assumée. *Hors de la liberté, point de moralité.*

Le peuple demeure toujours dans les bas-fonds, même s'il surpasse de très loin ses voisins. Prenez cent têtes suprêmement intelligentes, réunissez-les et faites-en la somme ; vous n'aurez au total qu'une sorte de grosse tête imbécile, car tous les dons, qu'ils soient de nature intellectuelle ou morale, sont constitués, en dernière analyse, par des différenciations individuelles. Or le mot de différenciation est proche parent de celui de différence ; et les différences ne s'ajoutent pas mais s'annulent mutuellement. Ce qui s'accumule, en faisant la somme dont nous venons de parler, c'est le fond généralement humain, « humain trop humain », en dernière analyse ce qu'il y a de primitif, d'obtus, de paresseux, d'amorphe dans l'homme. De sorte que la spiritualité n'est jamais superflue ; elle est un bien rare et inestimable.

La superposition de tableaux des plus grands maîtres dans des musées serait une catastrophe et une assemblée de cent têtes intelligentes constitue dans son ensemble un hydrocéphale.

Notre admiration pour des organisations colossales s'amenuise dès que nous entrevoyons l'envers de la médaille, qui est fait d'une accumulation et d'une mise en relief monstrueuse de tout ce qu'il y a de primitif dans l'humain, et d'une destruction inéluctable de son individualité en faveur de l'hydre qu'est, une fois pour toutes et décidément, n'importe quelle grande organisation. Le cœur d'un homme d'aujourd'hui, façonné sur l'idéal collectif moral régnant, s'est transformé en une « caverne de brigands ».

La nature ne semble pas tenir le moins du monde à un état de conscience supérieur : au contraire. La société, elle non plus, ne sait pas estimer comme il faut ces œuvres d'art psychiques ; elle couronne toujours, en premier lieu, la production et non la personnalité, sauf cependant, la plupart du temps, après la mort.

Le nivellement grégaire de la masse populaire par écrasement de sa structure, qui est naturellement aristocratique ou hiérarchique, conduit tôt ou tard à la catastrophe. Le nivellement des valeurs fait disparaître les points d'orientation et c'est alors qu'apparaît inévitablement le désir d'être dirigé.

Les tentatives entreprises ici et là pour atteindre à une prise de conscience individuelle et à une maturation de la personnalité sont, mesurées à l'échelle sociale, tellement faibles et sporadiques qu'elles semblent manquer de poids en face des nécessités historiques. Si l'on veut réellement éviter que ne soient irrémédiablement ébranlés, semble-t-il, les fondements mêmes de l'ordre social européen, il faut, à tout prix, en première ligne, rétablir l'autorité. C'est pour ce motif sans doute que nous avons vu naître en Europe la tendance à chercher à remplacer le fait collectif de l'Église par le fait collectif de l'État. De même que l'Église autrefois était animée de façon absolue par la tendance à valider la théocratie, de même nous voyons maintenant l'État prétendre de façon absolue à une totalité exclusive. La mystique de l'esprit en cela n'est point remplacée, comme on aurait peut-être pu s'y attendre, par une mystique de la nature ou de la « lumière de la nature » (« lumen naturæ », comme la dénommait Paracelse), mais par un enrégimentement total de l'individu dans un fait collectif politique appelé État.

La société, éprouvant dans son ensemble le besoin de posséder une incarnation de la puissance magique, utilise pour véhicule l'appétit de pouvoir d'un homme et le désir de soumission des masses, créant ainsi la possibilité du prestige personnel. Celui-ci est un phénomène qui est, comme le démontre l'origine de l'his-

toire politique, de la plus haute conséquence pour la
vie des peuples en société.

La masse comme telle est toujours anonyme et irresponsable. De soi-disant chefs sont les symptômes iné-
vitables de tout mouvement de masse. Les vrais chefs
de l'humanité cependant sont toujours ceux qui, médi-
tant sur eux-mêmes, soulagent au moins le poids de la
masse de leur propre poids, en demeurant consciemment éloignés de l'inertie naturelle et aveugle inhérente à toute masse en mouvement. Mais qui donc est
capable de résister à cette puissance attractive écrasante dans le flot de laquelle chacun se cramponne à
son voisin, tous s'entraînant les uns les autres ? Seul
peut y résister celui qui ne se cramponne pas dans
l'extérieur, mais qui prend appui dans son monde intérieur et y possède un havre sûr.

On serait en droit de supposer qu'un homme de
génie pourrait se repaître de la grandeur de sa propre
pensée et renoncer aux vils applaudissements de la
foule qu'il méprise ; mais il est soumis à la tendance
puissante de l'instinct grégaire ; ses recherches, ses
découvertes, son cri, il ne peut les destiner qu'au troupeau ; c'est le troupeau qu'il appelle et par lui qu'il
veut être entendu.

Étant donné l'importance, que l'on ne saurait surestimer, du prestige personnel, la possibilité de le voir
se dissoudre par régression dans la psyché collective
constitue un danger non seulement pour l'individu élu,
mais aussi pour tous ses adeptes. Ce danger est surtout
menaçant lorsque le but implicite du prestige, à savoir
l'approbation générale, est atteint. Dès lors, l'élu s'est
transformé en vérité collective et cela est toujours le
commencement de la fin. Incarner, et de façon bien
vivante, un prestige nouveau est en effet une action
créatrice non seulement pour le personnage choisi,
mais aussi pour tout son clan : l'élu se distingue par
ses hauts faits, et la masse se caractérise par son
renoncement à l'exercice de la puissance. Tant qu'il
est nécessaire de lutter contre des influences hostiles
pour conquérir ou sauvegarder cet état de choses,

l'œuvre commune reste créatrice. Mais, dès que les obstacles disparaissent et que l'approbation générale est atteinte, le prestige perd de sa valeur primitive et devient un poids mort. C'est alors en général que se produit un schisme qui donnera au processus l'occasion de recommencer.

Bien entendu, le poste que j'occupe est mien dans la mesure où s'y insère l'essentiel de mon activité; mais ce poste, cette fonction, cette profession est aussi en même temps l'expression collective de facteurs nombreux, expression qui est née historiquement de la collaboration d'un grand nombre et d'une concordance de circonstances. Sa dignité est le fruit d'une approbation collective. Dès lors, en m'identifiant à mon emploi ou à mon titre, je me comporte comme si j'étais moi-même toute cette fonction sociale complexe, ce fonctionnement structuré qu'on appelle un «poste», comme si j'étais non seulement le titulaire du poste, mais aussi et en même temps la nécessité sociale et l'approbation collective de la société sur lesquelles il se fonde, qui le sous-tendent et l'arc-boutent. Ce faisant, je me suis attribué une extension et j'ai usurpé des qualités qui en aucune façon ne sont en moi, mais qui existent hors de moi et qui devraient y rester.

L'abîme est profond de nos jours entre ce qu'est un homme et ce qu'il représente, entre son individualité et sa fonction d'être collectif. Sa fonction est développée, son individualité ne l'est pas. Parfait, il s'est identifié à sa fonction collective; dans le cas contraire, on l'estime certes comme fonction sociale mais son individualité penche vers ses fonctions inférieures non développées: aussi est-il barbare, alors que, dans le premier cas, il a le bonheur de se faire illusion sur la barbarie pourtant bien réelle.

Dans son état d'identification avec la psyché collective, l'homme, en effet, essaiera immanquablement d'imposer aux autres les exigences de son inconscient. *Car l'identification avec la psyché collective confère un sentiment de valeur générale et quasi universelle* (ce que nous appelions plus haut la «ressemblance à

Dieu ») qui conduit à ne pas voir la psyché personnelle différente des proches, à en faire abstraction et à passer outre. Le sentiment de détenir une valeur, une vérité universelle émane spontanément de l'universalité de la psyché collective ; une attitude, une optique collectives présupposent naturellement chez l'autre et les autres la même psyché collective. Cela entraîne de la part du sujet un refus catégorique, une véritable impossibilité d'apercevoir les différences individuelles et aussi des différences d'ordre général qui peuvent exister au sein même de la psyché collective. L'impossibilité ou le refus de voir l'individuel, dont on ne perçoit même plus l'existence, équivaut tout simplement à étouffer l'individu, ce qui détruit au sein d'un groupe social les éléments de différenciation.

L'homme ne saurait pas plus exister sans la société, qu'il ne saurait exister sans oxygène, sans eau, sans albumine, sans graisse. Au même titre que ces derniers facteurs, la société constitue une des conditions de son existence les plus nécessaires. Mais il serait ridicule de prétendre que l'homme vit pour respirer l'air, et de même il serait ridicule de prétendre qu'il existe pour la société. La société est simplement un concept qui exprime la symbiose que constitue un groupe humain. Or, un concept n'est pas un porteur de vie. Le porteur de vie unique et naturel est l'individu et il en est ainsi dans toute la nature.

Bien que certaines forces instinctives biologiques générales favorisent la formation de la personnalité, il n'en est pas moins vrai que l'individu diffère essentiellement de l'instinct général, qu'il s'y oppose même absolument, de même que l'individu, en tant que personnalité, se distingue toujours de la collectivité. Son caractère réside précisément dans cette différence. Toute psychologie du moi doit donc laisser de côté sans s'en soucier tout ce qu'il y a de collectif dans la psychologie de l'instinct : elle décrit le processus du moi différent de l'instinct collectif.

Afin de découvrir ce qu'il y a, au fond, d'individuel en chacun, il ne faut ménager ni sa peine ni sa réflexion, et nous nous apercevons du coup combien la découverte de l'individualité est incroyablement difficile.

A considérer les choses de près, on ne cesse d'être étonné en constatant combien notre psychologie réputée individuelle, comporte de facteurs foncièrement collectifs. Cette masse d'éléments collectifs est tellement impressionnante que l'individuel en devient indiscernable. Mais comme l'individuation est une nécessité psychologique tout à fait inéluctable, le poids écrasant et tout-puissant du collectif, clairement discerné, nous fait mesurer l'attention toute particulière qu'il faut vouer à cette plante délicate nommée «individualité», afin qu'elle ne soit pas totalement écrasée par lui.

Nous sommes encore beaucoup trop influencés par le préjugé et la crainte ridicule que l'homme est un être insupportable dès qu'il se montre sous son vrai jour, et que, si tous devenaient ce qu'ils sont réellement, il en résulterait une épouvantable catastrophe sociale. Ce qu'on nomme de nos jours «l'homme tel qu'il est», est seulement ce qu'il y a en lui d'insatisfait, d'anarchique et plein de convoitise. On oublie que ce même homme a pourtant créé toute la civilisation moderne qui possède une solidité et une puissance plus grande encore que toutes les tendances anarchiques. La force de la personnalité sociale est une des conditions indispensables à l'existence de l'homme. L'esprit de révolte et de convoitise, que nous rencontrons dans la psychologie du névropathe, n'est certes pas typique pour l'homme: c'en est la caricature infantile. L'homme normal est en fait «conservateur et moral»: il fait les lois et les observe, non parce qu'elles lui sont imposées, — ce serait une idée enfantine — mais parce qu'il préfère l'ordre au désordre, à l'anarchie, et aux caprices.

Nulle législation ne pourra éviter la diversité psychologique des hommes, ce facteur indispensable à l'énergie vitale d'une société humaine. Aussi ne pouvons-nous pas nous dispenser de parler de cette dispa-

rité des humains. Les différences sont cause de telles
diversités dans les prétentions au bonheur que nulle
législation, si parfaite soit-elle, n'a jamais pu leur donner une apparence de satisfaction. Il serait d'ailleurs
impossible d'imaginer une forme de vie extérieure, si
équitable et si juste qu'elle puisse être, qui ne serait
pas une injustice pour l'un ou l'autre type humain. Si
malgré tout, de nombreux rêveurs politiques, sociaux,
philosophiques ou religieux entreprennent de découvrir
ces conditions extérieures générales et égalitaires qui
apporteraient une possibilité de bonheur universel plus
grande, cela est sans doute l'expression d'une attitude
générale qui attend trop de l'extérieur.

Certes, c'est une belle chose que l'égalité de tous
devant la loi, que le droit de vote reconnu à chacun,
que l'impossibilité pour quiconque de dominer son
frère au nom d'héréditaires privilèges de caste ; mais
tout cela perd de sa beauté dès que l'on étend cette
idée d'égalité à d'autres domaines de l'existence. Il
faut regarder la société humaine d'un œil bien peu
perspicace et d'un lointain bien nébuleux pour penser
qu'une réglementation uniforme de la vie puisse réaliser une équitable répartition du bonheur. Il faudrait
déjà avoir perdu la tête pour penser par exemple
qu'une même somme de revenu, donc une même possibilité extérieure de vie, doive avoir aux yeux de tous
la même valeur. Que fait donc un tel législateur de
tous ceux dont les essentielles possibilités de vie sont
en eux-mêmes et non à l'extérieur ? Pour être équitable, il faudrait donner deux fois plus à l'un qu'à l'autre
parce que ce qui est beaucoup pour l'un est peu pour
l'autre.

Le malheur est précisément que les «lois des
nations» ne concordent jamais en aucune circonstance
avec celles de la nature, au point que l'état civilisé soit
en même temps l'état naturel. La possibilité d'une telle
concordance ne peut se concevoir que sous forme d'un
compromis dans lequel aucun des deux états ne pourrait
atteindre son idéal, mais resterait bien au-dessous.
Celui qui veut atteindre l'idéal de l'un ou l'autre état

devra s'en tenir au principe formulé par Rousseau lui-même : « Il faut opter entre faire un homme ou faire un citoyen ; car on ne peut faire à la fois l'un et l'autre. »

Le moi humain peut être comparé au chef d'une petite armée en lutte contre son entourage, assez souvent en guerre sur deux fronts : devant, la lutte pour l'existence, derrière, la lutte contre sa nature pulsionnelle rebelle. Même quand on n'est pas pessimiste, l'existence apparaît comme un combat plutôt que comme quoi que ce soit d'autre. L'état de paix est un desideratum et s'il arrive que quelqu'un ait fait la paix avec le monde et avec lui-même, c'est là un événement qui mérite qu'on le souligne.

L'optimum vital n'est pas du côté de l'égoïsme brutal ; l'homme ne l'atteint jamais dans cette direction : au fond il est ainsi fait qu'il ne peut se passer de voir et de provoquer le bonheur d'autrui. Pas davantage on n'atteindra l'optimum vital par une recherche effrénée de supériorité individuelle. Car le facteur collectif est si puissant en l'homme que son désir de communauté lui gâcherait la joie du pur égoïsme. L'optimum vital ne peut être atteint que par l'obéissance aux lois qui règlent le cours de la libido, qui font alterner systole et diastole, qui donnent la joie et fixent aussi la limite indispensable des devoirs individuels de la vie, sans l'accomplissement desquels on ne l'atteindra jamais.

La réalité humaine n'est pas une belle apparence, mais un portrait fidèle de l'éternelle nature humaine, qui unit, sans distinction, l'humanité entière, image de la vie, avec ses hauts et ses bas et commune à tous. Dans cette réalité, nous ne sommes plus des personnes différenciées (*persona* = masque), nous sommes des êtres conscients du lien qui existe entre les hommes. Sans souci de la distinction, sociale ou autre, de notre personnalité, voici que me saisit ici le problème d'aujourd'hui que je n'aurais pas attaqué de moi-même — du moins je me l'imagine. Mais je ne puis plus le nier : je sens et je sais que je suis un de ces êtres et que ce qui les agite m'agite aussi.

*
* *

En tant que nation, nous ne pouvons ni éprouver de
la honte, ni nous modifier. Seul peut se modifier ou
s'améliorer l'individu qui est capable, au cours de son
développement psychique, de surmonter son préjugé
national. Le caractère national est imposé à l'être :
c'est un élément de son destin, qu'il ne choisit pas, au
même titre que le corps beau ou laid qui lui est échu
en partage. Ce n'est pas la volonté de l'individu qui
préside au devenir et à la décadence des nations ; ce
sont des facteurs supra-personnels, l'esprit et la terre,
qui forment les peuples, par des voies pour nous
incompréhensibles, émergeant d'arrière-plans obscurs.
C'est pourquoi d'ailleurs il est chimérique d'adresser
des reproches aux nations ou de les louanger, car personne ne peut les changer. En outre une « nation » (de
même qu'un « État ») est un concept que l'on peut per-
sonnifier, mais qui, en réalité, ne correspond qu'à une
certaine nuance de la psyché de l'être. L'être vivant,
c'est l'être individuel et une nation n'a aucune vie propre, séparée de la sienne ; c'est pourquoi elle ne saurait
être un but en soi. La nation n'est rien qu'un caractère,
une gêne ou un avantage selon les circonstances ; partant, et dans le meilleur cas, c'est tout au plus un
moyen vers un but.

Le mystère de la terre n'est ni une plaisanterie, ni
un paradoxe. Il faut avoir vu en Amérique comment
les mesures du crâne et du bassin de toutes les races
se sont indianisées. C'est là le mystère de la terre américaine. Chaque sol possède ainsi son mystère. Nous en
avons dans l'âme une image inconsciente, une relation
entre l'esprit et le corps, comme entre celui-ci et sa
terre.

Le caractère national suisse, qui a demandé des siècles pour se constituer, n'est pas une formation due au
hasard, mais une réaction fort sensée aux influences
contradictoires dissolvantes, et partant dangereuses, qui
émanent du voisinage. De même que la Suisse doit
comprendre pourquoi un esprit comme Keyserling la

juge de façon si incisive, de même devrait-elle aussi
comprendre que ce qu'elle comporte de plus critiqua-
ble fait partie intégrante de ses inaliénables richesses.

Notre plus belle montagne, qui domine la Suisse en
long et en large, s'appelle la Jungfrau; la Vierge Marie
est la protectrice de la Suisse et Tertullien dit de la
Vierge: «*Illa terra virgo nondum pluviis rigata*»...[1] et
saint Augustin dit: «*veritas de terra orta est, quia
Christus de virgine natus est*»[2]. C'est encore un souvenir que la Vierge Mère est la terre. Depuis les temps
anciens, le signe du Zodiaque sous lequel est placée la
Suisse est soit celui de la Vierge, soit celui du Tau-
reau; tous deux des signes dits de la Terre, indication
irréfutable que le caractère chthonien des Suisses
n'avait pas échappé aux anciens astrologues. De leurs
liens avec leur terroir découlent, en quelque sorte, pour
les Suisses, toutes leurs qualités et tous leurs défauts:
ils sont marqués par des traits autochtones, ils sont
étroits d'esprit, terre à terre, économes, massifs, entê-
tés, distants à l'égard de l'étranger; méfiants, ils
parlent un dialecte irritant, le schwyzer dutch, ils se
moquent du tiers comme du quart, ce qui s'exprime,
politiquement parlant, par le fait qu'ils sont neutres. La
Suisse se compose de nombreuses vallées, d'enfonce-
ments de l'écorce terrestre, qui ont servi de berceaux,
de sites aux hommes. Nulle part de ces plaines étendues à l'infini, où il est indifférent d'habiter çà et là,
qui n'ont ni versant ensoleillé, ni versant d'ombre;
nulle part de ces vastes côtes où viennent se briser les
lames des océans du monde, apportant la prescience
des pays lointains. L'habitant des Alpes vit comme un
troglodyte dans un trou du sol, sur l'épine dorsale du
continent, entouré de peuples puissants auxquels appartient le vaste monde, qui peuvent s'agrandir grâce aux
colonies ou s'enrichir par les trésors de leur sol. L'âme
de l'habitant des Alpes s'agrippe à ce qu'il a, car tout
le reste ce sont les autres, les puissants, qui le possè-

1. Cette terre vierge non encore arrosée par les pluies.
2. La vérité est issue de la terre, car le Christ est né de la Vierge.

dent. Aussi prétend-il ne se laisser ravir son patrimoine
en aucun cas. Son peuple est petit et sa richesse limitée. S'il la perdait, qu'est-ce qui la remplacerait?

Du dehors, du monde, de l'histoire, nous ne pouvons
rien emprunter ni rien prendre. L'essentiel ne peut
grandir qu'en nous-mêmes. Donc si l'homme blanc
reste fidèle à ses instincts il réagit par une défense instinctive contre tout ce qu'on pourrait lui dire ou lui
conseiller. Et ce qu'il a déjà absorbé, il est obligé de
le rejeter parce que c'est un *corpus alienum*. Son sang,
en effet, refuse ce qui a poussé sur un sol étranger.

A un degré antérieur et plus profondément enfoui du
développement psychique, il est impossible encore de
différencier entre elles les mentalités aryennes, sémiti-
ques, hamitiques et mongoliennes ; toutes les races ont
une psyché collective commune. Mais avec la différenciation des races, des différences essentielles se montrent dans la psyché collective. Voilà pourquoi il est
impossible de traduire *in globo* l'esprit d'une race
étrangère dans notre mentalité sans causer à celle-ci un
grave préjudice.

Au point de vue de la conservation de l'espèce, le
choix matrimonial purement instinctif serait de beaucoup
le meilleur ; mais au point de vue psychologique, il
n'est pas toujours heureux ; car il y a souvent une différence extrêmement grande entre la personnalité purement instinctive et la personnalité différenciée dans
son individualité. Dans un pareil cas, il peut se faire
que le choix purement instinctif améliore ou régénère
la race ; par contre, il anéantit le bonheur individuel.

On a déjà reproché au Suisse de ressentir une résistance manifeste à se considérer lui-même comme un
problème. Je dois le révoquer en doute : le Suisse est
réfléchi, mais, pour rien au monde, il ne communique
le fruit de ses réflexions, même pas si une tourmente
se manifeste aux alentours. Ainsi nous apportons, sans
l'évoquer, notre contribution à une époque de «Sturm
und Drang» germanique en ayant l'impression d'être
infiniment meilleurs, tandis que les Allemands ont,
eux, en première ligne, une occasion réellement unique

dans l'histoire, d'apprendre à connaître, dans le plus
profond de leur cœur, de quels dangers de l'âme le
christianisme voulait sauver les hommes.

La Suisse neutre remplit-elle, faut-il se demander
alors, avec sa lourdeur terre à terre, une fonction sensée dans le système européen ? Je crois devoir répondre
oui à cette interrogation. Car les questions politiques
ou culturelles ne sont pas seulement susceptibles
d'avoir pour réponse : esprit, progrès, modifications,
mais aussi bien : arrêt et ténacité. On peut, en toute
bonne foi, ne pas être convaincu que l'état de l'Europe
depuis la guerre représente une modification vers un
mieux. Les opinions, à ce sujet, on le sait, sont fort
partagées et les lamentations de Spengler sur la décadence de l'Occident résonnent encore à nos oreilles. Ce
n'est un secret pour personne qu'il arrive à l'éternel
progrès de descendre la montagne qu'il doit gravir.
Dans le cas d'une allure dangereusement rapide, un
arrêt peut être un réel soulagement. Les peuples aussi
se fatiguent et aspirent à une stabilisation des facteurs
politiques et sociaux. Qu'a signifié la *Pax Romana* pour
l'Empire romain ?

Il y a deux sortes d'intrusions qui font se hérisser le
Suisse : ce sont l'intrusion politique et l'intrusion spirituelle. Qu'il se défende jusqu'à l'extrême contre les
intrusions politiques — cet extrême est l'art de la neu-
tralité, tel que la nécessité l'a engendré — cela est parfaitement compréhensible. Qu'il se défende aussi
contre les intrusions spirituelles, cela est plus mystérieux, mais n'en est pas moins indubitablement vrai.
Mon expérience pratique me permet parfaitement de le
confirmer : les Anglais, les Américains et les Allemands sont, comme patients, beaucoup plus ouverts à
des idées nouvelles que les Suisses. Pour les premiers,
une idée ne constitue pas, en général, un risque, alors
que cela est le cas pour le Suisse. Pour ce dernier, une
idée nouvelle est quelque chose de semblable à un animal inconnu et dangereux qu'il est bon de s'appliquer
à éviter, ou dont, à tout le moins, on ne s'approche
qu'avec la plus grande prudence.

S'il est vrai que nous sommes, de toutes les nations
européennes, la plus retardataire, la plus conservatrice,
la plus entêtée, la plus suffisante, la plus bourrue, cela
signifie pour l'homme européen qu'il est en son centre
bien chez lui, attaché à sa glèbe, imperturbable, sûr de
lui, conservateur et retardataire, c'est-à-dire qu'il est
encore lié au passé de la façon la plus intime, et qu'il
demeure neutre entre les tendances et les opinions fluc-
tuantes et contradictoires des autres nations, j'aurais
presque dit : des autres fonctions. Ce ne serait pas un
si mauvais rôle pour la Suisse que d'incarner la lourdeur, l'inertie de la terre européenne et d'avoir ainsi
la signification et le rôle d'un centre de gravité.

Le tragique, dans toute innovation, c'est qu'on pêche
par excès. Cette soif de nouveau, Dieu merci, n'est pas
le vice national de la Suisse. Mais nous vivons au sein
d'un vaste monde qu'agitent les fièvres inconnues de
renouvellement. En face de ce spectacle effrayant et
grandiose, nous espérons que notre jeunesse opposera
une force de résistance plus grande que jamais, d'abord
pour la stabilité de notre patrie et, d'autre part, pour
l'amour de la culture européenne qui n'a rien à gagner
au remplacement, par leur contraire, des conquêtes du
passé de la chrétienté. Le doué est celui qui porte le
flambeau. La nature elle-même l'a choisi pour cette
haute destinée.

Or l'abdication de soi-même au profit du collectif
correspond à un idéal social : elle passe même pour une
vertu et un devoir vis-à-vis de la société, quoiqu'elle
puisse donner lieu à des utilisations abusives et égoïstes. On dit d'un égoïste qu'il est « plein de lui-même »,
ce qui, naturellement, n'a rien à voir avec la notion du
Soi, telle que je l'utilise ici. La réalisation de son Soi
se situe à l'opposé de la dépersonnalisation de soi-
même. Prendre l'individuation et la réalisation de son
Soi pour de l'égoïsme est un malentendu tout à fait
commun ; car les esprits font en général trop peu de
différence entre l'individualisme et l'individuation.
L'individualisme accentue à dessein et met en relief la
prétendue particularité de l'individu, en opposition aux

égards et aux devoirs en faveur de la collectivité. L'individuation, au contraire, est synonyme d'un accomplissement meilleur et plus complet des tâches collectives d'un être, une prise en considération suffisante de ses particularités permettant d'attendre de lui qu'il soit dans l'édifice social une pierre mieux appropriée et mieux insérée que si ces mêmes particularités demeuraient négligées ou opprimées.

L'ébranlement qu'a subi la conscience moderne par l'immense suite de catastrophes de la guerre mondiale s'accompagne, intérieurement, de l'ébranlement de la foi en nous-mêmes et en notre bonté. Autrefois, il nous était loisible de tenir les autres, les étrangers, pour des vauriens, politiquement et moralement; le moderne doit reconnaître qu'il est politiquement et moralement comme tous les autres. Alors que je croyais autrefois que le devoir que Dieu m'imposait était de rappeler les autres à l'ordre, je sais maintenant que j'ai autant qu'eux besoin de cet avertissement et que je ferais bien mieux de mettre de l'ordre dans ma propre maison.

LE ROYAUME DES VALEURS

Ce n'est que dans la solitude
que l'homme réalise l'impossible.
Il distingue,
Choisit et juge ;
Il peut donner à l'instant
La durée,
Lui seul peut
Récompenser le bien,
Punir le mal,
Guérir et sauver
Et relier utilement
Ce qui erre et se dissout.

GOETHE.

Connaissance et création

La connaissance repose non seulement sur la vérité, mais aussi sur l'erreur.

Je ne taxe pas d'obscurantisme un homme qui confesse son ignorance, mais celui dont la conscience n'est même pas assez développée pour qu'il se rende compte de son ignorance.

Je ne puis admettre que l'on passe sous silence certaines hypothèses de travail sous prétexte qu'elles pourraient n'avoir aucune valeur éternelle et être défectueuses.

Le but et l'idéal de la science ne sont pas de donner des faits une description aussi exacte que possible, — la science n'a pas à se mesurer à la prise de vues cinématographiques et phonographiques — le but auquel elle tend est de découvrir la loi, expression abrégée de processus multiples, conçus cependant comme présentant une certaine unité. Grâce à l'idée, ce but dépasse l'expérience pure et simple, mais reste toujours, bien que la preuve soit faite de sa valeur générale, un produit de la constellation psychologique subjective du savant. Dans l'élaboration de théories et de concepts scientifiques, le hasard personnel tient une grande place. Il existe une équation personnelle tout aussi bien psychologique que psychophysique.

Nous voyons des couleurs et non des longueurs d'onde. Il faut, en psychologie plus qu'ailleurs, prendre en considération ce fait bien connu. L'effet de cette équation personnelle apparaît déjà dans l'observation. On voit ce que l'on est le plus apte à voir. On aperçoit d'abord la paille dans l'œil de son frère. La paille y est, cela ne fait aucun doute, mais la poutre est dans le nôtre — elle doit gêner quelque peu notre vision. Je me méfie du principe de l'« observation pure » dans ce qu'on appelle psychologie objective, à moins qu'on ne se borne à la lunette du chronoscope, du tachistoscope et d'autres appareils «psychologiques». On s'assure ainsi contre une trop abondante moisson d'expériences psychologiques. Cette équation personnelle psychologique se manifeste encore bien plus quand il s'agit d'exposer ou de communiquer ce qui a été observé, sans parler de la conception qu'on en a, ni de l'abstraction qu'on y introduit. Nulle part, autant que dans la psychologie, il n'est aussi indispensable que l'observateur et savant soit adapté à son objet, c'est-à-dire qu'il soit à même à la fois de voir le pour et le contre. Inutile d'exiger une observation uniquement objective; elle est impossible. On devrait se montrer satisfait dès qu'elle n'est pas trop subjective.

Tout psychologue devrait être d'abord et avant tout persuadé que son point de vue ne représente que son préjugé personnel. Ce dernier, il est vrai, vaut autant qu'un autre et il est très probable qu'il est aussi pour beaucoup d'autres hommes l'hypothèse fondamentale. C'est pourquoi en général il vaut la peine d'utiliser le plus largement possible un tel point de vue. Il fera certainement mûrir des fruits qui auront une certaine utilité. Mais en aucun cas il ne faut se laisser aller à l'illusion non scientifique qu'un préjugé subjectif puisse être aussi une vérité psychique fondamentale et universelle, car il n'en sort aucune science, mais une croyance qui a pour ombre l'impatience et le fanatisme. Les opinions contradictoires sont nécessaires au devenir d'une science. Mais il ne faudrait pas qu'elles se raidissent les unes contre les autres; elles devraient aussi rapidement que possible rechercher leur synthèse.

Durant le siècle et demi écoulé depuis la «Critique de la raison pure» de Kant, l'opinion s'est peu à peu fait jour, que pensée, raison, entendement, etc., ne sont point des processus qui existent pour eux-mêmes, débarrassés de tout conditionnement subjectif, simplement au service des lois éternelles de la logique; ce sont des fonctions psychiques adjointes ou subordonnées à une personnalité. La question n'est plus: Est-ce qu'on le voit? l'entend? le touche avec les mains ? est-ce qu'on le pèse ? le compte ? le pense ? et le trouve-t-on logique ? La question est : « *Qui* voit, *qui* entend, *qui* a pensé ? » Commencée par l'« équation personnelle » dans l'observation et la mesure de processus minimes, cette critique se prolonge jusqu'à la création d'une psychologie empirique, que ne connut aucune époque avant la nôtre. Nous sommes aujourd'hui persuadés que tous les domaines du savoir ont leurs prémisses psychologiques qui apportent des éléments décisifs sur le choix du sujet, la méthode d'étude, le genre de conclusions ainsi que sur la construction d'hypothèses et de théories. Nous croyons même que la personnalité de Kant fut une condition essentielle de « La Critique de la raison pure ». Non seulement nos philosophes, mais aussi nos propres penchants philosophiques, et même ce que nous appelons nos « meilleures » vérités se sentent inquiétés par l'idée d'une prémisse personnelle s'ils ne s'en sentent pas même dangereusement minés. Toute liberté créatrice — nous écrions-nous — nous est enlevée. Comment ! un homme ne pourrait penser, dire et faire que ce qu'il est ?

Ce qui est réalité pour l'attitude causaliste est symbole pour l'attitude finaliste, et inversement. Tout ce qui est véritable pour l'une des opinions est tout le contraire pour l'autre. Nous devons donc nous en tenir au postulat antinomique et considérer que le monde est aussi un phénomène psychique. Certes, il est indispensable pour la science de savoir ce que ce phénomène est « en soi » ; mais la science ne peut pas non plus éluder les conditions psychologiques de la connaissance, auxquelles la psychologie doit accorder une attention toute spéciale.

Il est évident pour l'entendement humain ordinaire que toute philosophie qui ne se borne pas à être une histoire de la philosophie repose sur une psychologie personnelle qui en est la condition préalable. Cette condition première peut être de nature purement individuelle, et d'ordinaire c'est ainsi qu'on l'a comprise, du moins dans la mesure où eut lieu une critique psy-

chologique. On s'en est tenu là. Mais on a oublié que ce
que l'on considérait comme un préjugé individuel ne
l'était nullement en toute circonstance, puisque l'opinion
de tel ou tel philosophe est adoptée par une importante
suite de partisans. C'est que cette philosophie leur plai-
sait et ce, non pas simplement pour s'en faire l'écho
machinal, mais parce qu'ils pouvaient la comprendre et
l'adopter entièrement. Cette compréhension serait
impossible si la pensée du philosophe ne reposait que
sur des bases uniquement individuelles ; dans ce cas, il
ne pourrait être ni tout à fait compris, ni totalement
accepté. La particularité de la pensée comprise et
admise par des partisans doit donc correspondre plutôt
à une attitude typique personnelle que partagent, sous
la même forme ou sous une forme analogue, plusieurs
représentants de la société. En général la lutte des partis est purement extérieure et vise à découvrir les
défauts de la cuirasse de l'adversaire. Une telle lutte
est d'ordinaire peu fructueuse. Il serait beaucoup plus
important de transférer l'opposition dans le domaine
psychologique d'où elle tire son origine première. Ce
déplacement permettrait de reconnaître rapidement
qu'il existe diverses attitudes psychologiques qui ont
toutes droit à l'existence, bien que cette existence
même conduise à la construction de théories incompa-
tibles. Tant que l'on essaie de résoudre le conflit par
des compromis extérieurs, on ne satisfait que de
modestes exigences de cervelles légères, incapables de
jamais s'échauffer au sujet de principes.

Comme je ne suis pas un philosophe mais un empiriste, je ne puis me permettre de penser que mon tempérament particulier, autrement dit mon attitude
individuelle dans l'ordre de la pensée, ait une valeur
générale. Seul le philosophe peut le faire, lui qui pose
a priori sa disposition et son attitude comme générales
et se refuse, autant que possible, à reconnaître que sa
problématique individuelle est une condition essentielle
de sa philosophie.

Les derniers développements de la psychologie montrent de plus en plus clairement que, non seulement il

n'y a point de formules simples d'où l'on pourrait faire
dériver le monde de l'âme, ils montrent en outre que
nous n'avons même pas réussi à définir le domaine
d'expérience du psychique avec une suffisante certitude. Bien plus, la psychologie scientifique, malgré son
immense étendue en surface, n'a même pas réussi à se
libérer d'un fatras de préjugés haut comme une montagne, qui lui barre, avec la plus grande persistance, la
voie vers l'âme réelle. La psychologie, la plus jeune
de toutes les sciences, vient seulement de naître et
souffre de toutes les maladies infantiles qui affligèrent
les années de développement des sciences naturelles de
la fin du Moyen Âge. Certaines psychologies restreig-
nent encore le domaine de l'expérience mentale à la
conscience et à ses contenus, ou ne voient dans le physique qu'un phénomène relatif sans détermination autonome. La réalité d'une psyché inconsciente n'est pas
encore reconnue de façon incontestée, malgré la présence d'un important matériel expérimental, qui
pourrait prouver, sans qu'on en puisse douter, qu'il ne
peut y avoir de psychologie de la conscience si l'on
ne reconnaît pas la présence de l'inconscient. En
dehors de cette base, on ne saurait parler de psychologie, pour peu que son objet présente quelque
complexité ; or l'âme véritable, qui importe dans la vie
et dans la réalité, est la complexité même.

   Il serait vraiment temps que la psychologie universitaire ouvrît les yeux à la réalité et qu'elle s'intéres-
sât, à côté des expériences de laboratoire, à l'âme
humaine réelle. On ne devrait plus voir de professeurs
interdire à leurs élèves de s'intéresser à la psychanalyse ou d'en utiliser les notions. On ne devrait plus
adresser à notre psychologie le reproche «d'utiliser de
façon peu scientifique les expériences puisées dans la
vie de tous les jours». Je sais que la psychologie générale pourrait tirer le plus grand profit d'une étude
sérieuse des problèmes oniriques, pour peu qu'elle parvienne à se libérer de ce préjugé tout à fait inconsidéré
et profane, que le rêve n'est que l'écho d'excitations
somatiques. — La surestimation de l'importance soma-

tique est aussi en psychiatrie l'une des principales causes de la stagnation de la psychologie pathologique, qui ne prospère que dans la mesure où elle est directement fructifiée par l'analyse. Le dogme: «les maladies mentales sont des maladies du cerveau», est une survivance du matérialisme qui fleurissait vers 1870. Il s'est transformé en un préjugé absolument injustifiable qui enraye tout progrès.

Autant l'on s'emporte contre les «fantômes métaphysiques», dès que quelqu'un s'avise d'expliquer les processus cellulaires de façon vitaliste, autant l'hypothèse physique est accréditée comme scientifique, quoiqu'elle ne soit en rien moins fantastique que la première. Mais elle a l'avantage de cadrer avec le préjugé matérialiste et c'est pourquoi n'importe quelle absurdité est sacrée scientifique, dès qu'elle permet de muter un psychique en physique. Espérons que les temps ne sont plus éloignés où nos hommes de science se débarrasseront de ce restant de matérialisme creux et suranné.

Celui-là seul qui considère que les événements du monde sont un enchaînement de hasards plus ou moins trompeurs et qui croit par suite qu'est nécessaire la présence de la main éducatrice de l'homme doué de raison, celui-là seul peut en arriver à penser que la voie de recherches où s'est engagée la psychanalyse était une voie erronée que l'on devait signaler par un panneau d'avertissement. En plus de la vue approfondie dans la détermination psychologique, nous devons à cette «erreur» la naissance de problèmes d'une infinie portée. Nous devons nous réjouir et être reconnaissant que Freud ait eu le courage de se laisser conduire sur cette voie. Ce ne sont pas les audaces de ce genre qui entravent les progrès de la science, mais l'entêtement conservateur à s'en tenir à des vues d'autrefois, le conservatisme typique de l'autorité, la vanité infantile du savant qui veut avoir raison et sa peur de se tromper. Ce manque de courage à se sacrifier nuit à la renommée et à la grandeur de la connaissance scientifique bien plus qu'une voie erronée que l'on a honnê-

tement suivie. Quand prendra fin cette chicane superflue pour « avoir raison » ? Regardons l'histoire des
sciences : combien de chercheurs ont eu raison et
combien ont conservé cette raison ?

*
* *

Pour une certaine médiocrité intellectuelle, caracté-
risée par un rationalisme éclairé, une théorie scientifique qui simplifie les faits constitue un excellent moyen
de défense, à cause de la foi inébranlable que l'homme
moderne accorde à tout ce qui porte « l'étiquette »
scientifique. Une telle étiquette tranquillise les esprits
à l'égal — ou presque — de la fameuse maxime :
Roma locuta, causa finita (Rome a parlé, la question
est tranchée, le débat est clos).

Dans le domaine de la psychologie, les théories sont
souvent désastreuses. Certes, certains points de vue
théoriques nous sont utiles pour l'orientation et la
découverte, mais ils ne devraient être que des auxiliaires que l'on puisse, à tout moment, mettre de côté ;
nous connaissons si peu de l'âme qu'il est tout simplement ridicule de penser que nous sommes à même de
bâtir des théories générales ; nous n'avons même pas
encore réussi à fixer l'étendue empirique de la phénoménologie psychique ! Comment, en de telles circonstances, peut-on se permettre de rêver de théories de
portée générale ? N'est-ce pas que la théorie est le
meilleur bouclier de l'insuffisance de l'expérience, de
l'ignorance ? Les conséquences en sont affligeantes :
étroitesse d'esprit, entrave à l'intelligence, manque de
profondeur, sectarisme scientifique...

Il est bien compréhensible que le nominalisme récent
réclame, sans plus, pour lui, une importance générale,
bien qu'il repose sur un postulat déterminé, donc
borné, qui correspond à un tempérament. Ce postulat
est le suivant : est valable ce qui vient de l'extérieur
et qui est par conséquent vérifiable. Le cas idéal est
constitué par la confirmation expérimentale. L'antithèse
est : est valable ce qui vient de l'intérieur et n'est point

susceptible d'être vérifié. La désespérance de ce point de vue saute aux yeux. La philosophie grecque de la nature orientée vers la matière, unie à l'entendement aristotélicien, a remporté sur Platon une victoire tardive, mais décisive. Mais il y a dans toute victoire le germe d'une défaite future.

La psychologie, étant une des nombreuses manifestations de la vie de l'âme, se sert aussi d'images et d'idées qui, à leur tour, dérivent de la structure archétypique ; ces images et idées produisent à leur tour un mythe qui a seulement un aspect un peu abstrait. La psychologie traduit donc la langue archaïque du mythe en un mythologème moderne, non encore reconnu comme tel, qui forme un élément du « mythe de la science ». Cette activité « désespérée » est un mythe vivant et vécu et, de ce fait, satisfaisant pour des hommes au tempérament conforme à cette activité ; elle est même salutaire pour ceux qui, par une dissociation névrotique, étaient détachés des bases fondamentales de l'âme.

Dans l'alchimie médiévale, se préparait la plus grande atteinte à l'ordre divin de l'univers que l'homme ait jamais osée. L'alchimie est l'aurore des sciences de la nature qui par le dæmonium de l'esprit scientifique a contraint la nature et ses forces à entrer au service de l'homme d'une manière jusqu'alors inconnue. C'est là que se trouvent les vraies racines, les processus séculaires de préparation psychique de ces facteurs aujourd'hui à l'œuvre dans le monde. Technique et science ont certes conquis le monde ; mais l'âme y a-t-elle gagné ? C'est là une autre question.

Des idées originelles de l'humanité, il est impossible de dégager un système philosophique ; par contre, il s'en dégage une foule d'antinomies qui ont constitué, à toutes les époques et dans toutes les civilisations, le fondement inépuisable de toute problématique spirituelle.

Aux limites de la logique, certes, la science s'arrête ; mais non pas la nature ; elle fleurit là où nulle théorie

n'a pénétré. La *venerabilis natura,* la nature vénéra-
ble, ne fait point halte devant le contraste ; elle s'en
sert pour provoquer à partir des opposés une nouvelle
naissance.

Seul est philosophe de génie celui qui parvient à élever une vision primitive, qui n'est qu'un déroulement
naturel, à la dignité d'une idée abstraite et à en créer
un patrimoine conscient de la collectivité des hommes.
C'est en promouvant cette élaboration qu'il œuvre de
façon personnelle ; et c'est dans cette élaboration individuelle de son esprit que réside la valeur personnelle
qu'il peut légitimement se reconnaître, sans basculer
dans une inflation. La valeur personnelle ne peut résider que dans l'élaboration philosophique et non point
dans la vision primaire. Celle-ci, au début, chez le philosophe aussi, germe simplement et pousse ses bour-
geons, à partir du même fond d'idées communes à
l'humanité, patrimoine auquel participe en principe
tout un chacun : c'est du même pommier que proviennent toutes les pommes d'or, que ce soit un apprenti
serrurier débile ou un Schopenhauer qui les ramasse,
lorsqu'elles tombent au souffle de la vie.

*
* *

En science comme en tout, il ne faut pas sans cesse
avoir raison et prononcer des jugements irrévocables,
mais se contenter de contribuer comme on peut à la
recherche du but suprême : la connaissance.

Notre psychologie est une science à laquelle on peut
tout au plus reprocher d'avoir inventé la dynamite avec
laquelle travaille lui aussi le terroriste. Ce que le moraliste, le praticien en fera ne nous regarde pas et nous
ne nous en mêlons pas. Bon nombre de profanes se
hâteront de les utiliser aux fins les plus folles qui
soient : cela non plus ne nous regarde pas. Notre seul
et unique but est la connaissance scientifique qui n'a
point à se préoccuper du brouhaha qui s'élève autour
d'elle. Si religion et morale en doivent exploser, il
serait dommage pour elles qu'elles ne possèdent pas

plus de solidité. La connaissance est, elle aussi, une force de la nature qui va son chemin avec une nécessité intérieure que rien n'arrête. Là non plus, il ne saurait y avoir de palliatif ni de négociation: il ne peut y avoir qu'acceptation sans condition.

Jusqu'à ces derniers temps, la psychologie formait une des parties de la philosophie; mais, comme Nietzsche l'avait prévu, il se dessine un essor de la psychologie qui menace d'engloutir la philosophie. La ressemblance intérieure de ces deux disciplines tient à ce qu'elles consistent toutes deux en une formation systématique d'opinions sur des thèmes qui échappent à une emprise totale de l'expérience et, par suite, à la trame de la raison empirique. Elles excitent par là même la raison spéculative qui se met à élaborer des conceptions; cette élaboration prend des proportions et des aspects d'une diversité telle que, tant en philosophie qu'en psychologie, il faut de nombreux volumes pour résumer la multiplicité des opinions. Aucune de ces deux disciplines ne saurait subsister sans l'autre qui lui fournit, en un mutuel, tacite et en général inconscient échange, le principe même dont elle procède.

Supposer qu'il n'existe qu'une seule psychologie, ou un seul principe psychologique fondamental, c'est accepter l'insupportable tyrannie du préjugé scientifique de l'homme normal. On parle toujours de l'homme et de sa «psychologie», que l'on ramène toujours à un «ce n'est pas autre chose que...». De même on parle toujours de la réalité, comme s'il n'y en avait qu'une. Or la réalité, c'est ce qui agit dans une âme humaine, et non ce que certains estiment efficace et généralisent hâtivement. Même quand on procède aussi scientifiquement que possible, on ne doit pas oublier que la science n'est pas la «somme» de la vie; elle n'est qu'une attitude psychologique parmi d'autres, une forme de la pensée humaine.

Il n'y a pas, en effet, une mais de nombreuses psychologies modernes. Cela est curieux; n'existe-t-il pas une mathématique, une géologie, une zoologie, une botanique, etc. ? On catalogue un si grand nombre de

psychologies qu'une université américaine est en état
de publier chaque année un gros volume intitulé: «Les
psychologies de 1930 », etc... Je crois qu'il y a autant
de psychologies que de philosophies. Car il existe non
pas une, mais bon nombre de philosophies. Si je fais
cette allusion, c'est qu'il règne entre la philosophie et
la psychologie une connexion indissoluble, connexion
qui tient à la compénétration de leurs objets: en bref,
l'objet de la psychologie, c'est l'âme, celui de la philosophie, le monde.

A-t-on jamais vu — sauf à des époques très sombres
de l'histoire — qu'une vérité scientifique ait eu besoin
d'être élevée à la dignité de dogme? La vérité peut
exister par elle-même et seule; ce sont seulement des
opinions aux pieds chancelants qui ont besoin du soutien de la dogmatisation. Le fanatisme est le frère toujours présent du doute.

Dogmes et sciences sont pour moi des grandeurs
incommensurables qui, en se fusionnant, se détériorent
réciproquement. Le dogme, qui est un facteur religieux, est d'une valeur inestimable précisément à cause
de son point de vue absolu. Mais la science qui croit
devoir échapper au scepticisme et à la critique dégé-
nère en une débile plante de cave. La science a besoin
de l'incertitude extrême qui est pour elle un élément
vital. Chaque fois qu'elle marque un penchant pour le
dogme et ainsi vers l'intolérance, le fanatisme, c'est que
très vraisemblablement cela couvre un doute justifié que
l'on écarte, une incertitude qui n'est que trop fondée.

Tous n'ont pas reçu la grâce d'une foi qui anticipe
toutes les solutions et il n'est pas donné à tous de se
contenter sans rien désirer de la vérité révélée par le
soleil. Cette lumière qui est allumée dans le cœur *per
gratiam spiritus sancti*, cette *lumen naturæ*, si petite
soit-elle, leur est plus importante ou du moins aussi
importante que la grande lumière qui luit dans les ténèbres et que les ténèbres n'ont pas comprise. Ils ont
trouvé que, précisément, dans les ténèbres de la nature,
une lumière était cachée, une *scintilla,* sans laquelle
même les ténèbres ne seraient pas obscures.

Des points de vue extrêmes jalonnent de temps à autre toute l'histoire de la science. N'en blâmons personne ; au contraire réjouissons-nous que des hommes aient le courage d'être unilatéraux et immodérés dans leurs idées ; c'est à eux que nous devons les découvertes. Il est seulement regrettable que chacun veuille à tout prix avoir raison. Les théories scientifiques ne sont que des propositions sur la manière d'envisager les choses.

La science en soi n'a pas de frontière et il n'existe absolument aucune spécialité qui pourrait se glorifier d'une autarcie totale. Chaque spécialité doit faire sur ses confins des emprunts aux domaines voisins, si elle prétend sérieusement au nom de science.

Quand on travaille inconsciemment contre soi-même, il naît une impatience, une irritabilité, une aspiration impuissantes à abattre enfin son adversaire par tous les moyens. Dans ces conditions on en arrive le plus souvent à certains symptômes parmi lesquels figure un certain langage : on veut parler une langue qui impressionne pour en imposer à son adversaire ; aussi utilise-t-on un style particulièrement énergique avec formation de mots nouveaux, des néologismes, que l'on pourrait appeler « mots-sans-réplique ». Ce symptôme, nous l'observons non seulement dans la clinique psychiatrique, mais aussi chez certains philosophes récents et surtout là où il s'agit de faire accepter, en dépit d'une résistance intérieure, ce qui n'est pas digne de foi. Le langage se gonfle, renchérit et utilise certains mots qui frappent et se distinguent par une inutile complexité. Ainsi on confie aux mots ce qu'on ne pouvait atteindre par d'honnêtes moyens. C'est la vieille « magie verbale » qui peut, le cas échéant, dégénérer en une véritable maladie.

Finalement, chacun ne porte le flambeau de la connaissance que jusqu'à une certaine distance, et nul n'est immunisé contre l'erreur. Seul le doute est père de la vérité scientifique. Celui qui combat le dogme, au sens le plus noble, devient aisément la proie de la tragique tyrannie d'une vérité partielle.

Faire de la science un but absolu est un idéal sublime; mais quand on le poursuit avec logique, on voit naître autant d'absolu qu'il y a de sciences ou d'arts. Il en résulte que les fonctions chaque fois considérées se spécialisent et se différencient hautement; mais en même temps elles s'éloignent du monde et de la vie, les domaines spéciaux se multiplient, perdant peu à peu tous rapports les uns avec les autres. Ainsi commence un appauvrissement et une sorte de vide, non seulement dans le domaine particulier, mais aussi dans la psyché de l'homme qui s'est élevé, ou abaissé, à la différenciation de spécialistes. Or la science doit prouver sa valeur vitale par son aptitude à être maîtresse aussi bien que servante. Elle n'en est point déshonorée.

La science n'est certainement pas un instrument parfait; du moins est-il inestimable et supérieur; il ne fait de mal que s'il exige d'être fin en soi. La science est faite pour servir; elle fait fausse route quand elle usurpe un trône. Il lui faut même se mettre au service d'autres sciences voisines; car chacune, précisément, à cause de son insuffisance, a besoin du soutien des autres. La science est l'outil de l'esprit occidental et l'on peut, grâce à elle, ouvrir plus de portes qu'avec des mains nues. Elle contribue à notre compréhension; elle n'obscurcit notre intelligence que si elle considère comme intelligence absolue la compréhension qu'elle nous a transmise.

Celui qui prétendrait minimiser le mérite de la science occidentale, scierait la branche sur laquelle repose l'esprit européen.

*
* *

Quand il s'agit de la relation de la psychologie avec l'œuvre d'art, nous nous trouvons en dehors de l'art et nous ne pouvons nous empêcher de réfléchir, d'interpréter pour que les choses aient un sens; autrement nous ne pourrions réfléchir à leur sujet. Il nous faut résoudre en images, sens, concepts, la vie et les phé-

nomènes qui se réalisent en eux-mêmes, nous éloignant
sciemment du mystère de la vie. Tant que nous sommes saisis par la force créatrice, nous ne voyons et ne
connaissons point; il ne faut même pas que nous
connaissions, car rien n'est plus pernicieux ni plus
dangereux, pour ce que nous vivons immédiatement,
que la connaissance. Or, pour connaître, il faut sortir
du processus créateur et le considérer du dehors; alors
seulement il devient image exprimant un sens. A ce
moment, non seulement il nous est permis de parler de
« sens », mais c'est une obligation pour nous de le
faire.

Peut-être l'art ne « signifie »-t-il rien; peut-être n'a-
t-il aucun « sens », du moins dans l'acception que nous
donnons ici à ce mot. Peut-être est-il comme la nature,
qui *est* tout simplement et ne « signifie » rien. La
« signification » est-elle nécessairement plus qu'une
interprétation ? N'est-elle que le secret qu'aurait mis en
lui un intellect désireux de lui donner un sens ? L'art
— pourrait-on dire — c'est la beauté, et dans la
beauté, il remplit son rôle et se suffit à lui-même. Il
n'a besoin d'aucun sens. Cette question de sens n'a
aucun rapport avec l'art.

Le grand œuvre est comme un rêve qui, en dépit de
toute son évidence et de toute notoriété, ne s'interprète
pas lui-même et par suite n'est jamais univoque. Il n'est
pas de rêve qui dise : « tu dois » ou « voilà la vérité ».
Il pose une image comme la nature fait pousser une
plante et nous laisse le soin d'en tirer des conclusions.
Si quelqu'un a un rêve d'angoisse, c'est ou bien qu'il
est trop angoissé ou bien qu'il ne l'est pas assez; et si
quelqu'un rêve du vieux sage, c'est ou bien qu'il est
trop pédant ou bien qu'il a besoin d'un maître. Et les
deux choses n'en sont qu'une, ce dont on ne prend
conscience qu'en laissant l'œuvre d'art agir sur soi
comme elle a agi sur le poète. Pour comprendre la
signification de l'œuvre d'art on doit se laisser former
par elle, comme elle a formé le poète. Alors nous
comprenons ce que fut pour lui son expérience originelle : le poète a effleuré une profondeur de l'âme,

salutaire et rédemptrice, une profondeur au niveau de laquelle l'individu ne s'est point encore particularisé en une conscience solitaire — qui va ses cheminements pleins de souffrances et de méandres —, une profondeur où tous les êtres vibrent d'une même vibration et où, par conséquent, les perceptions et les actions de l'individu participent de l'humanité tout entière.

La plante n'est pas seulement un produit du terrain; elle est aussi un processus fermé, vivant et créateur, dont l'essence n'a rien à voir avec la nature du terrain. C'est ainsi qu'il faut considérer l'œuvre d'art : comme une création qui utilise librement toutes les conditions préalables. Son sens et sa manière particulière reposent en elle-même et non dans ses conditions préalables extérieures; on pourrait presque dire que l'œuvre est un être qui utilise simplement, comme sol nourricier, l'homme et ses dispositions personnelles, dont elle emploie les forces d'après ses propres lois et qui se modèle elle-même, selon ce qu'elle veut devenir.

L'œuvre non créée dans l'âme de l'artiste est une force naturelle qui se réalise soit avec une puissance tyrannique, soit avec cette ruse subtile de la fin naturelle, sans souci du bien et du mal personnels de l'homme porteur de la force créatrice. Cette force vit et croît en lui comme un arbre dans le sol où il puise sa nourriture. Nous aurons donc raison de considérer le processus de formation créatrice comme un être vivant implanté dans l'âme.

Les forces créatrices irrationnelles, qui se manifestent avec le plus de netteté dans l'art, se moquent finalement de tout effort de rationalisation. Même si tous les simples déroulements avaient été causalement expliqués, le fait créateur — qui est cependant tout à fait le contraire du simple déroulement — restera éternellement inaccessible à la connaissance humaine. On ne pourra jamais en décrire que l'apparition, on pourra le pressentir, jamais le saisir. La science de l'art et la psychologie devront se reposer l'une sur l'autre et le principe de l'une ne supprimera pas le principe de la seconde.

Seule cette partie de l'art qui concerne les processus de création artistique peut être objet d'études psychologiques, nullement celle qui constitue l'essence même de l'art. Cette deuxième partie, qui cherche à savoir ce qu'est l'art en lui-même, ne peut jamais être l'objet d'examen psychologique, mais seulement celui d'un examen esthético-artistique.

Le fait que, chez le petit enfant, le « conflit » des facultés n'a pas encore éclaté, mais que les possibilités artistiques, scientifiques et religieuses sommeillent encore tranquillement les unes auprès des autres, ou cet autre fait que, chez les primitifs, les rudiments de l'art, de la science et de la religion sont encore confondus dans le chaos de la mentalité magique, ou enfin, ce troisième fait que l'on ne remarque encore chez l'animal aucune trace « d'esprit » mais seulement « l'instinct naturel » — tout cela ne prouve rien en faveur d'une unité d'essence de l'art et de la science, principe d'unité qui justifierait à lui seul une dépendance réciproque ou une réduction de l'un à l'autre. Car aussi loin que nous remontions dans l'évolution de l'esprit, jusqu'à ce que disparaissent les différences principielles des domaines particuliers de l'esprit, nous n'aurions pas pour autant atteint la connaissance d'un principe plus profond de leur unité, mais seulement un état plus primitif de leur évolution historique, état d'indifférenciation dans lequel n'existaient ni l'un, ni l'autre. Or cet état élémentaire n'est pas un principe dont nous pourrions tirer des conclusions sur les caractères de périodes ultérieures plus développées, même si elles en découlent directement, comme cela se produit toujours.

La causalité personnelle a autant, et aussi peu, de rapport avec l'œuvre d'art que le sol avec la plante qui croît sur lui. Certes nous pourrons comprendre certaines particularités de la plante si nous connaissons les caractéristiques du lieu où elle se tient. C'est là un facteur important dans la connaissance du botaniste. Mais personne ne voudra prétendre que l'on connaisse ainsi ce qu'il y a d'essentiel dans la plante. L'orientation

vers le personnel, exigée par la recherche de la causalité personnelle, ne convient nullement lorsqu'il s'agit
de l'œuvre d'art puisqu'il n'est pas question d'un être
humain, mais d'une production surpersonnelle. C'est
une chose qui n'a point de personnalité et pour
laquelle le personnel ne peut être un critérium.
L'authentique œuvre d'art tire son sens particulier de
ce qu'elle réussit à se libérer de l'étreinte et de
l'impasse du personnel, laissant loin derrière elle tout
ce qu'il y a en lui de caduc et d'essoufflé.

L'essence de l'œuvre d'art n'est précisément pas
constituée par des particularités personnelles qui
l'imprègnent — plus il en est, et moins il s'agit d'art —
mais, au contraire, par le fait qu'elle s'élève fort au-
dessus du personnel et que, provenant de l'esprit et du
cœur, elle parle à l'esprit et au cœur de l'humanité.
Les éléments personnels constituent une limitation, ou
même un vice de l'art.

La psychologie de l'acte créateur est à proprement
parler une psychologie féminine, car l'œuvre créatrice
jaillit des profondeurs de l'inconscient qui sont en propre le «domaine des mères». Si les dons créateurs
dominent au sein d'une personnalité, l'inconscient, en
tant que puissance formatrice de vie, en tant qu'instance suprême d'une destinée, l'emportera sur la
volonté consciente; et le conscient se verra souvent
entraîné par l'impétuosité d'un courant souterrain, tel
un témoin un peu désemparé des événements. L'œuvre
en croissance, c'est la destinée du poète : elle exprime,
elle est sa psychologie. Ce n'est pas Gœthe qui a
«fait» le Faust, c'est la composante psychique Faust
qui a fait Gœthe. — Qu'est d'ailleurs le Faust ? Faust
est plus qu'une indication sémiotique et plus que l'allé-
gorie d'une chose connue depuis longtemps ; Faust est
un symbole, l'expression d'une donnée agissante et
vivante, depuis toujours, dans l'âme allemande, que
Gœthe, à cet égard, n'a fait qu'accoucher.

Rien ne serait plus faux que de supposer que le
poète puise dans une matière traditionnelle : il puise
bien plutôt dans l'expérience originelle, dont l'obscure

nature nécessite les figures mythologiques; c'est pourquoi elle les attire avec avidité pour s'exprimer grâce
à elles. Cette expérience originelle en soi est dénuée
de paroles et d'images, car elle est comme une vision
dans une glace sans reflet, elle n'est qu'une prescience
très puissante qui veut s'incarner en une expression:
elle est comme un tourbillon qui s'empare de tout ce
qui s'offre à lui et qui, en l'emportant dans les airs,
acquiert une forme visible. Mais comme l'expression
n'atteint jamais à la richesse de la vision et n'épuise
jamais ce qu'elle a d'inimitable, le poète a souvent
besoin de matériaux presque monstrueux, ne serait-ce
que pour évoquer approximativement ce qu'il a pres-
senti; en outre, il se heurte inéluctablement à ce
qu'une expression a de contradictoire et de rebelle, s'il
veut laisser apparaître tout le paradoxe angoissant
inhérent à une vision. Dante sous-tend son expérience
en faisant appel à toutes les images qui vont de l'enfer
au purgatoire et au ciel. Gœthe a besoin du Blocks-
berg, de la Grèce souterraine; Wagner de toute la
mythologie nordique, et de la richesse de la légende de
Parsifal; Nietzsche s'empare du style sacré des dithy-
rambes et des visionnaires légendaires de la préhistoire; Blake utilise les fantasmagories de l'Inde, le
monde imagé de la Bible et de l'Apocalypse, et Spitteler
emprunte de vieux noms pour des figures nouvelles, qui
jaillissent en une multiplicité presque effrayante de la
corne d'abondance de sa poésie. Dans tout cela, aucune
nuance ne manque sur l'échelle qui s'étend de l'auguste
et de l'incompréhensiblement solennel jusqu'aux
images les plus grotesques du pervers.

De même que l'expérience amoureuse, réalisant un
vécu, est un fait réel, de même la vision. Que son
contenu soit de nature physique, psychique, ou métaphysique, peu importe: elle constitue une réalité psychique qui a au moins la même dignité que la réalité
physique. La seule différence, c'est que l'expérience
des passions humaines se déroule dans le cadre de la
conscience, alors que l'objet visionnaire est vécu hors
de ce cadre. Le sentiment des premières nous révèle

des sentiments connus, alors que l'intuition de la seconde nous mène vers l'inconnu et le caché, vers des choses qui par nature sont secrètes. Si elles sont devenues conscientes, elles seront intentionnellement voilées et dissimulées et c'est pourquoi, depuis des temps immémoriaux, elles sont marquées au coin d'une sécrétivité trompeuse et alarmante. Ces choses sont cachées à l'homme, et il se cache à elles, avec Desdémone, derrière le bouclier de la science et de la raison. Le Cosmos organisé est une croyance du jour qui préserve l'homme de l'angoisse nocturne du chaos.

L'intellect est souverain dans le domaine des sciences. Mais il en est autrement dès que la science en vient à son application pratique. L'intellect qui, tout à l'heure était roi, devient un simple moyen, instrument scientifique affiné certes, mais simple outil cependant, non plus but par lui-même, mais simple condition. L'intellect et avec lui la science, est mis ici au service de la puissance et de l'intention créatrices. C'est encore de la psychologie, ce n'est plus de la science ; c'est une psychologie de nature créatrice dans laquelle le primat revient à la fantaisie qui produit. On pourrait aussi bien, au lieu de parler de fantaisie créatrice, dire que, dans une psychologie pratique de ce genre, c'est la vie elle-même qui a pris la direction : la fantaisie créatrice féconde se sert de la science comme d'un moyen, mais ce sont les multiples excitations de la réalité extérieure qui mettent en mouvement l'activité créatrice de la fantaisie.

Tant que la psychologie reste pour nous une science, nous n'atteignons pas la vie, nous servons seulement le but propre de la science. Elle nous conduit certes à la connaissance des faits, mais s'oppose à tout autre but que le sien. L'intellect reste prisonnier de lui-même tant qu'il ne renonce pas volontairement à son primat pour reconnaître la dignité des autres buts. Il recule devant le pas à faire pour se surmonter et renoncer à son universelle valeur, car tout le reste n'est pour lui que fantaisie. Y eut-il jamais grand-chose qui ne fût d'abord fantaisie ?

Pourquoi oublie-t-on toujours qu'il n'y a rien de grand, ni de beau dans le vaste domaine de la culture humaine qui ne soit dû primitivement à une soudaine et heureuse inspiration ? Que deviendrait l'humanité si la source des inspirations tarissait ? Ce serait bien plutôt au contraire la conscience, qui ne contient jamais plus que ce qui « vient à l'esprit ». C'est quand la pensée nous fuit et que nous la cherchons en vain que nous mesurons combien nous dépendons de nos inspirations.

Si le jeu se déroule en lui-même, sans rien produire de durable ni de vivant, c'est qu'il n'était que jeu ; dans le cas contraire, on l'appelle travail créateur. Du mouvement ludique de facteurs dont les relations restent d'abord incertaines, naissent les rapprochements qu'un intellect observateur et critique appréciera par la suite. Ce n'est pas l'intellect mais l'instinct de jeu qui, sous l'action d'une poussée intérieure, s'occupe de produire du nouveau. L'esprit créateur joue avec les objets qu'il aime. Aussi toute activité créatrice peut-elle facilement être prise pour un jeu par la foule qui en ignore les moyens. Très peu de créateurs ont échappé au reproche d'enfantillage.

On sait que toute bonne idée et tout acte créateur proviennent de l'imagination et tirent leur origine de ce qu'on a accoutumé d'appeler fantaisie infantile. L'artiste n'est pas seul à devoir à la fantaisie ce qu'il y a de grand dans sa vie : tous les hommes qui créent en sont là. Le principe dynamique de la fantaisie est l'activité enjouée, le jeu, propre aussi à l'enfant, incompatible apparemment avec le principe du travail sérieux. Mais sans ce jeu de la fantaisie, jamais encore œuvre féconde ne vit le jour. Nous devons immensément au jeu de l'imagination. C'est donc faire preuve de myopie que de traiter la fantaisie avec mépris à cause de ce qu'il y a en elle d'aventureux et d'inacceptable.

L'imagination me paraît être, en dernière analyse, la force créatrice maternelle de l'esprit viril. Au vrai, nous ne planons jamais avec sérénité au-dessus de nos imaginations. Certes, il existe des phantasmes dénués

de toute valeur, médiocres, impénétrables, maladifs et
bien peu satisfaisants, dont la nature stérile sera ressentie promptement par toute personne douée de bon
sens ; mais les actes manqués, les cas négatifs, on en
conviendra, n'ont jamais eu le pouvoir de discréditer
les actes normaux. Toute œuvre humaine a sa source
dans l'imagination créatrice. Dès lors, a-t-on le droit
de tenir la faculté imaginative en mince estime ? Normalement, la fantaisie ne s'égare pas, étant trop solidement et trop intimement liée au tronc fondamental
des instincts humains et animaux. De façon surprenante, elle retombe toujours sur ses pieds. L'activité
créatrice de la force imaginative arrache l'homme à
son assujettissement, au « Rien que », et l'élève sur le
plan du jeu. Et l'homme, comme le dit Schiller,
« n'est pleinement lui-même que dans le jeu ».

*
* *

Celui qui parle en images originelles s'exprime, en
somme, par des milliers de voix ; il saisit et domine et,
en même temps, élève ce qu'il désigne, de son unité
et de sa caducité, jusqu'à la sphère de l'être éternel ;
il élève le destin personnel au destin de l'humanité en
même temps qu'il libère en nous ces forces secourables
qui, de tous temps, ont permis à l'humanité d'échapper
à tous les dangers et de surmonter même les nuits les
plus longues. Là est le secret de *l'effet* de l'art.

Ce serait, à mon sens, passer complètement à côté
de l'essentiel que de prétendre ramener au seul
domaine personnel ce monument poétique qu'est le
Faust qui prend ses assises dans l'âme de l'humanité.
Car, chaque fois que l'inconscient collectif s'incarne
dans le vécu et se marie à l'esprit du temps, cela
engendre un acte créateur qui concerne toute notre
époque ; cette œuvre est alors, dans le sens le plus profond, un message adressé à tous les contemporains.
C'est pourquoi le Faust fait vibrer quelque chose dans
l'âme de chaque Allemand, pourquoi la gloire de Dante
est immortelle et pourquoi le pasteur d'Hermas serait

presque devenu un livre canonique. Chaque époque a
ses unilatéralités, ses préjugés et ses maux psychiques.
Toute époque de l'histoire peut être comparée à l'âme
d'un individu; comme cette dernière, elle a une situation consciente particulière, bornée et spécifique, et
c'est pourquoi elle a besoin d'une compensation;
l'inconscient collectif peut la lui procurer, par le truchement d'un poète ou d'un visionnaire ou d'un guide
qui exprime l'inexprimé d'une époque ou qui suscite,
par l'image ou l'action, ce que les besoins incompris
de tous attendaient pour le bien comme pour le mal,
pour le salut d'une époque ou pour sa destruction.

Le secret de la création et de l'*action* de l'art
consiste à plonger à nouveau dans l'état originel de
l'âme; car, dès lors, sur ce plan, ce n'est plus l'individu mais le groupe tout entier qui vibre aux sollicita-
tions du vécu, il ne s'agit plus des heurs et malheurs
d'un seul être, mais bien de la vie de tout un peuple.
C'est pourquoi un chef-d'œuvre tout en étant à la fois
objectif et impersonnel, nous atteint dans ce que nous
avons de plus profond; c'est aussi pourquoi les inci-
dences personnelles d'un poète, qu'elles soient fastes
ou néfastes, ne sont jamais essentielles pour son art.
Sa biographie personnelle peut être celle d'un philistin,
d'un brave homme, d'un névrosé, d'un fou ou d'un criminel: qu'elle soit intéressante ou non, elle est secondaire pour l'essence de la poésie.

Est-il possible qu'un écrivain non allemand eût pu
écrire un Faust ou un Zarathoustra? Ces deux œuvres
font allusion à un même élément, qui vibre dans l'âme
allemande, à une «image originelle», l'image d'un
médecin et d'un maître de l'humanité, archétype du
sage, secourable et rédempteur. Cette image est ancrée
de toute éternité dans l'inconscient, elle y sommeille
jusqu'à ce que la disgrâce du temps la réveille, en
général au moment où une faute cardinale détourne un
peuple du droit chemin. Quand celui-ci fait ainsi fausse
route, il doit faire appel à des guides, à des chefs,
voire au médecin. Beaucoup de ces images originelles
n'apparaissent ni dans les rêves de l'individu, ni dans

les œuvres d'art, tant qu'elles ne sont pas excitées par les errements de la conscience. Mais si le conscient s'égare dans une attitude unilatérale, donc fausse, ces « instincts » sont activés et délèguent leurs images dans les rêves des individus et dans les visions des artistes pour tenter de rétablir l'équilibre psychique compromis. C'est ainsi que les besoins psychiques d'un peuple s'accomplissent dans l'œuvre du poète et c'est pourquoi cette œuvre est en fait et en vérité plus qu'une destinée personnelle pour son auteur.

L'artiste est l'interprète des secrets de l'âme de son temps, sans le vouloir, comme tout vrai prophète, parfois inconsciemment à la manière d'un somnambule. Il s'imagine parler du fond de lui-même, mais c'est l'esprit du temps qui parle par sa bouche et ce qu'il dit existe puisque cela agit.

Le façonnement de l'image primitive est, en quelque sorte, une traduction dans la langue du temps présent, traduction par laquelle chacun devient capable de retrouver l'accès aux sources les plus profondes de la vie, qui lui seraient interdites autrement. C'est là que gît l'importance sociale de l'art; il travaille continuellement à l'éducation de l'esprit du temps en faisant surgir les formes qui lui font le plus défaut. Se détournant du mécontentement présent, l'aspiration de l'artiste se retire jusqu'à ce qu'elle atteigne, dans son inconscient, l'image primitive qui pourra compenser le plus efficacement l'imperfection et la partialité de l'esprit de son temps. Elle s'empare de cette image et, la tirant de sa très profonde inconscience pour la rapprocher de la conscience, elle en modifie la forme jusqu'à ce que l'homme d'aujourd'hui puisse la saisir selon sa capacité de compréhension.

L'artiste, dans le sens le plus profond, est un instrument de son œuvre; il est, si j'ose dire, au-dessous d'elle; c'est d'ailleurs pourquoi nous ne pouvons jamais attendre de lui une interprétation de sa propre œuvre. Il a fait son acte suprême en lui prêtant forme. L'interprétation, il doit l'abandonner aux autres, et ainsi à l'avenir.

L'art est inné en l'artiste comme un instinct qui s'empare de lui et fait de l'homme son instrument. Ce qui, en dernière analyse, veut en lui et l'anime, ce n'est pas lui en tant qu'homme personnel, mais l'œuvre d'art à créer. En tant que personne, il peut avoir ses humeurs, ses caprices et ses visées égoïstes. En tant qu'artiste par contre, il est «homme» dans un sens plus élevé; il est un homme collectif, qui porte et exprime l'âme inconsciente et active de l'humanité. C'est là son office, dont l'exigence parfois prédomine au point que le bonheur humain et tout ce qui rend la vie digne d'être vécue pour l'homme moyen sera sacrifié à son destin.

Le génie créateur n'est jamais un, il est multiple; c'est pourquoi, dans le silence de l'âme, il parle à tous ceux — et ils sont nombreux — dont il est le sens et le destin, tout autant que celui du seul artiste.

Que le poète sache ou qu'il n'ait pas conscience que son œuvre se crée en lui, y germe et y mûrit, ou qu'il s'imagine que c'est de propos délibéré qu'il prête forme à une invention personnelle, ne change rien au fait qu'en réalité une œuvre pousse littéralement dans son créateur: il y a de l'œuvre au poète le même rapport que de l'enfant à la mère.

Le plus souvent, les dons supérieurs n'ont pas un développement en rapport avec la maturité de la personne et l'on a l'impression que la personnalité créatrice se développe aux dépens de la personnalité humaine. Il peut même arriver qu'il y ait une telle discordance entre le génie et le caractère humain qu'on est contraint de se demander s'il ne vaudrait pas mieux que le génie soit moins développé. Que vaut, en effet, une grande intelligence si elle s'accompagne d'une infériorité morale? Nombreux sont les doués dont l'utilité est paralysée, pervertie même par suite de leur inaptitude humaine. Etre doué n'est point en soi une valeur si le reste de la personnalité ne marche pas de pair.

L'inadaptation relative de l'artiste est son véritable avantage; elle lui permet de rester éloigné des grandes voies, de suivre sa propre aspiration et de découvrir ce qui manque aux autres, sans qu'ils le sachent. De même que dans l'individu particulier l'unilatéralité de l'attitude consciente se trouve corrigée par des réactions inconscientes d'autorégulation, de même l'art représente, dans la vie des nations et des époques, un processus d'auto-régulation spirituelle.

Le génie s'imposera envers et contre tous, parce que sa nature comporte de l'indomptable et de l'absolu. Quant à ceux qu'il est convenu d'appeler les «génies méconnus», ils sont fort suspects. Le plus souvent ce sont des incapables à la recherche d'une apaisante explication d'eux-mêmes.

Il est possible d'entraver, de mutiler, de pervertir un talent comme il est possible aussi de le stimuler, le développer, l'améliorer. Quant au génie, il est le *rarissima avis,* l'oiseau rare, comme le phénix dont on ne saurait prévoir l'apparition. Il existe de prime abord et, par la grâce de Dieu, dans toute sa force, consciemment ou non. Le talent, au contraire, apparaît avec une régularité statistique, et il n'est pas toujours doté d'un dynamisme suffisant.

L'«homme normal» est le but idéal des infructueux, de tous ceux qui sont demeurés au-dessous du niveau général d'adaptation. Mais pour ceux dont les possibilités vont bien au-delà de celles de l'être moyen, pour ceux qui, en se riant, décrochèrent toujours des succès et dont les résultats furent toujours plus qu'honorables, l'idée ou la contrainte morale de ne devoir être rien que de normal représente l'image même d'un lit de Procuste, d'un ennui insupportable et mortel, d'un enfer stérile et sans espoir.

Quand on marche en avant des autres, on est toujours exposé à recevoir des coups, sinon du maître du moins du destin ; le plus souvent, des deux. L'enfant doué fera donc bien de se familiariser assez tôt avec l'idée qu'une capacité supérieure entraîne après elle une situation d'exception, avec tous les risques que celle-ci comporte, notamment une conscience accrue de soi. Seules humilité et obéissance en peuvent protéger et encore, pas toujours.

La grandeur de personnalités historiques n'a jamais consisté en leur absolue soumission à la convention; au contraire, elle a consisté dans la liberté qui les sauvait de cette convention. Elles s'élevaient, tels des sommets montagneux, au-dessus de la masse qui se cramponnait aux angoisses, aux convictions, aux lois et méthodes de la collectivité, et elles ont cherché leur propre voie. Et toujours il a paru étrange à l'homme du commun qu'un homme ait pu préférer aux chemins battus conduisant à des buts connus, un sentier abrupt et étroit menant à l'inconnu. C'est pourquoi on a toujours cru qu'un tel homme était, sinon fou, du moins possédé d'un démon ou d'un dieu; car ce miracle d'un homme agissant autrement que ne l'avait toujours fait l'humanité ne pouvait s'expliquer que par le don d'une puissance démoniaque ou d'un esprit divin.

La vie créatrice est toujours au-delà des conventions. C'est pourquoi il arrive, lorsque la simple routine de la vie règne sous la forme de vieilles conventions traditionnelles, qu'il soit inévitable que se produise une éruption destructive des forces créatrices. Mais cette explosion n'est catastrophique qu'en tant que phénomène de masse; jamais elle ne l'est dans l'individu qui se soumet consciemment à ses puissances supérieures et met son pouvoir à leur service.

Tout être créateur représente une dualité ou une synthèse de qualités paradoxales: d'une part, il est homme et personnel, et d'autre part, il est un processus créateur mais impersonnel. En tant qu'homme, il peut être sain ou maladif, c'est pourquoi sa psychologie personnelle peut et doit être expliquée à partir d'éléments personnels. En tant qu'artiste, en revanche, on ne peut le comprendre qu'à partir de son acte créateur.

Il est évident qu'un artiste doit être expliqué et compris à partir de son art beaucoup plus qu'à partir des insuffisances de sa nature et de ses conflits personnels; ceux-ci ne sont souvent que les conséquences regrettables du fait qu'il est un artiste, c'est-à-dire un homme que le destin a doté d'un fardeau plus lourd que celui du commun des mortels. Des dons inhabi-

tuels qui confèrent des pouvoirs dépassant ceux du
commun exigent en contrepartie une dépense d'énergie
beaucoup plus considérable ; c'est pourquoi il est inévitable qu'un bilan positif d'un côté s'accompagne
d'un bilan négatif sur l'autre versant.

Il existe rarement un être créateur qui ne doive pas
payer chèrement l'étincelle divine de capacités génia-
les. Tout se passe comme si chacun naissait avec un
certain capital limité d'énergie vitale. La dominante
chez l'artiste, précisément ses élans créateurs, accapa-
rera, s'il est vraiment artiste, la plus grande masse
d'énergie ; de sorte que par ailleurs il en reste trop peu
pour qu'une valeur quelconque puisse en résulter. Au
contraire, le côté humain est souvent tellement saigné
au bénéfice du côté créateur qu'il ne peut plus que
végéter à un niveau primitif ou, de toute façon, médiocre. Ces circonstances s'expriment souvent par de la
puérilité, de l'insouciance, un égoïsme naïf et intransi-
geant (ce que l'on a appelé de l'auto-érotisme), de la
vanité et autres travers. Ces infériorités sont pleines de
sens dans la mesure où c'est seulement par leur truchement qu'une quantité suffisante d'énergie vitale
peut être acheminée vers le moi. Celui-ci a besoin de
ces formes inférieures de comportement car, sans elles,
il sombrerait dans un dépouillement total.

Les dons supérieurs sont les plus beaux, mais aussi
les plus dangereux fruits de l'arbre de l'humanité. Ils
sont soutenus par de frêles branches faciles à briser.

Du recueillement et de la prise de conscience de soi-même

Il n'y a rien de plus jaloux qu'une vérité.

La recherche de la vérité recommence avec chaque nouveau cas, car chaque vérité vivante est individuelle et ne saurait se déduire d'une formule générale présupposée. Chaque individu représente une expérience nouvelle de la vie toujours changeante, un essai de solution et d'adaptation nouvelles.

Que l'humanité ne soit pas homogène, mais composée d'individus que leur constitution mentale répartit à travers une durée de temps d'au moins dix mille ans est sans aucun doute une effroyable complication. De ce fait, il n'est absolument nulle vérité qui, signifiant libération et délivrance pour les uns, ne signifiât séduction empoisonnée et détournement pour les autres. Tout universalisme est empêtré dans ce terrible dilemme.

La barbarie n'est et ne fut jamais due à une insuffisante efficacité de la raison ou de la vérité; elle provient de ce qu'on attend d'elles une telle efficacité, ou attribue à la raison cette efficacité par surestimation superstitieuse de la « vérité ». La barbarie est partialité, manque de mesure, bref, défaut de proportion.

Une vérité, dans notre monde farci de trompe-l'œil, est quelque chose de si précieux que personne ne consent à renoncer à la sienne pour tenir compte des quelques exceptions qui, chacun le prétend, ne font que confirmer la règle; il en résulte que quiconque ose exprimer quelque doute apparaît comme un trouble-fête nuisible et importun; et c'est pourquoi une nuance d'impatience et de fanatisme se mêle partout à la discussion.

Pourtant chacun ne porte le flambeau de la connaissance qu'une courte traite jusqu'au prochain relais. Si l'on parvenait à comprendre ces relèves autrement que sur le plan personnel, si l'on s'accordait, par exemple, que nous ne sommes pas les créateurs personnels de nos vérités, mais seulement leurs exposants, les porte-parole de nécessités psychiques contemporaines, pas mal d'amertume et de venin serait évité et notre regard serait libre pour l'étude des enchaînements profonds et suprapersonnels de l'âme humaine.

Les convictions sont des sécurités et comme des rails auxquels on se confie pour franchir certains parcours. Ensuite il se produit un changement douloureux que l'on ressent comme une dissolution et une absence de morale, jusqu'à ce qu'une nouvelle conviction s'installe. Étant donné que l'essence fondamentale de la nature humaine reste pour ainsi dire toujours la même, certaines valeurs morales jouissent d'une validité éternelle. La plus minutieuse observation du Décalogue n'empêche aucune infamie raffinée et le principe chrétien si noble de l'amour du prochain peut conduire à des confusions et à des collisions de devoirs dont l'enchevêtrement inextricable ne peut être brisé qu'au moyen d'un glaive fort peu chrétien.

Conviction se transforme aisément en auto-assurance, ce qui contribue à la rigidité, et cela ne va pas dans le sens de la vie. Une conviction solide se démontre par sa flexibilité et son caractère conciliant et, comme toute vérité supérieure, elle prospère au mieux sur les erreurs qu'elle reconnaît.

Convictions et valeurs morales n'auraient absolument aucun sens si l'on n'y croyait pas et si elles n'avaient pas une valeur absolue. Et pourtant ce sont des explications et des constatations humaines faites en vue d'une fin dont on sent parfaitement qu'elles peuvent subir toutes sortes de modifications, comme on l'a vu dans le passé et comme cela se produira encore dans l'avenir.

Il paraît exister une sorte de conscience de l'humanité qui châtie de façon tangible quiconque n'abandonne pas en temps et lieu la fierté vertueuse de la maîtrise et de l'affirmation de soi-même, et ne prononce l'aveu de son humanité faillible. Faute de cet

aveu, une barrière infranchissable lui interdit le sentiment vivant d'être un homme parmi les hommes.

L'erreur est une condition de vie aussi importante
que la vérité.

On sait qu'un fait n'est jamais seulement tel qu'il
est en soi : il est aussi tel que nous le voyons.

J'estime l'homme simple qui habite dans sa demeure
modeste et qui affirme à la face du monde, par sa
devise, qu'il a conscience de sa propre valeur et qu'il
peut laisser glisser sur lui le jugement des autres sans
en être atteint. Il est un « aristocrate » à sa façon, non
point « au-dessus de la mêlée », comme peut l'être un
noble seigneur, mais — formule qui résonne de façon
séduisante — en quelque sorte « au-dessous de la
mêlée ». Il y a là plus qu'un jeu de mots : la mêlée et
les criailleries ont lieu là où les oppositions s'entrecho-
quent, ce qui s'accomplit toujours sur un plan moyen,
entre le haut et le bas. La distinction est en haut, la
non-distinction en bas. L'être distingué, tant qu'il
demeure dans les sphères supérieures, reste en marge
des contingences, et le vulgaire fait de même, tant
qu'il demeure dans les bas-fonds. Le haut et le bas
sont, nous ne l'ignorons pas, depuis toujours frères,
comme le dit déjà le sage dicton de la Tabula Smarag-
dina : « Le ciel en haut, le ciel en bas... »

Dans le tout-puissant quotidien il y a malheureusement peu d'extraordinaire qui soit sain. Il n'y a guère
de place pour un héroïsme remarquable. Ce qui ne veut
pas dire que d'une façon générale nous ne soyons pas
effleurés par l'exigence d'héroïsme. Au contraire : et
c'est précisément ce qu'il y a de fâcheux et d'incom-
mode que le banal quotidien pose des exigences banales à notre patience, à notre dévouement, à notre
endurance, à notre esprit de sacrifice, etc.; qu'il nous
faut accomplir simplement, avec humilité et sans geste
héroïque, ce qui pourrait recueillir une approbation
quelconque. Or, ceci exige un héroïsme invisible au-
dehors. Cela ne brille pas, ne recueille pas de louanges
et cherche toujours à se cacher dans les vêtements de
tous les jours.

*
* *

Ce qui importe, ce ne sont pas les bons et sages discours, c'est uniquement l'action. Il ne suffit pas non
plus de vivre selon les valeurs morales reconnues, car
vivre conformément aux mœurs et aux lois peut tout
aussi bien servir à masquer un mensonge, juste assez
subtil pour que nos semblables ne le puissent remarquer. Ainsi sans doute, nous est-il permis d'échapper
à toute critique, peut-être même de nous illusionner
parce que nous croyons à notre évidente loyauté. Mais
tout au fond, sous la surface de la conscience
moyenne, une petite voix nous dit : « Quelque chose ne
va pas », même si l'opinion publique ou le code moral
des mœurs soutient que nous sommes en règle.

« Sois celui que tu es réellement. » Depuis toujours
le seul verbiage a sonné creux et aucune habileté de
métier, si artificieuse soit-elle, ne permettra à la longue
de se dérober à cette élémentaire vérité. De tout temps
ce n'est pas ce dont on est persuadé, mais le fait qu'on
est persuadé, qui agit.

Tout ce qui est agit, sinon ce n'est pas réel. Cela ne
peut être que grâce à son énergie ; l'existant est un
champ de force.

Le problème éthique est pour un homme doué de
sens moral un problème passionnant qui a sa source
dans les instincts les plus profonds comme dans ses
aspirations les plus hautes. Ce problème est pour lui
d'une réalité bouleversante. Il n'y a rien d'étonnant
qu'une voix jaillie des profondeurs les plus secrètes
réponde à ses préoccupations conscientes.

Nous apprenons quotidiennement que nos affects ne
sont jamais à la hauteur de notre intelligence.

En fait et en vérité, nous ne jouissons pas d'une
liberté souveraine : nous sommes continuellement
menacés par certains facteurs psychiques qui, en tant
que « forces de la nature », peuvent nous prendre en
leur possession. Le retrait prononcé de certaines projections métaphysiques nous expose presque sans

défense à une telle éventualité, en ce sens que nous
nous identifions immédiatement à chaque impulsion,
au lieu de lui attribuer le nom d'un «Autre», grâce à
quoi elle serait au moins tenue à bout de bras, et ne
pourrait immédiatement s'emparer de la citadelle du
Moi.

Asservissement et possession sont synonymes. C'est
pourquoi il y a toujours dans l'âme quelque chose qui
prend le dessus, qui limite ou mate la liberté morale.
Pour se dissimuler ce fait réel, mais fort désagréable,
et pour se donner par ailleurs le courage d'être libre,
on s'est habitué à employer le langage apotropéique
suivant: «j'ai tel penchant, ou telle habitude, ou tel
ressentiment», alors qu'on devrait en toute sincérité
constater: «tel penchant, ou telle habitude, ou tel ressentiment me possède et m'incite à...». Mais s'exprimer ainsi nous coûterait encore, il est vrai, l'illusion
de la liberté. Toutefois je me demande si, dans un sens
plus élevé, ceci ne vaudrait pas mieux que de se
complaire dans un langage qui vous fait perdre la juste
appréciation des choses.

En tant qu'être naturel, simplement créé ou issu de
préconditions inconscientes, l'homme n'a point de
liberté et la conscience n'a point de «raison d'être».
Le jugement psychologique doit tenir compte du fait
qu'en dépit de toute son intrication causale, l'homme
possède un sentiment de liberté qui se confond avec
l'autonomie de la conscience. Quoique toutes choses
prises une à une prouvent au Moi qu'il est dépendant
et conditionné, on ne peut pourtant pas le persuader de
son esclavage.

L'existence de la conscience du Moi n'a de sens que
dans la liberté et l'autonomie. En faisant cette affirmation nous avons certes exprimé une antinomie mais en
même temps esquissé une image complète de ce qui
est réellement. Or, il y a des différences locales, temporelles et individuelles dans la manière dont on
accentue la dépendance et la liberté. En réalité l'une
et l'autre existent toujours: la toute-puissance du Soi
et l'orgueil de la conscience. La conscience du Moi,

quand elle obéit exclusivement à elle-même, est toujours sur la voie de la ressemblance à la divinité et à la surhumanité. Mais la reconnaissance exclusive de la dépendance mène à un infantilisme fataliste et à une présomption spirituelle étrangère au monde et à l'humanité.

Chacun se trouve aux prises avec une disposition psychique qui limite considérablement sa liberté, ou la rend presque illusoire. Non seulement la «liberté de la volonté» est un problème insoluble sur le plan philosophique, mais encore il l'est sur le plan pratique, en ce sens qu'on rencontre rarement quelqu'un qui ne soit plus ou moins dominé, voire obnubilé par des penchants, des habitudes, des pulsions, des préjugés, des ressentiments et toutes sortes de complexes possibles. Toutes ces forces de la nature agissent comme le ferait un Olympe plein de dieux désireux d'être rendus propices, d'être servis, craints et adorés, non seulement par le possesseur individuel de cette troupe divine, mais encore par son entourage personnel.

Bien que l'on ait, à juste raison, le droit de douter qu'au cours des cinq millénaires de civilisation que nous pouvons embrasser, l'homme ait fait de sensibles progrès moraux, nous ne pouvons nier cependant que sa conscience et ses fonctions se sont développées de façon sensible. Avant tout, sa conscience a subi, sous la forme du savoir, une extension qui nous paraît prodigieuse. En outre ses fonctions particulières se sont non seulement différenciées, mais de plus elles ont été dans une large mesure mises à la disposition du Moi, ce qui veut dire que la volonté humaine aussi s'est développée. On le remarque de façon toute particulière quand on compare dans le détail notre état d'esprit avec celui des primitifs. Par rapport à des époques antérieures, la sûreté de notre Moi a très sensiblement gagné: elle a pris une avance tellement dangereuse que — même si nous disons encore parfois: «telle est la volonté de Dieu» — nous ne savons plus ce que nous voulons dire, car on affirme du même souffle: «là où il y a une volonté, il y a aussi une voie.» Qui donc

aurait encore l'idée d'en appeler plutôt à l'aide de
Dieu qu'à la bonne volonté, à la responsabilité, à la
conscience du devoir, à la raison ou à l'intelligence de
ses semblables ?

La volonté est une grande magicienne qui, en outre,
ajoute à ses charmes le paradoxe de se sentir et de se
prétendre libre. Nous éprouvons le sentiment de
liberté, lors même que l'on peut prouver l'existence de
causes précises qui devaient, de toute nécessité, entraîner telle ou telle conséquence, en dépit de quoi, le sentiment de liberté est pourtant vivace en nous ! Nous
savons d'ailleurs qu'il n'existe rien qui n'ait sa cause,
ce qui nous contraint à penser que la volonté, elle
aussi, doit relever de quelque déterminante ! Alors ? Si
la volonté est marquée par cette liberté souveraine qui
est son fait, c'est qu'elle est une parcelle de cette obscure force créatrice qui gît en nous, qui nous façonne,
qui édifie notre être, qui régit notre corps, qui maintient ou détruit sa structure et qui crée des vies nouvelles. Cette énergie affleure, en quelque sorte, au sein
de la volonté, jusque dans la sphère de la conscience
humaine, apportant avec elle ce sentiment absolu et
souverain d'impérissable liberté, qui ne se laisse entamer ou restreindre par aucune philosophie. Nous pouvons invoquer tous les systèmes philosophiques que
nous voulons, le sentiment de liberté reste présent au
cœur de l'homme, indestructible, se riant des systèmes,
constituant une donnée singulière peut-être, mais originelle de la nature.

Nous sommes encore si peu éduqués qu'il nous faut
des lois extérieures et un geôlier, voire un père, pour
comprendre le bien et pratiquer le juste. Et parce que
nous sommes encore des barbares, la confiance en les
lois de la nature et de la destinée humaines nous semble naturalisme dangereux et immoral. Pourquoi ?
Parce que, chez le barbare, sous le mince vernis culturel, apparaît aussitôt la bête dont il a peur — à bon
droit. Mais on ne dompte pas l'animal en le mettant
en cage. Point de moralité sans liberté. Quand un barbare lâche sa bête, ce n'est pas liberté, au contraire

asservissement. Pour être libre, il faut, en premier lieu, vaincre la barbarie. On y parvient en principe quand on sent et perçoit les causes et motivations de sa moralité comme les éléments de sa propre nature et non pas comme des bornes extérieures.

*
* *

La loi morale n'est pas seulement un mal contre lequel il faut lutter, elle est aussi une nécessité créée par le besoin le plus intime de l'homme. La loi morale est une manifestation extérieure du désir intense que l'homme a d'arriver à se surmonter et à s'apprivoiser lui-même. L'origine de cette aspiration à la domestication, à la culture, se perd dans les brouillards de l'évolution historique des peuples et ne pourra jamais être considérée comme le résultat d'une contrainte exercée du dehors. C'est pour obéir à son instinct que l'homme s'est créé des lois.

La moralité n'est pas un malentendu découvert par un ambitieux Moïse sur le Sinaï; elle fait partie des lois de la vie; elle se construit dans son cours normal comme une maison, un bateau ou d'autres instruments culturels. Le cours naturel de la libido, la voie moyenne précisément, c'est une obéissance totale aux lois fondamentales de la nature humaine et l'on ne saurait poser nul principe moral plus élevé que celui de l'accord avec les lois naturelles dont l'harmonie oriente la libido vers l'optimum vital.

Il ne faut jamais oublier — et il importe de le rappeler avec insistance à l'école de Freud, — que la morale n'a pas été rapportée du Mont Sinaï sous forme des Tables de la Loi, et imposée de force aux peuples, mais qu'elle constitue une fonction de l'âme humaine aussi vieille que l'humanité elle-même. La morale ne vient pas du dehors et n'a pas été imposée de force : chacun, en dernière analyse, la porte *a priori* en lui-même, non pas sous forme de loi, mais sous forme de fibres de nature morale, sans lesquelles la vie en société de la communauté humaine serait impossible.

C'est pourquoi, à tous les étages de la société, on retrouve des facteurs moraux. Car la morale constitue une régulation instinctive de l'activité, qui ordonne déjà l'existence communautaire des troupeaux. Mais les lois morales n'ont de validité qu'à l'intérieur d'un groupe humain donné. Par-delà ses frontières, elles cessent d'être valables. Que la morale vienne à cesser, elle est alors remplacée par cette vieille vérité : « *Homo homini lupus* » (L'homme est un loup pour l'homme). Avec une culture grandissante, on arrive à englober des masses humaines toujours plus denses dans une même morale, sans qu'il ait toutefois été jusqu'ici possible de faire régner la loi morale par-delà les frontières d'une société donnée, c'est-à-dire de lui faire traverser le *no man's land* qui sépare les unes des autres les sociétés indépendantes dans leur forme. La règle est alors, comme dans le fond des âges, l'existence sans foi ni loi et l'immoralité la plus noire, mais seul l'ennemi du moment ose le proclamer.

Nous ne devons jamais oublier que ce qui nous apparaît aujourd'hui comme une exigence morale peut demain se décomposer et se démembrer pour servir de base, dans un avenir plus ou moins proche, à de nouveaux édifices éthiques. Nous devrions au moins retenir de l'histoire des civilisations que les formes de morale, elles aussi, appartiennent aux choses périssables.

Seule la morale ne peut être améliorée, car toute modification de la morale traditionnelle est, à son point de vue, à elle, une immoralité. L'importance de cette plaisante remarque vient de ce qu'elle exprime une réalité affective indéniable qui a fait trébucher déjà plus d'un novateur.

On a déjà reproché à la psychologie analytique de libérer les mouvements instinctifs animaux, heureusement refoulés chez l'homme, ce qui risque de provoquer à perte de vue des calamités. De cette crainte enfantine, il ressort de toute évidence combien peu on accorde de confiance et d'efficacité aux principes moraux d'aujourd'hui. On fait semblant de croire que seule la morale écarte l'homme du déchaînement des mœurs : cependant le besoin est un régulateur bien plus efficace qui pose les limites du réel, qui ont bien plus de force persuasive que tous les principes moraux.

On se détourne volontiers des problèmes ; quand on le peut, on ne les mentionne pas ; mieux encore, on nie leur existence. On désire que la vie soit simple, sûre et sans encombre ; c'est pourquoi les problèmes sont tabous. On veut des certitudes et non des doutes ; on veut des résultats et non des expériences, sans s'apercevoir que les certitudes ne peuvent provenir que des doutes et les résultats, que des expériences. Aussi la négation artificielle des problèmes ne crée-t-elle pas de conviction ; au contraire, il faut ensuite une conscience plus large et plus haute pour parvenir à la sécurité et à la clarté.

De nos jours, l'individu se sentant encore entravé par l'hypocrite opinion publique, préfère organiser en privé sa secrète vie, et jouer en public l'être vertueux. Mais qu'arriverait-il le jour où les masses trouveraient ridicule ce masque de vertu, le jour où les deux sexes auraient conscience de s'épier comme des bêtes féroces ? Il se pourrait alors qu'une ivresse de dépravation s'emparât de l'humanité. Certes, c'est le rêve, le souhait de ceux de nos contemporains qui sont ligotés dans une morale trop étroite ; mais la nécessité leur couperait vite le souffle et mettrait brutalement fin à tout délire.

Un sentiment d'infériorité que le sujet éprouve douloureusement sur le plan moral indique toujours que l'élément manquant est un facteur qui, au fond, et pour le sentiment du sujet, ne devrait pas faire défaut ; en d'autres termes, qu'il pourrait et devrait être conscient si le sujet s'en donnait la peine. Le sentiment d'une infériorité morale ne provient pas d'un désaccord avec la loi morale commune qui, dans un certain sens, est arbitraire, mais il provient du conflit de l'individu avec lui-même, avec son Soi[1] qui réclame impérieusement,

---

1. Le Soi est l'ensemble complexe de la personnalité englobant le conscient et l'inconscient. (N. d. T.).

pour des motifs d'équilibre de la psyché, que soient comblés les déficits et les lacunes obscurément perçus, inconsciemment conscients. Chaque fois que surgit un sentiment d'infériorité, non seulement celui-ci indique l'exigence dans le sujet d'assimiler un facteur jusque-là inconscient, mais il indique aussi la possibilité de cette assimilation.

En dernière analyse ce sont les qualités morales d'un être qui l'amènent et l'obligent — soit directement par la connaissance et l'acceptation de la nécessité, soit indirectement à travers une névrose douloureuse — à assimiler son Soi inconscient et à le maintenir conscient.

Là où existe un complexe d'infériorité, il a sa raison d'être: il lui correspond toujours une infériorité vraie, mais pas là où l'on se persuade qu'elle est. Modestie et humanité ne sont pas les signes d'un complexe d'infériorité. Ce sont des vertus hautement estimables et admirables et non pas des complexes. Elles prouvent que leur heureux possesseur n'est pas un insensé prétentieux, mais au contraire qu'il connaît ses limites; aussi n'est-il jamais aveuglé, ni présomptueux, ni ivre de sa prétendue grandeur; il ne trébuchera jamais au-delà de sa nature d'être humain.

Quiconque se complaît à trop de certitude est en vérité plein d'incertitude. Notre vie est incertaine; c'est pourquoi un certain sentiment d'insécurité accompagne toujours la vérité, plutôt que l'illusion et le bluff de la certitude. A la longue, c'est celui qui est le mieux adapté qui l'emporte et non pas celui qui, illégalement sûr de soi, est livré à la menace extérieure ou intérieure. Que l'on cesse de se rapporter aux seuls critères de l'argent et de la puissance! Le décisif, c'est la paix de l'âme.

N'oublions pas qu'innombrables sont les hommes qui ne savent pas distinguer une plaisanterie spirituelle d'une sottise et qu'un grand nombre sont tellement convaincus de leur intelligence qu'ils n'ont jamais rencontré dans leur vie que des imbéciles.

Les humains ont souvent une certitude pathétique grâce à laquelle ils ne font que des sottises. Il vaut mieux manquer de certitude parce qu'alors on acquiert plus de modestie et d'humilité. Il est vrai que le complexe d'infériorité dissimule toujours le danger de se faire valoir plus qu'il ne convient et de compenser la déficience supposée par une fuite dans le contraire.

Certes, il est capital de savoir où l'on va, mais tout aussi capitale me semble être la question: Qui y va? Ce qui ramène forcément à la question de la provenance, de l'origine. La possession durable de la hauteur suppose *la grandeur*. Il est facile à certains de se surestimer.

Les hommes qui s'imposent une éthique excessive, dont la pensée, les sentiments et les actes sont toujours altruistes et idéalistes, se vengent de cet intolérable idéalisme en se tendant inconsciemment des pièges ou par mille turpitudes mesquines mais savamment tramées, que leur conscient ne reconnaît évidemment pas comme telles. Il en résulte des malentendus et des discordes qu'ils attribuent à un concours de « circonstances particulièrement malheureuses », ou qu'ils imputent à d'autres gens, à leur méchanceté ou à des confusions tragiques. Certes, le conscient s'est débarrassé du conflit, mais n'a pu l'aplanir, de sorte qu'on se heurte constamment à ses aspérités invisibles sur lesquelles on trébuche.

Si l'une des possibilités, si l'une des séductions qui s'offrent consiste à verser dans le prophétisme, il en est une autre, plus subtile et prometteuse en apparence de joies plus légitimes, à savoir celle de se muer en disciple d'un prophète. Pour un nombre important d'individus, cette séduction semble même constituer une technique idéale. Ses avantages sont multiples: l'*odium dignitatis* — l'auréole de dignité — qui émane de la responsabilité surhumaine du prophète vous nimbe à l'avenir, tout en se transformant en un *odium indignitatis* — auréole d'indignité — d'autant plus suave: on se sent indigne et on prend humblement place aux pieds du « maître » tout en se défiant de trop penser par soi-même. La paresse intellectuelle devient vertu et on peut au moins se dorer au soleil d'une espèce de demi-dieu. L'archaïsme et l'infantilisme des fantasmes inconscients peuvent s'en donner à cœur joie sans risquer trop de pots cassés, puisque toute responsabilité est rejetée sur le « maître ». Par sa glorification, qui en fait l'égal d'un dieu, on se pousse du col, sans y prendre garde, semble-t-il, et en outre on a au moins reçu la grande vérité, celle qui importait — à défaut de l'avoir découverte soi-même — des mains mêmes du « maître ». Naturellement, les disciples se réunissent, s'associent toujours, non pas d'aventure, par amour, mais mus par un intérêt bien compris : en créant une atmosphère et un accord collectifs, chacun espère être paresseusement confirmé dans sa propre conviction, sans avoir d'efforts à fournir.

Le Christ s'est chargé des péchés du monde. Mais si cet exemple reste tout extérieur, alors les péchés de l'individu restent également extérieurs, et, par conséquent, celui-ci n'en demeure que davantage fragmentaire ; car une méconnaissance superficielle permet trop facilement à l'individu de littéralement « se débarrasser sur Lui » de ses propres péchés et d'échapper ainsi à ses responsabilités les plus profondes, ce qui est en contradiction avec l'esprit du christianisme.

*
* *

Je ne puis aimer personne si je ne m'aime pas moi-même. C'est la raison pour laquelle on se sent tellement mal à l'aise en présence d'hommes qui se distinguent par leurs façons particulièrement vertueuses, parce qu'il rayonne d'eux l'atmosphère du tourment qu'ils se font à eux-mêmes. Or cela n'est point vertu, mais au contraire vice. Du prétendu bien, qui jadis était vraiment bon, s'est développé quelque chose qui n'est plus bon : c'est un subterfuge. Aujourd'hui, n'importe quel poltron peut inspirer le respect en allant à l'église et en aimant son prochain. Mais c'est simplement une fausse position, un monde artificiel.

Vivre en se fuyant soi-même est amer et vivre avec soi-même exige un ensemble de vertus chrétiennes qu'il faut s'appliquer à soi-même : patience, amour, foi, espérance et humilité. Certes c'est une grande affaire que de rendre autrui heureux avec tout cela ; mais il arrive souvent que le démon de l'auto-contemplation vienne frapper sur notre épaule en disant : « Bien joué ! » C'est là une grande vérité psychologique ; aussi faut-il la retourner pour un grand nombre d'êtres humains afin que le démon ait quelque chose à blâmer. Est-on vraiment heureux de devoir appliquer ces vertus à soi-même ? Si je suis moi-même celui qui reçoit ses propres dons, si je suis ce moindre parmi mes frères que je devrais accepter chez moi ? S'il me fallait reconnaître que j'ai moi-même besoin de ma patience, de mon amour, de ma foi et même de mon humilité ? Que je suis pour moi-même le démon, l'adversaire, qui toujours veut le contraire de tout ? Peut-on vraiment se porter soi-même ? Il ne faut pas faire à autrui ce que l'on ne se ferait pas à soi-même. Cela est vrai du mal comme du bien.

Il vaut toujours mieux apprendre à se supporter que de se faire la guerre à soi-même ; au lieu de faire de ses difficultés intérieures des fantaisies qui tournent en rond sans profit, il vaut mieux les transformer en vécu réel. Du moins vit-on en agissant ainsi, au lieu de se consommer en des luttes stériles. Si les hommes avaient appris à voir la bassesse de leur nature, on pourrait espérer que, de cette manière, ils comprendraient mieux leurs semblables et qu'ils les aimeraient. La diminution de l'hypocrisie et l'augmentation de la tolérance envers soi-même ne peuvent avoir que de bonnes conséquences pour la compréhension d'autrui ; car les hommes ne sont que trop facilement enclins à transférer aussi sur leurs semblables l'iniquité et la violence dont ils accablent leur propre nature.

Nous comprenons toujours autrui comme nous nous comprenons nous-mêmes ou du moins comme nous cherchons à nous comprendre. Ce que nous ne compre-nons pas en nous-mêmes, nous ne le comprenons pas

chez les autres et inversement. Ainsi, pour des raisons
dont on n'a que l'embarras du choix, l'image d'autrui
que nous portons en nous est en général hautement
subjective. On sait que même une connaissance intime
ne saurait impliquer une appréciation d'autrui à son
exacte valeur.

Certes, lutte et discorde feront toujours partie des
accessoires de la tragi-comédie humaine, mais on ne
peut nier que le progrès de la civilisation a conduit du
droit du plus fort à la légalité, donc à la formation
d'une instance et d'une mesure placées au-dessus des
partis en lutte. Pour aplanir le conflit des conceptions,
on pourrait, ce me semble, prendre pour base la reconnaissance des types d'attitude, et non seulement de leur
existence, mais aussi du fait que chacun est enfermé
dans son type de telle façon qu'il est incapable de
comprendre parfaitement un autre point de vue. Tant
que cette profonde nécessité n'aura pas été admise, il
est à peu près certain que nous assisterons au viol de
la pensée d'autrui.

Pratiquement, il est naturel que l'on prête à autrui
sa propre psychologie, que doive plaire à autrui ce qui
nous plaît à nous-mêmes, ou ce que nous trouvons
désirable ; ce qui est mauvais pour nous, doit l'être
aussi pour les autres. Ce n'est que récemment que
notre jurisprudence, par exemple, a pu accéder à la
notion du relativisme psychologique du jugement. La
proposition : *quod licet Jovi, non licet bovi,* éveille toujours la colère dans toute mentalité simple. L'égalité
devant la loi est toujours considérée comme une précieuse conquête. Et tout le mauvais et l'inférieur que
l'on ne tient pas à remarquer en soi, autrui le possède
bien certainement ; aussi peut-on le critiquer et le
combattre, alors qu'au fond il ne s'est passé que ceci :
une âme inférieure a été transférée de l'un à l'autre.
Le monde est toujours rempli de « bêtes noires » et de
« boucs émissaires », tout comme il fourmillait de sorciers et de loups-garous.

En matière de psychologie l'accord de l'observation
et de l'interprétation subjectives avec les réalités

objectives ne confirme l'interprétation que dans la
mesure où celle-ci ne vise point à être générale et ne
se donne comme valable que pour la partie considérée
de l'objet. Dans cette perspective la poutre dans mon
œil me prédispose à trouver la paille dans l'œil de mon
voisin. Dans ce cas, la poutre dans mon œil ne prouve
assurément point que mon voisin n'ait pas de paille
dans le sien. Mais la gêne qu'elle apporte à ma vision
pourrait facilement inciter à bâtir une théorie générale
selon laquelle toutes les pailles sont des poutres.
Reconnaître et prendre en considération le conditionnement subjectif des connaissances en général, et en
particulier des connaissances psychologiques, est la
condition essentielle de l'appréciation scientifique et
exacte d'une psyché différente de celle du sujet qui
observe. Elle n'est remplie que si l'observateur est suffisamment instruit de l'étendue et de la nature de sa
propre personnalité. Or il ne le peut qu'après s'être,
dans une large mesure, libéré de l'influence nivelante
des jugements et sentiments collectifs et avoir atteint
une claire compréhension de sa propre individualité.

Nous partons toujours très naïvement de la supposition selon laquelle nous serions le seul maître dans
notre propre maison. C'est pourquoi nous devrions
d'abord nous accoutumer à la pensée que, même dans
notre vie la plus intérieure, nous habitons une sorte de
maison qui a des fenêtres et des portes donnant sur le
monde extérieur, monde dont les éléments et les objets
ont de l'influence sur nous, sans toutefois nous appartenir. Beaucoup de gens ne peuvent pas facilement réaliser cette pensée, de même qu'ils ne peuvent pas
admettre que leur prochain n'ait pas nécessairement la
même psychologie qu'eux.

Nous avons une peur, profonde comme l'abîme, de
la hideur de notre inconscient personnel. C'est pourquoi l'Européen préfère dire aux autres comment ils
devraient agir. Nous ne pouvons pas concevoir que
l'amélioration de l'ensemble commence chez l'individu, y compris chez moi-même. Beaucoup pensent
même qu'il est maladif de jeter, ne serait-ce qu'une

fois, un regard dans son for intérieur. Cela nous rend mélancoliques, comme me l'assura, un jour, un théologien.

L'existence réelle d'un ennemi, bouc émissaire chargé de tous les péchés capitaux, quel indéniable soulagement pour la conscience morale ! Quelle satisfaction que de clouer ouvertement au pilori le fauteur de troubles ! L'on peut dorénavant proclamer bien haut qui est le responsable, ce qui souligne l'origine extérieure du désastre, et met l'attitude personnelle à l'abri de toute suspicion.

On comprend que notre ami intérieur apparaisse si souvent comme un ennemi, pourquoi il est tellement éloigné, et pourquoi sa voix est si faible. « Qui est près de Lui, est près du feu. »

Ne point vouloir voir ses propres fautes et les projeter, tel est le début de la plupart des querelles ; c'est la garantie, la plus solide garantie que l'injustice, la haine et la persécution ne sont pas sur le point de disparaître.

La haine de l'homme se concentre toujours sur ce qui lui donne conscience de ses mauvaises qualités.

Tout ce qui agit à partir de l'inconscient apparaît projeté sur autrui : ce qui ne veut pas dire qu'autrui n'en porte aucune responsabilité ; car la plus méchante projection est au moins suspendue à quelque chose, si peu que ce soit, et ce quelque chose vient d'autrui.

Quiconque ne possède pas un rare degré de conscience de soi ne planera pas au-dessus de ses projections, mais sera toujours en dessous, car l'état mental normal présuppose l'existence de ces projections. La projection des contenus inconscients est une donnée naturelle, normale.

*
* *

L'essentiel nous paraît être de ne pas démériter à nos propres yeux. Cette attitude, si on la considère de l'extérieur, semble bien suffisante ; elle ne l'est en réalité que si nous sommes incapables d'auto-critique. Si nous en possédons, une critique purement extérieure ne nous affectera qu'à notre périphérie, et ne nous touchera pas au cœur ; car nous sentons alors qu'il habite en nous un juge qui formule des arrêts plus sévères que ne pourront jamais l'être les jugements portés du dehors. En outre, de quelles pensées les gens ne sont-ils pas capables ! Autant de jugements que de têtes ! Et nous finissons par nous demander si notre verdict n'a pas, en définitive, autant de valeur que celui des autres. On ne saurait satisfaire tout le monde à la fois et, partant, il vaut mieux avoir la paix en soi.

Il y a au fond de chaque homme un juge impitoyable qui mesure nos fautes, même si nous n'avons conscience d'aucune injustice. Bien que nous n'en sachions rien, c'est comme si quelque part on en avait connaissance.

Comment pourrait-on y voir clair sans se voir soi-même, ni sans voir ces ténèbres qu'on introduit inconsciemment dans toutes ses actions ?

Il y a en nous une part de nous-même qui semble ne pas nous appartenir, qui nous apparaît toujours étrangère et inacceptable. Mais si nous nous en laissons affecter, elle nous pénètre et nous sommes enrichis d'une nouvelle parcelle de connaissance de nous-mêmes.

Seul un sot s'intéresse à la faute des autres, à laquelle il ne peut rien changer. L'homme intelligent puise ses enseignements dans ses propres fautes. Il se posera la question : qui suis-je donc pour que tout cela m'arrive ? Il contemplera ses propres profondeurs pour y chercher la réponse à cette question fatidique.

L'être qui est un homme dans toute l'acception du terme, se rend compte que son ennemi le plus redoutable, et même qu'une coalition de ses ennemis, ne peut se comparer en malfaisance à celle de son adversaire le plus acharné, à savoir l'adversaire intérieur, l'« autre que l'on porte en son sein ». Nietzsche avait Wagner « en lui » ; c'est pourquoi il lui a envié son Parsifal ; mais pis encore, lui, Saül avait aussi Paul en lui. C'est pourquoi Nietzsche devint un stigmatisé de l'esprit ; il lui fallut subir la christification, comme

Saül quand l'«autre» lui inspira «Ecce homo». Qui
«s'écroula devant la croix», Wagner ou Nietzsche?

Nous sommes ce couple de Dioscures, dont l'un est
mortel et l'autre immortel, qui sont toujours ensemble
et qui pourtant ne peuvent être totalement réunis. Les
processus de métamorphoses cherchent à nous rapprocher de cette relation intérieure; mais la conscience
éprouve des résistances parce que l'autre paraît étranger et effrayant; et comme nous ne pouvons pas nous
habituer à l'idée de ne pas être l'unique maître dans
notre propre maison nous préférerions n'être jamais
que notre Moi et rien par ailleurs. Nous sommes
confrontés avec cet ami, ou ennemi, intérieur et il
dépend de nous qu'il soit pour nous un ami ou un
ennemi.

L'autre est évidemment, dans son genre, aussi partial
que le Moi dans un autre. Il peut sortir vérité et sens
du conflit entre les deux, mais uniquement lorsque le
Moi est disposé à reconnaître à l'autre, comme il est
juste, une personnalité.

*
* *

Jamais nous ne sommes plus proches du mystère le
plus noble de toutes les origines que dans la connaissance de notre Soi, que nous prétendons toujours
connaître. Or les profondeurs de l'univers nous sont
plus connues que celles du Soi où nous pouvons surprendre presque sans intermédiaire, mais sans le
comprendre il est vrai, l'être et le devenir créateur.

On peut être victime d'une émotion violente quand
on ne comprend pas à temps pourquoi on a été ému.
Il faudrait se demander une bonne fois pour toutes:
Pourquoi cette pensée-là m'a-t-elle saisi à ce point?
Qu'est-ce que cela signifie par rapport à moi-même?
Ce modeste doute peut nous empêcher de tomber entiè-
rement et à jamais victime de notre propre pensée.

La conscience morale — et en particulier la mauvaise conscience — peut devenir un don du ciel, une

véritable grâce si elle est utilisée en vue d'une auto-critique approfondie. L'autocritique, en tant qu'activité d'introspection et de discrimination, est indispensable à toute tentative de comprendre sa propre psychologie. Si on a commis quelque chose qui semble incompré-hensible et si on se demande ce qui a pu inciter à une telle action, il faut l'impulsion d'une mauvaise cons-cience et de sa faculté correspondante de discrimina-tion pour pouvoir découvrir le véritable mobile de son comportement. C'est alors seulement qu'on est en mesure de voir quels motifs commandent ses actes. L'aiguillon de la mauvaise conscience incite même à découvrir des choses jusqu'alors inconscientes ; ainsi on peut franchir le seuil de l'inconscient et aborder ces forces impersonnelles qui font de l'individu particulier l'instrument inconscient du meurtrier invétéré et gré-gaire qui existe en tout homme.

On dit qu'il est égoïste et « malsain » de s'occuper de soi-même. — Il n'est pas bon à l'homme d'être seul —, « la solitude rend mélancolique ». Voilà bien la bril-lante opinion que nous avons de nous-mêmes. De tels jugements caractérisent tout à fait la mentalité occidentale. Celui qui pense de la sorte oublie pro-bablement le plaisir que les autres trouveront en compagnie de ces lâches qui ne se supportent pas eux-mêmes.

Ruminer est une activité stérile qui s'épuise en elle-même, et qui jamais n'aboutit à une fin intelli-gente. Ce n'est pas un travail, c'est une faiblesse, et même un vice. On peut évidemment, quand on ne se sent pas d'aplomb, se prendre soi-même comme objet légitime d'une sérieuse réflexion, tout comme il est permis d'examiner sérieusement sa propre conscience, sans pour cela se laisser aller à une faiblesse morale. L'homme qui se sent dans une situation difficile, qui sent qu'il a besoin de s'améliorer, bref, qui veut « devenir », est bien obligé de se consulter lui-même. Sans changement intérieur de l'homme, les change-ments extérieurs de situation sont sans importance, à moins qu'ils ne soient nuisibles.

Il n'est de progrès, il n'est de perfectionnement des conceptions humaines, qui ne soient solidaires d'un progrès de la conscience individuelle : l'homme s'est perçu en marge des choses et, par l'action, s'est imposé en face de la nature. La pensée psychologique, dans son orientation nouvelle, devra suivre hardiment la même voie.

La plus noble de toutes les illusions est de se complaire dans un état de satisfaction. Elle est à l'arrière-plan de tout ce qui est insupportable et elle gêne tout progrès ; c'est ce qu'il y a de plus difficile à surmonter.

Il ne suffit pas de prendre son élan, de se gonfler et de s'écrier : « Je prends la responsabilité. » Dans un cas semblable, l'humanité, mais aussi le destin, devraient savoir qui promet de faire ce grand pas et si l'on est quelqu'un qui puisse assumer la responsabilité. Chacun, on le sait, peut le dire. Ce n'est pas la fonction qui fait l'homme, c'est l'homme qui fait ses actes. Aussi l'examen de soi-même, même avec l'aide d'un autre, ou même de plusieurs, est donc — ou du moins devrait être — la condition indispensable pour assumer une responsabilité supérieure, quand même il ne s'agirait que de réaliser dans la meilleure forme et avec une vaste ampleur le sens de la vie individuelle ; c'est ce que fait toujours la nature, sans responsabilité, il est vrai, cette dernière étant la destinée fatale et divine de l'homme.

La méthode n'est, en somme, que l'orientation et la voie où l'on s'engage, et la manière d'agir est l'expression fidèle de son être. S'il n'en est pas ainsi, la méthode n'est plus qu'une affectation artificiellement ajoutée, sans racine et sans sève, qui ne sert qu'à la fin illégale de se dissimuler sous un voile ; c'est un moyen de se tromper sur soi-même et d'échapper peut-être à la loi impitoyable de notre être propre.

Le jugement des autres n'est pas *eo ipso* une échelle de valeurs, mais simplement une information qui peut être, à l'occasion, de nature utile. L'individu est non seulement capable d'édifier et d'appliquer sa propre échelle de valeurs, mais il en a aussi la vocation. L'éthique est, en dernière analyse, une affaire individuelle.

Les grandes nouveautés débutent toujours dans le coin le plus inattendu ; ainsi le fait par exemple qu'aujourd'hui, l'on n'ait plus une si grande honte de sa nudité qu'autrefois, pourrait être le début de la reconnaissance de son être réel. Puis viendront aussi les reconnaissances de ce qui était rigoureusement tabou ; car la réalité terrestre ne restera pas éternellement cachée. Le dévoilement moral de soi ne constitue qu'un pas de plus dans la même direction et déjà l'homme est dans le réel tel qu'il est et se confie à lui-même. S'il le fait sans en percevoir le sens, il n'est qu'un fou chaotique. Mais s'il comprend le sens de ce qu'il fait, il peut être un homme supérieur qui, au mépris de la souffrance, réalise le symbole du Christ.

Naturellement, on peut aussi faire un mauvais usage de ce que l'on sait de soi-même, comme de tout ce que l'on sait.

Si jamais il fut un temps où l'authenticité intérieure et la maîtrise de soi qui en résulte constituent une absolue nécessité, et leur recherche une démarche majeure, c'est bien notre catastrophique époque. Mais quiconque fait un retour sur lui-même se heurte aux barrières de l'inconscient qui, précisément, recèle tout ce qu'il importerait avant tout de connaître.

Un certain bouleversement de l'ordre établi, un branle-bas intime, la dissolution de ce qui existe et le renouveau intérieur sont une nécessité pour chaque individu ; mais il ne s'agit pas de les imposer aux autres sous le couvert hypocrite de l'amour chrétien du prochain, du sentiment de la responsabilité sociale, ou de je ne sais quel autre prétexte, masquant des besoins inconscients de domination. Comment guérir cet aveuglement collectif qui sévit à l'heure actuelle ? On ne peut envisager sa guérison que si chacun fait un retour méditatif, sincère, loyal et profond sur lui-même, retour qui le ramènera au fond humain primordial, à l'essentiel de sa propre nature, et qui lui permettra de dégager de ses gangues sa vraie vocation individuelle et sociale.

Entre le bien et le mal

Il y a, dans l'histoire universelle, des époques (la nôtre doit en être) où un bien doit céder la place. C'est pourquoi le meilleur en devenir apparaît tout d'abord comme un mal. Problèmes dangereux à aborder; comme dit Faust:

«Quand nous parvenons au bien de ce monde,
Le meilleur nous paraît erreur et folie.»

Avec quelle facilité, en effet, le mal peut se glisser quelque part sous prétexte d'être le mieux en puissance!

La voix intérieure amène à la conscience ce dont souffre la communauté, le peuple dont on fait partie ou l'humanité à laquelle on participe. Mais elle décrit ce mal en une forme individuelle si bien qu'au premier abord on pourrait penser que tout ce mal n'est qu'une qualité du caractère individuel.

Naturellement chacun a ses difficultés et ses problèmes auxquels il est tellement habitué qu'il les prend simplement pour choses banales, sans se rendre compte de ce qu'au fond signifient ces difficultés. Pourquoi ne peut-on être content? Pourquoi n'est-on pas raisonnable? Pourquoi ne fait-on pas le bien exclusivement et se veut-on obligé de laisser à la méchanceté un petit coin? Pourquoi parle-t-on tantôt trop, tantôt pas assez? Pourquoi fait-on les sottises qu'avec un peu de réflexion on aurait facilement évitées? Oui, pourquoi sommes-nous toujours entravés dans nos meilleures intentions? Pourquoi y a-t-il des hommes qui ne remarquent pas, ou sont incapables de voir qu'il en est vraiment ainsi? Pourquoi enfin le troupeau humain, quand il se trouve rassemblé, produit-il les folies historiques des trente dernières années? Pourquoi, il y a 2 400 ans, Pythagore n'a-t-il pas réussi à fonder définitivement le règne de la sagesse, et pourquoi le christianisme n'a-t-il pas réussi à établir le royaume de Dieu sur la terre?

Voyez ces moyens diaboliques de destruction! Ils ont été inventés par des gentlemen parfaitement inoffensifs, raisonnables, citoyens respectables, qui sont tels que nous les désirons. Et lorsque le tout explose et provoque un indescriptible enfer de dévastation, personne n'en semble responsable. C'est simplement arrivé, et pourtant c'est entièrement l'œuvre de l'homme.

Les forces instinctives amassées dans le civilisé sont extrêmement destructrices et de beaucoup plus dangereuses que les instincts des primitifs, qui vivent toujours dans une faible mesure leurs instincts négatifs. Aussi aucune guerre du passé ne peut-elle rivaliser d'atrocité avec celles des nations civilisées.

Que l'on amasse seulement le matériel nécessaire et la pensée diabolique s'emparera infailliblement de l'homme et le mettra en mouvement. On sait que les fusils partent tout seuls dès qu'il y en a un nombre suffisant.

L'imperfection humaine détonne toujours dans l'harmonie de nos idéaux. Par malheur, personne ne vit dans un monde conforme à ses désirs, mais dans le monde réel où le bien et le mal se heurtent et se détruisent, où les mains qui veulent et doivent créer ou construire ne peuvent éviter de se salir. Chaque fois que se produit un événement grave, quelqu'un vient affirmer, au milieu d'applaudissements nourris, qu'il ne s'est rien passé et que tout est dans l'ordre.

L'Église possède la doctrine du diable, principe du mal, que l'on se plaît à concevoir avec des jambes de bouc, encorné et porteur d'une queue, image d'un être mi-homme, mi-animal, dieu chthonien qui semble échappé d'une assemblée de mystères dionysiaques, sectateur encore existant d'un paganisme heureux de ses péchés. Cette image est excellente et caractérise exactement l'aspect à la fois grotesque et effrayant de l'inconscient que l'on n'a pu encore approcher et qui, pour cette raison, continue d'être dans son état originel de sauvagerie indomptable. Aujourd'hui, personne ne se hasarderait plus à prétendre que l'homme européen est un agneau et qu'il n'est possédé d'aucun démon.

Sous les yeux de tous s'étalent les horribles documents
dont l'horreur dépasse en étendue tout ce que les époques antérieures avaient en vain cherché à atteindre.

Grâce au développement des valeurs affectives,
l'éclat de la lumineuse divinité a atteint l'incommensurable ; par contre l'homme s'abreuvant d'obscurité a
construit le péché, le péché originel, l'essentielle
méchanceté du cœur. Il a introjecté le diable, l'effaçant
tellement que l'Européen du Moyen Âge pouvait déjà
affirmer : « *Omne bonum a Deo, omne malum ab
homine* » (Tout bien appartient à Dieu, tout mal, à
l'homme). A l'époque moderne, cette évolution se
manifeste d'infernale manière puisque le loup, déguisé
en mouton, erre partout, chuchotant que le mal, à vrai
dire, n'est qu'une interprétation erronée de l'idée du
bien. On imagine avoir donné le coup de grâce aux
ténèbres ; en réalité, ce faisant, on a largement ouvert
les voies à l'empoisonnement psychique des humains.
L'homme se transforme ainsi lui-même en diable, puisque celui-ci est la moitié d'un archétype, dont la puissance irrésistible arrache — même à l'Européen
incroyant — en n'importe quelle circonstance le cri :
« Oh ! mon Dieu ! »

L'Occident a déjà fait un si mauvais usage de ses
dons et s'est mené à une telle décrépitude psychique
qu'il lui faut arriver à nier la divinité elle-même —
quintessence de la force psychique que l'homme n'a
pas domptée et qu'il ne saurait endiguer — pour
s'emparer, à côté du mal déjà avalé, si possible aussi
du bien.

Le mal demande tout autant de réflexion que le
bien ; car le bien et le mal ne sont finalement rien
d'autre que des prolongements et des abstractions
idéels de l'action, tous deux faisant partie du
clair-obscur de la vie. En dernier ressort, il n'est de
bien qui ne puisse susciter de mal, ni de mal qui ne
puisse engendrer de bien.

*
* *

Ce qui *est* réellement est ce qui se montre actif. Si
ce qui m'apparaît comme une erreur est en fin de
compte plus efficace et plus puissant qu'une prétendue
vérité, il importe d'abord de suivre cette erreur, car
c'est en elle que gît la force et la vie, que je laisserais
échapper si je persévérais dans ce qui est réputé vrai.
La lumière nécessite l'obscurité, sans laquelle elle ne
saurait être lumière !

On sait assurément que sans péché il ne saurait y
avoir de repentir, et que sans repentir, il n'y aurait pas
de grâce rédemptrice ; on sait aussi que sans le *pecca-
tum originale* — sans le péché originel — la rédemption du monde n'eût jamais pu se produire ; mais on
évite avec le plus grand soin de rechercher et d'examiner si, dans la puissance même du mal précisément,
il ne réside pas une volonté particulière de Dieu qu'il
nous est des plus important de connaître. Quand on a
affaire, comme c'est le cas du psychothérapeute, à des
êtres qui se confrontent à leur ombre la plus noire, on
se trouve souvent conduit à admettre une telle conception.

Ce beau mot « humain », dans son sens dernier, ne
désigne rien de beau, rien de vertueux, rien d'intelligent, mais une moyenne inférieure. C'est le pas que
Zarathoustra ne put faire, le pas vers « l'homme le plus
laid », l'homme véritable. La résistance qu'on lui
oppose, l'angoisse qu'il provoque, prouvent combien
grandes sont l'attraction et la force de séduction de
l'inférieur. S'en séparer complètement ne résout pas le
problème ; c'est se donner une illusion, c'est méconnaître essentiellement sa valeur et son sens. Qu'est, en
effet, une hauteur sans la profondeur, une lumière qui
ne jette aucune ombre ? Aucun bien ne peut croître
sans qu'en face de lui se dresse le mal. « Tu ne peux
être délié d'aucun péché que tu n'as pas commis »,
disait Karpocrates ; parole profonde pour ceux qui veulent comprendre ; et pour ceux qui le veulent, merveilleuse occasion aussi de tirer de fausses conclusions. Or
cet inférieur qui réclame son droit à la vie dans
l'homme plus conscient, donc plus parfait, ce n'est pas

ce à quoi le simple plaisir peut l'entraîner, mais ce qu'il craint.

L'homme oublie toujours que ce qui fut bon une fois ne le fut pas toujours, ne le reste pas éternellement. Il continue à suivre les voies anciennes, autrefois bonnes, longtemps après qu'elles sont devenues mauvaises et ce n'est qu'au prix de très grands sacrifices et de peines inouïes qu'il peut se délivrer de l'illusion et comprendre que ce qui fut autrefois bon a peut-être vieilli et ne l'est sans doute plus. Il en est ainsi des petites choses comme des grandes.

Quelle que puisse être la situation métaphysique du diable, dans la réalité psychologique, le mal est une limitation efficace, et même menaçante, du bien; de sorte que ce n'est pas trop dire que d'admettre que dans notre monde, non seulement le jour et la nuit se tiennent en équilibre, mais aussi le bien et le mal; il faut voir là la raison pour laquelle la victoire remportée par le bien est toujours une grâce particulière.

*
* *

Nous avons certaines idées sur la façon dont un homme civilisé, cultivé ou moral devrait se conduire et à l'occasion nous faisons de notre mieux pour satisfaire à ces espoirs ambitieux. Mais comme la nature n'a pas dispensé les mêmes biens à tous ses enfants, les uns sont plus doués, les autres moins. Ainsi, il y a des gens qui arrivent à vivre de manière « juste » et respectable, c'est-à-dire sans qu'on puisse formuler la moindre critique à leur adresse : ou bien ils ne commettent que des péchés mineurs — s'il leur arrive de pécher — ou encore leurs péchés restent ignorés des autres comme d'eux-mêmes. La société est plus indulgente pour les pécheurs inconscients de leurs péchés. La nature, elle, cependant, ne partage nullement cette miséricorde : elle les punit tout aussi durement que s'ils avaient commis un délit conscient. Ainsi trouvons-nous, comme Drummond le fit un jour remarquer, que ce sont justement les personnes très pieuses qui, inconscientes de leur « autre face », se signalent par des humeurs particulièrement infernales qui les rendent insupportables à leur entourage. Le renom de sainteté peut porter loin, mais vivre avec un saint peut déclencher un complexe d'infériorité ou même une explosion sauvage d'immoralité chez des individus moralement moins doués. La moralité semble être un don comme l'intelligence. On ne saurait sans danger l'introduire de force dans un système qui ne la contient pas de façon innée.

On oublie totalement que l'on peut se laisser entraîner misérablement aussi bien par une vertu que par un vice. Oui, il y a une vertu frénétique, orgiaque, aussi exécrable que le vice et qui commet autant d'injustices que de violences.

Le monde impose une certaine conduite et les professionnels s'efforcent de se conformer à ses attentes. Celui qui y réussit est tout au moins un bluffeur. Le seul danger que l'on courre est de s'identifier à la « persona ». Ainsi le professeur avec son manuel, ou le ténor avec sa voix. Alors le malheur est accompli, car on ne vit plus que comme si on incarnait le personnage de sa propre biographie. On ne peut exécuter humainement aucune activité simple, car il est écrit d'avance « .... et alors il se rend ici ou là et dit ceci ou cela, etc. ». La tunique de Déjanire s'est incrustée dans sa peau. Et il faut la décision désespérée d'Hercule pour arracher du corps cette tunique de Nessus et pour descendre dans le feu dévorant de la flamme d'éternité et se métamorphoser en ce que l'on est réellement. En exagérant légèrement, on pourrait dire : la « persona » c'est, à vrai dire, ce que quelqu'un n'est pas ; elle est ce que lui et les autres pensent qu'il est. En tout cas, la tentation est grande d'être ce qu'on paraît, parce que la « persona » se paie le plus souvent argent comptant.

Un conscient qui n'est pour l'essentiel que personnel souligne, de ce fait même, non sans anxiété, ses droits de propriété et d'auteur à l'adresse de ses contenus mentaux, essayant ainsi de créer une totalité dans leurs plans. Quant à toutes les teneurs idéo-affectives qu'il

ne parvient pas à faire cadrer avec l'ensemble, elles
seront soit omises et oubliées, soit niées et refoulées.
Dans une certaine perspective cela correspond à un
processus d'auto-éducation, mais une auto-éducation
qui est trop arbitraire et trop violente : le sujet doit
sacrifier trop de composantes humaines au bénéfice
d'une image idéale de lui-même, telle qu'il voudrait se
modeler sur elle. C'est pourquoi ces êtres très « personnels » sont en même temps très susceptibles, car il
suffit d'un rien pour qu'ils se trouvent confrontés avec
un aspect de leur caractère réel (c'est-à-dire « individuel ») auquel ils se refusent et dont ils refusent de
prendre conscience.

L'identification de l'individu avec son emploi ou son
titre est même si séduisante que beaucoup n'ont
d'autre existence que celle que leur dignité sociale leur
confère. Il serait vain de chercher là un caractère personnel ; derrière le magnifique décor, on ne trouverait
qu'un petit fantoche bien pitoyable. En un mot, les
charges ou les titres ne sont séduisants que parce qu'ils
sont des compensations faciles à des insuffisances personnelles.

Ce n'est pas sans dégâts et sans en être cruellement
puni que l'homme peut s'aliéner lui-même au profit
d'une personnalité artificielle. Déjà la moindre solli-
citation dans ce sens détermine, dans tous les cas banals,
des réactions inconscientes, des humeurs, des affects,
des peurs, des représentations obsédantes, des faiblesses ou des vices. L'homme qui dans la vie sociale se
présente comme « l'homme fort », « l'homme de fer », est
bien souvent dans la vie « privée », en face de ses sentiments et de ses états d'âme, comme un enfant ; la discipline qu'il affiche (et qu'il exige tout particulièrement
des autres) se trouve, sur le plan privé, honteusement
et caricaturalement contredite et bafouée. Son « allant
au travail », sa « disponibilité professionnelle », son
« amour du devoir », ont, dans le cadre de son foyer,
un visage mélancolique ; sa morale officielle « exemplaire » a, quand on soulève le masque, bien singulière
allure. Et nous nous référons ici moins aux actes

qu'aux mouvements de l'imagination. D'ailleurs, les femmes de tels hommes pourraient nous en apprendre beaucoup sur leur compte; quant à leur fameux altruisme... leurs enfants sont en général bien placés pour en connaître la valeur.

Celui qui s'est forgé une «persona» trop avantageuse souffre en échange d'une émotivité maladive. Bismarck avait des crises de larmes hystériques. La correspondance de Wagner abonde en détails sur ses robes de chambre en soie. Nietzsche écrivait des lettres à un «cher lama», Goethe s'entretenait avec Eckermann, etc. Mais il existe aussi des compensations plus subtiles que ces faiblesses banales de grands hommes. Je fis une fois la connaissance d'un homme digne en tout point de respect — on aurait même pu parler de sainteté à son sujet. Je me promenais trois jours en sa compagnie, sans pouvoir lui trouver le moindre défaut. Je commençais à souffrir réellement de mon infériorité, lorsque tout à coup, la femme du saint vint à une de mes consultations... Depuis ce jour, je ne me suis plus laissé prendre aux apparences de la sainteté; car j'ai compris qu'un homme peut s'identifier complètement avec sa persona au détriment de sa femme en la chargeant de tous les éléments pénibles qui lui sont propres et qu'il voudrait rejeter. La femme, souvent, n'est pas consciente de ce transfert, mais il n'en demeure pas moins vrai qu'une grave névrose est le prix de ce sacrifice d'elle-même.

La rencontre avec soi-même est tout ce qu'il y a de plus désagréable; on y échappe tant qu'on a des images symboliques vivantes, dans lesquelles on projette tout l'inconnu que l'on a en soi. Or, la figure du diable, justement, est une propriété extrêmement précieuse et fort agréable; en effet, tant qu'il erre à l'extérieur comme un lion rugissant, on sait où se trouve le mal: il est dans ce démon personnel qui existe depuis toujours sous telle ou telle forme. A mesure cependant qu'augmentait la conscience, il a été démoli depuis le Moyen Âge. Mais à sa place il y a des hommes à qui nous sommes reconnaissants de céder

notre ombre. Avec quelle volupté par exemple, lit-on
ce que les journaux rapportent des crimes! Un criminel
invétéré devient un personnage populaire parce qu'il
allège considérablement la conscience de ses semblables,
parce qu'ils savent maintenant où se trouve le mal.

Quand on regarde dans le miroir des eaux, on voit
d'abord sa propre image. Celui qui va vers lui-même
risque de se rencontrer avec lui-même. Le miroir ne
flatte pas, il donne une image fidèle de ce qui regarde
en lui, c'est-à-dire le visage que nous ne montrons
jamais au monde parce que nous le dissimulons au
moyen de la persona, ce masque de l'acteur. Or le miroir se trouve derrière le masque, il dévoile le vrai visage. C'est là la première épreuve de courage sur la
route intérieure; et cette épreuve suffit pour effrayer
le plus grand nombre.

*
* *

Ce qui paraît simple est toujours le plus difficile. En
fait, la simplicité constitue l'art suprême et ainsi
l'acceptation de soi-même constitue l'essence même du
problème moral et le centre de toute une conception
des choses. Que j'asseye le mendiant à ma table, que
je pardonne à celui qui m'offense, que je m'efforce
même d'aimer mon ennemi au nom du Christ est certes
haute vertu. Ce que j'ai fait pour le plus misérable parmi mes frères, à travers lui je l'ai fait au Christ. Mais
qu'adviendra-t-il si d'aventure je découvre que le plus
misérable de tous, que le plus pauvre des mendiants,
que le plus effronté des calomniateurs, que mon ennemi enfin est en moi, que c'est moi-même qui ai le plus
besoin de l'aumône de ma bonté et que je suis précisément pour moi-même l'ennemi qu'il me faut aimer?
En règle générale, on assiste alors à un renversement
total de toute la vérité chrétienne; il n'est plus trace
d'amour ni de patience et le sujet crie vengeance au
faux frère qui sommeille en lui: le sujet se condamne
et s'emporte contre lui-même. Vers l'extérieur nous
dissimulons cela avec le plus grand soin, nous cachons

cet être minable dont nous sommes aussi pétri, et nous nierons l'avoir jamais rencontré ; même si c'était Dieu qui se cachait sous ces traits et qui nous abordait de la sorte, nous l'aurions renié mille fois bien avant que le coq ait chanté.

Malheureusement, il n'est pas douteux que l'homme est, dans l'ensemble, moins bon qu'il ne s'imagine ou ne voudrait être. Chacun est suivi d'une ombre et moins celle-ci est incorporée dans la vie consciente de l'individu, plus elle est noire et dense. Si une infériorité est consciente, on a toujours la chance éventuelle de la corriger. De plus, elle est constamment en contact avec d'autres centres d'intérêts, de sorte qu'elle est toujours soumise à des modifications. Mais si elle est refoulée et isolée de la conscience, elle ne sera jamais corrigée.

Le fait en soi est proprement effrayant que l'homme ait un côté d'ombre, ombre qui ne comporte pas seulement — comme on se plairait à le penser — de petites faiblesses et des grains de beauté, mais aussi une dynamique franchement démoniaque. L'individu isolé est rarement au courant de ces faits ; car pour lui, solitaire, il est presque impensable, ou bien invraisemblable, qu'il se dépasse en quelque point ou de quelque façon. Mais laissons cet être inoffensif constituer avec d'autres une masse, et déjà, par leur réunion, ils forment un monstre qui, à la moindre occasion, sera aisément délirant, et au sein duquel l'individu ne forme plus qu'un facteur minime ; de gré ou de force, il ne peut faire autrement que de participer à la folie sanguinaire de la bête, ou même il l'y aidera de ses forces. Le pressentiment obscur de ces possibilités, qui sont le dramatique apanage de l'ombre dans l'homme, font qu'on préfère le repousser et en méconnaître l'existence. On se hérisse aveuglément contre le dogme salutaire du péché originel, qui exprime pourtant une vérité si inouïe. On hésite même à s'avouer le conflit qu'on ressent de façon si douloureuse.

L'homme cultivé s'efforce de réprimer en lui-même l'homme inférieur, sans réaliser que, se faisant, il contraint celui-ci à devenir révolutionnaire.

Nous portons notre passé avec nous, à savoir l'homme primitif et inférieur, avec ses avidités et ses émotions, et c'est seulement par un effort considérable que nous pouvons nous libérer de ce fardeau. Lorsqu'un être arrive à la névrose, nous avons invariablement affaire à une «ombre» considérablement intensifiée. Et si l'on veut aboutir à la guérison d'un tel cas, il est indispensable de l'aider à trouver une voie selon laquelle sa personnalité consciente et son ombre pourront vivre ensemble.

En règle générale, les tendances, qui représentent les éléments antisociaux dans la structure psychique de l'homme — ce que j'appelle le «criminel statistique» dans chacun — sont réprimées, c'est-à-dire consciemment et délibérément éliminées. Quant aux tendances qui d'emblée sont refoulées, elles sont habituellement de caractère douteux. Elles ne sont pas précisément antisociales, mais elles ne sont pas très conventionnelles ni socialement acceptables. Le motif qui conduit à leur répression est également douteux. Certains les répriment par pure lâcheté, d'autres, pour des raisons de moralité conventionnelle et d'autres encore, pour des raisons de réputation. Le refoulement est une manière semi-consciente, semi-intentionnelle de laisser aller les choses dans l'indécision ou une tentative de masquer par du mépris une impuissance à atteindre quelque chose d'inaccessible, ou bien un refus de voir, permettant de ne pas prendre conscience de ses propres désirs.

Les drames les plus insensés et les plus saisissants, on le sait, ne se déroulent pas au théâtre, mais dans le cœur de bons bourgeois que l'on rencontre sans leur prêter attention et qui, tout au plus, par une débâcle nerveuse, trahissent les combats qui se livrent en eux. Ce que le profane a le plus de difficulté à comprendre, c'est que les malades ne soupçonnent pas le moins du monde que la guerre civile a éclaté dans leur inconscient. Mais quand on sait combien d'êtres humains ne comprennent pas ce qu'ils sont, on ne doit pas trop s'étonner qu'il y en ait aussi qui ne soupçonnent rien de leurs propres conflits.

Le secret et la rétention affective entraînent des dommages auxquels la nature, en fin de compte, répond par des maladies. Entendons-nous bien : ils n'entraînent des dommages que si le secret et la retenue sont uniquement personnels ; si, par contre, ils sont mis en commun, la nature se tient pour satisfaite et ils peuvent même alors être des vertus salutaires. Ce qui est insupportable, c'est la rétention personnelle. Tout se passe comme si l'humanité avait un droit irréfragable à connaître ce qu'il y a d'obscur, d'imparfait, de sot et de coupable en chacun, étant bien entendu que les choses qu'on dissimule par auto-défense sont presque toujours de cette sorte. Il semble qu'on pèche autant contre la nature en dissimulant ses points faibles qu'en vivant exclusivement selon ses faiblesses.

Si les tendances refoulées de l'ombre n'étaient que mauvaises, il n'y aurait pas de problèmes du tout. Or l'ombre est en règle générale quelque chose d'inférieur, de primitif, d'inadapté et de malencontreux, mais non d'absolument mauvais. Elle contient même certaines qualités enfantines ou primitives qui pourraient dans une certaine mesure raviver et embellir l'existence humaine ; seulement on se heurte à des règles établies.

En réalité, l'acceptation des côtés ombreux de la nature humaine constitue une performance qui touche à l'impossible. Qu'on réfléchisse un instant à ce que cela représente que d'accepter dans leur droit à l'existence le déraisonnable, l'insensé et le mauvais. C'est pourtant à cela qu'aspire l'homme moderne ; il veut vivre par les moyens du bord, avec ce qu'il est ; il veut savoir ce qu'il est et c'est pourquoi il rejette l'histoire. Il veut être hors de l'histoire ou sans histoire pour vivre de façon expérimentale et pour constater ce que les choses possèdent en elle-mêmes de valeur et de sens, abstraction faite de ce que tendraient à leur conférer les préjugés historiques.

L'oppression pure et simple de l'ombre ne constitue pas plus un remède que la décapitation ne guérit la migraine ; d'autre part, détruire la morale d'un homme ne serait non plus d'aucun secours, car cela tuerait son meilleur moi, sans lequel l'ombre elle-même n'aurait plus de sens. Dès lors la réconciliation de ces contraires est un des problèmes les plus importants qui soient, et déjà dans l'Antiquité elle a préoccupé certains esprits.

L'«ombre», prise au sens le plus profond, est l'invisible queue de saurien que l'homme traîne encore derrière lui. Soigneusement séparée elle devient le serpent sacré du mystère. Seuls les singes s'en servent pour parader.

Imaginez un homme qui soit assez courageux pour retirer, sans exception, toutes ses projections et vous aurez un individu qui aura pris conscience d'une ombre étonnamment épaisse. Un tel homme s'est chargé de nouveaux problèmes et de nouveaux conflits. Pour lui-même il est devenu une grande tâche, car désormais il ne saurait plus dire que «eux» font ceci ou cela, que «les autres» sont dans l'erreur et qu'il faut «les» combattre. Il vit dans la «maison de la réflexion sur soi-même», du recueillement intérieur. Un tel homme sait que tout ce qui va de travers dans le monde agit aussi en lui-même; si seulement il apprend à traiter comme il convient avec sa propre ombre, il aura accompli quelque chose de réel pour le monde. Il aura alors réussi à résoudre au moins une partie, ne fût-elle qu'infinitésimale, des gigantesques problèmes irrésolus de notre époque.

*
* *

L'«ombre» est un col resserré, une porte étroite, à l'étranglement pénible de laquelle nul n'échappe qui descend dans le puits profond. Il faut apprendre à se connaître soi-même afin de savoir qui l'on est. Car, et c'est inattendu, ce qui vient après la porte est d'une ampleur illimitée, plein d'imprécisions inouïes, semble n'avoir ni intérieur, ni extérieur, ni haut, ni bas, ni ici, ni là, ni mien, ni tien, ni bien, ni mal. C'est le monde de l'eau où tout ce qui vit est en suspension, où

commence le royaume du sympathique, l'âme de tout
ce qui vit, où je suis inséparablement et ceci et cela,
et ce moi-ci et ce moi-là où je fais en moi l'expérience
de l'autre, et où l'autre m'éprouve comme étant un
moi. L'inconscient est tout, sauf un système personnel
scellé, c'est une objectivité vaste comme le monde
auquel elle est ouverte.

C'est naturellement une erreur fondamentale de
croire que si nous distinguons ce qu'une valeur précédemment hissée sur le pavois comporte de non-valeur,
ou une vérité d'inexactitudes, cette valeur ou cette
vérité se trouvent annulées : elles sont seulement devenues relatives. Tout ce qui est humain est relatif, en
tant que reposant sur des contrastes intérieurs ; car tous
les phénomènes sont de nature énergétique. Or, sans un
contraste, sans une tension préexistante, il ne saurait y
avoir d'énergie. Il faut toujours que préexiste la tension entre le haut et le bas, le chaud et le froid, etc.
pour que prenne naissance et se déroule ce processus
de compensation qui constitue précisément l'énergie.
Tout ce qui est vivant est énergie et, par conséquent,
repose sur la tension des contraires. C'est pourquoi la
propension à renier toutes les valeurs antérieures au
profit de leurs contraires est tout aussi exagérée que
l'exclusivisme précédent. Dans la mesure où il s'agissait de valeurs incontestables et universellement reconnues, la perte éprouvée en les rejetant est aussi
déplorable que fatale. Quiconque agit ainsi et jette par-
dessus bord ses valeurs, s'y jette lui-même en même
temps.

Il est dur de trouver le juste milieu, ce qui nécessite
la conscience des deux côtés de la personnalité
humaine, de ses buts et de ses origines. Ces deux
aspects ne doivent jamais se séparer par présomption
ou lâcheté.

L'erreur est de prétendre que la beauté limpide se
trouve anéantie quand, pour l'expliquer, on tient
compte de son ombre. Il n'existe pas de lumière sans
ombre, ni de bien sans mal, et inversement. C'est pourquoi je ne déplore pas que les éclaircissements appor-

tés par la psychologie aient soumis nos illusions et nos
étroitesses occidentales à un rude ébranlement; je le
salue même comme une rectification historique nécessaire, d'une immense portée. Cet ébranlement a introduit un relativisme philosophique comparable à celui
qu'on discerne dans les sciences mathématiques et physiques contemporaines et qui se résume dans le nom
d'Einstein; ce relativisme n'est au fond qu'une vérité
bien connue de l'Extrême-Orient, et l'on ne saurait
provisoirement en discerner toutes les conséquences.

Notre connaissance du bien et du mal s'est amenui-
sée à mesure que grandissaient notre savoir et notre
expérience, et dans l'avenir, elle s'amenuisera beaucoup plus encore, sans que nous puissions nous
débarrasser de l'exigence éthique. Dans cette incertitude extrême, nous avons besoin de la lumière d'un
esprit saint et synthétisant, qui peut être ce qu'on voudra mais certainement pas notre entendement.

Même si nous étions sur le sommet le plus haut qui
soit, nous ne serions jamais par-delà le bien et le mal
et plus nous connaîtrons l'inextricable entrelacement
du bien et du mal, plus notre jugement moral deviendra
incertain et trouble. Il ne sera d'aucune utilité de jeter
le critère moral à la ferraille et d'établir de nouvelles
tables (d'après des modèles connus). C'est que, comme
toujours, dans l'avenir aussi, l'injustice commise, projetée et pensée se vengera sur notre âme sans chercher
à savoir si le monde nous accorde ou non des circonstances atténuantes.

Sur le papier, le code moral paraît clair, simple, sans
bavures, et pour tout dire, assez précis; mais ce même
document, écrit «dans la chair et sur les tables vivantes du cœur», est souvent un triste lambeau, particulièrement dans les âmes et sur les lèvres de ceux qui
en font le plus grand étalage et en parlent le plus fort
et avec le plus de véhémence. Si nous allons partout
proclamant: «Le mal est le mal, et il ne peut y avoir
d'hésitation à le condamner», il n'empêche que, dans
la vie individuelle, le mal est précisément ce qu'il y a
de plus problématique et ce qui exige les réflexions

les plus approfondies. Ce qui mérite par-dessus tout notre attention la plus pénétrante, c'est la question : « Mais, en vérité, *qui* donc agit ? » Car la réponse à cette question décide en dernière instance de la valeur de l'action. Pour la société, il est vrai, c'est tout d'abord ce que l'on fait qui est de la plus grande importance, car cela saute aux yeux immédiatement. Mais à la longue, l'acte juste des mains du méchant aura également un effet désastreux. Quiconque est clairvoyant s'en laissera tout aussi peu imposer par l'action juste d'un « faiseur » que par la mauvaise action d'un homme droit.

Si l'inconscient — comme beaucoup le voudraient — n'était que néfaste, que méchant, la situation serait simple et le chemin clair ; on ferait le bien et l'on éviterait le mal. Mais qu'est-ce qui est bien et qu'est-ce qui est mal ? L'inconscient n'est pas seulement néfaste de nature, il est aussi la source de biens suprêmes. Il n'est non seulement mauvais, mais aussi bon, non seulement animal, moitié humain, moitié démoniaque, mais aussi surhumain, spirituel et divin — dans le sens que l'Antiquité donnait à ce mot.

Le christianisme a fait de l'antinomie du bien et du mal un problème universel et, en formulant dogmatiquement le conflit, il l'a élevé à la dignité de principe absolu. L'homme chrétien est jeté dans ce conflit encore non résolu, à la fois en tant que protagoniste du bien et qu'acteur participant à un drame qui a le monde pour scène. Cet héritage du Christ implique, si on le comprend dans son sens le plus profond, une souffrance qui est tout à fait intolérable à la plus grande partie des hommes. Par conséquent, l'imitation du Christ n'est ou guère assumée, ou ne l'est pas du tout, ou encore, ne l'est que de façon fort conditionnelle. Si bien que l'Église se voit même obligée, dans sa fonction pastorale, « d'alléger le joug du Christ ». Cela signifie une réduction considérable de la violence et de la rigueur du conflit, et entraîne, dans la pratique, un relativisme du bien et du mal. Le bien devient synonyme d'imitation inconditionnelle du Christ, et le mal, l'obstacle à celle-ci. Faiblesse morale et inertie de l'homme sont avant tout les éléments qui gênent le plus l'imitation du Christ. Et c'est aussi de ces éléments que le probabilisme tient compte dans la compréhension effective, ce qui peut à l'occasion correspondre sans doute davantage aux vertus chrétiennes de tolérance, de clémence et d'amour du prochain que l'attitude de ceux qui ne voient dans le probabilisme que pur et simple manque de scrupules.

«Aime ton prochain», voilà qui est merveilleux! Nous n'avons pas à intervenir. Mais il est dit: «Aime ton prochain comme toi-même»; cette addition nous empêche d'adhérer parce que nous pensons que c'est de l'égoïsme de s'aimer soi-même. S'aimer soi-même, il n'était pas nécessaire de prêcher cela aux anciens; ils le faisaient naturellement. Mais qu'en est-il aujourd'hui? Nous aurions bien besoin de méditer sur cette affaire ainsi que sur l'addition «comme toi-même». Comment puis-je aimer mon prochain, si je ne m'aime pas moi-même? Comment pouvons-nous être altruistes si nous ne nous traitons pas convenablement? Mais si nous nous comportons convenablement envers nous-mêmes, si nous nous aimons, alors nous faisons des découvertes et nous voyons ce que nous sommes et ce que nous devons aimer. Il ne reste plus qu'à mettre le pied dans la gorge du dragon. Celui qui est incapable d'aimer ne pourra jamais métamorphoser le dragon et tout reste comme par le passé.

Le Christ a pris le pécheur en charge et ne l'a pas condamné. Le véritable disciple du Christ agira de même et, comme on ne doit pas faire à autrui ce que l'on ne se ferait pas à soi-même, on se trouve dans l'obligation d'accepter également le pécheur que l'on est. Et de même que nous ne saurions accuser le Christ de fraterniser avec le mal, nous ne devrions pas considérer l'amour que nous portons au pécheur que nous sommes comme un pacte d'amitié avec le diable et nous en faire reproche. L'amour rend l'homme meilleur, la haine le rend pire, même quand cela s'adresse à nous-mêmes.

La réalité du mal et son incompatibilité avec le bien séparent les éléments contraires et conduisent irrévocablement à la crucifixion et à la mise en suspens, à l'immobilisation de tout ce qui est vivant. Comme l'âme est naturellement chrétienne *(anima naturaliter christiana)*, la conséquence de cette immobilisation devrait intervenir aussi infailliblement qu'elle est intervenue dans la vie de Jésus : nous devrions tous être « crucifiés avec le Christ », c'est-à-dire suspendus dans une souffrance morale qui correspondrait à la crucifixion véritable. Pratiquement, ce n'est possible que jusqu'à un certain point, et cela mis à part, ce serait tellement intolérable et contraire à la vie qu'un être humain banal ne peut se permettre de tomber en pareil état que de temps en temps et, en réalité, le plus rarement possible. Car, au prix d'une telle souffrance, comment pourrait-il demeurer homme banal ?

Imiter la vie du Christ n'est pas aisé ! Mais il est indiciblement plus malaisé de vivre sa propre vie dans l'esprit avec lequel le Christ a vécu la sienne. Si les hommes s'y appliquaient réellement, chacun risquerait de contrevenir à ses conditionnements historiques et si, ce faisant, il satisfaisait à leur sens profond, il se pourrait bien qu'il soit à sa façon méconnu, qu'on lui crache au visage, qu'on le torture et qu'on le mette en croix.

L'accomplissement de la vie et sa totalité même exigent l'équilibre et aussi un équilibre de joies et de peines. Mais parce que la douleur est positivement désagréable, l'homme préfère naturellement ne jamais devoir mesurer ni sonder à combien d'angoisses et de soucis l'être est voué. C'est pourquoi on parle toujours, avec une bienveillance assez oiseuse, d'amélioration, de bonheur aussi grand que possible, en oubliant qu'un bonheur est empoisonné si la rasade d'amertume et de malheur qu'il comporte n'est pas incluse.

Les opposés ne se réconcilient pratiquement que par des compromis ou irrationnellement lorsque apparaît entre eux un *Novum*, un facteur nouveau différent des deux, et cependant apte à absorber leurs énergies, parce qu'il est à la fois expression des deux, sans être aucun d'eux. C'est une chose qu'on ne peut imaginer et que la vie seule peut créer.

La nature est équivoque et l'on ne peut donner tort ni à Paracelse, ni aux alchimistes de s'exprimer « *parabolice* » (par des paraboles) dans leur prudence et leur responsabilité angoissées. Ce procédé est en effet adapté à l'objet. Ce qui se produit entre la lumière et l'obscurité, ce qui unit les contraires, participe des deux côtés et peut être jugé aussi bien de gauche que de droite sans qu'on en devienne pour cela plus éclairé. On ne peut de la sorte que susciter à nouveau la déchirure des opposés. Ici est seul utile le symbole qui, conformément à sa nature paradoxale, représente le tiers, inexistant — selon les normes de la logique — mais qui, selon la réalité, est la vérité vivante.

Le symbole est la voie moyenne où s'unissent les opposés en vue d'un mouvement nouveau, ruisseau qui, après une longue sécheresse, répand la fécondité.

Les conflits les plus graves, une fois surmontés, laissent après eux une sécurité et un calme, ou bien une brisure que l'on ne peut modifier ou guérir ; et inversement, il faut justement de très grands contrastes et leur conflagration pour produire des réussites de valeur durable.

Soulignons que le fait de posséder des complexes ne constitue pas en soi une névrose, car les complexes sont les foyers des déroulements psychologiques ; leur présence, même douloureuse, ne prouve point l'existence d'une névrose. La souffrance n'est pas une maladie mais uniquement le pôle normal opposé au bonheur. Un complexe ne devient maladif que quand le sujet pense qu'il n'en est pas porteur.

La répression délibérée équivaut à une décision morale consciente, tandis que le refoulement répond à un penchant plutôt immoral : on cherche à s'abstraire de la nécessité de prendre des décisions désagréables. La répression peut causer des soucis, des conflits et des souffrances ; elle ne produit jamais de névrose. La névrose est toujours le succédané d'une souffrance légitime.

Ce n'est pas le premier venu qui est capable de dévouement et d'abandon. Or, en la matière, toutes les attitudes exprimées par des formules comme «je devrais» ou «il me faudrait» sont vaines, car précisément l'effort de volonté va comporter immanquablement une telle mise en relief du facteur «je veux» qu'ainsi on ne parvient qu'à l'opposé du dévouement. Les Titans de la mythologie n'ont jamais été en état de prendre l'Olympe d'assaut, pas plus qu'un chrétien, le ciel. De ce fait, les expériences psychiques les plus importantes, les plus salutaires et les plus nécessaires constituent des «richesses précieuses difficilement accessibles» pour l'obtention desquelles l'homme courant devra réaliser quelque chose d'exceptionnel.

Les flèches douloureuses et blessantes ne sont pas lancées de l'extérieur comme la rumeur, qui ne peut venir que du dehors; elles viennent de notre propre inconscient, en embuscade. Lui, et nullement un ennemi du dehors, crée la souffrance dont on ne peut se défendre.

S'écarter des vérités de l'instinct conduit à l'agitation névrotique que nous connaissons aujourd'hui plus que suffisamment. L'agitation engendre l'absurdité et l'absurdité de la vie est un mal psychique dont notre époque n'a pas encore saisi toute l'étendue ni toute la portée.

Lorsque je me sens bien, personne au monde ne pourra me prouver le contraire: tous les arguments logiques qui prétendent le contraire rebondissent sans l'entamer sur cette conclusion de mon sentiment dont je fais l'expérience immédiate. Il est au cœur de l'homme une nuance du sentiment qui est exprimée par le péché originel, une autre, par le sens de la souffrance et une autre par la prescience de l'immortalité. Mais faire l'expérience de ces données intimes et de ces états intérieurs représente un charisma et une grâce que nul art humain ne peut atteindre par la contrainte. Seul un dévouement sans réserve peut permettre d'espérer y accéder.

La doctrine chrétienne du péché originel d'une part, et d'autre part, celle du sens et de la valeur de la souffrance, sont d'une portée thérapeutique éminente et indubitablement mieux adaptée à l'homme occidental que le fatalisme islamique. Dans un même ordre d'idées, la croyance à une immortalité confère à la vie cet écoulement sans solution de continuité vers un avenir dont elle a besoin pour éviter les arrêts et les régressions.

La raison de tous les jours, le bon sens commun, la science incarnant ce dernier sous une forme concentrée, conviennent pour un temps et pour une sérieuse étape, mais ne vont jamais au-delà des frontières de la réalité la plus banale et d'une normalité humaine moyenne. Au vrai, ils ne donnent aucune solution au problème de la souffrance psychique et de sa signification profonde. La psychonévrose, en dernière analyse, est une souffrance de l'âme qui n'a pas trouvé son sens. C'est de la souffrance de l'âme que germe toute création spirituelle et c'est en elle que prend naissance tout progrès de l'homme en tant qu'esprit; or, le motif de cette souffrance est la stagnation spirituelle, la stérilité de l'âme.

L'adaptation parfaite est certainement un idéal. Or elle n'est pas toujours possible; dans certaines situations, il ne saurait y avoir d'autre adaptation qu'une patiente résignation.

Par-delà le monde raisonnablement ordonné, une nature jugulée par la raison attend, avide de vengeance, le moment où la fragile barrière s'effondrera pour s'épandre, destructrice, dans l'existence consciente. Depuis les temps les plus reculés et les phases les plus primitives, l'homme a conscience de ce danger, le danger de l'âme; c'est pourquoi il s'était créé des rites religieux et magiques pour se mettre à l'abri de cette menace ou pour guérir les dévastations psychiques qui avaient eu lieu. C'est pourquoi le medicine-man est toujours un prêtre, le sauveur aussi bien du corps que de l'âme, et pourquoi les religions furent toujours des systèmes guérissant les souffrances de l'âme. Cela est vrai en particulier des deux plus grandes religions de l'humanité, le christianisme et le bouddhisme. Ce qui soulage l'homme souffrant, ce n'est jamais ce qu'il imagine lui-même, mais seulement une vérité qu'il ressent comme supra-humaine, comme révélée, et qui l'arrache à son état de souffrance.

De la vie de l'esprit

L'esprit et la passion de l'esprit furent pendant très longtemps, pour la civilisation spécifiquement chrétienne, le but positif qu'il fallait atteindre. Ce n'est qu'à la fin du Moyen Âge ou au cours du XIXᵉ siècle que l'esprit commença à dégénérer en intellect ; tout récemment, une réaction commença contre l'insupportable prédominance de l'intellectualisme, réaction, il est vrai, qui commit d'abord l'erreur, bien pardonnable, de confondre intellect avec esprit et d'attribuer à ce dernier les méfaits du premier. L'intellect est en fait nuisible à l'âme quand il s'arroge le droit de vouloir se faire l'héritier de l'esprit, ce pourquoi il n'est absolument pas habilité ; l'esprit est supérieur à l'intellect, car il englobe non seulement ce dernier, mais encore avec lui la sensibilité et le cœur. Il est orientation et principe de vie aspirant à de claires hauteurs surhumaines.

Notre intellect a accompli de prodigieux exploits, tandis que notre demeure spirituelle tombait en ruine. Nous sommes très fermement persuadés que, même avec les plus récents et puissants télescopes construits en Amérique, on ne découvrira derrière les plus lointaines nébuleuses nul empyrée où l'eau et le feu se mélangeraient et nous savons que notre regard errera désespérément à travers le vide mort des espaces infinis. Et lorsque la physique mathématique nous dévoile le monde de l'infiniment petit — essaims d'électrons à jamais dans l'éternité — nous ne sommes guère plus avancés. Finalement nous déterrons la sagesse de tous les temps et de tous les peuples et nous trouvons que tout ce qui nous tient le plus à cœur et qui nous est le plus précieux a déjà été dit dans la forme la plus captivante et la plus belle qui soit. Tels des enfants avides, nous tendons les mains vers ces richesses et les saisissant, nous nous imaginons les posséder aussi. Mais ce que nous prenons n'a plus de valeur et nos mains se

fatiguent de saisir. Car il y a des richesses aussi loin
que s'étendent les regards. Toutes ces acquisitions se
transforment en eau et plus d'un apprenti sorcier a fini
par se noyer dans ces eaux appelées et mobilisées par
lui-même, à moins qu'auparavant il n'ait succombé à
la folie salvatrice d'opter entre telle bonne sagesse ou
telle autre mauvaise. C'est parmi ces adeptes que l'on
rencontre ces malades angoissants qui s'imaginent être
chargés d'une mission prophétique. En effet, la distinction artificielle entre sagesse vraie et fausse sagesse
fait naître dans l'âme une scission et une solitude,
maladie analogue à celle de l'alcoolique qui espère
toujours trouver des compagnons de vice. Quand notre
héritage naturel s'est envolé, alors, pour parler comme
Héraclite, tout l'esprit est descendu de sa lumineuse
hauteur : en somme un autre *descensus spiritus sancti* :
tout symbole est aussi prophétique. Mais quand l'esprit
s'alourdit, il devient eau et le baptême du feu est rem-
placé par le baptême de l'eau. La formule magique du
prêtre dans la nuit du Sabbathus sanctus reproduit cette
démarche : «*Descendat in hanc plenitudinum fontis vir-
tus spiritus sancti*» et l'inévitable s'est produit : l'âme
est devenue eau, comme dit Héraclite, et l'intellect,
dans son orgueil luciférien s'est emparé du siège où
trônait jadis l'esprit. L'esprit peut s'arroger la *patris
potestas* sur l'âme, ce que ne peut l'intellect né de la
terre qui est un glaive ou un marteau pour l'homme et
non pas un créateur de monde spirituel, un père de l'âme.

Qui sait combien la curiosité nonchalante dont Faust
fit preuve en face des fantômes de la nuit antique de
Walpurgis doit à la présence secourable de Méphisto
et à son attitude «Matter-of-fact» ! Il faudrait souhaiter
à beaucoup qu'ils se souviennent à temps de la
réflexion scientifique ou philosophique de l'intellect
tant décrié. Quiconque décrie l'intellect peut être soup-
çonné de ne pas avoir fait l'expérience de ce à quoi
l'intellect est bon, et pourquoi l'humanité en un effort
inouï s'est forgé cette arme. C'est témoigner d'un singulier éloignement de la vie que de ne pas le remarquer. Certes, l'intellect est le diable, mais celui-ci est

« le fils bizarre du chaos » duquel on peut espérer au
premier chef le don de commercer efficacement avec
sa mère (le chaos). L'expérience dionysiaque donne au
diable, qui est en quête de travail, suffisamment à
faire ; car le débat avec l'inconscient qui en résulte
égale largement, à ce qu'il me semble, les travaux
d'Hercule : il y a là un monde de problèmes qui, au
cours des siècles, donnent du fil à retordre à l'intellect
et dont il a fréquemment pris congé, pour repuiser des
forces à ne s'évertuer qu'à des problèmes plus simples.
C'est sans doute pourquoi l'âme est si fréquemment et
si longtemps tombée en oubli, et c'est sans doute pourquoi l'intellect se sert si fréquemment des mots magiques et apotropéiques : « occulte » et « mystique », par
lesquels il veut faire croire, même à des gens intelligents, qu'il a dit ainsi quelque chose.

Chez l'homme civilisé, le rationalisme de la conscience, par ailleurs si utile, apparaît comme l'obstacle
le plus sérieux à des conversions d'énergie sans
conflit, puisque, pour éviter son insupportable antinomie, la ratio se place toujours exclusivement d'un côté
ou de l'autre et cherche à maintenir, par tous les
moyens, les valeurs choisies ; et cela, tant que la réalité
de la raison humaine demeure « substance immuable »
et que, par suite, est exclue toute conception symbolique. Or la ratio n'est que relative et se supprime
elle-même dans ses antinomies. Elle n'est, elle aussi,
que moyen en vue de fin, expression symbolique d'un
point de passage le long d'une voie de développement.

Le phénomène religieux du « saisissement » déborde
toute critique de la connaissance parce qu'il est incommensurable — caractère qu'il partage avec le phénomène émotionnel. — Malgré cela, la poussée de
l'homme vers la connaissance transperce et s'affirme
toujours avec un acharnement « luciférien » ou « qui
s'oppose à l'ordre divin », avec entêtement, voire
même par nécessité, soit pour le bénéfice, soit pour le
dommage de l'homme qui pense. Tôt ou tard par
conséquent l'homme prendra une attitude de connaissance oppositionnelle en face de son saisissement et il

tentera de se soustraire à ce qui le saisit pour pouvoir se rendre compte de ce qui s'est passé. S'il agit, ce faisant, avec pondération et conscience, il découvrira toujours qu'une partie au moins de ce qu'il a vécu est une interprétation humainement limitée.

La plupart des valeurs objectives — donc la raison aussi — sont de solides complexes représentatifs, transmis depuis un temps immémorial, à l'organisation desquels des millénaires ont travaillé, avec la même nécessité qui a contraint l'organisme vivant à réagir selon sa nature aux conditions moyennes et sans cesse répétées du milieu, en leur opposant des complexes fonctionnels adaptés, comme par exemple l'œil, parfaitement adapté à la nature de la lumière. On pourrait donc parler d'une raison métaphysique préexistant dans l'univers, si la réaction de l'organisme vivant à la moyenne des effets extérieurs n'était la condition *sine qua non* de son existence même. Schopenhauer a déjà exprimé la même idée. La raison humaine n'est donc que l'expression de l'adaptation à la moyenne des phénomènes, déposée dans les complexes représentatifs qui se sont peu à peu organisés pour constituer les valeurs objectives.

L'événement objectif est conforme à la loi et fortuit. Conforme à la loi, il est accessible à la raison ; fortuit, il lui est inaccessible. On pourrait aussi, inversant les termes, dire que nous considérons comme conforme à la loi ce qui, dans l'événement, paraît tel à notre raison, et comme fortuit, ce en quoi nous ne pouvons découvrir aucune conformité à la loi. Le postulat d'une conformité universelle aux lois appartient à notre seule raison, nullement à nos fonctions perceptives. Totalement indépendantes du principe de la raison et de son postulat, ces dernières sont irrationnelles dans leur essence.

Pratiquement, le hasard se rencontre partout et il s'impose de façon si péremptoire que nous pourrions tout aussi bien rejeter au rayon des accessoires périmés notre philosophie causale. La vie, dans sa plénitude, tantôt obéit à des lois et tantôt leur échappe ; tantôt elle est rationnelle et tantôt irrationnelle. C'est pourquoi la ratio et la volonté qui table sur elle n'ont de valeur et d'efficience que dans un périmètre limité. Plus la démarche choisie rationnellement prend de l'expansion, plus nous pouvons être sûrs que nous excluons des possibilités irrationnelles de vie, qui ont cependant tout autant le droit d'être vécues. Ce fut, certes, de la plus haute opportunité pour l'homme d'être, en toute généralité, en état d'imprimer une direction à sa vie. On peut prétendre à bon droit que l'acquisition du raisonnable a été la conquête de l'humanité. Mais rien ne dit qu'il doive nécessairement continuer à en être ainsi, ou qu'en fait, cela continuera.

A côté de vérités rationnelles, il en est d'irrationnelles. Ce qui, dans les choses humaines, semble impossible par la voie de l'intellect, s'est souvent avéré par la voie de l'irrationnel. En fait les grandes transformations de l'humanité ne se sont pas toujours accomplies par la voie du calcul intellectuel, mais bien par des voies qui échappent au contemporain, qu'il écartait comme insensées et dont on ne comprit la nécessité interne que beaucoup plus tard. Le plus souvent, on ne les démêle pas du tout, car les lois les plus importantes de l'évolution de l'esprit humain demeurent encore pour nous lettre morte.

Le vieil Héraclite, qui vraiment était un grand sage, a découvert la plus merveilleuse de toutes les lois psychologiques, à savoir la fonction régulatrice des contraires ; il l'a appelée énantiodromie, la course en sens opposé, ce par quoi il entendait que toute chose, un jour, se précipite dans son contraire. C'est ainsi que l'attitude rationnelle civilisée aboutit nécessairement à son contraire, c'est-à-dire à la dévastation irrationnelle de la culture. En fait on n'a pas le droit de s'identifier avec la raison même ; car l'homme n'est pas seulement raisonnable ; il ne peut pas l'être et ne le sera jamais. Tous les maîtres d'école de la civilisation devraient en prendre bonne note. L'irrationnel ne doit et ne peut être exterminé. Les dieux ne peuvent et ne doivent pas mourir.

Loin de moi l'idée de déprécier la raison, don des dieux, sublime faculté de l'homme. Mais seule souveraine, elle n'a pas de sens, pas plus que la lumière dans un monde privé de l'obscurité. L'homme devrait bien faire attention au sage conseil de la mère et à sa loi impitoyable de limitation naturelle. Il ne devrait jamais oublier que le monde existe parce que ses oppositions se compensent. De même le rationnel est compensé par l'irrationnel, et l'intentionnel par le donné.

La raison ne peut apporter l'équilibre qu'à l'homme pour qui elle est déjà un organe d'équilibre. Or pour combien d'hommes et à quelle époque le fut-elle ? En général, il faut que l'homme ressente le contraire de l'état où il se trouve pour être contraint de rester dans la route moyenne. La simple raison ne lui fera jamais abandonner la plénitude de la vie, ni ce que l'immédiat offre de séduisant à ses sens. Aussi est-il nécessaire qu'en face de la force et de la joie du temporel se dresse la joie de l'éternel, en face de la passion du sensuel, le ravissement du supra-sensible. Autant l'un lui est d'une réalité indéniable, autant l'autre doit avoir pour lui d'efficacité contraignante.

Le sens le plus profond est dévoilé en premier lieu par ce qui est le plus inattendu, par le chaos le plus angoissant. Plus on prend connaissance de ce sens, plus l'âme inconsciente perd son caractère impétueux, pressant et contraignant. Alors naissent des digues contre le flot du chaos ; car ce qui est plein de sens se sépare de ce qui n'en a pas et parce que sens et non-sens ne sont plus identiques, la force du chaos s'affaiblit quand on lui enlève sens et non-sens, et parce que le sens se trouve dorénavant pourvu de la force du sens et le non-sens de la force du non-sens. Ainsi se produit un nouveau cosmos.

*
* *

Le spirituel constitue pour l'homme une telle fatigue qu'il lui préfère en tout cas la simplicité, même illusoire. Et si elle contient ne fût-ce qu'une demi-vérité,

il s'y trouve complètement pris. La nature simple agit
sur l'être complexe comme une chambre trop petite où
la place manque. Par contre, l'être le plus simple en
présence du complexe a l'impression d'un appartement
de beaucoup trop de pièces et d'espace où il ne sait
trop découvrir la place qui lui convient.

Les termes de distingué et de vulgaire constituent
des jugements de valeur; donc ils sont subjectifs et
arbitraires, et devraient, en tant que tels, être exclus
d'une discussion objective. Le mot «aristocrate» est,
lui aussi, un jugement de valeur. Parlons plutôt de
«l'homme de l'esprit» et de «l'homme de la terre».
L'esprit est, on le sait, toujours «haut», tel un être
aérien de clarté et de flamme, comme un pneuma, un
vent ondoyant, tandis que la terre s'allonge «en bas»,
solide, obscure et fraîche. Cette image éternelle est
exprimée par les principes de la philosophie chinoise
antique, le yang et le yin. L'homme de l'esprit est
yang; ce qui le caractérise est une attitude conditionnée par l'idée (dénommée aussi «esprit»). L'homme
de la terre est Yin; ce qui le caractérise est une attitude conditionnée par la terre. Yang et Yin sont des
ennemis mortels, bien qu'ils aient besoin l'un de
l'autre. L'homme qui est tout imprégné de sa glèbe vit
selon son principe originel qui, pour ce qui est de la
distinction et de la grandeur, ne laisse rien à désirer:
il est l'éternel contradicteur et l'éternel partenaire de
l'esprit agité.

L'Antiquité renferme une portion de nature et une
certaine problématique que le christianisme devait laisser de côté, pour ne point compromettre à jamais la
préservation et la consolidation de son point de vue
spirituel. Il n'est pas de code pénal, pas de code de
mœurs, non plus que de casuistique si sublime soit-elle
qui puisse jamais classer définitivement les perturbations, les collisions de devoirs et les tragédies invisibles de l'homme naturel dans sa confrontation avec les
nécessités de la culture et en donner une juste solution.
L'«esprit» est l'un des aspects, la nature est l'autre.
Naturam expellas furca, tamen usque recurret. (Chasse

la nature avec une fourche, mais jusqu'où la pousse-
ras-tu?) La nature ne doit pas gagner à ce jeu, mais
elle ne peut pas perdre. Et si la conscience se fixe à
des concepts trop nettement délimités, et s'enferme
dans des règles et des lois qu'elle a elle-même choisies, — ce qui est inévitable et fait partie d'une conscience culturelle, — alors la nature se présente avec
ses exigences inéluctables. La nature n'est pas que
matière, elle est aussi esprit. S'il n'en était pas ainsi,
la seule source de l'esprit serait la raison humaine.

Qu'on n'imagine pas que l'on comprend le monde
uniquement par l'intellect; on le comprend tout autant
par le sentiment. Aussi le jugement de l'intellect repré-
sente-t-il tout au plus la moitié de la vérité; et il doit,
s'il est sincère, avouer son insuffisance.

Il y a des dons de l'esprit; il y en a aussi du cœur
qui ne sont pas moins importants. Mais on les oublie
facilement parce que, dans ces cas-là, l'intelligence est
souvent plus faible que le cœur. Et pourtant les hommes
de cette sorte sont souvent plus utiles et plus précieux
pour le bien de la société que ne le sont les autres.

On peut bien entendu, comprendre beaucoup de choses par le cœur, mais alors, bien souvent l'entendement
a de la peine à trouver la formulation intellectuelle et
il n'est pas aisé de donner à ce que l'on a compris
l'expression adéquate. Il y a, certes, une compréhension avec la tête et en particulier avec l'intelligence
scientifique mais qui se fait souvent au détriment du
cœur.

L'affirmation du cœur concerne toujours l'ensemble
— au contraire de celle de l'entendement discrimi-
nant. — Les fibres du cœur retentissent comme la
harpe éolienne, uniquement sous le léger souffle de
l'humeur pleine de pressentiments qui n'étouffe rien,
mais qui est aux écoutes. Ce que le cœur entend, ce
sont les grandes choses qui embrassent la vie, les événements vécus que nous n'organisons point, mais que
nous subissons.

Je suis convaincu de ce que je sais. Pour le reste ce
ne sont qu'hypothèses, et au-delà de celles-ci, je puis

abandonner une masse de choses à l'inconnu. Elles ne me troublent pas. Elles commenceraient à me torturer, j'en suis certain, si je me sentais une obligation d'en savoir quelque chose.

Que l'on en soit réduit, en fin de compte, à faire appel à la raison serait bel et bon si l'homme, de nature, était un animal raisonnable; or il n'en est rien; il est pour le moins autant déraisonnable que raisonnable. Et c'est pourquoi la raison souvent ne suffit pas à modifier l'instinct de telle sorte qu'il se soumette à une ordonnance raisonnable.

Certes, il est des réponses ou des solutions autoritaires, mais en principe, à la longue, elles ne sont ni recommandables, ni satisfaisantes. Jamais un nœud gordien n'a été tranché de façon durable par la force, car il possède la fâcheuse propriété de se reformer toujours sur lui-même.

*
* *

L'histoire ne remonte pas le chemin qu'elle a parcouru. Nous ne pouvons marcher qu'en avant, vers cette mentalité qui nous permettra de vivre comme l'exige la calme destinée de l'homme primitif. C'est à cette seule condition que nous serons à même de ne point pervertir l'esprit en sensualité, ni la sensualité en esprit; car tous deux ont droit à l'existence, puisqu'ils tirent leur vie réciproquement l'un de l'autre.

Rien n'est plus écœurant qu'une spiritualité secrètement sexualisée; c'est tout aussi malpropre que la surestimation de la sensualité.

Quand nous voyons que certains Indiens de l'Amérique du Sud prétendent être des «perroquets rouges» — et cela réellement et véritablement, car ils n'admettent pas que l'on prenne cette épithète au figuré — un tel fait n'a rien à voir avec un refoulement «moral» des instincts sexuels; il s'agit ici de cette loi inhérente à la fonction de la pensée, qui veut qu'elle s'affranchisse, dans ses représentations, du concrétisme des données sensibles. Nous devons admettre que la pensée fonctionne selon un principe qui lui est propre et qui ne se confond avec la sexualité naissante qu'à l'origine, dans cette «polyvalence» des instincts infantiles. Prétendre ramener l'activité mentale à l'unique principe d'un sexualisme exclusif, c'est se mettre en contradiction avec les données fondamentales de la psychologie humaine.

Je suis persuadé qu'un véritable esprit scientifique en psychologie arrivera nécessairement à admettre que les processus dynamiques de l'âme ne sauraient être ramenés à tel au tel instinct déterminé — ce qui les rabaisserait au rang de la théorie thermique de la matière —, il lui faudra bien plutôt faire entrer aussi les instincts dans le domaine de la psyché et tirer son principe d'explication de leurs rapports réciproques. C'est pourquoi j'ai indiqué que l'on ferait bien d'admettre l'existence d'une grandeur hypothétique, d'une «énergie» comme base d'explication psychologique, et de l'appeler «libido» au sens classique du terme, «désir fougueux», sans parler à ce propos de sa matérialité. Au moyen d'une telle grandeur, les processus dynamiques s'expliquent sans difficulté et sans cette inévitable violence sans laquelle elle ne saurait se faire avec une raison concrète d'explication.

L'instinct n'est en aucune façon quelque chose de séparé; pratiquement d'ailleurs il est impossible de l'isoler. L'instinct traîne toujours à sa suite et dans son orbe des teneurs archétypiques aux aspects spirituels, teneurs par lesquelles il se trouve à la fois fondé et limité. En d'autres termes, l'instinct va toujours de pair, se drape toujours avec quelque chose qu'à défaut de terme meilleur il faut bien appeler une conception du monde, quelque vague, obscure et archaïque qu'elle puisse être. L'instinct donne toujours à penser à celui qui le ressent; et si l'on n'y pense pas librement, on est du moins contraint d'y penser, c'est-à-dire qu'il se produit une pensée obsédante et contraignante, tant il est vrai que les deux pôles de l'âme, le pôle physiologique et le pôle spirituel, sont indissolublement soudés l'un à l'autre. C'est pourquoi il n'existe point de libé-

ration unilatérale de l'instinct, pas plus que de l'esprit
d'ailleurs qui, s'il est séparé de la sphère instinctuelle,
est voué à la malédiction de tourner perpétuellement à
vide.

Que serait l'esprit, finalement, s'il n'y avait en face
de lui un instinct qui le vaille? il ne serait que forme
vide.

On pourrait voir en la sexualité le porte-parole des
instincts, et c'est pourquoi le point de vue spirituel la
considère comme son adversaire principal; non pas il
est vrai parce que l'excès sexuel serait en soi plus
immoral que la goinfrerie et l'ivrognerie, l'avarice, la
tyrannie et la prodigalité; mais parce que l'esprit flaire
en la sexualité un opposé qui le vaut et même lui est
apparenté. Car de même que l'esprit cherche à soumettre à sa forme la sexualité comme tous les autres instincts, la sexualité de son côté, a une vieille
revendication à l'endroit de l'esprit qu'un jour — dans
la génération, la grossesse, la naissance et l'enfance —
elle tint prisonnier, tandis que l'esprit dans ses créations, ne saurait se passer d'elle.

Le principe spirituel n'entre pas en collision avec
l'instinct, mais avec l'instinctivité en laquelle il faut
voir une prédominance injustifiée de la nature instinctuelle par rapport au plan de l'esprit. Le spirituel apparaît lui aussi dans la psyché comme un instinct, même
comme une véritable passion ou, comme l'a dit une
fois Nietzsche, «comme un feu dévorant». Il n'est pas
le dérivé d'un autre instinct comme le voudrait la psychologie de l'instinct, mais un principe *sui generis*, la
forme indispensable requise par la force instinctive.

On sait que l'homme qui vit à l'état de nature n'est
pas uniquement «naturel» comme l'est, par exemple,
un animal; il voit, croit, craint, vénère des choses dont
le sens n'apparaît pas dans les circonstances naturelles
du milieu seul, dont le sens caché s'écarte même beaucoup de tout ce qui est naturel, tombe sous les sens et
se comprend, qui parfois même contraste singulièrement avec tous les instincts. Que l'on songe seulement
à tous ces rites et usages cruels des primitifs contre

lesquels s'insurge tout sentiment naturel, à toutes ces
convictions, toutes ces idées en insurmontable opposition à l'évidence des choses. Ces faits obligent à
admettre que le principe spirituel (quel qu'il puisse
être) s'impose avec une force inconcevable en face du
simple principe naturel. On peut, certes, dire que cela
aussi est « naturel » et que tous deux proviennent d'une
seule et même nature. Je ne prétends pas du tout mettre
en doute cette origine ; mais je dois faire remarquer
que cette chose « naturelle » est faite du conflit de deux
principes auxquels on peut, selon son goût, donner tel
ou tel nom et que *ce contraste est l'expression, et
peut-être aussi le fondement, de cette tension que nous
appelons énergie psychique.*

Les voies préexistantes déjà tracées sont de dures
réalités, aussi indéniables que la réalité historique de
l'homme partant du trou-abri pour arriver à construire
une ville. Cette évolution, c'est évident, n'a été possible que par l'établissement de communautés qui, à leur
tour, n'ont pu se produire que grâce aux restrictions
imposées à l'instinct. La restriction de l'instinct par
des processus mentaux se réalise chez l'individu avec
la même force et le même succès que dans l'histoire
des peuples. La restriction des instincts est un processus normatif ou, plus exactement, nomothétique, dont
la violence provient de la réalité inconsciente des voies
héritées, des engrammes déposés par les processus spirituels tout au long de la lignée ancestrale.

Le fait que seule l'expérience psychique est immédiate et que, par suite, la seule réalité immédiate ne
peut être que d'ordre psychique, explique pourquoi
l'homme primitif ressent les esprits et les influences
magiques avec le même concrétisme que les événements extérieurs. Le primitif n'a pas encore écartelé
son expérience primitive en d'irréductibles contrastes.
Dans son univers, l'esprit et la matière se compénè-
trent et les dieux peuplent encore les forêts et les
champs. Il est encore un enfant à peine mis au monde,
enveloppé comme la chrysalide dans son cocon, dans
les rêves de son âme et dans le monde tel qu'il est

réellement, antérieur à la défiguration que lui infligent les difficultés de la connaissance d'un entendement vagissant. De la désagrégation du monde originel en Esprit et en Nature, le monde occidental a sauvé la Nature, à laquelle il croit par tempérament et dans laquelle il s'est toujours davantage empêtré, à travers toutes ses tentatives douloureuses et désespérées de spiritualisation. Le monde oriental, lui, a choisi l'Esprit, décrétant que la nature n'est que Maya, et s'est engourdi dans son rêve au milieu de la misère et de la saleté asiatiques. La Terre cependant est une ; et de même que l'Occident et l'Orient ne sont pas parvenus à déchirer l'humanité une en deux moitiés adverses, de même la réalité psychique persiste dans son unité originelle ; elle attend que la conscience humaine progresse de la croyance à l'un et de la négation de l'autre vers la reconnaissance des deux, en tant qu'éléments constituants de l'âme unique.

Le conflit entre Nature et Esprit n'est que la traduction de l'essence paradoxale de l'âme : elle possède un aspect physique et un aspect spirituel qui ne paraissent se contredire que parce qu'en dernière analyse nous ne saisissons pas son essence. Chaque fois que l'entendement humain veut appréhender quelque chose qu'en dernière analyse il ne comprend pas et ne peut pas comprendre, il doit (s'il est sincère), pour en saisir quelques aspects, se soumettre à une contradiction et scinder son objet en ses apparences opposées. Le conflit entre l'aspect physique et l'aspect spirituel ne fait que démontrer que le psychique est, au fond, quelque chose d'insaisissable.

Il n'y a pas une idée ou une conception essentielle qui n'ait des antécédents historiques. Toutes ont à leur base des formes primitives archétypiques dont l'évidence naquit à une époque où la conscience ne pensait pas encore, mais se bornait à percevoir. L'idée était l'objet de perception interne, non point pensée, mais ressentie comme apparition, vue ou entendue, pour ainsi dire. La pensée était essentiellement révélation, rien qui fût inventé, mais imposé et qui persuadait par sa réalité immédiate. La pensée préexiste à la conscience primitive du Moi, et celle-ci est son objet plutôt que son sujet, dans le sens de la parole de saint Paul : *Sicut et cognitus sum* (Et ainsi je me connais) ou du : *Cogito ergo sum* d'aujourd'hui.

Durant toute notre vie, à côté de la mentalité acquise, orientée et adaptée, nous possédons un penser imaginatif qui correspond à celui de l'Antiquité et des siècles barbares. De même que notre corps possède, dans beaucoup d'organes vieillis ou atrophiés, les vestiges de fonctions et d'états anciens, de même notre esprit, en apparence sorti de ses tendances archaïques, porte toujours les traces de l'évolution parcourue, et revit, au moins dans les fantaisies oniriques, les époques les plus reculées.

Une autorité qui mène avec sagesse et prudence la barque de l'Etat, en laissant à la nature — dont l'esprit fait aussi partie — un espace suffisant, n'a pas besoin de craindre sa décadence prématurée. Avouons-le : il faut bien constater que c'est pour l'homme européen un témoignage peu flatteur de son manque de maturité que de voir combien il a besoin d'une autorité accrue et la souhaite. Cependant, que nous le voulions ou non, nous ne pouvons éluder le fait que des millions d'êtres ont échappé, en Europe, à l'autorité ecclésiastique ainsi qu'à la toute-puissance patriarcale des rois et des empereurs ; les masses livrées dorénavant à elles-mêmes manifestent alors un sentiment de culpabilité qui tient à leur manque de tradition comme à leur puérilisme et elles sont toutes prêtes à devenir les victimes aveugles et insensées de la première puissance qui s'arrogera de l'autorité : il nous faut compter avec l'immaturité des hommes comme avec un fait indéniable.

Le progrès et l'évolution sont des idéaux qu'on ne saurait nier ; mais ils perdent leur valeur si l'homme ne parvient au stade nouveau qu'à l'état de fragment de soi-même, ayant laissé dans l'ombre de l'inconscient tout ce qui constitue son arrière-plan et forme l'essentiel, l'ayant abandonné à l'état primitif, disons même de barbarie. La conscience, arrachée à ses bases mais incapable de réaliser le sens du nouvel état, n'est alors que trop disposée à retomber dans une situation plus mauvaise que celle dont l'état nouveau voulait le libérer. (*Exempla sunt odiosa!*)

Pour l'homme que sa disposition psychologique rend apte à voir surtout les ressemblances entre les choses, le concept d'ensemble est, pour ainsi dire, donné, autrement dit : s'impose formellement à lui presque avec l'indéniable réalité de la perception sensible. Mais pour l'homme que sa disposition psychologique porte principalement à percevoir les différences entre les choses, ce n'est pas la ressemblance qui est donnée exclusivement, c'est la diversité, qui s'impose avec autant de force à lui qu'à l'autre, la ressemblance. Il semblerait que l'Einfühlung met en lumière précisément ce qui différencie un objet d'un autre et que l'abstraction de l'objet est surtout propre à faire oublier la réelle diversité des choses particulières en faveur de leur ressemblance générale sur laquelle se fonde l'idée.

*
* *

Les idées, qui sont des données de l'âme, représentent des forces devant lesquelles toute logique et toute morale sont impuissantes et même inopérantes : ces idées-forces peuvent plus que l'homme ligué avec tout son intellect. Il s'imagine, il est vrai, créer ses idées, mais en réalité ce sont elles qui le créent, de sorte qu'il n'est souvent, à son insu, que leur porte-parole inconscient.

Parce que je suis un empiriste, je suis bien obligé de constater qu'il existe un tempérament pour qui les idées sont des réalités et non pas de simples *nomina*. C'est par hasard — serais-je tenté de dire — que nous vivons présentement depuis environ deux cents ans, en un temps où il est devenu impopulaire, voire incompréhensible d'admettre que d'une façon générale, les idées pourraient être plus que des nomina. Celui qui, par anachronisme et selon son tempérament, penserait encore à la manière de Platon devrait ressentir douloureusement que la réalité « céleste », c'est-à-dire métaphysique, de l'idée est refoulée au domaine incontrôlable de la croyance et de la superstition ou abandonnée avec pitié au poète. Le point de vue nominaliste, dans la querelle séculaire des universaux, avait, une fois encore, surmonté le point de vue réaliste et l'« image originelle » s'était volatilisée en un *flatus vocis*. Cette transformation était accompagnée, sinon avait été produite pour une bonne part par la puissante saillie de l'empirisme dont les avantages ne s'imposaient que trop nettement à l'entendement. Depuis lors l'« idée » n'est plus un *a priori* ; elle est quelque chose de secondaire et de dérivé.

Des idées auxquelles adhère une nombreuse cohorte n'appartiennent même plus à celui qui se présente comme leur créateur, et qui est astreint à leur service. Des idées qui émeuvent et que, de ce fait, on dit vraies sont marquées au coin d'un bien curieux caractère ; elles semblent échapper au temps, avoir été toujours là, parvenir de quelque fonds originel de l'âme, d'où s'élève l'esprit éphémère de l'être individuel comme une plante qui va porter des fleurs, donner des fruits et des graines, puis se faner et mourir. Les idées proviennent de quelque chose de plus grand que l'homme personnel : ce n'est pas nous qui les faisons, ce sont elles qui nous font. Dans un sens, les idées constituent un aveu absolument fatal qui amène au jour, avec une indiscrétion criante, non seulement ce qu'il y a de meilleur en nous, mais aussi les dernières insuffisances et les pires mesquineries de notre personnalité.

La liberté platonicienne de l'esprit ne permet pas un jugement de totalité ; au contraire, elle sépare la partie lumineuse du tableau divin de la moitié obscure. Cette liberté est pour une bonne part un phénomène de civilisation et elle est le fruit de la noble occupation de cet heureux Athénien qui avait eu la chance de ne pas être un ilote. Celui-là seul peut s'élever au-dessus de la nature parce qu'un autre à sa place porte le faix pesant de la vie terrestre.

L'homme qui a conscience de ce qu'est son principe directeur sait avec quelle autorité indiscutable celui-ci dispose de notre vie. Mais en général la conscience est trop absorbée par son désir de parvenir aux fins qu'elle s'est proposées pour chercher jamais à se rendre compte de la nature de l'esprit qui détermine la vie.

Des esprits, il y en a beaucoup, lumineux et sombres. Ne refusons donc pas de voir que l'esprit n'est rien d'absolu, qu'il est relatif et qu'il a besoin d'être complété et parfait par la vie.

S'il existe une passion tendant à une vie aveugle et déréglée, il en existe une autre qui sacrifierait volontiers toute vie à l'esprit pour l'amour de sa supériorité créatrice. Cette passion fait de l'esprit un chancre malin qui détruit inconsidérément la vie humaine.

*
* *

La vie est un critère de la vérité de l'esprit. Un esprit qui ravit l'homme au-delà de toute possibilité de vie et ne cherche l'accomplissement qu'en lui-même est un esprit égaré — non sans la responsabilité de l'homme qui tient dans ses mains l'abandon de soi ou le contraire. Vie et esprit sont deux puissances ou deux nécessités entre lesquelles l'homme se trouve placé. L'esprit donne à la vie un sens et la possibilité d'un développement plus large. Mais la vie est indispensable à l'esprit, car sa vérité n'est rien si la vie lui est refusée.

Sans l'âme, l'esprit est aussi mort que la matière, parce que tous deux sont des abstractions artificielles tandis que dans la conception première l'esprit est un corps volatile et que la matière n'est nullement privée d'âme (Beseelung).

La séparation que le christianisme a posée entre nature et esprit a permis à l'esprit humain non seulement de penser au-delà, mais aussi contre la nature et de prouver ainsi, aimerais-je dire, sa divine liberté.

Vouloir prétendre que nous sommes plus énergiques ou plus intelligents que les anciens, serait faire preuve d'une fatuité aussi ridicule qu'injustifiée : notre matériel scientifique s'est accru, mais non pas notre puissance intellectuelle ; c'est pourquoi en présence de toute idée nouvelle, nous sommes tout aussi déconcertés et désarmés que les hommes des premiers âges. Nous avons bien amassé du savoir, mais pas de sagesse.

Pour le moment nous ne savons plus, ou ne savons pas encore quelles profondeurs de l'âme ont été bouleversées par une grande ère nouvelle ni dans quelle mesure elles l'ont été. C'est pourquoi le Saint-Esprit paraît s'être éteint sans avoir découvert la réponse convenable à la question posée par lui à l'humanité.

Seule mérite d'être vécue une vie vécue en un certain esprit. Il est remarquable que celle qui n'a en vue que le Moi exerce une influence étouffante, non seulement sur celui qui la vit, mais encore sur ceux qui en sont les spectateurs.

Les manifestations de l'esprit sont singulières et multiples comme la création elle-même. Un esprit vivant croît et dépasse même ses propres formes antérieures, se cherchant en un libre choix les êtres en lesquels il vivra et qui l'annonceront. A côté de cette vie de l'esprit qui se renouvelle éternellement, qui à travers toute l'histoire de l'humanité cherche son but en des voies confuses et souvent incompréhensibles, les noms et les formes auxquelles les hommes s'efforcent de s'agripper représentent peu de chose, car les êtres ne sont rien de plus que fruits et feuilles caduques sur le même tronc de l'arbre éternel.

DES CHOSES DERNIÈRES

Lorsque dans l'infini l'identique
Coule éternel dans sa répétition
Que la voûte aux mille faces
Se referme fortement sur elle-même,
La joie de vivre sort à flots de tout ce qui est,
De la plus petite comme de la plus grande étoile
Et tout ce qui presse et tout ce qui lutte
Est éternel repos en Dieu, le Seigneur.

GOETHE.

L'Occident — l'Orient
et leur sens

Toute conscience supérieure appelle une Weltan-schauung (une conception du monde). Toute conscience de raisons et d'intentions est déjà Weltanschauung en germe. Tout accroissement de connaissance et d'expérience est un pas de plus vers son développement. Et en même temps qu'il crée une image du monde, l'homme qui pense se transforme lui-même. L'homme pour qui le soleil continue à tourner autour de la terre est différent de celui qui considère la terre comme un satellite du soleil. Ce n'est pas sans raison que Giordano Bruno et sa pensée de l'infini représente un des points de départ les plus importants de la pensée moderne. L'homme dont le cosmos est suspendu à l'empyrée est différent de celui dont la vision de Képler illumine l'esprit. Celui qui doute encore de ce que peut être le résultat de la multiplication de deux par deux est un autre homme que celui pour qui rien n'est plus sûr que les vérités *a priori* des mathématiques. En d'autres termes, il n'est pas indifférent que l'on ait ou non une Weltanschauung, ni de quelle sorte elle est ; car non seulement nous créons ainsi une image du monde mais, par un choc en retour, cette image du monde nous transforme à son tour.

Une science n'est jamais une Weltanschauung ; elle n'en est que l'instrument. Quelqu'un s'emparera-t-il de cet instrument ou non ? La réponse dépend de cette autre question : quelle Weltanschauung possède déjà l'homme en question ? Car tout le monde en a une. Dans les cas extrêmes, on a au moins celle qu'ont imposée l'éducation et le milieu. Si, par exemple, cette Weltanschauung dit : « Le plus grand bonheur pour les fils de la terre, c'est la personnalité » ; sans hésiter, on s'emparera docilement de la science et de ses résultats

pour construire une Weltanschauung et pour se construire soi-même. Mais si la conviction héréditaire dit
que la science n'est pas un instrument mais un but et
un objet en elle-même, on obéira au mot d'ordre qui,
depuis cent cinquante ans, est considéré comme le seul
valable et qui prévaut dans la pratique. Des isolés se
sont opposés désespérément à cette façon de voir;
l'idée qu'ils se faisaient de la perfection et du sens de
la vie culminait en la perfection de la personnalité
humaine et non pas dans la multiplicité des moyens
techniques qui aboutit à la différenciation unilatérale
d'une tendance unique, celle du savoir, par exemple.
Si la science est une fin en soi, l'homme a sa seule
raison d'être en tant qu'intellect. Si l'art est une fin en
soi, l'attitude représentative est l'unique valeur
humaine et l'intellect est mis au rancart. Si le gain
d'argent est fin en soi, la science et l'art peuvent rem-
baller leur bric-à-brac. Personne ne peut nier que la
conscience moderne est presque désespérément disloc-
quée entre ces « fins en soi ». Et ainsi les hommes ne
cultivent plus que des qualités spécialisées : ils deviennent eux-mêmes des instruments.

L'âme, dans sa totalité, ne pourra jamais être
comprise et appréhendée par l'intellect seul. Que nous
le voulions ou non, nous nous heurtons au problème
de la conception des choses, l'âme aspirant à une
expression qui, tenant compte de son universalisme,
l'englobe tout entière.

L'intellect n'est qu'une fonction psychique parmi
d'autres fondamentales ; aussi ne suffit-il pas à donner
une image complète de l'univers. Il faut y ajouter au
moins le sentiment. Or celui-ci a bien souvent des
convictions autres que celles de l'intellect ; il n'est pas
toujours possible de prouver qu'elles sont inférieures
aux siennes.

Il nous faut nous arrêter encore à cette crainte que
nous les Occidentaux entretenons à l'égard de « l'autre
côté ». Il nous faut en effet nous avouer — en faisant
abstraction du fait même qu'elle est une réalité existante — qu'elle n'est pas dénuée de tout fondement.

Nous n'avons aucune difficulté à comprendre la peur de l'enfant ou du primitif devant les mystères du vaste monde. Or, c'est la même peur que nous éprouvons sur le versant intérieur de notre être où nous sommes encore pareils à des enfants balbutiants. Ainsi, cette angoisse de « l'autre côté », nous l'éprouvons comme une émotion, comme un affect, sans nous douter qu'elle est la peur d'un monde, monde qui nous demeure invisible. Envers ce dernier, nous avons tout au plus de simples préjugés théoriques ou des représentations superstitieuses. Notre situation n'est vraiment pas enviable : ainsi, nous ne pouvons même pas prononcer le terme d'inconscient en présence de certaines personnes, fussent-elles cultivées, sans nous voir aussitôt accusés de mysticisme. Or, il faut bien avouer que la peur de « l'autre côté » est fondée dans la mesure où notre conception rationnelle des choses, avec ses sécurités morales et scientifiques, auxquelles on s'accroche avec tant de passion (précisément parce qu'elles sont douteuses), se trouve ébranlée par les données qui proviennent de « l'autre côté ».

Il semble peu vraisemblable au premier abord d'admettre que l'énergie et l'intérêt que nous dépensons à la science et à la technique étaient en grande partie consacrés par l'homme d'autrefois à sa mythologie. Cela explique cette perpétuelle évolution déconcertante dans les mythes durant la floraison de la culture grecque. De là ces changements à vue, ces regroupements syncrétistes désordonnés et leur rajeunissement incessant. En effet, nous sommes ici dans un monde de fantaisies qui jaillissent d'une source intérieure et prennent des formes variant à l'infini, sans cesse renouvelées, tantôt plastiques, tantôt nuageuses, sans se soucier des lois qui régissent la masse des choses dans la réalité extérieure. Du fait de son activité tout imaginative, l'esprit antique constituait un foyer idéal de création artistique. Il semble avoir cherché à saisir non pas objectivement et exactement le comment du réel, mais à adapter esthétiquement ce monde aux fantaisies et aux espérances subjectives. Parmi les

hommes de l'Antiquité, très peu connurent le froid et
la déception que l'idée d'infini de Giordano Bruno et
les découvertes de Képler ont apportés à l'humanité
moderne. Pour l'antiquité naïve, le soleil était le père
puissant du ciel et du monde, et la lune était la bonne
mère féconde. Chaque chose avait son démon,
c'est-à-dire était animée et semblable à un homme ou
à son frère animal; on représentait tout de façon
anthropomorphique ou theriomorphique sous forme
humaine ou animale. Le disque du soleil lui-même
avait été pourvu de deux ailes ou de quatre pieds pour
représenter sa course d'une manière sensible. C'est
ainsi que se forma une image de l'univers très éloignée
de la réalité, mais en parfait accord avec les fantaisies
subjectives.

Freud fut un grand destructeur. Mais lors du changement de siècle, s'offrirent tant d'occasions de démo-
lir qu'un Nietzsche n'y a pas suffi non plus. Freud
s'est chargé de ce qui restait, et il l'a fait à fond. Il a
éveillé une méfiance salutaire et ainsi aiguisé indirectement le sens des vraies valeurs. Le vertige de
l'homme bon qui obnubilait les esprits, alors qu'ils ne
pouvaient plus comprendre le dogme du péché originel,
a été en très grande partie démoli par Freud. Et ce
qu'il en restait encore, la barbarie du XXᵉ siècle, espé-
rons-le, l'extirpera définitivement.

Je crois l'histoire capable de tout. Il n'y a pas de
stupidité qu'elle n'ait tentée. Et si l'on peut réaliser
une œuvre aux moindres frais, ceux qui cherchent la
difficulté font partie des sots par excellence.

Durant les cent cinquante dernières années, nous
avons connu de nombreuses conceptions des choses, ce
qui en prouve le discrédit, car plus une maladie est difficile à traiter, plus il y a de médicaments pour elle,
et plus il y en a, plus chacun d'eux est suspect.

Le XXᵉ siècle finissant nous a laissé en héritage tant
de positions douteuses que le doute était non seulement
possible mais justifié, voire utile: il n'y a pas d'autre
moyen que l'épreuve du feu pour prouver la valeur de
l'or.

Il me semble que l'erreur fatale de la conception du monde qui a existé jusqu'à présent soit d'avoir voulu être une vérité objective valable, de prétendre même, en dernier lieu, à une sorte d'évidence scientifique. Il en découle des conséquences insupportables comme celle-ci : le même bon Dieu doit venir en aide aux Allemands, aux Français, aux Anglais, aux Turcs et aux païens et, pour finir, à tous contre tous.

Si l'image du monde que nous créons ne réagissait pas sur nous-mêmes, on pourrait se contenter d'une illusion de belle apparence ou de caractère réjouissant. Mais l'illusion que nous nous donnons retombe sur nous ; elle nous rend irréels, insensés, incapables. Parce que nous luttons avec une image trompeuse du monde, nous succombons à la supériorité du réel.

Le bien-être de la psyché a un rapport direct avec la conception qu'un être se fait des choses. La façon qu'il a de conceptualiser et de concevoir en images est pour lui et pour son bien-être psychique d'une importance si cardinale qu'on serait tenté de dire que les choses sont beaucoup moins telles qu'elles sont que comme nous les ressentons. Si nous nous faisons une idée fâcheuse d'une situation ou d'un objet, la joie que nous pourrions ressentir à son propos nous est gâchée et cela suffit le plus souvent pour créer un ensemble de circonstances qui nous seront peu favorables. Au contraire, qu'est-ce qui ne devient pas supportable et même possible si nous arrivons à abandonner certains préjugés et à modifier la conception préalable que nous nous faisions ; Paracelse, qui fut en premier lieu un médecin génial, souligne que personne n'est médecin qui ne pratique pas l'art de « théoriciser ». Il entendait par là que le médecin devait acquérir pour lui-même, mais aussi devait enseigner à son malade une conception, voire une vision de sa maladie qui permette au médecin de soigner et au malade de guérir, ou au moins lui permette de supporter sa maladie. C'est pourquoi il disait que toute maladie était un feu purificateur. Il a consciemment reconnu la force curative qui peut s'attacher à une conception et l'a largement utilisée.

Avoir une conception du monde (Weltanschauung), c'est se former une image du monde et de soi-même, savoir ce qu'est le monde, savoir ce que l'on est. Si l'on prenait cela au pied de la lettre ce serait exagéré. Personne ne peut savoir ce qu'est le monde ; personne ne peut davantage savoir ce qu'il est. Cela veut donc dire, *cum grano salis*: la meilleure connaissance possible. Cette meilleure connaissance possible exige du savoir et a horreur des suppositions gratuites, des affirmations arbitraires, des opinions d'autorité. Elle cherche au contraire des hypothèses solidement fondées, sans oublier jamais que tout savoir est borné et sujet à erreur.

Le monde change de visage — *tempora mutantur et nos in illis* (les temps changent et nous en eux). — Nous ne pouvons le saisir que sous la forme d'une image psychique en nous et il ne sera pas toujours facile de décider, quand l'image se transforme, si c'est le monde, ou nous, ou les deux qui ont changé. L'image du monde peut changer à tout moment, de même que peut aussi changer l'idée que nous nous faisons de nous-mêmes. Chaque nouvelle découverte, chaque nouvelle idée peut donner au monde un visage nouveau. Il faut en tenir compte, sinon nous sommes contraints brusquement de vivre dans un monde devenu désuet, étant nous-mêmes un déchet démodé de stades de conscience inférieure. Chacun finira un jour par être dépassé, mais dans l'intérêt de la vie vivante, il importe de retarder le plus possible ce moment ; cela ne peut réussir que si nous ne laissons pas se figer notre image du monde et si au contraire nous examinons chaque idée nouvelle pour savoir si elle apporte, ou non, quelque chose de nouveau à l'image que nous nous en faisons.

Toute conception du monde a une singulière tendance à se considérer comme la vérité dernière sur l'univers, alors qu'elle n'est qu'un nom que nous donnons aux choses. Irons-nous, dans la science, nous quereller pour savoir si le nom de la planète Neptune correspond bien au caractère du corps céleste et que ce soit par conséquent le nom qui lui convienne bien ? Pas le moins du monde et c'est pourquoi la science est au-dessus de ces différends : elle ne connaît que des hypothèses de travail. L'esprit primitif seul croit au nom « juste ». Dans le conte de fées on peut écarteler Perlinpinpin en morceaux quand on l'appelle par son vrai nom. Chez les primitifs le chef tait son véritable nom et en prend un exotérique pour l'usage quotidien, afin que nul ne puisse l'ensorceler par la connaissance qu'il en aurait. On inscrivait et représentait les vrais noms des dieux dans la tombe du pharaon égyptien pour qu'il puisse les dominer grâce à la connaissance de leur vrai nom. Le cabaliste qui avait connaissance du vrai nom de Dieu possédait une puissance magique absolue. Bref pour l'esprit primitif le nom pose la chose.

Si nous ne voulons pas retourner en arrière, une nou-velle conception du monde devra renoncer à la supers-tition de la valeur objective ; il faudra s'avouer qu'il ne s'agit que d'une image que nous dessinons pour l'amour de notre âme et non pas d'un nom magique au moyen duquel nous poserions des choses objectives. Ce n'est pas pour le monde, c'est pour nous que nous construisons une conception du monde. Car si nous ne nous créons pas d'image de la totalité du monde, nous ne nous voyons pas davantage nous-mêmes qui som-mes cependant les copies fidèles de ce même monde. Nous ne pouvons nous voir pleinement que dans le miroir de l'image que nous nous donnons du monde. Nous n'apparaissons que dans l'image que nous créons. C'est dans notre acte créateur que nous som-mes pleinement en lumière et que nous pouvons nous connaître comme totalité. Jamais nous ne prêtons au monde d'autre visage que le nôtre ; mais nous devons le faire pour pouvoir nous trouver nous-mêmes. Car l'homme est au-dessus du but en soi de la science ou de l'art ; il est le créateur de ses instruments.

Le monde n'existe pas uniquement en soi et pour soi ; il est aussi tel qu'il m'apparaît. Bien plus, nous n'avons, à vrai dire, aucun critère qui puisse nous faire porter un jugement sur un monde que le sujet ne

pourrait s'assimiler. Négliger le facteur subjectif serait
nier le grand doute toujours existant sur la possibilité
de connaissance absolue. On s'engagerait ainsi dans la
voie de ce positivisme vide et plat qui a déparé le
début de notre siècle, en même temps qu'on en arriverait à cette arrogance intellectuelle, annonciatrice de
grossièreté de sentiment et d'une violence aussi stupide
que prétentieuse. En surestimant l'intelligence objective, nous refoulons l'importance du facteur subjectif,
la signification du sujet lui-même. Or quel est le sujet ?
C'est l'homme ; le sujet, c'est nous. Il est malsain
d'oublier qu'il y a un sujet qui connaît et que nulle
connaissance, par suite pour nous aucun monde,
n'existe sans quelqu'un qui dise : « Je connais », posant
ainsi la borne subjective de toute connaissance.

Beaucoup d'hommes de science évitent d'avoir une
conception du monde parce que ce ne serait pas scientifique. Ces gens ne voient évidemment pas bien ce
qu'ils font en agissant ainsi. En réalité, ils laissent
volontairement planer l'obscurité sur leurs idées directrices, autrement dit, ils en restent à un degré de conscience plus inférieur et plus primitif que celui qui
correspondrait à leurs aptitudes conscientes. Critique et
scepticisme ne sont pas toujours des preuves d'intelligence ; bien au contraire, surtout quand on se retranche
derrière le scepticisme pour voiler son manque de
conception du monde. Bien souvent, ce qui fait défaut,
c'est plutôt le courage moral que l'intelligence. Car on
ne peut voir le monde sans se voir soi-même et on se
voit soi-même comme on voit le monde ; il faut pour
cela un assez grand courage. Aussi est-il toujours
désastreux de n'avoir pas de conception du monde.

Si nous avions conscience de l'esprit de notre temps,
nous reconnaîtrions, en raison des recours abusifs
adressés dans le passé à l'esprit, notre goût pour les
explications puisées de préférence dans l'ordre physique ; cette connaissance exciterait notre verve critique
à l'égard de notre « penchant ». Nous nous dirions : très
probablement nous commettons maintenant l'erreur
inverse, qui est au fond la même. Nous surestimons les

causes matérielles et nous nous figurons dès lors avoir trouvé le mot de l'énigme, bercés par l'illusion de mieux connaître la matière qu'un esprit «métaphysique». Or la matière nous est tout aussi inconnue que l'esprit. Nous ne savons rien des choses dernières. Seul cet aveu nous restitue l'équilibre.

Les hommes se sont-ils jamais complètement débarrassés du mythe? Chaque homme avait ses yeux et ses sens pour constater que le monde est mort, froid, infini et jamais encore il n'a vu un Dieu dont l'existence aurait été exigée par une nécessité empirique. Il a fallu au contraire un fameux optimisme, nourri de fantaisies et irrémédiablement réfractaire au sens de la réalité pour considérer, par exemple, la mort ignominieuse de Jésus-Christ précisément comme le plus grand salut et la rédemption du monde. Certes, on peut laisser un enfant dans l'ignorance du contenu des mythes primitifs, mais jamais on ne pourra étouffer son besoin de mythologie et j'ose prétendre que si jamais on réussissait à détruire méthodiquement toute tradition à la surface du globe, eh bien... toute la mythologie et les innombrables religions refleuriraient de plus belle, dès la génération suivante. Seuls quelques rares individus parviennent à abolir la mythologie dans une époque où règne une certaine présomption intellectuelle. Mais la masse ne s'en libère jamais. Tout le rationalisme du siècle des Lumières ne sert de rien; il détruit simplement une forme passagère de sa manifestation, mais non l'instinct créateur.

Il suffit que les conditions soient quelque peu incertaines pour que se raniment naturellement les « complications magiques». C'est que la cérémonie déclenche en effet de profondes forces émotionnelles; la conviction devient aveugle autosuggestion et le champ visuel psychique se limite à un point fixe où se concentre tout le poids de la *vis a tergo* inconsciente. Il est objectivement exact que la certitude y réussit mieux que l'incertitude.

L'idéal retardataire est toujours plus primitif, plus naturel (dans le bon comme dans le mauvais sens), et

plus « moral » pour autant qu'il s'en tient fidèlement à
la loi traditionnelle. L'idéal progressiste est toujours
plus abstrait, plus dénaturé et plus «immoral» en ce
sens qu'il exige l'infidélité à la tradition. Le progrès
obtenu par la volonté, de façon concrète et forcée, est
toujours une convulsion. L'état arriéré est certes plus
près du naturel, mais il est toujours menacé d'un réveil
pénible.

J'ignore tout d'une supra-réalité. La réalité contient
tout ce qu'on peut savoir, car est réel ce qui agit. S'il
n'y a pas d'action, on ne remarque rien et par conséquent on ne peut rien savoir à ce sujet. Je ne puis donc
affirmer quelque chose que sur ce qui est réel, mais
nullement sur ce qui serait supra-réel, irréel ou
infra-réel. A moins qu'il ne vienne à l'esprit de limiter
de quelque manière la notion de réalité, de telle sorte
que seule une portion déterminée du réel universel
aurait droit à l'attribut «réel». La façon de penser que
l'on appelle le sens commun et l'usage courant du langage réalise cette limitation à la réalité matérielle ou
concrète des objets sensibles, et cela sans tenir compte
du fait que l'entendement renferme tout le possible qui
ne provient pas des données des sens. A ce point de
vue «est réel» tout ce qui provient ou semble provenir
directement ou indirectement d'un monde accessible
par les sens. Cette limitation de l'image du monde
correspond à l'unilatéralité de l'homme d'Occident.

Combien était différent le monde de l'homme du
Moyen Âge ! Alors la terre était au centre de l'univers,
éternellement fixe et en repos ; autour d'elle tournait
un soleil attentif à lui distribuer de la chaleur ; les
hommes blancs, tous fils de Dieu, comblés avec amour
par l'être suprême et élevés pour la félicité éternelle,
savaient exactement ce qu'il fallait faire et comment il
fallait se conduire pour passer de la vie terrestre transitoire à une vie éternelle remplie de joies. Il nous est
impossible d'imaginer, même en rêve, une réalité de
ce genre. La science de la nature a depuis longtemps
déchiré ce voile gracieux. C'en est fini de ce temps
comme de celui de la jeunesse, où l'on tenait son père

pour l'homme le plus beau et le plus puissant de tout le pays. Toutes les certitudes métaphysiques de l'homme du Moyen Âge sont disparues pour nous et nous avons troqué contre elles l'idéal de la sécurité matérielle, du bien-être général et de l'humanité. Celui qui a conservé inaltéré encore aujourd'hui ce dernier idéal dispose d'une dose peu commune d'optimisme.

L'homme primitif se distingue — du fait de sa proximité avec l'instinct, comme l'animal — par un misonéisme et un attachement aux traditions. A notre goût, il est péniblement arriéré, — alors que nous louons le progrès! Mais si notre tendance au progrès permet la réalisation d'une foule de désirs les plus beaux, il s'accumule d'autre part une dette de Prométhée tout aussi gigantesque qui, de temps en temps, doit être payée par des acomptes sous forme de catastrophes calamiteuses. Pendant combien de temps l'humanité n'a-t-elle pas rêvé de voler? — et nous voilà déjà arrivés aux bombardements aériens! On sourit de nos jours de l'espérance chrétienne en un au-delà, et souvent on tombe soi-même dans des chiliasmes qui sont cent fois moins raisonnables que l'idée d'un au-delà de félicité après la mort.

L'homme n'est certes pas une machine susceptible, le cas échéant, d'être transformée à d'autres fins et qui fonctionnerait avec la même régularité qu'auparavant, bien que de façon toute différente. L'homme porte toujours en lui toute son histoire et celle de l'humanité. Or le facteur historique représente un besoin vital qu'il faut traiter avec une sage économie. Il faut que le passé s'exprime et vive de quelque façon dans le nouveau. L'assimilation totale à l'objet se heurte donc à la protestation de la minorité opprimée du passé et de ce qui exista depuis le début.

*
* *

Un être humain n'est encore qu'à moitié compris, quand on sait d'où proviennent tous les éléments qui le composent. S'il ne s'agissait que de cela, il pourrait aussi bien être mort depuis longtemps. Mais en tant qu'être vivant, même sachant tout cela, on ne l'a pas encore compris, car la vie n'a pas seulement un passé et ce n'est pas l'expliquer que de ramener hier à aujourd'hui, que de réduire le présent à ce qui fut. La vie a aussi un lendemain ; aujourd'hui n'est compris que si nous pouvons adjoindre aux notions que nous livre le passé les ébauches de ce qui pourra être demain. Ceci s'applique à toutes les manifestations de la vie, même aux symptômes morbides.

La psychologie nous apprend qu'il n'y a, en un certain sens, rien de vieux dans l'âme, rien qui puisse mourir définitivement : saint Paul lui-même avait conservé une écharde dans sa chair. Celui qui se garde du nouveau et de l'étranger pour retourner au passé se trouve dans la même disposition névrotique que celui qui, s'identifiant au nouveau, fuit devant le passé. Il n'y a entre eux qu'une différence de signes : l'un est devenu étranger au passé, l'autre, à l'avenir. En principe, tous les deux se comportent de même façon : ils mettent en sûreté l'étroitesse de leur conscience, au lieu de la briser par l'opposition des contraires et de construire ainsi un état de conscience plus large et plus haut.

Une chose est-elle belle parce que je lui attribue de la beauté ? ou est-ce la beauté objective des choses qui me force à la reconnaître ? De très grands esprits se sont frottés au problème de savoir si c'est le soleil sacré qui éclaire les mondes, ou si c'est l'œil humain, « capable » de soleil. L'homme archaïque croit au soleil, le civilisé, aux yeux — pour autant qu'il ne souffre point du mal des poètes, et dans la mesure où il réfléchit tant soit peu. Il lui faut déspiritualiser la nature pour pouvoir la dominer, ce qui signifie qu'il retire, qu'il reprend à son compte toutes les projections archaïques, au moins quand il cherche à atteindre l'objectivité.

Le conscient a besoin de raison, pour découvrir un ordre dans le chaos des cas individuels désordonnés qui peuplent l'univers et pour, ensuite, créer cet ordre, créer une coordination au moins dans les domaines humains. Nous avons une tendance louable et utile à exterminer, dans toute la mesure possible, en nous et hors de nous le chaos de l'irrationnel. En apparence on a poussé fort loin cette façon de procéder. Un aliéné me disait un jour : « Docteur, cette nuit j'ai désinfecté tout le ciel avec du sublimé, et malgré tout cela je n'y ai découvert aucun dieu. » C'est à peu près ce qui nous est arrivé aussi.

Quelle sorte de réponse la génération suivante donna-t-elle à l'individualisme du surhomme nietzschéen ? Elle y répondit par un collectivisme, une organisation des masses, un rassemblement de la foule en troupeau *tam ethice quam physice* — aussi bien éthique que physique — qui n'offre plus aucune commune mesure avec ce qui a jamais existé. Étouffement de la personnalité d'une part, un christianisme impuissant, peut-être blessé à mort d'autre part — tel est le bilan sans fard de notre temps.

Lorsque un événement survient dans la vie d'un être et que, réagissant à cet événement, il en est affecté comme s'il était le seul à qui cela arrive, alors que c'est, en réalité, une expérience tout à fait générale de la vie, manifestement son attitude est fausse, à savoir bien trop personnelle ; et elle l'exclut de la communauté humaine. De même, il est nécessaire d'avoir une conscience du présent qui ne soit pas seulement personnelle, mais aussi suprapersonnelle, et qui, ressentant la continuité historique, en tienne compte.

On récolte maintenant les fruits de l'éducation du XIXe siècle. L'Église prêchait alors à l'adolescent une foi aveugle, l'Université, un intellectualisme rationaliste, et cela eut pour résultat qu'aujourd'hui l'argument de la foi et celui de la raison se sont réciproquement usés l'un contre l'autre. L'homme moderne, las du choc des opinions, veut personnellement faire l'expérience de ce que les choses lui apportent en elles-mêmes. Cette tendance qui ouvre la porte, il est vrai, à des possibilités redoutables, constitue cependant une entreprise courageuse, à laquelle on ne saurait se défendre d'accorder sa sympathie. Cette démarche aventureuse de l'esprit moderne n'est pas entreprise par lubie; c'est un essai, né du plus profond désarroi psychique, de redécouvrir, grâce à une expérience originale faite sans préjugés, l'unité de la vie et de son sens.

La vie est extravagante et importante. Et si l'on ne rit pas de l'un et ne spécule pas au sujet de l'autre, alors la vie est infiniment banale, alors tout n'a plus qu'une grandeur infime; il n'y a plus que sens et non-sens infimes. Au fond rien ne signifie quelque chose, car au temps où il n'y avait pas d'hommes qui pensent, il n'existait personne pour interpréter les phénomènes. Celui-là seul a besoin d'interprétation qui ne comprend rien. Seul l'incompréhensible possède signification. L'homme s'est éveillé dans un monde qu'il ne comprenait pas. C'est pourquoi il cherche à l'interpréter. C'est que dans tout le chaos il y a cosmos et dans tout désordre, un ordre secret, dans tout arbitraire, une loi constante.

Une grande part du sentiment des choses, en définitive, dépend de la façon dont nous les considérons et non de ce qu'elles sont en elles-mêmes. Une petite chose sensée est bien plus digne d'être vécue qu'une grande entreprise dépourvue de sens.

*
* *

L'Orient nous donne une compréhension autre, plus vaste, plus profonde et plus haute, la compréhension par la vie. Cette dernière n'est encore que vaguement connue, sorte de sentiment fantomatique, dont on emprunte l'expression à la sphère religieuse; aussi aime-t-on mettre entre guillemets le «savoir» oriental que l'on rejette dans le domaine obscur de la croyance et de la superstition. Ce faisant, on méconnaît totalement le «caractère positif» de l'Orient. Car il ne s'agit pas là de pressentiments sentimentaux, mystiques, excessifs, frisant le morbide, d'ascètes d'arrière-monde et de têtes creuses; ce sont des vues pratiques de la fleur de l'intelligence chinoise que nous n'avons aucune raison de sous-estimer.

Chaque chose, pour exister, a besoin de son contraire, sinon elle pâlit jusqu'à l'anéantissement. Le Moi a besoin du Soi et inversement. Les relations changeantes entre ces deux grandeurs représentent un domaine d'expérience que la connaissance introspective de l'Orient a exploité à un point presque inaccessible à l'homme d'Occident. La philosophie orientale, si infiniment différente de la nôtre, est pour nous un cadeau d'une extrême valeur, mais qu'il nous faut « gagner » pour la posséder.

L'homme occidental est ensorcelé, maintenu en esclavage par les « dix mille choses » qui l'entourent. Il les voit une à une ; il est emprisonné dans le Moi et dans les choses, inconscient de la racine profonde de l'être. L'homme oriental, au contraire, éprouve le monde des objets et même son Moi comme un rêve ; il est enraciné de façon essentielle dans les fondements primordiaux qui l'attirent si puissamment que son appartenance au monde s'en trouve toute relative et à un degré tel que cela nous paraît souvent incompréhensible.

L'Occident cherche toujours l'« élévation », l'Orient, l'enfoncement, l'approfondissement. Il semble que la réalité extérieure avec son esprit de corporalité et de pesanteur empoigne plus profondément l'Européen que l'Hindou. Aussi le premier cherche-t-il à s'élever au-dessus du monde, tandis que le second retourne volontiers dans les profondeurs maternelles de la nature.

Jamais, dans la contemplation, le chrétien ne dira : « Je suis le Christ » ; il reconnaîtra avec saint Paul : « Ce n'est pas moi qui vis, c'est le Christ qui vit en moi. » Or le Sûtra dit : « Tu reconnaîtras que *toi*, tu es Bouddha. » Au fond l'affirmation est identique, parce que le bouddhiste n'atteint cette connaissance que lorsqu'il est « anâtman », c'est-à-dire sans Soi. Mais il y a une énorme différence dans la formulation : le chrétien arrive à sa fin *in Christo* ; le bouddhiste reconnaît qu'il est Bouddha ; le chrétien sort du monde conscient éphémère, et personnel. Le bouddhiste cependant repose *encore* sur le fond éternel de la nature intérieure dont nous trouvons aussi, dans d'autres confessions hindoues, l'unité avec la divinité ou l'être universel.

Si la valeur suprême (le Christ) et la non-valeur suprême (le péché) sont à l'extérieur, l'âme est vide : il lui manque et ce qu'il y a de plus élevé, de plus noble, et ce qu'il y a de plus bas, de plus profond. L'attitude orientale (en particulier l'attitude hindoue) procède d'autre manière à ce propos : le meilleur et le pire, le sublime et les turpitudes, tout est inclus dans le sujet (transcendantal). De ce fait, la signification de l'*âtman*, du Soi, s'accroît au-delà de toutes limites. Tandis que chez l'homme occidental, au contraire, la valeur du Soi tombe au point zéro.

Si grande que soit l'importance du bouddhisme Zen, il n'est guère probable que l'homme d'Occident puisse l'utiliser pour comprendre le processus des métamorphoses religieuses. Il manque à l'Occident les conditions spirituelles indispensables. Qui, chez nous, trouverait en soi une confiance absolue en un maître supérieur et en ses voies incompréhensibles ? Cette estime de la personnalité humaine supérieure ne se trouve qu'en Orient. Qui pourrait se vanter de croire au résultat plus que paradoxal d'une métamorphose, au point de sacrifier plusieurs années de sa vie à la pénible poursuite d'une telle fin ? Qui enfin oserait prendre sur soi l'autorité d'une métamorphose hétérodoxe vécue ? Sauf un être peu digne de confiance qui, pour des raisons, pathologiques peut-être, cherche à trop absorber. Un tel être n'aura pas à se plaindre chez nous non plus de manquer de partisans. Mais, si le « maître » impose une tâche difficile, autre chose qu'un radotage, alors l'Européen est saisi par le doute, car le sentier abrupt de la réalisation de soi lui apparaît aussi sombre et aussi triste que l'Hadès.

Le bouddhisme, en lui-même, est né de l'esprit du Yoga qui est plus vieux et plus universel que la réforme de Bouddha. C'est avec cet esprit que doit s'entendre, bon gré, mal gré, celui qui cherche à comprendre de l'intérieur, l'art, la philosophie et l'éthique de l'Inde. Notre habitude de comprendre de l'extérieur échoue ici parce qu'elle est à jamais inadéquate à l'essence de la spiritualité hindoue.

La conscience occidentale n'est en aucun cas la conscience absolue. Elle est conditionnée par l'histoire, limitée par la géographie et ne représente qu'une partie de l'humanité. Il ne faut pas que l'élargissement de notre conscience se fasse au détriment des consciences différentes; il doit se faire par le développement des éléments de notre psyché analogues à ceux des autres psychés; à la façon dont l'Orient est contraint de ne point ignorer notre technique, notre science et notre industrie. L'invasion des Européens en Orient fut un acte de violence de grand style. Elle nous a laissé — noblesse oblige — l'obligation de comprendre l'esprit de l'Orient. Ce qui nous est, peut-être, plus nécessaire que nous ne le soupçonnons.

Loin de moi l'intention de sous-estimer l'énorme différenciation de l'intellect occidental; à sa mesure, l'intellect oriental doit être considéré comme enfantin. Mais si nous pouvions élever une autre ou même une troisième fonction de l'âme à une dignité comparable à ce que nous avons fait pour l'intellect, alors l'Occident pourrait parfaitement s'attendre à surpasser de beaucoup l'Orient.

L'erreur que commet ordinairement l'Occidental est que, tel l'étudiant mal conseillé par le Diable dans le Faust, il tourne le dos, avec mépris, à la science et que dans sa sensibilité factice pour l'extatique orientale, il reprend mot à mot les pratiques du Yoga qu'il imite misérablement. Il abandonne ainsi le seul terrain solide de l'esprit occidental et se perd dans les fumées de mots et de notions qui ne seraient jamais sortis de cerveaux européens et qui ne peuvent non plus être inculqués avec profit.

Nulle erreur ne serait plus grande que de laisser l'Occidental entreprendre directement les exercices du Yoga chinois, car ils resteraient affaire de sa volonté et de sa conscience; il arriverait ainsi que la conscience se renforcerait à nouveau en face de l'inconscient; on arriverait ainsi à l'effet que précisément on aurait dû éviter. Ce qui augmenterait tout simplement la névrose. On ne saurait affirmer avec trop d'insistance que nous ne sommes pas des Orientaux et que, par conséquent, en ces sortes de choses, nous partons d'une base toute différente.

Le Yoga a des représentations tout à fait précises sur ce qu'il faut atteindre et il fait tout pour parvenir au but qu'il s'est proposé. Mais chez nous, l'intellectualisme, le rationalisme et le volontarisme sont des puissances psychiques tellement dangereuses que la psychothérapie doit éviter, autant que possible, de se proposer de tels buts.

Celui qui parviendrait à renoncer à tout point de vue à l'Europe et à n'être vraiment pas autre chose qu'un Yogin avec toutes les conséquences éthiques et pratiques que cela comporte, et à disparaître en position de lotus sur une peau de gazelle sous un banyan poussiéreux et à terminer ses jours dans un nirvâna sans nom, à un tel être je devrais dire qu'il a compris le Yoga à l'indienne. Celui qui ne peut le faire ne doit pas se donner l'air d'avoir compris le Yoga. Il ne peut et ne doit pas renoncer à son entendement occidental ; au contraire, il doit le tendre pour que, sans imitation et sans sensiblerie, honnêtement il puisse comprendre du Yoga tout ce que notre entendement est capable d'en saisir.

Imiter l'Orient est une méprise tragique parce qu'elle est anti-psychologique. C'est aussi stérile que les escapades modernes vers le Nouveau Mexique, les bienheureuses îles du Sud et l'Afrique centrale où l'on joue, avec sérieux, au primitif, tandis que l'homme d'Occident échappe secrètement à ses devoirs impérieux, à son «*Hic Rhodus, Hic salta*» ; car il ne s'agit pas d'imiter ce qui est organiquement étranger, ou même de jouer au missionnaire ; il s'agit de bâtir en lieu et place la civilisation occidentale qui souffre de mille maux et d'attirer l'Européen véritable dans sa quotidienneté occidentale avec ses problèmes du mariage, ses névroses, ses folles idées sociales et politiques et toute la désorientation philosophique.

Parfois — notamment dans la considération rétrospective de l'histoire — notre temps paraît avoir quelques ressemblances avec certaines époques où de grands empires et de hautes cultures, ayant dépassé leur apogée, marchaient vers leur inévitable ruine. Mais de telles analogies sont trompeuses, car il y a aussi des renaissances. Un fait, cependant, paraît se préciser de plus en plus : la situation intermédiaire que prend l'Europe entre l'Est asiatique et l'Ouest anglo-saxon — faut-il dire américain? L'Europe se trouve placée entre deux colosses, de forme inachevée encore, mais immédiatement opposés dans ce que nous pouvons connaître de leur être. Il y a des profondeurs insondables dans les différences de leur race et de leur idéal. A l'Ouest, un développement incommensurable des aspirations européennes aux progrès technique et scientifique; à l'Est, un débordement de toutes les puissances qui, en Europe, font échec à l'impulsion vers le progrès. La puissance de l'Ouest est matérielle; celle de l'Est, idéelle.

L'insatiable désir de pouvoir politique, social et mental qui bouleverse, avec une passion qui semble invincible, l'âme de l'Occidental, se répand aussi irrésistiblement à l'Est et menace d'engendrer des conséquences imprévisibles. Dans les Indes, mais aussi en Chine, bien des choses, dans lesquelles l'âme jadis vivait et prospérait, ont disparu. La sécularisation d'une civilisation peut, certes, entraîner la fin de bon nombre d'inconvénients dont l'élimination semble extrêmement désirable et avantageuse; mais, d'un autre côté, ce progrès, les faits le prouvent, est payé bien trop chèrement par la perte de la culture spirituelle.

La sagesse et la mystique de l'Orient ont beaucoup à nous apprendre, même lorsqu'elles parlent leur inimitable langage. Elles ont à nous rappeler ce qu'il y a d'analogue dans notre culture et que nous avons oublié; elles ont à attirer notre attention sur ce que nous repoussons comme sans importance, c'est-à-dire, sur le destin de notre humanité intérieure.

La connaissance accrue de la spiritualité orientale ne doit être pour nous que l'expression symbolique du fait que nous commençons à entrer en relation avec ce qui nous est encore intérieurement étranger. Le reniement de notre propre condition historique serait une folie : ce serait le plus sûr moyen de nous mener à un nouveau déracinement. C'est uniquement en nous tenant fermement sur notre propre terrain que nous pourrons assimiler l'esprit de l'Orient.

*
* *

Il n'y a pas lieu de plaisanter avec l'esprit du temps, car il constitue une religion, mieux encore : une confession ou un credo dont l'irrationalité ne laisse rien à désirer ; il a en outre la qualité fâcheuse de vouloir passer pour le critère suprême de toute vérité et la prétention de détenir le privilège du bon sens.

Les degrés sont innombrables : il y a des vieillards qui, en mourant, sont encore des enfants à la mamelle, et même, en l'an de grâce 1927, on trouve encore des troglodytes. Il y a des vérités qui ne seront vraies qu'après-demain ; il en est qui l'étaient hier et il y en a enfin d'autres qui ne le sont jamais.

Il y a dans la population une couche importante qui ne vit que très relativement dans le présent, et ne prend guère part aux problèmes actuels. «La lutte des esprits», combien la livrent ? Et combien cette lutte a-t-elle de spectateurs compréhensifs et sympathisants ? «Le problème de la femme», combien de femmes s'en préoccupent ? De toutes celles qui peuplent l'Europe, une imperceptible minorité vit dans l'Europe d'aujourd'hui, et ce sont des habitantes des villes, qui appartiennent — exprimons-nous avec prudence — à un type humain passablement compliqué. C'est inévitable ; il n'y a jamais que peu de gens à exprimer clairement l'esprit de leur époque.

Les tâches changent avec les siècles et ce n'est jamais qu'après coup que l'on peut reconnaître avec certitude ce qui a dû et ce qui n'aurait pas dû être. A toute époque régnera toujours la querelle des convictions : « La guerre est le père de toute chose. » Seule l'histoire juge. La vérité n'est pas éternelle, c'est un programme. Plus une vérité est « éternelle », moins elle a de vie et de valeur : étant évidente, elle ne nous dit plus rien.

Le nouveau est toujours problématique ; il faudra le mettre à l'épreuve. Ce nouveau, ce pourra tout aussi bien être une maladie. C'est pourquoi le progrès véritable ne peut se réaliser qu'avec la maturité du jugement. Et un jugement bien fondé exige un point d'appui solide que seule peut donner une connaissance solide de ce qui fut. Celui qui, ignorant de la continuité historique, rompt les liens qui le rattachent au passé, court le danger de succomber aux suggestions aveugles et aux errements de toutes les nouveautés.

La connaissance des origines, au sens le plus large, jette un pont entre le monde d'autrefois, abandonné et perdu, et le monde de demain que nous ne pouvons pas encore comprendre. Comment saisirions-nous l'avenir, comment l'incarnerions-nous en nous si nous ne sommes pas en possession de l'expérience humaine accumulée par les générations qui furent avant nous ? Sans elles, nous sommes comme déracinés, nous n'avons plus de point d'appui, nous devenons la proie désarmée de l'avenir.

Celui à qui le Moyen Âge offre des voies et des possibilités qui le satisfont n'a nul besoin de l'actualité ni de ses expériences. Mais l'homme qui vit dans le présent — pour quelque raison que ce soit — ne peut retourner vers aucune des époques passées sans subir des dommages considérables. Souvent ce retour est tout à fait impossible, quels que soient les sacrifices consentis. L'homme du présent doit travailler pour l'avenir. Qu'il laisse à d'autres le soin de conserver le passé. C'est pourquoi il est aussi un destructeur, et non pas seulement un constructeur. Lui et son monde sont aléatoires et équivoques. Les voies que lui indiqua le passé et les réponses qu'il fit à ses problèmes sont

insuffisantes pour les nécessités et les peines du temps
présent. Les vieux chemins commodes se sont effacés ;
de nouvelles possibilités sont apparues, ou de nouveaux dangers se sont présentés, que ne connaissait pas
le passé. L'histoire ne nous enseigne rien, dit le pro-
verbe ; elle ne nous dit rien non plus au sujet du problème actuel. La voie nouvelle doit être tracée dans
des terrains vierges, sans aucune idée préconçue ; souvent aussi, hélas ! sans pitié.

Les contemporains ne soupçonnent pas, ne savent et
ne comprennent jamais que l'enthousiasme et une exu-
bérance apparemment exagérée proviennent moins du
tempérament personnel que des sources encore inconnues qui jaillissent d'une nouvelle époque. On regar-
dait de travers l'émotion volcanique de Nietzsche...
Combien de temps encore ne parlera-t-on de lui dans
l'avenir ! N'a-t-on pas exhumé, avec reconnaissance,
même Paracelse après quatre cents ans, et n'a-t-on pas
essayé de l'aider à renaître dans l'époque moderne ?

Je considère que c'est le devoir de tous ceux qui,
solitaires, vont leur propre chemin, de faire part à la
société de ce qu'ils ont découvert au cours de leur
voyage d'exploration, que ce soit une fontaine fraîche
pour ceux que tourmente la soif, ou l'aride désert de
l'erreur stérile. Dans la première éventualité, on aide
son prochain, dans la seconde, on l'avertit. D'ailleurs,
ce n'est pas la critique d'une poignée de contemporains isolés qui décidera de la vérité ou de l'erreur de
nouvelles découvertes : ce seront les temps à venir. Il
est des choses qui ne sont pas encore vraies, qui,
peut-être, n'ont pas le droit de l'être, mais qui pourront
l'être demain. Ainsi celui dont c'est la destinée doit
suivre son propre chemin, soutenu par la seule espérance, les yeux grands ouverts, ayant conscience de
son isolement et des dangers, des précipices que
celui-ci comporte.

Des idées nouvelles, qui ne sont pas de simples gri-
series, ont, en général, besoin d'une génération au
moins pour acquérir droit de cité. Pour des conceptions
psychologiques nouvelles, cette mise en quarantaine

durera encore, sans doute, plus longtemps, car chacun, dans ce domaine, a l'impression d'être d'une compétence qui fait autorité.

Notre attitude moderne jette un regard hautain sur les brouillards de la superstition et de la crédulité médiévales ou primitives, et ignore que tout le passé demeure vivant dans les étages inférieurs du gratte-ciel, auquel on peut comparer notre conscient rationnel. Privé des couches inférieures, notre esprit reste suspendu dans le vide : rien d'étonnant qu'il devienne nerveux... L'histoire vraie de notre esprit n'est point conservée dans de savants volumes : elle est inscrite dans le vivant organisme psychique de chacun.

Les grands renouvellements ne viennent jamais d'en haut, mais toujours d'en bas ; les arbres ne descendent pas du ciel ; ils croissent du sol, bien que leurs graines fussent jadis tombées d'en haut. L'ébranlement de notre monde ne fait qu'un avec celui de notre conscience. Tout devient relatif et par conséquent douteux et tandis que la conscience, hésitante et incertaine, considère ce monde précaire, où retentissent les traités de paix et d'amitié, la démocratie et la dictature, le capitalisme et le bolchevisme, l'aspiration de l'âme s'élève et cherche une réponse dans le tumulte du doute et de l'insécurité. Et ce sont précisément les couches obscures du peuple, les silencieux dont on a tant souri, ceux qui ont été moins blessés que les sommités brillantes de la population par les préjugés académiques, qui se laissent aller à la poussée inconsciente de l'âme.

Penser autrement que l'on ne pense aujourd'hui a toujours un relent d'illégitimité intempestive, de trouble-fête ; c'est même quelque chose de presque incorrect, de maladif, de blasphématoire, qui ne va pas sans comporter de graves dangers sociaux pour celui qui ainsi nage de façon absurde contre le courant.

Nier le passé et n'avoir conscience que du présent serait pure futilité. Aujourd'hui n'a de sens que s'il est entre hier et demain. Aujourd'hui est un processus, qui s'écarte d'hier pour marcher vers demain. Celui qui le comprend ainsi a le droit de se dire moderne.

Ce qu'on appelle le présent n'est qu'une mince couche superficielle qui apparaît dans les grands centres
de l'humanité. Est-elle très mince, alors elle est sans
importance; a-t-elle une certaine épaisseur, alors on
parle de culture et de progrès, et des problèmes surgissent qui caractérisent une époque.

*
* *

Qu'est-ce qu'un problème au présent? Quand nous
parlons aujourd'hui d'un problème général, c'est parce
qu'il existe dans l'esprit de beaucoup d'hommes. Des
individus isolés sont choisis par le destin, déterminés
par leur nature, pour souffrir d'un inconvénient général
et en faire un problème. Aussi sont-ce toujours des isolés qui sont touchés par les problèmes généraux et sont
aussi appelés à répondre et à contribuer à la solution
du problème en ce sens qu'ils l'englobent dans leur
propre vie et ne cherchent pas à y échapper.

Mais qui donc a pleinement conscience que l'histoire
ne se trouve pas dans de gros volumes, mais dans notre
sang? Une infime minorité.

Le temps a la grandeur qu'on lui perçoit et c'est
dans la grandeur du temps que l'homme grandit.

La vie est un écoulement, un déversement dans
l'avenir, et nullement une stagnation qui reflue. Il n'est
donc pas surprenant que les sauveurs mythiques soient
si souvent des enfants-dieux.

Quand le christianisme annonça pour la première
fois l'orientation vers le futur comme principe salutaire
de l'humanité, cela eut un sens psychologique profond.
Au passé on ne peut rien changer et peu au présent;
par contre, l'avenir est à nous et apte à saisir les tensions les plus hautes de la force de vivre. Un court
espace de jeunesse nous appartient. Tout le reste de la
vie appartient à nos enfants.

Le devenir de la personnalité

Ce qu'il y a de meilleur est inexprimable et ce qui, ensuite, vient de mieux ne pénètre pas dans les esprits. Il faut pouvoir laisser venir. L'Orient m'a appris ce qu'il exprime par Wu Wei, c'est-à-dire le non-agir (et non le rien-faire), laisser venir. D'autres aussi l'ont compris. Ainsi Maître Eckhardt quand il parle de « se laisser ». L'endroit obscur auquel l'on se heurte n'est point vide ; on y rencontre la « mère dispensatrice », les « images » et la « semence ». Quand la surface est déblayée, tout peut venir de la profondeur. Les hommes croient toujours qu'ils se sont trompés quand ils y aboutissent. Mais s'ils ne savent aller plus loin, la seule réponse, le seul conseil qui ait un sens, c'est « d'attendre ce que l'inconscient a à dire sur la situation ». Une voie, c'est uniquement la voie que l'on ouvre soi-même et que l'on suit. Il n'y a par conséquent pas d'indications générales qui disent « comment on doit faire ».

Il faut pouvoir laisser le psychique se dérouler sans entraves. C'est pour nous un art véritable auquel bien des gens ne comprennent rien ; leur conscience intervient continuellement pour aider, corriger et supprimer et ne peut laisser tranquille le devenir simple du processus psychique. La tâche serait pourtant assez simple. Si la simplicité n'était pas ce qu'il y a de difficile parmi tout.

Le public commet l'erreur fondamentale de croire qu'il existe des réponses déterminées, des « solutions » ou des conceptions qu'il suffirait d'exprimer pour répandre la clarté nécessaire. Mais la plus belle vérité ne sert de rien, — comme l'histoire l'a mille fois montré — tant qu'elle n'est pas devenue l'expérience première, profonde de l'individu. Toute réponse univoque, celle que l'on dit « claire », reste cependant toujours fixée dans la tête, et il est extrêmement rare qu'elle pénètre jusqu'au cœur. Ce dont nous avons besoin, ce n'est pas de « savoir » la vérité, mais de l'apprendre. Non pas d'avoir une conception intellectuelle, mais de trouver le chemin qui conduit à l'expérience intérieure irrationnelle et peut-être inexprimable en mots. Voilà le grand problème. Rien n'est plus stérile que de parler de ce qui devrait ou pourrait être, et rien n'est plus important que de trouver la route qui mène à ces buts lointains.

Il ne faut pas oublier que le monde est aussi, et en premier lieu, un phénomène subjectif ; les impressions accidentelles que nous ressentons sont aussi notre œuvre ; elles ne nous sont pas imposées sans condition ; c'est notre disposition qui leur donne leur valeur. En général, un homme dont la libido est refoulée aura des impressions beaucoup plus fortes que celui dont la libido est active et bien adaptée ; une nature sensible gardera d'un événement une impression profonde, tandis que tel autre individu moins sensible y restera absolument indifférent.

En face de la richesse troublante et impressionnante des objets animés, l'homme se forge une abstraction, c'est-à-dire une image générale abstraite qui confère un cadre ordonné aux impressions. Cette image a la valeur magique d'une protection contre le changement chaotique de l'expérience vivante. L'homme se plonge dans cette image et s'y perd au point de placer finalement cette vérité abstraite au-dessus des réalités de la vie, qu'il repousse massivement parce qu'elles pourraient venir troubler la jouissance de la beauté abstraite. Il s'élève ainsi lui-même au rang d'abstraction, il s'identifie à la validité éternelle de son image où il se fige, faisant d'elle une sorte de formule de salut. Ainsi se dessaisit-il de lui-même ; il transfère sa vie dans son abstraction où elle se cristallise. Celui qui pénètre l'objet intuitivement (« Einfühlung ») projette son activité, sa vie en l'objet, il se transporte aussi en l'objet, en ce sens que le contenu projeté représente une partie essentielle de lui-même. Il devient objet, s'identifie à ce dernier et s'aliène de la sorte à lui-même. En s'objectivant, il se désubjective.

Toute expérience n'est-elle pas, même dans le cas le meilleur, faite au moins pour moitié d'une interprétation subjective ? D'autre part, le sujet, de nos jours suspecté si intimement, n'est-il pas en soi une donnée objective, un morceau du monde, de sorte que ce qui est créé par lui provient en dernière ligne de ce fonds même du monde, tout comme les êtres vivants les plus bizarres et les plus improbables sont portés et nourris par cette même terre que nous avons tous sous nos pieds. Ainsi, ce sont les idées les plus subjectives qui sont les plus proches de la nature et de l'essence de l'être et qui, de ce fait, doivent être réputées les plus vraies. Mais « qu'est-ce que la vérité ? ».

Il n'est pas accordé à un très grand nombre de voir le monde comme une « donnée ». Il faut, sans nul doute, un important redressement, riche de sacrifice, pour reconnaître que le monde est une « donnée » issue de l'âme. Ainsi nous sommes plus immédiatement persuadés, plus impressionnés, plus frappés en voyant ce qui nous arrive qu'en observant comment nous le faisons. L'être animal en l'homme se cabre à l'idée de se sentir le faiseur de ses données. C'est pourquoi les tentatives de cette sorte ont toujours été l'objet d'initiations secrètes.

Il est des expériences qu'on ne peut que faire, mais jamais remplacer par la raison. Elles sont souvent d'une valeur inestimable.

On ne saurait imaginer aucun système et aucune vérité qui apporteraient à l'homme ce dont il a besoin pour vivre, à savoir la croyance, l'espérance, l'amour et la connaissance. — Ces quatre suprêmes conquêtes des aspirations humaines sont comme autant de grâces que l'on ne peut ni enseigner ni apprendre, qu'on ne peut pas plus donner qu'on ne pourrait les prendre, qu'on ne saurait pas plus dérober qu'on ne pourrait les gagner, car elles sont liées à une condition irrationnelle, soustraite à l'arbitraire humain, à savoir à l'expérience vivante que l'on en fait. Or ces expériences-là, on ne saurait les « fabriquer ». Elles se produisent non pas dans l'absolu, mais heureusement de

façon relative, c'est-à-dire dans un nœud et un
contexte de relations humaines. Tout ce que nous pouvons faire avec nos moyens humains, c'est de tenter
vers elles une marche d'approche. Il est des voies qui
acheminent dans le voisinage des expériences, mais on
devrait s'interdire d'appeler ces voies des «méthodes»,
car ce terme agit de façon stérilisante sur la vie et, en
outre, le sentier qui acheminera vers une expérience
vécue ne s'emprunte point par jeu ou par artifice, mais
bien plus par une entreprise hasardeuse, qui va exiger
l'adhésion inconditionnée de toute la personnalité.

Angoisse en tout bien tout honneur ! — mais une
entreprise courageuse et sérieuse, qui exige que
l'homme tout entier entre en lice, il faut la soutenir.
Si on la combat on tente, en fait, d'écraser ce qui est
le meilleur en l'homme : sa courageuse audace, sa
suprême aspiration ; et si l'on y réussissait, on aurait
entravé l'expérience infiniment précieuse qui aurait pu,
seule, donner un sens à la vie. Que serait-il arrivé si
saint Paul s'était laissé détourner de son voyage à
Damas par on ne sait quelle argutie ?

On sait par expérience que l'homme dont la seule
référence est l'extériorité ne se contente jamais de ce
qui est simplement nécessaire ; il tend toujours plus
loin davantage vers le meilleur, qu'il cherche, restant
fidèle à son préjugé ; toujours à l'extérieur. Il oublie
complètement que lui-même, en dépit de tout succès
extérieur, reste intérieurement toujours le même ; c'est
pourquoi il déplore toujours sa pauvreté quand il ne
possède qu'une automobile au lieu d'en avoir deux
comme la plupart des autres. Il est certain que la vie
extérieure de l'homme est susceptible de bien des amé-
liorations et embellissements, mais ils perdent de leur
importance dans la mesure où l'homme intérieur ne
marche pas du même pas. La saturation de tout ce qui
est «nécessaire» est certainement une source de bonheur qu'il ne faut pas sous-estimer ; mais au-delà,
l'homme intérieur pose ses exigences que nul bien
extérieur ne peut apaiser. Et moins on écoute cette
voix, parce qu'on est à la chasse des splendeurs de ce

monde, plus l'homme intérieur devient la source de désagréments et de malheur, incompris au sein de conditions de vie qui permettraient d'envisager tout autre chose. L'extériorisation devient une souffrance incurable parce que nul ne peut comprendre comment on pourrait souffrir de soi-même. Personne ne s'étonne de son insatiabilité; on la considère comme son bon droit et l'on ne pense pas que l'unilatéralité de son régime spirituel aboutit finalement aux plus graves troubles de l'équilibre. C'est ce dont souffre l'occidental et il n'a nul repos tant qu'il n'a pas contaminé le monde entier de l'agitation de son désir.

Trop de gens encore cherchent en dehors d'eux-mêmes; les uns croient au leurre de la victoire et de la force victorieuse; d'autres aux traités et aux lois; d'autres encore au renversement de l'ordre établi. En trop petit nombre, quelques-uns cherchent en eux-mêmes, dans leur être psychologique. Une minorité, trop faible, se demande si, en définitive, la meilleure façon de servir la société et les hommes ne serait pas de commencer chacun par soi-même, d'essayer d'abord et uniquement sur sa propre personne, dans sa propre économie interne, les réformes prêchées à tous les carrefours.

S'il existe des hommes d'exception capables de sacrifier toute leur vie à une règle déterminée, la plupart cependant ne sont pas à même de supporter à la longue une telle exclusivité.

C'est en tenant compte des exigences des mondes interne et externe, et, pour mieux dire, en assumant leur conflit, que s'esquisseront les profils du possible et du nécessaire. Malheureusement, notre esprit occidental, en conséquence de son manque de culture dans cette perspective, n'a même pas encore trouvé une notion et encore moins une dénomination pour exprimer l'*union des contraires à mi-chemin*, cette cheville ouvrière fondamentale de l'expérience intérieure, telle que l'exprime par exemple le «tao» des Chinois. Une telle union des contraires constitue à la fois le fait le plus individuel et l'accomplissement le plus rigoureux, le plus universel de la vie en nous et de son sens.

Il vaut mieux se représenter ce jeu et cette opposition tragiques des contraires existant entre l'intérieur et l'extérieur (ce que le Livre de Job et *Faust* évoquent et décrivent sous la forme d'un pari divin) en se disant qu'il s'agit au fond de l'énergétisme même inhérent à tout processus vital et que cette opposition des contraires est inéluctable pour l'autorégulation. Aussi diverses que soient ces puissances contraires, dans leur apparence comme dans leur finalité, elles n'en veulent pas moins tout de même au fond la vie de l'individu ; elles oscillent à partir d'un centre, la faisant osciller avec elles.

Précisément parce que ces tendances contraires sont secrètement et souterrainement en rapport les unes avec les autres, elles sont susceptibles de trouver leur accord dans une certaine moyenne, dans un certain compromis, qui, en quelque sorte nécessairement sourd volontairement ou involontairement de l'individu lui-même, ce dont ce dernier ne peut pas avoir une certaine prescience intuitive. Chacun a un sentiment de ce qui devrait être, de ce qu'il devrait être. Ne pas tenir compte de cette intuition, s'en écarter et s'en éloigner, c'est faire fausse route, c'est s'engager dans la voie de l'erreur et, à plus ou moins long terme, déboucher dans la maladie.

Celui qui n'est que sage ou qui n'est que saint m'intéresse à peu près autant qu'un squelette rare de saurien : il ne me touche pas aux larmes. Par contre, la folle contradiction entre l'être arraché à la Maya dans le Soi cosmique et la faiblesse aimante qui plonge dans la terre noire sa fécondité aux multiples racines pour répéter dans tout l'avenir le tissage et la déchirure du voile, éternelle mélodie de l'Inde, cette contradiction me passionne. Car comment peut-on voir la lumière sans l'ombre, percevoir le silence sans le bruit, atteindre la sagesse sans la folie ?

Devenir fou n'est pas un art. Mais de la folie extraire la sagesse, voilà sans doute le comble de l'art. La folie est la mère des sages, jamais l'intelligence.

*
* *

Le mythe du héros, à ce qu'il nous semble, est celui de la souffrance de notre propre inconscient, de l'aspiration inassouvie et rarement réalisable vers les sources les plus profondes de notre être, vers le sein de la mère et, dans celui-ci, aspiration à la communion avec la vie infinie dans les formes innombrables de l'existence.

De même que le monde inconscient des images mythologiques parle indirectement par l'expérience de l'objet extérieur à celui qui s'abandonne totalement au monde extérieur, le monde extérieur réel et ses exigences parlent aussi indirectement à celui qui s'abandonne totalement à l'âme, car personne ne peut se soustraire aux deux réalités. Si l'un va uniquement vers l'extérieur, il lui faut vivre son mythe, va-t-il au contraire vers l'intérieur, il lui faut rêver sa vie extérieure, ce qu'on appelle la vie réelle.

Nous savons qu'il n'est de science des prévisions humaines, ou de « sagesse », qui nous permettrait d'imprimer à notre vie une direction déterminée, si ce n'est pour de très petites étapes. Accordons que cette opinion, valable pour un type « habituel » de vie, ne l'est pas pour le type « héroïque ». Ce dernier existe, mais il est certainement beaucoup plus rare que le premier. On ne saurait prétendre d'un style héroïque de vie, que le sujet n'imprime à son existence qu'une direction incertaine et uniquement pour de courtes étapes. Un style héroïque de conduite est absolu, c'est-à-dire que l'existence dépendra de décisions qui impriment leur sceau à toute une destinée, et que l'orientation sera maintenue, le cas échéant, jusqu'à un dénouement amer.

Quoique notre intellect ait développé presque jusqu'à la perfection son aptitude — telle celle de l'oiseau de proie d'épier du plus haut qui soit la plus minuscule souris, — la pesanteur terrestre s'empare malgré tout de lui et les Sangskâras l'embrouillent dans un monde d'images effarantes quand il ne cherche plus de proie mais tourne plus simplement son œil unique vers l'intérieur pour trouver celui qui cherche. Plus encore : il tombe dans les douleurs d'une naissance démoniaque qui est entourée de frayeurs et de dangers inconnus, et menacée de miroitements illusoires, de voies errantes labyrinthiques. Ce courageux audacieux doit redouter le pire destin : la solitude insondable et muette dans le temps qu'il dit être le sien.

Notre jugement sur la voix intérieure se meut entre deux extrêmes : ou bien elle est considérée comme une sottise complète, ou bien comme la voix de Dieu. Il ne vient à l'idée de personne qu'il puisse y avoir un intermédiaire qui mériterait attention.

Les problèmes les plus vastes et les plus importants de la vie sont, au fond, tous insolubles. Il faut qu'ils le soient car ils traduisent la nécessaire polarité immanente à tout système qui s'équilibre lui-même (autorégulé). Jamais on ne leur donne de solution, tout au plus peut-on les enfouir et les dépasser.

A y regarder de plus près, cet «enfouissement» et ce «dépassement» se dévoilent être un exhaussement du niveau de la conscience. Un intérêt plus haut et plus vaste est entré dans le cercle de vision et cet élargissement de l'horizon a ôté au problème insoluble son caractère d'urgence. Il n'a pas été résolu logiquement en lui-même, mais il a pâli en présence d'une nouvelle orientation de vie plus impérative. Il n'a été ni refoulé, ni rendu inconscient, il est simplement apparu sous un jour différent qui l'a transformé. Ce qui, à un degré plus inférieur, aurait été l'occasion de sauvages conflits et d'assauts affectifs paniques, apparaît maintenant qu'on le regarde à partir d'un niveau plus élevé de la personnalité, comme un orage de vallée vu du sommet de la montagne. Ainsi l'ouragan né de l'orage ne perd rien de sa réalité ; nous ne sommes plus dedans, mais au-dessus.

Les grands problèmes de la vie ne sont jamais résolus définitivement. S'ils le paraissent parfois, c'est toujours à notre détriment. Leur sens et leur but ne semblent pas résider dans leur solution, mais dans l'activité que nous dépensons inlassablement à les résoudre. Cela seul nous préserve de l'abrutissement et de la fossilisation.

Ce n'est pas par une séparation que l'on guérit une dissociation, mais par un déchirement. Toutes les forces tendues vers l'unité, toute la saine volonté d'affirmation de soi se révolteront contre ce déchirement. C'est ainsi que l'être prendra conscience que l'accord, qu'il cherchait toujours au-dehors, est possible en lui-même... Cette cohésion intime lui est un bien.

*
* *

La poussée et la contrainte à se réaliser soi-même sont loi naturelle, par conséquent ont une force insurmontable même quand le début de leur action est de prime abord imperceptible et invraisemblable.

La nature n'est pas seulement aristocratique, elle est aussi ésotérique. Aucun initié pourtant ne serait tenté de masquer ses mystères, car il sait trop bien que le mystère de l'évolution psychique ne peut jamais être dévoilé, pour cette simple raison que l'évolution n'est qu'une question d'aptitude individuelle.

La nature est aristocratique, mais non pas en ce sens qu'elle aurait réservé aux seules espèces supérieures la possibilité de différenciation. Il en va de même pour la possibilité de développement psychologique de l'homme : elle n'est pas réservée à des individus particulièrement doués. En d'autres termes, pour parcourir un développement psychologique étendu, il n'est besoin ni d'une intelligence particulière, ni d'autres talents spéciaux, étant donné que, pour cette évolution, des qualités morales peuvent intervenir, vicariantes, là où l'intelligence ne suffit point.

Ce qui se trouve derrière l'homme, ce n'est ni l'opinion publique ni le code général des mœurs ; c'est une personnalité qui lui est encore inconsciente. De même que l'homme continue à être ce qu'il était auparavant, il est aussi déjà toujours ce qu'il deviendra encore. La conscience n'englobe pas l'homme dans sa totalité ; cette dernière, en effet, est composée de ses contenus conscients d'une part, et, d'autre part aussi, de son inconscient dont l'étendue est indéterminée et dont on

ne peut fixer les limites. La conscience est contenue
dans cet ensemble, peut-être à la façon dont un petit
cercle est inscrit dans un plus grand. D'où provient,
sans doute, la possibilité de faire du «Moi» un objet,
ou encore la possibilité que, au cours du développement, une personnalité plus vaste émerge par degrés
qui se fera servir par le Moi en question. Cet accroissement de personnalité provient de l'inconscient dont
les limites ne peuvent êtres fixées. Il en résulte qu'on
ne saurait non plus délimiter pratiquement l'étendue de
la personnalité qui se réalise graduellement.

Devenir une personnalité n'est pas une prérogative
absolue de l'homme de génie. Bien plus : on peut être
génial sans avoir de personnalité ou sans en être une.
Comme chaque individu a sa loi de vie innée en lui,
chacun a théoriquement la possibilité d'obéir avant
tout à cette loi et de devenir ainsi une personnalité,
c'est-à-dire de parvenir à la totalité. Mais comme le
vivant n'existe que sous la forme d'unités vivantes,
donc d'individus, la loi de la vie ne vise en dernier
lieu qu'une vie individuellement vécue.

Nous savons que les premières impressions de
l'enfance accompagnent l'homme dans toute sa vie et
que certaines influences éducatrices ont le pouvoir de
le maintenir toute sa vie aussi, dans certaines limites.
On ne saurait donc s'étonner de voir surgir des conflits
entre la vraie personnalité et celle qui a été ainsi for-
mée par l'éducation ou l'influence du milieu. Ce
conflit est le lot de tous ceux qui sont appelés à une
vie indépendante et productive.

Je voudrais simplement faire remarquer à quelle
conclusion on arriverait si l'on admettait, avec les primitifs, que toute lumière vient du soleil, que les choses
sont belles, qu'une partie de l'âme humaine est léo-
pard, en bref, si l'on donne raison à la théorie du
Mana. Selon cette théorie, c'est la beauté qui nous
émeut, et non pas nous qui produisons la beauté.
Quelqu'un est diable, ce n'est pas nous qui avons projeté en lui notre mal et qui l'avons ainsi fait diable. Il
y a des êtres humains qui font impression, ceux qu'on

appelle des personnalités mana, qui le sont de par eux-mêmes et ne doivent aucunement leur existence à la force de notre imagination.

Je ne veux pas nier de façon générale qu'il puisse exister de vrais prophètes ; toutefois, par prudence, je préfère adopter en faveur de chaque cas particulier une attitude dubitative car ces affaires de prophètes sont bien trop redoutables pour qu'on ose prendre position et décide à la légère de considérer le prophète en question comme authentique. D'ailleurs tout véritable prophète se refuse avec véhémence au rôle qu'on voudrait inconsciemment lui faire jouer. Aussi dès qu'un prophète accède trop rapidement et comme en un tour de main, à son personnage, il convient d'envisager judicieusement la possibilité d'une perte d'équilibre psychique.

Les hommes d'exception, soigneusement entourés et captés, sont toujours un don de la nature qui nous enrichit et augmente l'étendue de notre conscience, mais uniquement si notre pondération ne fait pas naufrage. L'émotion peut être un véritable don des dieux ou un produit de l'enfer. Avec la démesure qui est la sienne, commence le crime, rnême si l'obnubilation de la conscience qui y est liée, semble nous rapprocher des buts les plus élevés. Seule une pondération plus grande et plus circonspecte constitue un gain vrai et durable.

Non que la vie en elle-même se déroule, mais qu'on soit conscient d'elle, c'est là la vraie vie. Seule la personnalité unifiée peut éprouver, recevoir l'expérience de la vie, et non ce phénomène décomposé en aspects parcellaires, qui est aussi appelé homme.

La connaissance de soi ou — ce qui est identique — la poussée à l'individuation rassemble ce qui est dispersé et multiple, pour l'élever à la forme originelle de l'homme premier et unique. Ainsi l'existence particulière, c'est-à-dire « l'egoïté » se trouve chaque fois supprimée ; le cercle de la conscience en est élargi et l'entrée des paradoxes dans la conscience fait tarir les sources de conflits.

*
* *

Pour arriver à la totalité, il faut que l'être entier soit
mis en jeu. Cette exigence ne saurait être diminuée ;
c'est pourquoi il n'existe ni conditions inférieures, ni
succédanés, ni compromis. Comme le « Faust » aussi
bien que le « Zarathoustra » — malgré la très haute
approbation dont ils furent l'objet — restent à la limite
de ce que l'Europe peut comprendre, on ne peut guère
attendre d'un public instruit, qui vient à peine d'entendre parler de l'obscurité de l'âme, qu'il puisse se faire
de quelque manière une idée suffisante de l'attitude
d'esprit d'un homme tombé dans les confusions du
processus d'individuation — c'est ainsi que j'ai appelé
l'accession à la totalité. On prend alors le vocabulaire
de la pathologie et l'on se console à l'aide de la terminologie des psychoses et des névroses, ou bien l'on
murmure qu'il s'agit du mystère créateur. Mais que
« crée » celui qui se trouve n'être pas poète ? A cause
de cette dernière méprise, bon nombre de gens à l'époque récente se sont vus dénommés artistes de leur propre autorité. Comme si l'« art » n'était pas aussi un
« pouvoir ». Quand on n'a absolument rien à créer,
peut-être se crée-t-on soi-même.

Les personnalités absolument complètes font exception. Il est vrai que l'écrasante majorité des gens cultivés ne possèdent qu'une personnalité fragmentaire et
emploient une quantité de succédanés au lieu de biens
authentiques.

Le développement de la personnalité qui sort de ses
dispositions germinatives pour arriver à sa conscience
totale est charisme en même temps que malédiction. La
première conséquence en est la conscience d'un inévitable isolement de l'individu qui se sépare du troupeau
indistinct et inconscient. C'est la solitude ; il n'est
point pour cela de désignation plus consolante. Même
l'adaptation la plus réussie n'en délivre pas, ni l'ajus-
tement, sans la moindre friction, au milieu, nulle
famille, nulle société et nulle situation. Le développement de la personnalité est un bonheur tel qu'on ne
peut le payer que très cher.

Personne ne développe sa personnalité parce qu'il lui aura été dit qu'il serait utile et opportun de le faire. Jamais encore la nature ne s'en est laissé imposer par des conseils bienveillants ; seule la cause efficace créant une contrainte met la nature en mouvement, même la nature humaine. Sans nécessité, rien ne change, surtout pas la personnalité humaine. Elle est immensément conservatrice pour ne pas dire inerte ; il faut une grave nécessité pour la stimuler fortement. Ainsi le développement de la personnalité n'obéit à aucun désir, aucun ordre, aucun avis ; il n'obéit qu'à la nécessité, il faut qu'il soit motivé par la contrainte d'un destin interne ou externe. Tout autre développement serait individualisme ; ainsi le reproche d'individualisme est-il une injure vulgaire et grossière quand on l'oppose au développement naturel d'une personnalité.

Personne ne peut développer la « personnalité » qui n'en a pas lui-même. Et ce n'est pas l'enfant, c'est uniquement l'adulte qui peut atteindre à la personnalité comme fruit mûr d'une activité de vie orientée vers ce but.

Au début, la personnalité n'est jamais ce qu'elle sera plus tard. C'est pourquoi il existe, au moins dans la première moitié de la vie, la possibilité d'agrandissement de la personnalité. Cela peut résulter d'un accroissement venu de l'extérieur, en ce sens que de nouveaux contenus vitaux se déversent du dehors dans la personnalité qui les assimile. On peut ainsi obtenir un considérable accroissement de la personnalité. Aussi admet-on volontiers que cet accroissement ne vient que du dehors et l'on fonde sur cette idée le préjugé que l'on parvient à la personnalité lorsqu'on absorbe le plus possible de ce qui vient du dehors. Mais plus on obéit à cette recette, plus on s'imagine que c'est du dehors que vient l'accroissement de la personnalité, plus on s'appauvrit intérieurement. Par conséquent, si une grande idée nous empoigne de l'extérieur, il nous faut bien comprendre qu'elle ne nous empoigne que parce que quelque chose en nous

va au-devant d'elle et lui correspond. La possession
d'une disposition mentale constitue une richesse, nullement l'amas de butin de chasse. Car tout ce qui entre
en nous de l'extérieur ne devient notre bien propre que
si nous avons en nous un espace qui corresponde à la
grandeur de l'extérieur. Le véritable accroissement de
la personnalité, c'est la venue à la conscience d'un
élargissement venant de sources intérieures. Sans
l'ampleur intérieure, nous ne saisissons jamais la grandeur de notre objet. C'est pourquoi l'on dit avec raison
que l'homme grandit en même temps que la grandeur
de sa tâche. Mais il faut qu'il ait en lui ce pouvoir de
grandir; sinon la tâche la plus lourde ne lui est
d'aucune utilité. Tout au plus se brise-t-il contre elle.

Tout ce qui commence, commence toujours en petit;
c'est pourquoi il ne faut point nous laisser rebuter par
le travail pénible, mais consciencieux que nous effec-
tuons sur l'individu — travail en apparence sans résultats à l'échelle sociale — même si le but auquel nous
tendons semble perdu dans un lointain inaccessible.
Car un but demeure tout de même à notre portée : c'est
de viser à développer et à mûrir la personnalité individuelle. Dans la mesure où nous sommes convaincus
que l'individu est le vecteur de la vie, nous servons le
sens de l'existence si nous parvenons à ce qu'un arbre
au moins porte des fruits, même si mille autres arbres
autour de lui doivent rester stériles. Quiconque se pro-
poserait de faire prospérer tout ce qui peut pousser
constaterait rapidement que les mauvaises herbes, qui
poussent toujours le plus vite, envahissent son champ
d'action. C'est pourquoi je considère que le but le plus
noble de la psychothérapie, à l'époque contemporaine,
est de travailler sans relâche au développement de
l'individu.

Quand nous disons : « l'animal en l'homme », nous
avons l'impression de quelque chose de hideux. Or, il
n'y a rien de hideux dans l'animal en l'homme ; et les
animaux n'ont absolument rien de hideux ; car ils
accomplissent en toute loyauté la volonté de Dieu, ils
vivent selon ce que le créateur les a faits. Nous, ne le

faisons pas. Nous gâchons l'œuvre du créateur. Nous voulons toujours être différents de ce que nous sommes. Nous n'avons point l'ambition d'être ce que nous sommes dans notre totalité, parce que cela nous est désagréable. Mais les animaux, eux, sont ce qu'ils sont et ils accomplissent loyalement la volonté de Dieu qui est en eux.

C'est un résultat de l'expérience humaine la plus ancienne de savoir que la conscience est entourée de puissances psychiques qui la protègent et la portent, ou la menacent et la trompent. Cette expérience s'est projetée dans l'archétype de l'«enfant», qui exprime la totalité de l'homme. L'«enfant» est l'abandonné, le délaissé et en même temps le divinement puissant; il est le début insignifiant, douteux, et la fin triomphante. L'«éternel enfant» dans l'homme est une expérience indescriptible; un état d'inadaptation, un défaut et une prérogative divine; en dernier lieu, un impondérable qui fait la valeur ou la non-valeur d'une personnalité.

La personnalité est en germe dans l'enfant et n'atteint son plein développement que peu à peu au cours de la vie. Sans détermination, totalité et maturité, nulle personnalité ne se manifeste. Ces trois qualités ne peuvent et ne doivent pas être le propre de l'enfant: elles le priveraient de sa qualité d'enfant.

Je soupçonne notre enthousiasme contemporain pour la pédagogie et la psychologie de l'enfant, d'une intention malhonnête: on parle de l'enfant, alors que l'on devrait entendre: l'enfant en l'adulte. Car il y a dans l'adulte un enfant, un enfant éternel toujours en état de devenir, jamais terminé, qui aurait besoin constamment de soins, d'attention et d'éducation. C'est cette partie de la personnalité humaine qui voudrait se développer en entier.

Un sentiment de béatitude accompagne tous les instants caractérisés par le sentiment d'une vie débordante, instants ou états où ce qui est amassé peut s'écouler sans entraves, où il n'est pas nécessaire de s'astreindre consciemment à ceci ou cela pour trouver une issue ou pour produire un effet; situations ou états

où «cela va de soi »; où il n'est pas nécessaire de se
donner du mal pour réaliser je ne sais quelles conditions prometteuses de joie ou de plaisir. De cette joie
qui, sans souci de l'extérieur, vient tout réchauffer du
fond de l'être, le temps de l'enfance est le témoignage
inoubliable. L'état d'enfant est donc un symbole de la
condition intime particulière où apparaît la «béatitude».

Sur un sommet de la vie, où le bourgeon s'ouvre et
où du plus petit sort le plus grand, alors Un devient
Deux et la forme la plus grande, que l'on a toujours
été et qui cependant restait toujours invisible, se dresse
en face de l'homme que l'on était jusqu'alors, avec la
valeur d'une révélation. Celui qui est vraiment et
désespérément petit fera toujours redescendre la révélation du plus grand dans le domaine de sa petitesse et
ne comprendra jamais que le jour dernier a commencé
pour elle. Mais celui qui est intérieurement grand sait
que l'«ami de l'âme» si longtemps attendu, l'immortel
est, en réalité, désormais venu «pour faire prisonnière
sa prison» (Eph. 4, 8), à savoir celui qui l'a toujours
porté en lui et tenu prisonnier, pour le saisir et faire
aboutir la vie de celui-ci dans la sienne: instant d'un
danger mortel.

*
* *

Celui-là seul qui peut dire consciemment oui à la
force de sa vocation intérieure, lorsqu'elle se présente
à lui, celui-là seul atteint à la personnalité; mais celui
qui y succombe est la proie du cours aveugle des événements et est anéanti; c'est là ce qui fait la valeur de
l'action salvatrice de toute vraie personnalité, elle se
présente comme victime de sa vocation par une décision volontaire et c'est en pleine conscience qu'elle
exprime dans sa réalité individuelle ce qui, vécu
inconsciemment par le groupe, ne l'aurait été qu'à son
détriment.

L'exigence de l'*imitatio Christi*, c'est-à-dire de vivre
suivant l'exemple du Christ en visant à Lui ressembler,

devrait avoir pour but le développement et l'élévation de l'homme intérieur que l'on porte en soi. Or, en réalité cependant, les croyants superficiels enclins au formalisme mécanique ravalent cette imitation du Christ à n'être qu'un objet extérieur du culte qui précisément à cause de cette adoration, va se trouver empêché d'agir dans la profondeur de l'âme, et de transformer cette dernière en une totalité correspondant à l'exemple idéal. De ce fait le médiateur divin n'est plus qu'une image extérieure ; l'homme reste fragmentaire et n'est pas atteint dans sa nature la plus profonde. Le Christ peut même être imité jusqu'à la stigmatisation sans que l'imitateur ait approché, même de loin, l'exemple ou son sens. Il ne s'agit pas d'une imitation qui laisserait l'être inchangé et qui n'aurait ainsi été pour lui qu'un simple artifice, mais de la réalisation de l'exemple idéal pour son propre compte — *Deo concedente* (Si Dieu le veut) — dans la sphère de sa vie individuelle.

Tout ce qui est bon est précieux et le développement de la personnalité se range parmi ce qui ne peut être obtenu qu'au prix des plus grands efforts. Car il s'agit de dire oui à soi-même — de se donner soi-même comme la tâche la plus sérieuse et de toujours rester conscient de ce que l'on fait, de le garder sous les yeux quel que soit son aspect douteux — vraiment, c'est là une tâche qui vous prend jusqu'aux moelles.

La personnalité ne se peut jamais développer sans que l'on ait choisi sa propre voie, consciemment et par une décision morale consciente. Le motif causal de nécessité n'est pas seul à contribuer par sa force au processus de développement de la personnalité ; il y faut aussi la décision morale consciente. Sans le premier, la nécessité, la prétendue évolution n'est qu'acrobatie de la volonté ; sans le second, la décision consciente, le développement resterait plongé dans le sourd automatisme inconscient. Or, on ne peut prendre de décision morale en faveur de sa propre voie que si on la tient pour la meilleure qui soit. S'il arrivait que l'on en tînt une autre pour meilleure, au lieu de celle de la personnalité, c'est cette autre que l'on vivrait et

que, par conséquent, on développerait. Les autres
voies, ce sont les conventions morales, sociales, politiques, philosophiques et religieuses. Le fait même que
toujours les conventions fleurissent d'une manière
quelconque prouve que l'immense majorité des hommes ne choisit pas sa voie propre, mais la convention,
et, par suite, au lieu de se développer personnellement,
on développe une méthode, donc un fait collectif aux
dépens de sa propre totalité.

La personnalité, c'est la suprême réalisation des
caractéristiques innées de l'être vivant particulier. La
personnalité, c'est l'action du plus grand courage de
vivre, de l'affirmation de l'existant individuel et de
l'adaptation la plus parfaite au donné universel, avec
la plus grande liberté possible de décision personnelle.

C'est dans la mesure où, infidèle à sa propre loi, on
ne s'élève pas à la personnalité, que l'on a manqué le
sens de la vie. Par bonheur, dans sa bonté et dans sa
longanimité, la nature n'a jamais mis dans la bouche
de la plupart des hommes la question fatale du sens de
leur vie. Et quand personne ne pose la question, on ne
peut que garder le silence.

On rencontre parmi ceux que l'on appelle des primitifs, des personnalités dont la mentalité force le respect, comme si l'on se trouvait en présence de l'œuvre
mûre d'une destinée que rien ne trouble.

Nous pouvons admettre que la personnalité est
composée de deux éléments : d'abord du conscient —
et de tout ce qu'il contient, — et ensuite d'un
arrière-pays infiniment vaste de psyché inconsciente.
La personnalité consciente peut être délimitée et définie plus ou moins clairement, mais lorsqu'il s'agit de
l'ensemble de la personnalité humaine, on est obligé
de reconnaître l'impossibilité d'en fournir une description et une définition complètes. En d'autres termes, il
existe inéluctablement un élément indéfini et illimité,
qui s'ajoute à toute personnalité : cette dernière comprend
une partie consciente, susceptible d'être observée, mais
qui n'englobe pas certains facteurs, dont cependant
nous sommes forcés d'admettre l'existence, si nous

voulons expliquer certains faits observés. Ce sont ces facteurs inconnus que nous appelons le secteur inconscient de la personnalité.

Le Soi a le caractère à priori d'être orienté vers un but et la poussée vers la réalisation de cette fin existe même si la conscience n'y participe pas. On ne peut les nier, mais on ne peut pas davantage se passer de la conscience du Moi. Lui aussi fait connaître son exigence sans qu'on puisse l'éluder ; et il le fait très souvent en contradiction bruyante ou légère avec la nécessité du devenir-soi. En réalité, c'est-à-dire quelques cas exceptionnels mis à part, l'entéléchie du Soi est faite d'une voie de compromis infinis où Moi et Soi se tiennent péniblement en équilibre, pour que tout aille bien. Une trop grande déviation vers l'un ou l'autre côté n'est donc, dans l'acceptation la plus profonde, souvent pas autre chose qu'un exemple de ce qu'on ne devrait pas faire. Cela ne veut dire en aucune façon que là où ils s'établissent naturellement, les extrêmes seraient *eo ipso* sans valeur. Nous faisons sans doute d'eux le bon usage quand nous approfondissons leur sens, ce dont heureusement ils nous donnent bien des occasions.

Que signifie la « totalité » ? A ce qu'il me paraît, il n'y a ici que trop de motifs à l'anxiété. Car l'homme dans sa totalité jette une ombre. Ce n'est pas en vain que le quatrième a été séparé des trois et relégué dans l'empire du feu éternel. Mais est-ce qu'une parole non canonisée du Seigneur ne dit pas : « Celui qui m'est proche est proche du feu » ? Des ambiguïtés aussi terribles ne sont pas faites pour les adultes restés enfants, et c'est pourquoi on a appelé le vieil Héraclite l'Obscur, parce qu'il a dit des choses trop claires et appelé la vie elle-même un « feu éternellement vivant ». C'est pourquoi il existe des logia non canoniques pour les clair-audiants, et c'est pourquoi aussi — last not least — la Bible est aussi à l'index.

*
* *

Il n'y a pas de lumière sans ombre et pas de totalité
psychique sans imperfection. La vie nécessite pour son
épanouissement non pas de la perfection mais de la
plénitude. Cela comporte «l'écharde dans la chair»,
l'expérience douloureuse des imperfections, sans laquelle
il n'y a ni progression, ni ascension.

Seule l'interférence de l'espace et du temps dans
l'ici et le maintenant crée de la réalité. La totalité ne
se réalise que dans l'instant, dans ce moment, que
Faust chercha sa vie durant.

Chaque vie est en définitive *la réalisation d'une
totalité*, c'est-à-dire d'un Soi, motif pour lequel on
peut dénommer cette réalisation une individuation. Car
tout ce qui vit est lié à des vecteurs et à des réalisa-
teurs individuels, et est sans ceux-ci absolument inconcevable. Mais du fait de chaque porteur se trouve
donné aussi une destinée et une spécificité individuelle, et c'est sa réalisation en tant que telle qui constitue le sens de l'existence vivante. Le «sens», il est
vrai, est fréquemment quelque chose que l'on pourrait
tout aussi bien appeler «un non-sens», mais entre le
mystère de l'être et la raison humaine existe pas mal
d'incommensurabilité. Ce que nous appelons «sens» et
«non-sens» sont des interprétations entachées d'anthropo-
morphisme visant à une orientation de valeur apparemment suffisante.

Destin, mort et renouvellement

Qu'est-ce qui finalement poussa l'homme à choisir sa propre voie et ainsi à sortir de son identification inconsciente à la masse, à s'élever comme au-dessus d'une couche nébuleuse? Ce ne peut pas être la misère: elle atteint beaucoup de gens et tous cherchent refuge dans la convention. Ce ne peut pas être une décision morale: en général celle-ci se fait en faveur de la convention. Qu'est-ce qui fait donc impitoyablement pencher la balance vers l'inaccoutumé? C'est ce que l'on appelle vocation, facteur irrationnel qui pousse fatalement à s'émanciper du troupeau et à sortir de ses chemins battus. La véritable personnalité a toujours sa détermination en laquelle elle croit; elle a une « pistis » (foi) à son égard, comme à l'égard de Dieu, bien que, dirait l'homme du commun, ce ne soit qu'un sentiment individuel de prédestination. Mais cette prédestination agit comme une loi divine dont il est difficile de s'écarter. Le fait que beaucoup succombent dans leur propre voie n'a aucune importance pour le prédestiné. Il doit obéir à ses propres lois comme si un démon lui soufflait à l'oreille qu'il y a pour lui des voies nouvelles et étranges. Celui qui est prédestiné entend les voix de l'intérieur — il est appelé.

Certes, avec de la volonté on peut arriver à bien des choses, mais ce serait une grosse erreur parce qu'on a l'œil fixé sur la destinée de quelques personnalités à la volonté particulièrement forte, de vouloir aussi, coûte que coûte, soumettre son propre destin à sa volonté. Notre volonté est une fonction dirigée par notre réflexion; elle dépend donc de la constitution de celle-ci. Or notre réflexion, pour mériter ce nom, doit être rationnelle, c'est-à-dire conforme à la raison. Mais a-t-on jamais démontré et pourra-t-on jamais démontrer que la vie et la destinée sont conformes à notre raison humaine, c'est-à-dire qu'elles sont rationnelles elles

aussi ? Nous avons au contraire tout lieu de présumer
qu'elles sont irrationnelles, en d'autres termes qu'elles
ont leur fondement, en dernier ressort, par-delà la raison humaine.

Certes on ne saurait trop priser le bon sens ; pourtant, à l'occasion, il arrive que l'on doive se poser la
question : « Sommes-nous vraiment assez ou trop instruits de ce qui détermine le sort de l'individu pour
être à même, en toutes circonstances, de donner le bon
conseil ? » Évidemment, nous devons agir selon notre
meilleure conviction ; mais sommes-nous tellement sûrs
que notre conviction est aussi la meilleure pour autrui ?
Il arrive très souvent que l'on ne sache pas ce qui est
profitable à quelqu'un, et parfois, bien des années plus
tard, on peut de tout son cœur remercier Dieu de nous
avoir, de sa main bienfaisante, préservé de la « sagesse »
de nos plans de jadis. Il est facile ensuite aux critiques
de dire : « Ce n'était pas précisément la vraie sagesse. »
Or qui donc sait, d'une inébranlable certitude, quand
il tient le « vrai » ? Et l'art véritable de vivre n'est-il
pas de dépasser toute raison et toute adaptation, d'attirer, dans le domaine du possible, ce qu'on appelle
déraisonnable et inadapté ?

La raison cherche toujours la solution sur la voie raisonnable, conséquente, logique : elle est juste dans toutes les situations et tous les problèmes moyens ; elle ne
suffit pas dans les grandes questions décisives. Elle est
incapable de créer l'image, le symbole qui est irrationnel. Lorsque la voie de la raison est devenue une
impasse — et elle le devient toujours au bout d'un certain temps — alors la solution vient d'où on ne l'attendait pas.

Notre postulat rationnel est que tout a ses causes
naturelles perceptibles. Nous en sommes dès l'abord
persuadés. La causalité ainsi comprise est un de nos
dogmes les plus sacrés. Dans notre monde, les forces
invisibles, arbitraires, celles que l'on dit surnaturelles,
n'ont pas de place légitime, à moins que nous ne des-
cendions en compagnie de physiciens modernes dans
l'infiniment petit, monde obscur du noyau central de

l'atome où se déroulent, semble-t-il, d'étranges phénomènes. Mais cela est très loin de nous. Nous éprouvons
un ressentiment marqué contre les forces arbitraires
invisibles, car il n'y a pas longtemps que nous nous
sommes soustraits à ce monde angoissant de rêves et
de superstitions et que nous avons dressé à notre usage
une image du monde digne de notre conscience rationnelle, la toute dernière et la plus grande création de
l'homme. Un univers nous entoure qui obéit à des lois
raisonnables. Certes, nous sommes loin de connaître
toutes les causes, mais nous les découvrirons et elles
correspondront à ce qu'attend notre raison. C'est là
notre espoir qui va de soi. Évidemment il y a aussi des
hasards, mais ils sont précisément des hasards et l'on
n'est pas parvenu à ébranler la causalité qui est la leur.
Les contingences du hasard répugnent à notre conscience éprise d'ordre. Elles troublent le cours régulier
du monde de façon ridicule et par conséquent irritante.
Nous éprouvons contre le hasard le même ressentiment
que contre les forces capricieuses invisibles. Elles rappellent par trop les diablotins ou les caprices d'un *deus
ex machina*. Elles sont les pires ennemis de nos minutieux calculs et un danger permanent pour toutes nos
entreprises. Il a été admis que ces hasards sont dérai-
sonnables, qu'ils méritent toutes les injures, mais il ne
faudrait cependant pas détourner d'eux notre attention.
A ce point de vue, l'Arabe est plus respectueux. Il écrit
sur chacune de ses lettres : *inschallah*, s'il plaît à Dieu,
la lettre arrivera. Car en dépit de tout ressentiment et
de toute légalité, c'est une vérité inébranlable que nous
sommes continuellement et partout exposés au hasard
le plus imprévisible. Et qu'y a-t-il de plus imprévisible
et de plus capricieux que le hasard ? Quoi de plus inévitable et de plus fatal !

L'action des images inconscientes a, en soi, quelques
traits du destin. Peut-être — qui sait ? — ces images
éternelles sont-elles ce qu'on appelle le destin ?

Y aurait-il une activité vivante par-delà le monde
quotidien des hommes, des nécessités dangereusement
inéluctables, des particules plus déterminantes que des

électrons ? Pouvons-nous penser posséder — voire simplement dominer — notre âme alors que ce que la
science appelle « Psyché » et considère comme un point
d'interrogation arbitrairement enfermé dans la capsule
crânienne, ne serait finalement qu'une porte ouverte ?
Issue à travers laquelle pénétrerait, venant du monde
non-humain, cet inconnu qui par ses ondes nocturnes
agirait d'effrayante manière et arracherait l'homme à
l'humanité en le conduisant vers des tâches et des destinées supra-personnelles. Il semble même que parfois
l'amour n'a agi que comme un déclic et comme si
l'humain-personnel n'était qu'un point de départ pour
la « comédie divine » seule essentielle.

« C'est dans ton cœur que brillent les étoiles de ton
destin », dit Seni à Wallenstein, ce qui donnerait satisfaction à toute astrologie si l'on connaissait tant soit
peu de ce mystère du cœur. Mais on n'a jusqu'à présent que peu de compréhension pour cela. Les choses
en vont-elles mieux aujourd'hui ? Je n'oserais l'affirmer.

Il est dangereux de faire profession de pauvreté
d'esprit, car c'est le pauvre qui convoite, et qui
convoite attire sur lui un destin.

Primitive ou non, l'humanité se tient toujours à la
limite de ce qu'elle fait sans pourtant le dominer. A
ne citer qu'un exemple. Le monde entier veut la paix
et le monde entier s'arme pour la guerre. L'humanité
est sans pouvoir contre l'humanité, et des dieux, plus
que jamais, lui montrent les chemins de son destin.
Aujourd'hui nous donnons aux dieux le nom de « Facteurs », mot qui vient de *facere* = faire. Les faiseurs se
tiennent derrière les coulisses du théâtre du monde.
Cela est vrai en grand comme en petit : dans la conscience, nous sommes nos propres maîtres, nous sommes en apparence, les « facteurs » eux-mêmes. Mais si
nous franchissons la porte de l'ombre, nous comprenons alors avec terreur que c'est nous qui sommes les
jouets des facteurs.

Dans notre force, nous sommes indépendants et isolés ; nous pouvons forger nous-mêmes notre destinée ;

dans notre faiblesse, par contre, nous sommes dépendants et, pour cette raison, unis ; nous devenons malgré nous les instruments du destin, car ce n'est pas notre volonté, mais celle de l'espèce qui se fait alors entendre.

Parfois, on a fait mine de ne pas bien comprendre en quoi consiste cette propriété dévastatrice de la force créatrice. Or, une femme qui, surtout dans l'état de notre culture actuelle, s'abandonne à la passion, n'éprouvera que trop vite son caractère dévastateur. Il suffit déjà de s'élever par la pensée seulement, un peu au-delà de nos conventions bourgeoises des bonnes mœurs, pour comprendre le sentiment illimité d'incertitude qui saisit tout individu s'abandonnant aveuglément au destin. Etre fécond, c'est se détruire, car la naissance de la génération suivante indique que la précédente a dépassé son apogée ; ainsi, nos descendants deviennent nos plus dangereux ennemis ; nous n'en viendrons jamais à bout ; car ils nous survivront et pour cette raison, arracheront infailliblement la puissance à nos mains débiles. La peur est bien compréhensible en face du destin érotique, car il est incommensurable.

Plus le Moi cherche à s'assurer toutes sortes de libertés, d'indépendance, d'absence d'obligations et de supériorités, plus il devient esclave de la donnée objective. La liberté de l'esprit tombe dans les chaînes d'un misérable assujettissement financier, l'action insouciante s'effondre anxieusement, une fois ou l'autre, devant l'opinion publique, la supériorité morale se perd dans le marais des relations douteuses, le désir de domination aboutit à un pitoyable désir d'être aimé.

Ce n'est pas moi qui me crée moi-même, bien au contraire. J'adviens à moi-même.

Les grandes décisions de la vie humaine sont bien davantage, en général, soumises aux instincts et autres facteurs inconscients et mystérieux qu'à l'arbitraire conscient et aux ratiocinations bien intentionnées. Ce qui à l'un va comme un gant blesse le voisin ; et où sont les recettes universelles de vie ? Chacun porte en lui-même sans doute sa forme prédestinée de vie, une forme irrationnelle contre laquelle aucune autre ne saurait prévaloir.

Le destin cache des dangers insoupçonnés et si le névrosé hésite continuellement à se lancer dans la vie, c'est afin de se soustraire à la dangereuse lutte pour l'existence. Quiconque renonce à l'expérience de la vie doit en étouffer le désir, commettre une sorte de suicide.

*
* *

C'est à l'heure mystérieuse du midi de la vie que la parabole s'inverse et que se produit la naissance de la mort. Dans sa deuxième moitié, la vie n'est pas ascension, déploiement, multiplication, débordement; elle est mort, car son but, c'est la fin. Ne-pas-vouloir-l'apogée-de-la-vie et ne-pas-vouloir-sa-fin, c'est la même chose. L'un et l'autre signifient ne-pas-vouloir-vivre. Or, ne-pas-vouloir-vivre est synonyme de ne-pas-vouloir-mourir. Devenir et disparaître forment une même courbe.

La trajectoire du projectile se termine au but; de même, la vie se termine à la mort qui est le but où elle tend. Son ascension même et son apogée ne sont que des degrés, des moyens d'arriver à ce but: la mort.

La mort est, psychiquement parlant, aussi importante que la naissance, et, comme celle-ci, elle est une partie intégrante de la vie.

La naissance de l'homme est grosse de signification; pourquoi sa mort ne le serait-elle pas? Durant vingt années et plus, on prépare le jeune être humain au déploiement complet de son existence individuelle; pourquoi celui-ci ne se préparerait-il pas ensuite, pendant vingt ans et plus, à sa fin?

Je suis persuadé qu'il est, pourrait-on dire, plus hygiénique de voir en la mort une fin vers laquelle on devrait tendre; et qu'il y a quelque chose d'anormal et de malsain dans la résistance que nous lui opposons et qui enlève son but à la deuxième moitié de la vie.

On sait bien que si, pour une raison ou une autre, on est mal disposé, il arrive non seulement des anicroches plus ou moins sérieuses, mais parfois aussi des aventures graves qui, si elles surviennent à un moment psychologiquement approprié, peuvent même mettre un terme à une existence. D'ailleurs, la sagesse populaire le dit: « Un tel est mort au bon moment », sentiment inspiré par une intuition très juste de la causalité psychologique secrète du cas.

On sait que le plus haut degré de l'existence est exprimé par la symbolique de la mort; car créer au-delà de soi, signifie sa propre mort. La génération qui vient marque la fin de la précédente.

La psyché qui préexiste à la conscience (par exemple chez l'enfant), d'une part participe de la psyché de la mère, d'autre part elle rejoindra et modèlera la psyché de la fille. On pourrait donc dire que chaque mère renferme en soi sa fille et chaque fille sa mère; et aussi que chaque femme se prolonge en arrière dans sa mère et en avant dans sa fille. C'est de cette participation et de cette fusion que résulte l'incertitude du facteur temporel: en tant que mère, on vit avant; en tant que fille après. Par le fait consciemment vécu de cette combinaison, un sentiment d'extension de la vie se forme, sentiment qui dépasse le cadre des générations et qui est le premier pas vers la connaissance immédiate et la certitude de la délivrance du temps, — ce qui équivaut à un sentiment d'immortalité. La vie de l'individu s'élève jusqu'à devenir le type même, disons l'archétype du destin féminin en général. Ainsi, une « reconstruction » (Apokatastasis) de la vie des ancêtres se produit, au moyen du pont constitué par la vie présente de l'être isolé, qui se prolonge dans les générations futures. Par une telle expérience, l'individu trouve sa place raisonnable dans la vie des générations et ainsi tous les empêchements inutiles sont balayés du chemin que suit le courant de la vie, chemin qui doit passer à travers l'être individuel isolé. Mais l'individu aussi se trouve libéré de son isolement et est restitué à sa totalité.

Notre vie est bien fondamentalement la même que celle qui se poursuit depuis des temps immémoriaux. En tout cas, dans le sens où nous l'entendons ici, elle ne présente pas un caractère éphémère, car les mêmes décours physiologiques et psychologiques qui constituaient la vie de l'homme depuis des centaines de millénaires durent toujours et confèrent au sentiment intérieur l'intuition la plus profonde d'une continuité « éternelle » du vivant. Notre Soi, en tant que quintessence de tout notre système vivant, non seulement renferme la sédimentation et la somme de toute la vie vécue, mais il est aussi et la matrice, et la semence, et la source, et l'humus créateur de toute vie future, dont la prescience enrichit le sentiment tout autant que la connaissance du passé historique. C'est de ces données psychologiques de base, de ces fondements tournés à la fois vers le passé et vers l'avenir, que se dégage avec légitimité l'idée de l'immortalité.

Si des fins comme l'élargissement et l'apogée de la vie paraissent plausibles à l'homme d'aujourd'hui, l'idée d'une continuation après la mort lui paraît douteuse et incroyable au suprême degré. Or la fin de la vie, la mort, ne peut être un but raisonnable que si la vie est si misérable qu'on est content de la voir finir, ou bien si l'on est persuadé que le soleil cherche son déclin « pour luire à des peuples lointains » de la même manière qu'il s'élevait vers son midi. Mais la foi est devenue de nos jours un art si difficile qu'elle en est presque impossible, surtout pour la fraction instruite de l'humanité. On s'est trop habitué à l'idée qu'il y a sur l'immortalité une foule d'opinions contradictoires sans aucune preuve décisive. Comme le mot « science » est le grand terme contemporain qui paraît avoir une force persuasive absolue, on exige des preuves « scientifiques ». Mais les gens instruits et qui pensent savent parfaitement qu'une preuve de ce genre doit être considérée comme une impossibilité philosophique. Il est absolument impossible de rien savoir à ce sujet.

Tout serait pourtant tellement plus facile s'il était possible de nier simplement la psyché ! Mais nous nous heurtons ici à l'expérience suprêmement immédiate de quelque chose d'existentiel, implanté au sein de notre monde réel à trois dimensions, mesurable et pondérable, et qui, à tous les points de vue et en chacun de ses éléments, est étonnamment dissemblable de cette réalité, tout en la reflétant néanmoins. L'âme pourrait être à la fois un point mathématique et avoir l'immensité d'un monde d'étoiles fixes. Saurait-on en vouloir à l'intuition naïve pour laquelle une entité aussi paradoxale touche au divin? Si l'âme est en marge de l'espace, elle est incorporelle. Les corps meurent, mais comment l'invisible et l'inextensif s'anéantiraient-ils? En outre, vie et âme existaient avant un Moi, et lui survivent, comme en témoignent le rêve et l'existence d'autrui, quand le Moi, durant le sommeil ou la syncope, n'est pas. Pourquoi l'intuition naïve nierait-elle en présence de ces faits, que l'âme existe en marge du corps? J'avoue ne pas apercevoir dans cette prétendue superstition plus d'absurdité que dans les résultats des recherches sur l'hérédité ou dans ceux de la psychologie des instincts.

Il est naturel que, rationnellement, le culte des morts repose sur la croyance à la durée intemporelle de l'âme, mais en dehors de la raison, il repose sur le besoin psychologique des vivants de faire quelque chose pour les disparus. Il s'agit donc d'un besoin tout élémentaire qui accable aussi les plus éclairés en présence de la mort de parents et d'amis. Aussi avons-nous toutes sortes de coutumes funéraires, des explications dans un sens ou dans l'autre. Même Lénine a dû subir l'embaumement et a eu un somptueux mausolée, comme un pharaon, non pas certes parce que ses successeurs croyaient à une résurrection de son corps. En dehors des messes des morts de l'Église catholique, notre souci pour les défunts est rudimentaire et d'un degré très inférieur; non pas parce que nous ne pouvons pas avoir une conviction suffisante de l'immortalité de l'âme, mais parce que, en le rationalisant, nous avons écarté le besoin spirituel. Nous nous comportons comme si nous ne possé-

dions pas ce besoin, et parce que l'on ne peut pas
croire à la durée après la mort, on ne fait absolument
rien. Mais le sentiment, qui est plus naïf, prend conscience de lui-même et élève à son intention — comme
par exemple en Italie — des monuments funéraires
d'une horrible beauté. A un degré sensiblement supérieur, nous avons la messe des morts qui est surtout
dite pour le salut de l'âme du défunt et qui n'est pas
seulement une satisfaction accordée à des sentiments
geignards. Mais le plus grand faste en faveur des
morts, c'est l'enseignement donné par *Le Livre des
morts du Tibet* du Bardo Thödol.

L'oisiveté et l'insupportable monotonie d'une existence ainsi gaspillée à rêvasser nous font sentir plus
douloureusement la rapidité du temps et la cruelle briè-
veté de toute floraison. La paresseuse rêverie engendre
l'angoisse de la mort, la sentimentale nostalgie du
passé et la rage d'être impuissant à empêcher l'implacable tic-tac de l'horloge. Si d'ailleurs nous réussis-
sons à oublier que la roue tourne en conservant
longtemps, peut-être trop longtemps, le sentiment de la
jeunesse, dans le rêve du souvenir gardé avec entêtement, alors les cheveux gris, le relâchement de la peau,
les rides du visage, se chargent de nous rappeler sans
pitié que, même si nous n'exposons point notre corps
aux puissances destructrices de la lutte pour la vie, le
poison du temps se glisse sournoisement dans l'ombre,
comme un serpent, et s'infiltre lentement dans notre
pauvre petit corps si douillet que nous chérissons tant,
auquel nous évitons toute peine, même légère. Rien ne
sert de s'écrier avec le triste Chiwantopel[1] : «J'ai
conservé mon corps inviolé», car fuir la vie ne délivre
pas des lois de la vieillesse et de la mort. Le névrosé
qui cherche à se dérober aux nécessités d'ici-bas, loin
d'en avoir aucun profit, se charge au contraire de
l'écrasant fardeau d'une vieillesse et d'une mort anti-
cipées, d'autant plus cruelles que sa vie contient

----

1. Héros poétique de Miss Miller. Cf. C. G. Jung : *Métamorphoses de
l'âme et ses symboles*, voir appendice p. 478.

moins. Si la libido trouve barrée la grande route qui
mène à l'émancipation et au progrès, si par mille obstacles dangereux on l'empêche de couler droit devant
elle et de se précipiter au petit bonheur dans le gouf-
fre, elle recule, se déverse dans la première dépression
venue, s'enfonce en elle-même, y fouille, ronge, creu-
sant fatalement vers la vieille idée qu'elle pressent de
l'immortalité de toute vie, vers le désir de résurrection.

A peine l'homme a-t-il abandonné sa mère, source
de sa libido, qu'il est animé d'une soif éternelle de la
retrouver pour boire le renouvellement à sa fontaine de
Jouvence, et il accomplit son périple afin de retourner
dans le sein de la mère. Chacun des obstacles qui
s'amassent sur le sentier de la vie et menacent d'arrêter son ascension porte vaguement les traits de la mère
terrible qui, par le poison dévorant de la nostalgie
secrète du passé, paralyse son courage de vivre ; dans
chaque succès il retrouve un peu de la mère souriante,
dispensatrice de vie et d'amour. Ce sont là des images
qui appartiennent à la profondeur si intuitive du sentiment de l'homme, dont les traits ont été déformés à les
rendre méconnaissables, par l'évolution toujours progressive qui se fait à la surface de l'esprit humain. La
rude nécessité de l'adaptation travaille sans relâche à
faire disparaître les dernières traces de ces monuments
primitifs des débuts de la pensée pour les remplacer
par des lignes qui représenteraient avec une exactitude
de plus en plus grande la nature réelle des objets...
C'est seulement en triomphant des obstacles dressés
par la réalité que l'individu se libérera de la mère,
intarissable source de vie pour le travailleur, le chercheur, avide de création ; mais démon de mort qui
saute à la gorge du nonchalant, du paresseux, du peu-
reux, du lâche.

Quiconque reconnaît la psyché dans sa réalité et
l'élève à tout le moins à la dignité de facteur éthique
qui a son mot à dire, offense l'esprit traditionnel qui,
depuis de nombreux siècles a réglementé de l'extérieur
la nature psychique, par des institutions autant que par
la raison. Non pas que l'instinct, par nature dénué de

raison, se rebelle *eo ipso* contre l'ordre solidement
fondé : il est lui-même par sa loi intrinsèque une formation solidement charpentée, et, en outre, l'assise
créatrice originelle de toute ordonnance structurée.
Mais justement parce que cette assise est créatrice, tout
ordre qui y prend naissance — même dans ses formes
les plus « divines » — est transition passagère. L'édification de l'ordre et la décomposition de tout ce qui est
établi sont au fond, en dépit de toutes les apparences
extérieures du contraire, soustraites à l'arbitraire
humain. Le secret c'est que seul vit ce qui est susceptible de se supprimer après coup soi-même.

*
* *

La valeur suprême, vivifiante, celle qui donne son
sens à la vie s'est perdue. Ce processus est une expérience vécue, typique, c'est-à-dire fréquemment renou-
velée, et c'est bien pourquoi il est exprimé à une place
centrale dans le mystère chrétien. Cette mort, cette
perte, doit se répéter et se reproduire toujours à nouveau ; le Christ meurt toujours, de même qu'il renaît
toujours ; car la vie psychique de l'archétype est intemporelle en comparaison de notre attachement individuel
au temps. Selon quelles lois est-ce tantôt l'un, tantôt
l'autre des aspects de l'archétype qui se manifeste efficacement ? Je l'ignore. Je sais seulement — et là
j'exprime la certitude qui me vient d'innombrables
expériences individuelles — qu'actuellement nous
sommes à l'époque de la mort et de la disparition de
Dieu. Le mythe dit : « On ne le retrouvera plus là où
son corps a été déposé. » Le « corps » correspond à la
forme extérieure et visible, version passée et actuelle,
mais temporaire et passagère, de la valeur suprême. Le
mythe, continuant son cours, nous rapporte que cette
valeur renaît d'une façon miraculeuse, mais transformée.

La descente du Christ aux enfers, qui a lieu pendant
les trois jours de sa mort, décrit l'engloutissement de
la valeur disparue dans l'inconscient où, par la victoire

sur les puissances des ténèbres, il rétablit un nouvel ordre et d'où il remonte jusqu'au haut des cieux, c'est-à-dire jusqu'à la clarté suprême du conscient. Qu'il n'y ait que peu d'hommes à voir le ressuscité, cela signifie que les difficultés ne sont pas minces qui empêchent de retrouver et de reconnaître la valeur transformée.

Dès que la libido quitte le monde qu'éclaire le soleil, soit par décision de l'individu, soit par déperdition de force vitale, elle retombe dans sa propre profondeur, retourne à la source dont elle a jailli naguère, à ce point de rupture, le nombril, par où elle a pénétré dans notre corps. Ce point de rupture, c'est la mère. C'est en elle que fut pour nous la source de la libido. Aussi, quand l'homme faible, doutant de sa force, renonce à une grande œuvre, la libido reflue à cette source; c'est l'heure dangereuse où il décide de son anéantissement ou d'une nouvelle vie. Si jamais la libido s'attarde au pays mirifique de son monde intérieur, alors l'homme n'est plus qu'une ombre pour le monde extérieur; il est pour ainsi dire mort ou condamné. Si au contraire, la libido réussit à se délivrer et à percer jusqu'au monde supérieur, alors se produit un miracle : ce séjour aux enfers a agi sur elle comme l'eau de Jouvence, l'a métamorphosée, et de sa mort apparente, surgit une fécondité nouvelle.

La naissance du Sauveur (interprété comme symbole psychologique) est synonyme d'une grande catastrophe puisqu'une vie nouvelle et puissante surgit là où l'on n'en soupçonnait aucune, ni nulle force, ni nulle possibilité de développement. Elle surgit de l'inconscient, donc de cette partie de la psyché volontairement, ou non, ignorée et, pour cette raison, considérée comme néant par tous les rationalistes. C'est pourtant de là, en dépit de la réprobation et de l'ignorance, que provient un nouveau supplément de force, la rénovation de la vie. Mais qu'est donc ce réprouvé qui ne rencontre aucune créance ? Tous les contenus psychiques que leur incompatibilité avec les valeurs conscientes a fait refouler, le laid, l'immoral, le faux, l'inopportun, l'impropre, etc., tout ce qui une fois a paru tel à l'indi-

vidu en cause. Le danger vient de ce que la violence
avec laquelle cela réapparaît emporte tellement l'homme
dans l'éclat merveilleux de sa nouveauté qu'il rejette
et oublie toutes les valeurs antérieures. Ce que l'on
méprisait autrefois devient principe suprême, ce qui
autrefois était vérité, devient maintenant erreur. Ce
renversement ressemble à une destruction des valeurs
vitales acceptées jusqu'alors, à la dévastation d'un
pays par une inondation.

Si l'ancien n'était mûr pour la disparition, rien de
nouveau n'apparaîtrait et il n'y aurait nulle nécessité,
ni possibilité de faire disparaître l'ancien, s'il ne
barrait dangereusement la route au nouveau.

Lors de l'initiation des vivants, l'au-delà n'est
d'abord, en aucune façon, un au-delà de la mort, mais
un renversement de la manière de penser, donc un au-
delà psychologique ; en langage chrétien, une « délivrance » des liens du monde et du péché. La
« délivrance » est un détachement et une libération
d'un état antérieur d'obscurité et d'inconscience pour
atteindre un état d'illumination, de détachement,
d'effort et de triomphe sur des « données ».

Le fait que les humains parlent de résurrection et,
d'une façon générale, qu'il existe une telle notion,
témoigne qu'il existe aussi un état psychologique que
l'on désigne de cette manière. Comment est constitué
cet état de choses, nous ne pouvons que l'inférer
d'après ce qui nous est dit. Aussi nous faut-il établir
une « confrontation » avec l'histoire universelle pour
savoir ce qu'on désigne par résurrection, et si nous
voulons apprendre ce qu'elle est.

« Résurrection » est une affirmation qui appartient,
d'une manière générale, aux toutes premières affirmations de l'humanité.

Voilà le soleil qui s'arrache au sein de la mer qui
l'embrasse et l'étreint, puis s'élève victorieux, mais
abandonne le zénith et toute son œuvre glorieuse, pour
retomber dans la maternelle mer, dans la nuit qui enveloppe et réengendre tout. C'est bien la première image
qui puisse prétendre symboliser la destinée humaine :

au matin de la vie, l'homme s'arrache douloureusement au sein de sa mère, au foyer, pour s'élever vers son apogée, luttant sans répit contre un cruel ennemi qui lui dispute le terrain pas à pas, tout en restant invisible, car il le porte en lui-même, contre cette tendance mortelle vers son propre abîme, ce désir maladif de se noyer dans sa propre source, d'être englouti par sa mère. Durant toute sa vie, il doit se défendre contre sa mort et, s'il parvient à lui échapper, cette liberté n'est chaque fois qu'éphémère, car la nuit le guette partout et toujours. Cette mort n'est pas un ennemi extérieur, mais un pressant besoin de silence en soi, de profond repos dans le néant, de sommeil sans rêve dans le flux et le reflux de l'océan, du devenir et de la disparition. Mais dans ses suprêmes élans vers l'harmonie et l'équilibre, vers les profondeurs de la contemplation philosophique et les vertigineux sommets de l'enthousiasme et de l'extase artistiques, c'est encore la mort qu'il cherche, l'immobilité, la satiété, le calme. Si, comme Peirithoos, il commet l'imprudence de prolonger son séjour dans ce lieu de repos et de paix, la torpeur le saisit, le venin du serpent le paralyse à jamais. Pour pouvoir vivre, pour atteindre son apogée, il doit donc se jeter, le cœur léger, dans la mêlée de la vie, cesser de regarder en arrière; il doit étouffer, sacrifier sa nostalgie de l'arrière, du passé. Arrivé au zénith, il doit même sacrifier son amour pour sa propre grandeur, car pour lui, nul répit. Le soleil aussi, à peine a-t-il acquis la plénitude de sa force, doit courir vers les fruits de l'automne, cette semence d'éternité, vers les enfants, les chefs-d'œuvre, la gloire posthume, vers un nouvel ordre des choses qui à leur tour recommencent la course solaire et l'achèvent.

Dans la vie, nous sommes enfermés dans un nombre infini d'éléments qui se heurtent, se pressent, où l'on ne parvient pas — à cause de l'abondance des «données» — à se demander qui, à vrai dire, est celui qui a «donné».

Si je sais et reconnais que je me donne et me consacre, sans vouloir être payé en retour, alors j'ai sacrifié

mon exigence, c'est-à-dire une partie de moi-même.
C'est pourquoi chaque don fait en supprimant mon exigence, c'est-à-dire, donner à fond perdu, constitue toujours, à tout point de vue, un auto-sacrifice. Le don
ordinaire, qui n'est point rédimé, est ressenti comme
une perte. Il faut d'ailleurs que le sacrifice soit comme
une perte pour que l'on soit sûr que l'exigence égoïste
ne se reproduira pas. Il faut donc que le don soit équi-
valent à un anéantissement. Mais comme le don me
représente moi-même, je me trouve anéanti en lui,
c'est-à-dire, je me suis aliéné sans espoir. Mais cette
perte, considérée d'un autre côté, n'est pas véritable,
au contraire c'est un gain car le pouvoir de se sacrifier
prouve qu'on se possède. Personne ne peut donner sans
posséder.

Par l'auto-sacrifice, nous nous gagnons nous-mêmes,
c'est-à-dire le « Soi ». Car c'est seulement ce que nous
donnons que nous possédons.

La peur de l'auto-sacrifice guette dans et derrière
chaque Moi, car cette peur est souvent causée par
l'exigence péniblement retenue des puissances inconscientes de parvenir à un achèvement total. Nulle individuation n'échappe à ce dangereux passage, car la
totalité du Soi comporte aussi ce que l'on craint, les
mondes d'en-bas et d'en-haut des dominantes psychiques d'où le moi jadis s'est péniblement émancipé et
seulement jusqu'à un certain point pour atteindre une
liberté plus ou moins illusoire. Cette libération est une
entreprise héroïque certainement nécessaire mais nullement définitive, car il ne s'agit d'abord que de la production d'un sujet pour la réalisation duquel il faut
encore que l'objet se place devant lui. Il semble
d'abord que ce soit le monde que, dans cette intention,
la projection vient gonfler. On cherche, et on trouve
ses difficultés ; on cherche et on trouve son ennemi ;
on cherche et trouve ce que l'on aime et qui est précieux et il est bon de savoir que tout le bien et tout le
mal se trouvent au-delà, dans l'objet visible où on peut
le dominer, le punir, l'anéantir ou le rendre heureux.
Mais à la longue, la nature elle-même n'autorise plus

cet état paradisiaque d'innocence. Il y a et il y a toujours eu des gens qui ne peuvent empêcher que l'on comprenne que « monde » et « monde vécu » sont de nature métaphorique et ne reproduisent en somme que ce qui est profondément enfoui dans le sujet même, dans notre propre réalité transsubjective.

*
* *

Comme réalité vécue, il ne peut y avoir rien de plus simple et de plus minime que précisément le tout. Ce que cela signifie en psychologie, on peut s'en rendre compte par la simple réflexion que la conscience n'est jamais qu'une partie de la vie de l'âme et par suite, n'est jamais capable de totalité psychique ; il faut en plus l'étendue indéterminée de l'inconscient. Mais ce dernier ne saurait être capté ni par d'habiles formules, ni au moyen de préceptes scientifiques, car en lui est une partie du destin ; plus encore, il est parfois lui-même le grand destin.

J'ai toujours été profondément impressionné par le fait que la nouveauté qui est un destin ne correspond que rarement, ou même jamais, à ce que la conscience attendait ; il est encore plus surprenant qu'elle contredise les instincts les plus enracinés que nous connaissions et soit cependant une expression étrangement précise de la personnalité totale ; une expression que l'on ne pouvait absolument pas s'imaginer.

Si nous résumons ce que les hommes peuvent et savent raconter de leur expérience de la totalité nous pouvons le formuler à peu près ainsi : ces êtres, à ce moment d'élection, se sentirent devenir conformes à eux-mêmes, purent s'accepter eux-mêmes, furent en mesure de se réconcilier avec eux-mêmes et, grâce à cela, ils furent réconciliés avec des circonstances cruelles et des événements marqués au cœur d'une adversité qui leur semblait inacceptable jusque-là. Cela rappelle beaucoup ce qu'on exprimait jadis par ces mots : « Il a fait sa paix avec Dieu, il a fait le sacrifice de sa volonté en se soumettant à la volonté de Dieu. »

Quand je considère la marche du développement de
ceux qui, en silence, comme inconsciemment, se sont
dépassés eux-mêmes, je remarque que leurs destins ont
eu tous un point commun: le nouveau s'approcha
d'eux, sortant du champ obscur des possibilités de
l'extérieur ou de l'intérieur; ils l'acceptèrent et ils
grandirent à cause de cela. Il me semblait typique que
les uns l'aient reçu du dehors, les autres du dedans ou
plutôt que la croissance de l'un se fît du dehors et celle
de l'autre, du dedans. Mais jamais la nouveauté n'éma-
nait du seul dedans ou du seul dehors. Venait-elle du
dehors? elle se transformait en l'expérience la plus
intime; venait-elle du dedans? elle se transformait en
événement extérieur. Mais jamais elle n'avait été ame-
née intentionnellement ni voulue consciemment; elle
coulait plutôt vers nous sur le flot du temps.

La voie vers Dieu

Depuis des millénaires, l'esprit de l'humanité s'est efforcé de secourir l'âme souffrante, probablement avant même de s'être préoccupé des souffrances du corps. Le «salut» de l'âme, la «conciliation de la faveur des dieux», les «Perils of the soul» (les périls de l'âme) ne sont pas des problèmes qui datent d'hier. Les religions sont des systèmes psychothérapeutiques, au sens le plus strict du mot, de proportions monumentales. Elles expriment l'immensité du problème psychique en puissantes images. Ce sont des professions de foi et des perceptions de l'âme, et en même temps des révélations et des manifestations de son essence. Il n'est pas âme humaine qui soit détachée de cette base universelle; seules quelques rares consciences, ayant perdu l'intuition de l'unité vivante de l'âme, ont pu succomber à l'illusion que l'âme est un petit district bien circonscrit, susceptible de devenir l'objet d'une théorie «scientifique». Avoir perdu l'intuition de l'intrication universelle, c'est le mal névrotique fondamental; si le chemin du malade se perd dans des ruelles de plus en plus obscures et mal famées, c'est que quiconque nie ce qui est grand est bien obligé de rechercher des motivations de culpabilité dans ce qui est petit et mesquin.

Les affirmations religieuses sont entre toutes les plus invraisemblables et pourtant elles se maintiennent à travers les millénaires. (L'audace, le danger même de cet argument de Tertullien est incontestable, mais il n'y a rien qui s'oppose à son exactitude psychologique.) Leur force de vie qui ne correspond point à ce qu'on attendait prouve cependant qu'il existe une raison suffisante dont la connaissance scientifique a jusqu'à présent échappé à l'esprit humain.

Les voies et les méthodes de son enfance, bonnes autrefois, l'homme a peine à les abandonner même

quand leur nocivité est démontrée depuis longtemps. Il
en est de même, en un grossissement gigantesque, des
changements d'attitude dans l'histoire. Une attitude
générale répond à une religion et les changements de
religion sont des moments extrêmement pénibles dans
l'histoire du monde. Il est vrai que notre époque est
d'un aveuglement sans pareil à ce sujet. On pense qu'il
suffit de déclarer fausse et sans valeur une forme de
confession pour être délivré psychologiquement de toutes les conséquences traditionnelles des religions juives
ou chrétiennes. On croit aux lumières rationnelles
comme si une modification de l'orientation intellectuelle avait jamais eu, de quelque manière, une quelconque influence profonde sur les mouvements du
sentiment ou même sur l'inconscient. On oublie
complètement que la religion des deux mille ans qui
viennent de s'écouler est une attitude psychologique,
un mode d'adaptation extérieure et intérieure déterminé, d'où est sortie une forme déterminée de culture,
créant une atmosphère que ne peut influencer aucun
reniement par l'intellect.

A mon avis, les religions avec tout ce qu'elles sont
et ce qu'elles disent sont tellement inhérentes à l'âme
humaine que la psychologie ne doit en aucune façon
les négliger.

*
* *

Ce serait une erreur regrettable que de prendre mes
observations comme une sorte de preuve de l'existence
de Dieu. Elles ne prouvent que l'existence d'une image
archétypique de la Divinité, et c'est là tout ce qu'à
mon sens nous pouvons dire psychologiquement sur
Dieu.

La compétence de la psychologie en tant que science
empirique ne saurait aller plus loin que constater, sur
la base des recherches comparatives, si, par exemple,
le *type* (l'empreinte) trouvé dans l'âme peut ou ne peut
pas être dénommé à bon droit image de Dieu. Ce qui

n'exprime strictement rien, ni de façon positive, ni de façon négative, quant à l'existence possible de Dieu, pas plus que l'archétype du «héros» n'établit l'existence réelle, concrète, de celui-ci.

Ce n'est que dans l'expérience intérieure que se manifeste la relation de l'âme avec le signe ou la profession de foi extérieurs, relation qui est de l'ordre de l'affinité ou de la correspondance tel que *sponsus* et *sponsa* (époux et épouse). C'est pourquoi quand je dis, en tant que psychologue, que Dieu est un archétype, je veux indiquer par là le *type* dans l'âme. Le mot *type*, on le sait, vient de τύπος, coup, empreinte. Ainsi le mot «archétype» exprime déjà qu'une instance a apposé une empreinte.

L'idée de la loi morale, l'idée de Dieu font partie de la substance première et inexpugnable de l'âme humaine. C'est pourquoi toute psychologie sincère, qui n'est pas aveuglée par je ne sais quelle superbe d'esprit fort, se doit d'en accepter la discussion. Ni l'ironie mordante, ni les vaines explications ne parviendront à les dissiper. En physique, nous pouvons nous passer d'un concept de Dieu; en psychologie, par contre, la notion de la divinité est une grandeur immuable avec laquelle il faut compter, tout comme avec les «affects», les «instincts», le «concept de mère», etc. La confusion originelle de l'imago et de son objet étouffe toute différenciation entre «Dieu» et l'«imago de Dieu»; c'est pourquoi l'on vous incrimine de théologie et l'on comprend Dieu chaque fois que vous parlez du «concept de Dieu». La psychologie comme science n'a pas à entreprendre l'hypostase de l'imago divine; elle doit simplement, conformément aux faits, compter avec la fonction religieuse, avec l'image de Dieu.

Quand on enseigne progressivement l'art de voir à un individu jusque-là aveugle, on ne saurait s'attendre qu'il découvrît immédiatement de nouvelles vérités avec l'œil perçant de l'aigle. Il faut déjà s'estimer content s'il discerne tant soit peu quelque chose, et s'il commence à comprendre approximativement ce qu'il

voit. La psychologie s'occupe de l'art de voir et non
pas de la construction de nouvelles vérités religieuses,
alors que les doctrines déjà existantes n'ont encore été
ni reçues ni comprises. En matière religieuse, il est
bien connu que nous ne pouvons rien comprendre dont
nous n'ayons fait d'abord l'expérience intérieure.

La philosophie, l'histoire, l'histoire des religions, les
sciences naturelles ne me servent qu'à la représentation
des enchaînements et de la phénoménologie psychique.
Si d'aventure j'emploie un concept de Dieu, ou un
concept tout aussi métaphysique d'Énergie, c'est que
j'y suis bel et bien contraint, car ce sont à des grandeurs qui existent dans l'âme depuis le premier
commencement. Je ne me lasse pas de répéter que ni
la loi morale, ni l'idée de Dieu, ni une quelconque religion ne s'est jamais saisie de l'homme de l'extérieur,
tombant en quelque sorte du ciel ; l'homme au
contraire, depuis l'origine, porte tout cela en lui ; et
c'est d'ailleurs pourquoi, l'extrayant de lui-même, il le
recrée sans cesse. C'est donc une idée parfaitement
oiseuse que de penser qu'il suffit de faire la guerre à
l'obscurantisme pour dissiper ces fantômes.

La notion de Dieu répond à une fonction psychologique absolument nécessaire, de nature irrationnelle, et
cette notion n'a rien de commun avec la notion de
l'existence de Dieu. Pour ce qui est de cette dernière
question, l'intellect humain ne pourra jamais y répondre et il est encore plus impossible de donner une
preuve quelconque de l'existence de Dieu. D'ailleurs
pareille preuve est tout à fait inutile ; car l'idée d'un
être divin, tout-puissant, est partout répandue, sinon
consciemment, du moins de façon inconsciente.

La définition n'est qu'une image, qui ne saurait
hausser l'état de fait ainsi désigné, mais inconnu,
jusqu'à la sphère de la compréhension, sinon l'on
serait en droit de dire que l'on a créé un dieu. Le « Seigneur » que nous avons élu n'est pas identique à
l'image que nous en avons esquissée dans le temps et
dans l'espace. Avant comme après, il agit comme une
grandeur indiscernable et inappréciable dans les pro-

fondeurs de l'âme. Nous ne connaissons même pas l'essence d'une pensée simple, et par conséquent encore bien moins celle des principes ultimes du psychisme. Ainsi, nous n'avons en aucune manière la libre disposition de la vie intérieure de l'âme. Or, comme cette dernière est soustraite à notre intention et à notre arbitraire et qu'elle agit librement à notre égard, il peut se produire que l'entité vivante, désignée par la définition, s'échappe contre notre gré hors du cadre de l'image construite par des mains humaines. On serait alors peut-être en droit de dire avec Nietzsche : « Dieu est mort. » Mais il serait plus exact de dire : « Il s'est dépouillé de notre image, de l'image que nous lui avions conférée, et où allons-nous le retrouver ? » L'interrègne est plein de dangers, car les données, les forces implicites de la nature formuleront leurs revendications, sous la forme des différents « -ismes ». De ceux-ci rien ne peut naître qu'anarchie et destruction car, répondant à l'inflation, l'orgueil humain élit le Moi, en dépit de son dénuement ridicule et de sa pauvreté, comme Seigneur de l'Univers.

La vie de la divinité se présente comme un processus trinitaire auquel l'homme n'a tout d'abord pas accès. Or, nous ne pouvons penser ce processus que comme un déroulement d'images dans l'esprit humain — un peu comme le pense saint Augustin qui dit : « *Dictum est, tres personae, non ut illud diceretur, sed ne taceretur* » (On a dit trois personnes non pas pour que ce soit dit, mais que ce ne soit pas tu) — en d'autres termes comme un *eidolon*, une image platonicienne qui se rapporte à un *eidos*, une apparence éternelle ; et dans ce cas cet *eidolon*, cette image n'affirme rien qui soit nécessairement engageant ou qui poserait ce qui lui sert de base. Car cette raison, c'est-à-dire Dieu, est inconnaissable, ce qui veut dire : ne pourrait être connu que par ce qui lui est semblable.

Si nous considérons que l'idée de Dieu est une hypothèse « non-scientifique », nous pouvons aisément nous expliquer pourquoi les hommes ont désappris à penser dans cette voie. Si même ils cultivent une cer-

taine foi en Dieu, ils seraient effarouchés par l'idée du
dieu intérieur en raison de leur éducation religieuse,
qui a toujours déprécié cette idée comme étant «mystique». Mais c'est précisément cette idée «mystique»
qui est imposée au conscient par les rêves et les
visions.

Tout d'abord, l'erreur matérialiste était sans doute
inévitable. Du fait que le trône de Dieu n'a pas pu être
découvert à l'intérieur des systèmes galactiques, on en
a conclu que Dieu n'a jamais existé. La seconde erreur
inévitable est le psychologisme : si Dieu, d'une façon
quelconque, est, il doit être une illusion, issue de certaines causes telles que, par exemple, la volonté de
puissance ou la sexualité refoulée. Ces arguments ne
sont pas nouveaux. Des propos semblables furent déjà
tenus par des missionnaires chrétiens qui renversèrent
les idoles des dieux païens. Mais tandis que les premiers missionnaires étaient conscients de servir un
Dieu nouveau en combattant les anciens, nos icono-
clastes modernes sont inconscients, en détruisant les
anciennes valeurs de ce au nom de quoi ils le font.

*
* *

Nous nous figurons toujours que le christianisme
consiste dans une certaine profession de foi et dans
l'appartenance à une Église. En réalité le christianisme
est notre monde. Tout ce que nous pensons est le fruit
du Moyen Âge et singulièrement du moyen âge chrétien. Notre science elle-même et, en bref, tout ce qui
se meut dans nos cerveaux est nécessairement façonné
par cette ère historique, qui vit en nous, dont nous
sommes à jamais imprégnés et qui constituera, jusque
dans les époques les plus lointaines, une couche de
notre psyché, de même que notre corps porte les traces
de son développement phylogénétique. Notre mentalité
tout entière, nos conceptions des choses sont nées du
moyen âge chrétien, qu'on le veuille ou non. Le «siècle
des Lumières» n'a rien effacé ; l'empreinte du christianisme se retrouve jusque dans la façon dont

l'homme voulut rationaliser le monde. La vision chrétienne du monde est, par suite, une donnée psychologique qui échappe aux explications intellectuelles. C'est un passé qui, dans ses traces et ses conséquences, sera comme tout passé, un éternel présent. Nous sommes une fois pour toutes marqués au coin du christianisme. Mais il n'en est pas moins vrai que nous portons également le signe de ce qui l'a précédé. Le christianisme a bientôt deux mille années d'âge ; dans l'histoire du monde ce n'est qu'un bref instant. Il fut précédé d'un entassement de siècles, d'innombrables millénaires où toutes choses étaient autres. Cependant la continuité historique est interrompue par une faille qui s'exprime extérieurement dans le fait que le christianisme, selon l'enseignement religieux que nous avons reçu, a surgi dans l'histoire dénué de tout passé. tel un éclair dans un ciel serein. Cette conception fut nécessaire sans doute, mais je suis persuadé qu'elle est fausse, car il n'est rien qui n'ait son histoire, et le christianisme, lui aussi, quoiqu'il prétende être une révélation unique tombée du ciel, n'en a pas moins son devenir propre, ses débuts étant d'ailleurs d'une parfaite clarté. Non seulement certaines pratiques de la messe, certaines particularités des vêtements sacerdotaux sont empruntés au passé païen, mais les idées fondamentales du christianisme, elles aussi, ont leurs antécédents historiques. La faille au sein de la continuité n'est due, avons-nous dit, qu'à l'impression profonde faite par la prétendue unicité du christianisme, impression à laquelle tout le monde a succombé et qui a fait en quelque sorte édifier une cathédrale sur un temple païen, dont les vestiges furent si bien cachés que son existence tomba dans l'oubli. Ce qui revient à dire que la correspondance intérieure de l'image extérieure de Dieu non seulement ne s'est pas développée par défaut de culture spirituelle, mais qu'elle est aussi restée plongée dans le paganisme.

Les grands événements de notre monde, tels que l'homme les conçoit et les exécute, ne rayonnent pas de l'esprit du christianisme, mais bien davantage de

celui d'un paganisme sans fard. Ces choses proviennent d'une constitution psychique demeurée archaïque,
et qui n'a pas été atteinte, pas même effleurée par le
christianisme. Comme l'Église le suppose, non sans
quelque juste raison, le fait du *semel credidisse* (le fait
d'avoir cru une fois) laisse certaines traces. Or, dans
la marche des événements, on n'en retrouve rien. La
civilisation chrétienne s'est révélée creuse à un degré
terrifiant : elle n'est que pur vernis, si bien que
l'homme intérieur n'en a pas été touché et, par conséquent, n'en a pas été modifié. L'état de son âme ne
correspond pas à la croyance professée. Dans son âme,
le chrétien n'a pas suivi la démarche de l'évolution
extérieure. Oui, extérieurement tout est là, en images
et en mots, dans l'Église et dans la Bible. *Mais tout
cela fait défaut intérieurement.* A l'intérieur, ce sont
les dieux archaïques qui règnent plus que jamais.

La religion d'un peuple et le cours véritable de sa
vie se compensent toujours réciproquement, sans quoi
la religion n'aurait plus de sens pratique. Que l'on
considère la religion hautement morale des Perses et
leur façon de vivre dont la douteuse moralité était déjà
fameuse dans l'Antiquité, pour en arriver à notre époque chrétienne où la religion d'amour assiste au plus
grand bain de sang qu'ait connu l'histoire du monde,
cette règle se confirme.

A mesure que la conscience moderne se passionne
pour des sujets autres que la religion, celle-ci est devenue accessoire, ainsi que son objet « l'état de péché »
élémentaire ; tous deux sont en grande partie tombés
dans l'inconscient. C'est pourquoi on ne croit plus ni
à l'un ni à l'autre. Pour la même raison, on reproche
à l'école de Freud ses fantaisies malpropres, alors
qu'un regard superficiel sur l'histoire des religions et
des mœurs de l'antiquité suffirait pour découvrir
combien l'âme humaine est un repaire de démons. On
ne croit plus à la brutalité de la nature humaine, et partant ou ne croit plus à la puissance de la religion. La
transformation inconsciente d'un conflit érotique en
une activité religieuse, phénomène bien connu de tout

psychanalyste, n'a pas la moindre valeur morale; ce n'est que de la comédie hystérique. Au contraire, celui qui, en pleine conscience, oppose la religion à ses «péchés» conscients, fait un acte auquel, si on tient un juste compte de l'histoire on ne peut refuser l'épithète de grandiose. Voilà de la saine religion. Le reste, c'est-à-dire la transformation inconsciente de l'érotisme en religion, n'est qu'une pose sentimentale sans aucune valeur éthique.

Il ne faut pas oublier que si l'attitude consciente peut se glorifier d'une certaine ressemblance à la divinité, parce qu'elle vise le suprême et l'absolu, une attitude inconsciente se développe dont la ressemblance à la divinité est orientée vers en-bas, vers un dieu archaïque de nature sensuelle et violente. L'énantiodromie d'Héraclite veille et le moment viendra où ce *deus absconditus*, ce dieu caché, arrivant à la surface écrasera le dieu de notre idéal.

L'intuition la plus reculée a toujours incarné les puissances autonomes de l'âme en des dieux; elle les caractérisait, à sa manière propre, avec un soin minutieux et très circonstancié, par des mythes. Cela était d'autant plus aisé qu'il s'agissait là de types ou d'images originelles, solidement charpentées, innées dans l'inconscient de nombreux peuples, dont le comportement particulier, en retour, s'en trouve caractérisé. C'est pourquoi on peut parler de l'archétype «Wotan» qui, en tant que facteur psychique autonome, produit des effets collectifs et esquisse, précisément par cette transcription dans les faits et la vie, une image de sa propre nature. Wotan possède sa biologie particulière, qui se distingue de l'essence des individus pris un à un, ceux-ci n'étant que temporairement sous l'empire irrésistible de ce conditionnement inconscient; dans l'entre-temps, l'existence de l'archétype Wotan sera pour eux, aussi inconsciente qu'une épilepsie latente par exemple.

Les catastrophes gigantesques qui nous menacent ne sont pas des événements élémentaires de nature physique ou biologique; elles sont de nature psychique. A

un degré effroyable nous sommes menacés de guerres
et de révolutions qui ne sont rien d'autre que des épidémies psychiques. A tout instant quelques millions
d'hommes peuvent être pris d'une folie qui nous pré-
cipitera à nouveau dans une guerre mondiale ou dans
une révolution dévastatrice. Au lieu d'être exposés à
des bêtes sauvages, à des eaux débordantes, à des montagnes qui s'écroulent, l'homme d'aujourd'hui est
menacé par les puissances élémentaires de la psyché.
Le psychique est une grande puissance qui dépasse de
beaucoup toutes celles de la terre. Le siècle des Lumières, qui a enlevé à la nature et aux institutions humaines leur caractère divin, a ignoré le dieu de la terreur
qui demeure dans l'âme.

L'élément dionysiaque concerne l'émotionnalité et
l'affectivité de l'homme qui n'ont pas trouvé dans le
culte et l'éthique du christianisme — principalement
apolliniens — une forme religieuse appropriée. Les
fêtes du carnaval et les jeux de balle qui, au Moyen Âge,
avaient lieu dans l'église, ont été abolis relativement tôt.
Par suite, le carnaval a été sécularisé et l'ivresse divine
a été bannie de l'espace sacré. A l'Église sont restés
la tristesse, le sérieux, l'austérité, et une joie spirituelle
bien tempérée. Mais l'ivresse, cette griserie qui
s'empare immédiatement et dangereusement d'un être,
s'est détournée des dieux et s'est emparée, avec ses
débordements et son pathos, du monde des hommes.
Les religions païennes tenaient compte de ces dangers
en faisant dans le culte sa place à l'extase de l'ivresse.
Héraclite s'en rendait bien compte quand il disait:
«C'est l'enfer qu'ils fêtent en se déchaînant ainsi.»
Par ce biais, l'orgiaque reçut alors une tolérance
cultuelle, pour endiguer le danger menaçant qui prove-
nait de l'enfer. Notre solution, par contre, n'a su
qu'ouvrir toutes grandes les portes de l'enfer.

A notre époque où une grande partie de l'humanité
commence à mettre de côté le christianisme, il vaut la
peine de comprendre pourquoi on l'accepta autrefois.
Le motif en est bien simple: on s'y convertit pour
échapper à la brutalité de l'Antiquité. Si nous en fai-

sons fi, la licence dont la vie des grandes villes nous donne déjà un avant-goût suffisamment impressionnant, est à notre porte. Un pas dans ce sens n'est pas un progrès mais bien un recul. Il en est comme d'un individu qui abandonne une forme de transfert sans en avoir une nouvelle : il reprendra infailliblement l'ancienne par régression, à son grand détriment, car entre-temps, l'ambiance s'est péniblement modifiée.

La formidable contrainte de la conscience au bien, l'énorme force morale du christianisme parlent non seulement en faveur du christianisme, elles prouvent également quelle force possède la contre-partie réprimée et refoulée de l'élément barbare antichrétien. Mais le fait qu'il y a encore en nous une fraction qui peut nous empoigner, qui peut nous prendre encore, je ne le tiens non seulement pas pour une particularité dangereuse, je le tiens aussi pour une précieuse qualité. Car c'est là l'expression d'un pouvoir encore intact, d'une juvénilité, d'un trésor que rien n'a épuisé, d'une promesse de renaissance.

L'Église constitue un remplacement, d'ordre supérieur et spirituel, des liens purement naturels, pour ainsi dire «charnels», qui nous attachent à nos parents. Par son existence, elle libère les individus de relations naturelles et inconscientes, lesquelles, à proprement parler, ne méritent même pas le nom de relations, puisqu'elles constituent un état d'identité primordiale inconsciente ; celui-ci comporte, précisément à cause de l'inconscience qui le caractérise, une inertie peu commune, opposant une résistance opiniâtre à toute velléité de développement psychique et spirituel. Il serait même difficile d'indiquer en quoi pourrait résider une différence essentielle entre cet état d'identification et une âme d'animal. Ce n'est nullement une prérogative particulière à l'Église chrétienne que de tendre à dégager l'individu de l'état originel quasi animal et de chercher à lui en fournir les moyens ; c'est là au contraire la forme moderne, surtout occidentale, d'une tendance instinctive qui est peut-être aussi vieille que l'humanité.

Quand je traite des catholiques pratiquants, au cours
du problème du transfert je me retire, en tant que
médecin, et aiguille l'évolution du problème vers
l'Église et ses ressources. Mais, quand je traite des
non-catholiques, cette issue ne serait plus qu'une
échappatoire et elle m'est interdite; en tant que médecin je ne peux plus me désister, car en règle générale,
il n'y a personne et il n'y a rien sur qui ou sur quoi
je pourrais, de façon adéquate, aider à orienter l'image
paternelle. Certes, je puis faire admettre raisonnablement à mon malade que je ne suis pas son père, mais
que gagne-t-on à cela? Pour le malade je suis devenu
un père raisonnable qui demeure tout de même un
père. Non seulement la nature, mais le malade aussi, a
une *horror vacui*, une horreur du vide. Il appréhende
instinctivement d'abandonner les imagines parentales
et son âme d'enfant, dans le néant d'un passé révolu
et sans espoir d'avenir. Son instinct lui dit que pour
satisfaire à sa propre totalité ces éléments doivent
demeurer en vie sous une forme quelconque. Il sait,
lui, le malade, que la rétrocession totale des projections serait suivie d'un esseulement apparemment sans
limites au sein d'un Moi peu apprécié et qui ne
s'imposerait que davantage. Car le malade se sentait
au préalable peu à l'aise dans son moi; et c'est pourquoi il est peu probable qu'il s'y supporte davantage
dans des conditions aggravées et pour des motifs de
pure raison. C'est pourquoi, à ce moment, on assiste
souvent au retour, qui se produit sans difficulté, d'un
sujet catholique, libéré des liens par trop personnels à
ses parents, vers les mystères, mieux et plus profondément compris, de l'Église. Il est aussi des protestants
qui reconnaissent dans une des variantes nouvelles du
protestantisme un sens conforme à leur nature intime
et qui dans cette voie retrouvent une religiosité authentique. Dans tous les autres cas — dans la mesure où
le praticien n'a pas recours à des solutions brutales,
fréquemment nuisibles — les malades demeurent,
comme l'on dit, «empêtrés» dans le rapport de trans-

fert et imposent ainsi à eux-mêmes et à leur médecin une épreuve de patience de première grandeur.

Avec les moyens utilisés jusqu'à présent, on n'est pas parvenu à christianiser l'âme au point que les exigences les plus élémentaires de l'éthique chrétienne aient pu exercer quelque influence décisive sur les préoccupations et démarches principales de l'Européen chrétien. Certes, la mission chrétienne prêche l'Évangile aux païens pauvres et nus ; mais les païens internes, qui peuplent l'Europe, n'ont encore rien perçu du christianisme.

L'éducation chrétienne a fait tout ce qui était humainement possible ; mais cela n'a pas été suffisant. Trop peu d'êtres ont éprouvé l'expérience vivante de l'image divine comme étant la plus intime possession de leur âme individuelle.

*
* *

Personne ne peut savoir ce que sont les choses ultimes. Nous devons par suite les prendre telles que nous les expérimentons, telles que nous les vivons. Et si une telle expérience nous aide à rendre notre vie plus saine, ou plus belle, ou plus complète, ou plus lourde de sens pour nous-mêmes et pour ceux que nous aimons, nous pouvons tranquillement affirmer : « C'était une grâce de Dieu. » On ne démontre ainsi aucune vérité surhumaine, et il faut avouer en toute humilité que l'expérience religieuse *extra ecclesiam*, en dehors de l'Église, est subjective et sujette au risque d'erreurs illimitées.

Les symboles religieux sont des phénomènes vitaux, des données tout simplement, et non des opinions. Lorsque l'Église persévère durant des siècles dans l'idée que c'est le soleil qui tourne autour de la terre, pour n'abandonner ce point de vue qu'au XIXe siècle, elle peut s'appuyer sur la vérité psychologique que pour de nombreux millions d'hommes précisément le soleil tournait autour de la terre, et que ce n'est qu'au XIXe siècle qu'un grand nombre est parvenu à cette

assurance de la fonction intellectuelle qui permet de
réaliser mentalement les preuves de la nature planétaire
de la terre. Malheureusement il n'y a pas de vérité s'il
n'y a pas d'homme pour la comprendre.

Cette fonction symbolique qui existe depuis les
temps les plus reculés n'a pas encore disparu de nos
jours, quoique, depuis bien des siècles, l'esprit tende à
réprimer la formation individuelle de symboles. Le premier pas dans cette direction fut l'institution d'une
religion d'État; un autre fut l'extirpation du
polythéisme dont le tout premier commencement est
sans doute l'essai de réforme d'Amenophis IV. L'ère
chrétienne, on le sait, a obtenu des résultats extraordinaires dans la répression de la formation individuelle
des symboles. A mesure que commence à pâlir l'inten-
sité de l'idée chrétienne, il faut s'attendre à la recru-
descence de la formation individuelle de symbole. La
multiplication véritablement énorme des sectes depuis
le XVIIIᵉ siècle, le «siècle des Lumières», doit en être
un témoignage significatif. Les puissantes extensions
de la Christian Science, de la théosophie, de l'anthro-
posophie et de la religion de Mazdaznan sont de nouveaux pas sur cette route battue.

L'histoire de l'évolution du protestantisme est une
iconoclastie chronique : un mur après l'autre s'effon-
dra. D'ailleurs ce travail de destruction ne fut pas par
trop pénible une fois que fut ébranlée l'autorité de
l'Église. Nous savons tous comment tombèrent morceaux après morceaux, grands et petits, en général et
en particulier, et comment l'effrayante pauvreté symbolique qui règne maintenant a fini par s'établir. Ainsi
disparut également la puissance de l'Église, forteresse
qui a été privée de ses bastions et de ses casemates,
maison dont les murs sont enfoncés et livrés à tous les
vents et à tous les dangers du monde. Débâcle véritablement lamentable, douloureuse au sentiment historique. Pourtant l'éclatement du protestantisme, en près
de 400 dénominations, est un signe indéniable de vie
qui montre que l'inquiétude continue à grandir.
L'homme protestant, auquel rien n'est resté, sinon la

figure historique du Christ, un concept contesté de Dieu, et une nécessité de croire — ce qui, Dieu le sait! ne lui réussit que très incomplètement — se trouve repoussé et exposé sans protection dans une situation qui fait absolument horreur à l'homme historique naturel.

L'assaut de la Réforme contre les images a littéralement ouvert une brèche dans le rempart protecteur des images saintes et depuis elles se sont émiettées les unes après les autres. Elles devinrent embarrassantes parce qu'elles entraient en collision avec la raison naissante. En outre, on avait oublié déjà depuis longtemps ce qu'elles avaient signifié. L'avait-on vraiment oublié? Peut-être n'avait-on, en général, jamais su quel était leur sens? et peut-être est-ce seulement à l'époque récente que l'humanité protestante comprit qu'on n'avait, en somme, jamais su ce que cela pouvait signifier de croire à la naissance virginale ou aux complexités de la Trinité? Il semble presque que ces images avaient existé seules et que la réalité vivante qu'elles représentent avait été simplement acceptée, sans doute aucun, sans réflexion personnelle, un peu à la façon dont tout le monde orne des arbres de Noël et cache des œufs de Pâques sans jamais savoir ce que signifient ces coutumes. Les images archétypiques sont, en effet, a priori si pleines de sens qu'on ne se demande jamais quel il est. C'est pourquoi, de temps en temps, les dieux meurent: on découvre soudain qu'ils ne signifient rien, qu'ils ont été faits de main d'homme, qu'ils étaient des inutilités taillées dans le bois ou la pierre. En réalité l'homme n'a fait que découvrir que, jusqu'alors, il n'avait jamais réfléchi sur ces images.

Dès que la barrière dogmatique fut abattue et que le rite eut perdu l'autorité de son efficience, l'homme se trouva confronté avec une expérience intérieure sans la protection et le guide d'un dogme et d'un culte qui sont la quintessence incomparable de l'expérience religieuse, tant chrétienne que païenne. Le protestantisme a perdu dans l'ensemble toutes les subtiles nuances du christianisme traditionnel: la messe, la confession, la majeure partie de la liturgie, et la signification du

clergé en tant que représentant de Dieu. Je dois insister
sur le fait que cette constatation n'implique aucun
jugement de valeur, elle n'a pas l'intention d'en être
un. Je me contente d'exposer un état de fait. Le protestantisme a cependant intensifié l'autorité de la Bible
pour suppléer à l'autorité perdue de l'Église. Mais,
comme l'histoire l'a montré, certains textes bibliques
peuvent être interprétés de manière différente ; de plus
la critique scientifique du Nouveau Testament n'a pas
particulièrement aidé à fortifier la foi dans le caractère
divin des saintes Écritures. De fait, de grandes masses
d'hommes ont quitté l'Église ou sont devenues foncièrement indifférentes à son égard sous l'influence de la
prétendue ère des lumières scientifiques. S'il ne s'agissait que de rationalistes endurcis ou d'intellectuels
névrotiques, le dommage serait supportable. Mais
beaucoup parmi eux sont des hommes religieux qui ne
sont plus capables de s'accorder avec les formes
existantes de la foi. S'il en était ainsi, on ne pourrait
guère expliquer l'influence significative du mouvement
du groupe de Buchman sur les milieux protestants plus
ou moins cultivés. Le catholique qui a tourné le dos à
l'Église développe le plus souvent un penchant secret
ou avoué pour l'athéisme, tandis que le protestant, si
possible, adhérera à quelque secte. L'absolutisme de
l'Église catholique paraît exiger une négation tout
aussi absolue, alors que le relativisme du protestant
autorise des variations.

En abolissant les remparts protecteurs, le protestant
a perdu les images sacrées qui expriment d'importants
facteurs inconscients, en même temps que le rituel qui,
depuis des temps immémoriaux, était un moyen sûr de
traiter avec les forces imprévisibles de l'inconscient.
Une grande quantité d'énergie fut ainsi libérée et se
précipita vers les anciennes issues de la curiosité et de
l'esprit de conquête, et c'est ainsi que l'Europe devint
la mère de dragons qui dévorèrent la plus grande partie
du monde. Depuis cette époque, le protestantisme est
devenu une serre chaude pour les schismes et en même
temps pour un rapide accroissement de la science et

des techniques. La conscience humaine en fut fascinée
à tel point qu'elle oublia les puissances imprévisibles
de l'inconscient.

Tout ce développement d'aujourd'hui était fatal. Et
je n'en accuserai ni le protestantisme, ni la Renaissance. Mais une chose est certaine : l'homme moderne
— protestant ou non — a perdu la protection des remparts ecclésiastiques, si soigneusement élevés et renfor-
cés depuis le temps de Rome, et, du fait de cette perte,
l'homme s'est approché de la zone du feu où des mondes se détruisent et se créent. La vie s'est accélérée et
intensifiée. Notre monde est ébranlé et envahi par des
vagues d'inquiétude et de peur.

La Réforme contribua beaucoup à enlever à l'Église
son rôle de médiatrice du salut, pour rétablir le rapport
personnel avec Dieu, dépassant ainsi le point d'extrême
objectivation de l'idée de Dieu : à partir de là, le
concept de Dieu se subjective de plus en plus. La multiplication des sectes est la conséquence logique de ce
processus de subjectivation. Sa conséquence extrême,
l'individualisme, représente une nouvelle forme de
l'«isolement».

De même que, dans le Christianisme, le vœu de pauvreté temporelle détournait l'esprit des biens du
monde, la pauvreté d'esprit veut de son côté renoncer
aux fausses richesses de l'esprit pour s'écarter, non
seulement des restes misérables d'un grand passé qui
s'appelle aujourd'hui «Église protestante», mais en
outre, on veut s'écarter de tous les attraits du parfum
exotique pour rentrer en soi où, dans la froide lumière
de la conscience, la nudité du monde s'élargit
jusqu'aux étoiles.

Je dois avouer que je fais partie des hommes qui
souffrent de leurs convictions. Je sais, par exemple,
que ce n'est pas en vain que l'homme protestant est
sorti pour ainsi dire nu de son propre développement.
Ce développement a une conséquence intérieure ; tout
ce à propos de quoi il ne pensait rien, lui a été arraché.
S'il se mettait à envelopper sa nudité de vêtements
orientaux d'apparat, comme le font les théosophes, il

serait infidèle à sa propre histoire. On ne s'abaisse pas
d'abord au rang de mendiant pour, ensuite, poser en
roi de théâtre hindou.

Le protestantisme étant devenu la profession de foi
des aventureuses tribus germaniques, il se peut qu'avec
la curiosité, l'esprit de conquête et le manque d'égards
qui les caractérisent, leur tempérament particulier n'ait
pu s'accorder avec la paix de l'Église catholique, tout
au moins pas à la longue. Il semble que ces tribus
n'étaient pas encore préparées pour accueillir et supporter l'idée du salut, ni mûres pour la soumission à
une déité cristallisée dans l'édifice magnifique de
l'Église. Il y avait peut-être trop de l'*Imperium Romanum* ou de la *Pax Romana* dans l'Église, trop tout au
moins pour leurs énergies qui étaient et sont encore
insuffisamment domestiquées. Sans doute ces tribus
éprouvaient-elles le besoin d'une expérience de Dieu
plus violente et moins contrôlée, ainsi qu'il arrive souvent aux peuples aventureux et remuants, qui sont trop
jeunes pour être conservateurs et quelque peu résignés.
Ainsi ont-ils écarté plus ou moins l'intercession de
l'Église entre Dieu et l'homme.

Le protestantisme était et représente encore un grand
risque en même temps qu'une grande possibilité. S'il
continue à se désintégrer en tant qu'Église, il aboutit
à priver l'homme de toute sauvegarde spirituelle et de
moyens de défense contre l'expérience immédiate des
forces qui attendent leur libération dans l'inconscient.

Le protestant doit digérer seul ses péchés, et il n'est
pas assuré de la grâce divine qui est devenue inaccessible, faute d'un rituel adéquat. C'est grâce à cette
insécurité que la conscience protestante est devenue
vigilante ; mais cette mauvaise conscience a pris la
forme désagréable d'une maladie de langueur, qui met
les gens dans un état de malaise. Par là, le protestant
a une chance unique de prendre conscience de l'idée
du péché, à un degré difficilement accessible à la mentalité catholique, car la confession et l'absolution sont
toujours prêtes à atténuer une trop grande tension. Le

protestant, au contraire, est abandonné à sa tension intérieure qui peut continuer à aiguiser sa conscience.

Toute maladie qui dissocie un monde constitue en même temps un processus de guérison ou, en d'autres termes, elle est comme le point culminant d'une gestation annonçant les douleurs de l'accouchement. Une période d'effritement comme celle de l'*Imperium Romanum* est en même temps une période d'enfantement. Ce n'est pas sans motif que nous datons notre ère du siècle de César, car c'est alors que survint la naissance du personnage symbolique du Christ, vénéré par les premiers chrétiens comme poisson, c'est-à-dire comme souverain du mois mondial des poissons (qui venait de commencer), et qui devint l'esprit dirigeant d'une ère de deux mille ans. Il sortit, pour ainsi dire, de la mer, comme le légendaire prophète babylonien Oannès qui, lui aussi, survint lorsque la nuit originelle, se gonflant, éclata, et engendra une époque du monde. Le Christ dit, il est vrai: «Je ne suis pas venu pour vous apporter la paix, mais l'épée.» Mais ce qui dissocie engendre aussi les liens; c'est pourquoi son enseignement fut aussi celui de l'amour universel.

*
* *

Une sentimentalité religieuse au lieu du *numinosum*[1] de l'expérience divine est la marque bien connue d'une religion qui a perdu son vivant mystère. Il est aisément compréhensible qu'une telle religion soit incapable de porter secours ou d'avoir une efficacité morale quelconque.

«Dieu» est une expérience initiale de l'homme; depuis pour l'assimiler tant par interprétation, tant par spéculation, tant par le dogme, à moins que ce ne soit pour la nier. Et toujours à nouveau il est arrivé et il arrive que l'on sache trop de choses au sujet du «bon» Dieu et qu'on le connaisse trop bien, de sorte qu'on le confond avec ses propres représentations, que l'on tient

1. Voir C. G. Jung: *Réponse à Job*, Buchet-Chastel, Paris, 1964.

celles-ci pour sacrées parce qu'elles peuvent se récla-
mer d'un âge millénaire; superstitions et idolâtries
aussi mauvaises que de croire que l'on pourrait supprimer Dieu par éducation.

La disposition d'esprit primitive n'invente pas de
mythes, elle les vit. Les mythes sont, à l'origine, des
révélations de l'âme préconsciente, des affirmations
involontaires au sujet de faits psychiques inconscients
et rien moins que des allégories d'événements physiques. De telles allégories auraient pu être le jeu oiseux
d'une intelligence non scientifique. Les mythes, par
contre, ont une signification vitale. Non seulement ils
décrivent, mais ils sont aussi effectivement la vie psychique de la tribu primitive, qui s'écroulerait immédiatement et sombrerait si elle venait à perdre son
patrimoine mythique ancestral, tout comme un homme
qui aurait perdu son âme. La mythologie d'une tribu
est sa religion vivante, dont la perte signifie, toujours
et partout, même chez l'homme civilisé, une catastrophe morale: la religion représente une relation vivante
avec les activités psychiques qui ne dépendent pas de
la conscience, mais qui se produisent au-delà d'elle,
dans l'obscurité de l'arrière-plan psychique.

Si nous vivions encore dans le monde médiéval où
il n'y a guère de doute concernant les choses ultimes,
et ou toute l'histoire universelle commençait par la
Genèse, nous pourrions aisément écarter les rêves et
les manifestations analogues. Mais malheureusement
nous vivons dans une atmosphère moderne où toutes
les choses ultimes sont douteuses, où la préhistoire a
acquis une extension énorme et où les gens sont pleinement conscients que, s'il existe jamais une expérience du *numinosum*, c'est dans l'expérience de la
psyché qu'il faut la chercher. Désormais nous ne pouvons plus nous imaginer un empyrée tournant autour
du trône de Dieu, et personne ne songerait à chercher
Dieu quelque part derrière les galaxies. Et cependant
il nous semble que l'âme humaine recèle des mystères
puisque, pour un empirique, toute expérience religieuse
consiste en un état particulier de l'âme.

L'expérience religieuse est absolue. Elle est au sens propre indiscutable. On peut seulement dire qu'on n'a pas fait une telle expérience et l'interlocuteur répondra : « Je regrette, mais moi je l'ai faite. » Et la discussion sera terminée.

Peu importe ce que le monde pense de l'expérience religieuse ; celui qui l'a faite possède l'immense trésor d'une chose, qui pour lui, est devenue une source de vie, de signification et de beauté et qui a donné une nouvelle splendeur au monde et à l'humanité. Il a la foi (Pistis) et la paix. Où est le critère qui permettrait de dire qu'une telle vie n'est pas légitime, qu'une telle expérience n'est pas valable, et qu'une telle foi est une simple illusion ? Y a-t-il en fait une meilleure vérité sur les choses ultimes que celle qui nous aide à vivre ?

Aussi longtemps que la religion est seulement croyance et forme extérieure, et tant que la fonction religieuse n'est pas une expérience de l'âme personnelle, rien d'essentiel ne s'est produit. Il reste encore à comprendre que le *mysterium magnum* (le grand mystère) est non seulement une réalité en soi mais qu'il est avant tout enraciné dans l'âme humaine. Quiconque ne sait pas cela par expérience personnelle peut bien être à la rigueur un théologien des plus doctes, mais il n'a pas la moindre idée de ce qu'est la religion, et encore moins de ce qu'est l'éducation des hommes.

Toute doctrine de clan est dangereusement sacrée, aussi est-elle absolue. Toutes les doctrines secrètes cherchent à saisir l'événement invisible de l'âme et toutes prétendent en détenir la valeur ultime ; ceci, qui est vrai de ces doctrines primitives, vaut encore davantage pour les religions dominantes dans le monde. Originairement elles renferment un savoir secret révélé et ont exprimé les mystères de l'âme en de magnifiques images. Leurs temples et leurs écrits sacrés proclament par l'image et par la parole leur antique forme consacrée, accessibles à toute sensibilité croyante, à tout entendement sensible et à toute pensée qui y puise. Il faut même dire que plus est belle, plus est grandiose, plus est vaste l'image devenue et transmise, plus elle

est rejetée bien loin de notre expérience. Tout au plus
pouvons-nous encore la sentir et la ressentir; mais
l'expérience première est perdue.

Ce qu'on nomme couramment et par habitude la
«religion» constitue un succédané à un degré de fré-
quence si grand que je me demande si cette sorte de
religion — j'aime mieux l'appeler confession — ne
remplit pas une fonction importante dans la société
humaine. Manifestement, la substitution tend à remplacer l'expérience immédiate par un choix de symboles
appropriés, incorporés dans un dogme et un rituel solidement organisés. L'Église catholique les appuie de
son autorité absolue. L'Église protestante — si on peut
encore employer ce terme d'une Église — les maintient en insistant sur la foi du message évangélique.
Aussi longtemps que l'efficacité de ces deux principes
demeure, les individus sont protégés avec succès
contre une expérience religieuse immédiate. Et même
si quelque chose de ce genre leur arrive, quelque chose
de spontanément immédiat, ils peuvent s'en référer à
l'Église, car elle saura décider si l'expérience est
venue de Dieu ou du diable, si elle doit être acceptée
ou rejetée.

La théologie ne vient pas à la rencontre de celui qui
cherche, car elle présuppose la foi, qui est une authentique et véridique grâce et que nul ne peut faire de
toutes pièces. Nous autres, modernes, sommes placés
devant la nécessité de refaire l'expérience vivante de
l'esprit, c'est-à-dire d'en refaire l'expérience originelle
en partant de rien. C'est là la seule possibilité de rompre le cercle enchanté des décours biologiques.

On entend toujours parler de gens pieux qui, grâce
à leur inébranlable foi en Dieu, parcouraient la vie,
avec une sûreté, une félicité enviables: Eh bien! je
n'ai pas encore eu la chance de rencontrer un seul de
ces *Chidher*. Il s'agit probablement là du désir pris
pour la réalité! En réalité, l'immense majorité des
croyants vit dans une incertitude perpétuelle qu'ils
tâchent d'étouffer chez eux et chez les autres par leurs
cris fanatiques. Ils ont à lutter sans répit contre leurs

doutes à l'égard de la religion et de leur propre personnalité, contre leur inquiétude morale, le sentiment
de leur culpabilité et finalement contre leur peur épouvantable de l'autre face de la réalité, contre laquelle
même des hommes éminents se hérissent avec l'énergie
du désespoir. Cet autre côté, c'est le diable, l'adversaire, ou — en d'autres termes plus modernes — le
correctif réel de l'image infantile du monde, enjolivée
par la prédominance du principe du plaisir. Hélas ! le
monde n'est pas qu'un jardin de Dieu, du père ; il est
aussi un lieu de terreur. Non seulement le ciel n'est
pas un père, ni la terre une mère, ni les humains des
frères et sœurs, mais tous sont aussi des puissances
ennemies et destructrices auxquelles nous sommes
d'autant plus sûrement livrés que nous nous abandonnons avec plus de confiance et moins de réflexion à la
prétendue main paternelle de Dieu.

Dans une humanité spirituellement sous-alimentée,
Dieu lui-même ne peut prospérer.

L'homme qui est moralement et spirituellement
supérieur ne tient plus à obéir à une foi ou à un dogme
figé. Il veut comprendre. Rien d'étonnant qu'il jette de
côté tout ce qu'il ne comprend pas, et le symbole religieux fait partie de ce qui précisément n'est pas facilement accessible à la compréhension. C'est pourquoi,
le plus souvent, la religion passe par-dessus bord. Le
sacrificium intellectus qu'exige la foi positive est un
acte brutal contre lequel se cabre la conscience de
l'homme supérieur.

La décision négative prise par l'individu au sujet de
sa participation à une confession ne signifie pas toujours que nous avons là une attitude antichrétienne ; le
cas échéant, c'est tout le contraire, une réflexion en
retour sur le royaume de Dieu au cœur de l'homme où,
selon le mot de saint Augustin, s'accomplit le « *mysterium paschale* » « *in interioribus ac superioribus
suis* »[1]. Cette vieille idée, depuis longtemps surannée,
de l'homme microcosme, exprime en effet une grande

---

1. Dans son intimité et sa supériorité.

vérité psychologique encore à découvrir. Jadis elle était projetée sur le corps, de même que l'alchimie projetait dans la matière chimique la psyché inconsciente. Mais il en va autrement si le microcosme désigne le monde et la nature intimes qui se dévoilent timidement à nous dans l'inconscient.

Le «monde du Fils» est le monde de la scission morale sans laquelle la conscience de l'homme n'aurait guère pu accomplir le progrès de la différenciation psychique qu'elle a réellement fait. Si aujourd'hui on n'est pas absolument enthousiasmé de ce progrès, cela tient déjà aux accès de doute de la conscience moderne.

Plus reste inconscient le problème religieux de l'avenir, plus est grand, pour l'homme qui mésusera du germe divin qui est en lui, le danger d'en faire une bouffissure de soi ridicule ou démoniaque, au lieu de rester conscient qu'il n'est guère plus que l'étable où naquit le Seigneur.

Être véritablement homme, c'est être, à l'extrême, éloigné et différent de Dieu. *De profundis clamavi ad te, Domine*[1]. Cette profession de foi montre l'éloignement et la proximité, l'obscurcissement extrême et en même temps le jaillissement de l'éclair de Dieu. Dans son humanité, Dieu est si loin de lui-même qu'il lui faut se rechercher lui-même dans le plus total abandon. Qu'en serait-il de la totalité de Dieu s'il lui était impossible d'être aussi ce qui est «tout autre?».

L'homme simplement croyant et non-pensant oublie constamment que c'est lui qui est toujours exposé à son ennemi le plus acharné: le doute. Car là où la foi règne, le doute est toujours à l'affût. Au contraire, à l'homme qui pense, le doute est bienvenu car il est pour lui un pas précieux vers une connaissance améliorée. Ceux qui peuvent croire devraient être plus tolérants pour leurs semblables qui ne sont capables que de penser. La foi a atteint par anticipation le sommet que la pensée s'efforce de gagner au cours d'une péni-

1. « Des profondeurs je crie vers toi, Seigneur. » Psaume 129.

ble ascension. Le croyant doit se garder de projeter ni le doute, ni sa faculté de douter, sur son ennemi habituel, celui qui pense, et d'imputer au penseur des intentions destructrices.

Dogmatisme et fanatisme sont toujours compensations de doutes secrets. Les persécutions religieuses ne se produisent que là où il y a des hérétiques. Il n'y a pas en l'homme un seul instinct qui ne soit contrebalancé par un autre.

Bien que l'instant même de la conversion semble tout à fait inattendu, nous savons pourtant, parce que de multiples expériences nous l'apprennent, qu'une transformation aussi fondamentale est précédée d'une longue préparation intérieure; c'est seulement celle-ci une fois terminée, autrement dit lorsque l'individu est mûr pour la conversion, que la nouvelle vérité éclate accompagnée d'une violente émotion. Saül (le futur Paul), sans le savoir, était chrétien depuis longtemps; de là sa haine fanatique du christianisme, car le fanatisme ne se rencontre jamais que chez ceux qui ont à étouffer des doutes secrets. C'est pourquoi les convertis sont toujours les pires fanatiques.

On ne s'est que trop longuement attardé à la question, stérile au fond, de savoir si les affirmations de la foi religieuse sont vraies ou ne le sont point. Abstraction faite de l'impossibilité de jamais prouver ou infirmer la vérité d'une affirmation métaphysique, l'existence même d'une affirmation de cette sorte est un fait évident en soi qui n'exige pas de preuve quelconque, et quand il s'y adjoint un *consensus gentium* (une approbation de la collectivité) alors la validité de l'affirmation est démontrée dans une juste mesure à ce niveau existentiel. La seule chose que nous puissions en saisir est le phénomène psychique, qui n'a aucune commune mesure avec la catégorie de l'exactitude ou de la vérité objectives. Aucun phénomène ne peut jamais être résolu, «liquidé» par une critique rationnelle et, sur le plan de la vie religieuse, nous avons affaire à des phénomènes et à des faits, mais non pas à des hypothèses discutables.

Un des plus grands reproches que l'on fait à ma psychologie, c'est de n'y point choisir entre telle ou telle doctrine religieuse. Sans anticiper en rien sur mes convictions subjectives, j'aimerais formuler cette question : ne peut-on imaginer que lorsque quelqu'un refuse de s'ériger en arbitre du monde et, renonçant délibérément à toute sa subjectivité, fait sienne, par exemple, la croyance que Dieu S'est exprimé Lui-même en maintes langues et est apparu sous de multiples formes, et que toutes ces manifestations sont *vraies* — ne peut-on imaginer, dis-je, qu'il s'agit là aussi d'un choix, d'une décision ? L'objection soulevée en particulier par les chrétiens qu'il est impossible que les expressions les plus contradictoires soient toutes vraies les expose immédiatement à ce qu'on se permette de leur répliquer poliment : est-ce que un égale trois ? Comment est-ce que trois peuvent être un ? Comment est-ce qu'une mère peut être vierge ? et ainsi de suite. N'a-t-on pas encore remarqué que toutes les manifestations religieuses regorgent de contradictions logiques et d'affirmations qui sont impossibles dans leur principe, caractère qui constitue en fait la véritable essence des affirmations religieuses ?

Étudiant, par exemple, le thème de la naissance virginale, la psychologie se borne à constater qu'une telle idée existe, sans se préoccuper de savoir si cette idée est, en un sens quelconque, vraie ou fausse. Psychologiquement une telle idée est vraie, du moment qu'elle existe.

*
* *

Le paradoxe, aussi étrange que cela semble, est une de nos possessions spirituelles suprêmes, alors que la pensée univoque est un signe de faiblesse. C'est pourquoi une religion s'appauvrit intérieurement quand ses paradoxes s'amenuisent ou se perdent, tandis que leur multiplication l'enrichit, car seul le paradoxe se montre capable d'embrasser, ne fût-ce qu'approximativement, la plénitude de la vie. Ce qui est sans équivoque et sans contradiction n'exprime forcément qu'un côté des choses, et, par conséquent, est inapte à exprimer l'insaisissable et l'indicible.

Le mystère de la naissance virginale ou de l'homoousie du fils avec le père, ou de la Trinité qui n'est pas une triade, ne donnent plus d'ailes à l'imagination philosophique. Ils sont devenus de simples objets de foi. Il n'est donc pas surprenant que le besoin religieux, le sens de la foi et la spéculation philosophique de l'Européen instruit se sentent attirés de façon analogue par les symboles de l'Orient, par les grandioses conceptions de la divinité en Inde et les profondeurs de la philosophie taoïste en Chine, comme jadis la sensibilité et l'esprit des hommes de la fin de l'Antiquité furent saisis par les idées chrétiennes. Bien des gens se laissèrent d'abord aller à l'influence du symbole chrétien, jusqu'à ce qu'ils s'empêtrassent dans la névrose kierkegaardienne, ou jusqu'à ce que leur relation avec Dieu, par suite de la pauvreté grandissante de leur symbolique, évoluât en un rapport de moi à toi, insupportablement poussé à l'extrême, pour succomber, ensuite, à la magie de la fraîche étrangeté des symboles orientaux. Cette façon de succomber n'est pas une défaite ; cela prouve que la sensibilité religieuse est encore ouverte et vivante. Nous remarquons aussi le même phénomène chez l'Oriental cultivé qu'il n'est pas rare de sentir attiré de même manière par le symbole chrétien pour lequel il manifeste même une enviable compréhension. Succomber à ces images éternelles est chose tout à fait normale. C'est pour cela que les images sont apparues. Elles doivent attirer, convaincre, fasciner et dominer. Elles ont été créées par la matière originelle de la révélation et constituent cette expérience de la divinité, qui est chaque fois la première.

Comme dans notre monde, on ne voit rien qui indique la présence de puissances salutaires, mis à part ces grands systèmes «psychothérapeutiques» que l'on appelle religions et dont on espère le salut de l'âme, il est tout à fait naturel que nombreux soient ceux qui entreprennent la tentative justifiée et souvent heureuse de se ranger au sein d'une des confessions existantes, en faisant preuve d'une compréhension neuve en ce qui touche les significations solennelles des vérités traditionnelles concernant le salut. — Cette solution est normale, donc satisfaisante en ce sens que les vérités fondamentales de l'Église chrétienne formulées dans les dogmes, expriment avec une presque totale perfection la nature de l'expérience intime. Il y a en elles un savoir difficilement surpassable des secrets de l'âme, présentés en de grandes images symboliques. C'est bien pourquoi l'inconscient a une affinité naturelle pour le contenu spirituel de l'Église et spécialement pour sa forme dogmatique qui doit ce qu'elle est aux controverses dogmatiques poursuivies pendant des siècles, si absurdes qu'elles paraissent aux yeux de la postérité, autrement dit à l'effort passionné que tant de grands hommes leur ont consacré.

En elle-même, une théorie scientifique, aussi subtile soit-elle, a, je crois, moins de valeur du point de vue de la vérité psychologique que le dogme religieux, pour la simple raison qu'une théorie est nécessairement abstraite et exclusivement rationnelle, tandis que le dogme exprime par l'image une totalité irrationnelle. Ce mode d'expression rend bien mieux compte d'un fait aussi irrationnel que l'existence de la psyché. Bien plus, le dogme doit son existence et sa forme d'une part, à des expériences immédiates, révélées, de la « gnose » (Il ne faut pas confondre « gnose », forme particulière de la connaissance, avec « gnosticisme »), telles que l'Homme-Dieu, la Croix, la Naissance virginale, l'Immaculée Conception, la Trinité, etc., et d'autre part, à l'incessante collaboration d'innombrables esprits et de nombreux siècles. On s'étonnera peut-être que je nomme certains dogmes des « expériences immédiates » alors que précisément un dogme est, par définition, ce qui après coup exclut l'expérience immédiate. Or, les images chrétiennes que je viens de citer n'appartiennent pas au christianisme seul (bien qu'elles aient acquis dans celui-ci un relief et une plénitude de signification que l'on ne trouve guère au même degré dans d'autres religions). Elles se trouvent aussi souvent dans les religions païennes et en outre elles peuvent reparaître spontanément en tant que phénomène psychique, avec toutes sortes de variantes, de même que, dans le passé lointain, elles sont issues de visions, de rêves ou de transes. De pareilles idées n'ont jamais été inventées. Elles prirent naissance à une époque où l'humanité n'avait pas encore appris à utiliser l'esprit comme une activité dirigée. Avant que les hommes apprissent à produire des pensées, la pensée vint vers eux. Ils ne pensaient pas ; ils percevaient leur fonctionnement mental. Le dogme est comparable au rêve : il reflète l'activité spontanée et autonome de la psyché objective, c'est-à-dire de l'inconscient. — Une pareille expression de l'inconscient constitue un moyen de défense bien plus efficace contre les nouvelles expériences immédiates que ne l'est une théorie scientifique. La théorie doit faire abstraction des valeurs émotionnelles de l'expérience. Le dogme, au contraire, est on ne peut plus expressif à cet égard. Une théorie scientifique est bientôt dépassée par une autre. Le dogme dure d'innombrables siècles.

L'aventure spirituelle de notre temps c'est d'abandonner la conscience humaine à l'indéfini et à l'indéfinissable, bien qu'il puisse nous sembler — et non sans de bonnes raisons — que dans l'illimité aussi règnent ces lois psychiques qu'aucun être humain n'a inventées, mais dont la «connaissance» lui fut donnée en tant que *gnose* à travers le symbolisme du dogme chrétien, que seuls essaient d'ébranler des insensés imprudents, mais non pas des esprits fervents, soucieux de la vie de l'âme.

Un dogme est toujours le produit et le fruit de nombreux esprits et de nombreux siècles, purifié de toutes les bizarreries, insuffisances et perturbations de l'expérience individuelle. Malgré tout cela, l'expérience individuelle, précisément dans sa pauvreté même, est la vie immédiate ; elle est le sang rouge et chaud qui bat aujourd'hui dans nos veines. Pour un chercheur de vérité, elle est plus convaincante que la meilleure des traditions.

Si le théologien croit vraiment d'une part à la toute-puissance de Dieu et, d'autre part, à la validité des dogmes, pourquoi alors n'admet-il pas en toute confiance que l'âme, elle aussi, exprime Dieu ? Pourquoi cette peur de la psychologie ? Ou alors, en contradiction totale avec les dogmes, l'âme doit-elle passer pour être l'enfer même, à travers quoi ne baragouinent que des démons ? Même si tel était le cas, cela n'en serait pas moins convaincant ; car, ainsi que nous le savons, la réalité du mal, que l'on perçoit avec effroi, a opéré pour le moins autant de conversions que l'expérience vivante du bien.

Il n'est sans doute aucun autre domaine où se montre davantage le despotisme de l'esprit humain — trop humain — que l'histoire des dogmes. La psychologie commet donc à peine un abus quand elle se mêle à la discussion et pose la question de savoir qui est l'homme qui invente des dogmes et lui demande les raisons qui ont pu l'inciter à agir de telle sorte.

D'où pourrait donc venir la rénovation religieuse si notre esprit si hautement estimé, qui veut tout comprendre, se réserver une attitude et, en outre, se sentir moralement responsable ne peut bénir la vie temporelle ? Il est devenu esprit humain, faillible, borné, il lui faut une mort pour se renouveler et il ne le peut faire par lui-même. Que signifie la puissance des «forces telluriques», sinon que l'esprit a vieilli et s'est affaibli parce qu'il est devenu trop humain ?

*
* *

Le chrétien est l'homme qui souffre moralement et qui, dans sa souffrance, a besoin du «consolateur», du Paraclet. L'homme ne peut, par sa seule force, surmonter le conflit que, d'ailleurs, il n'a point provoqué ; il lui faut recourir à la consolation et à la conciliation divines autrement dit à la révélation spontanée de cet esprit qui n'obéit pas à la volonté humaine, mais qui va et vient comme il veut. Cet esprit est un phénomène spirituel autonome, une accalmie après la tempête, une

lumière consolatrice dans les ténèbres de l'entendement humain et l'ordre secret du chaos de notre esprit.
L'Esprit-Saint est un consolateur comme le père, le
«UN» silencieux éternel et insondable en qui l'amour
et la frayeur de Dieu sont confondus en une muette
unité. Et c'est là que se rétablit le sens premier du
monde paternel encore dénué de sens, dans le domaine
de l'expérience et de la réflexion humaines. Le
Saint-Esprit est une conciliation des contraires dans
une idée quaternaire, donc la réponse à cette souffrance de Dieu que le Christ personnifie.

Depuis des millénaires, les rites d'initiation ensei-
gnent la naissance en esprit; il est curieux de constater
que l'homme encore et toujours néglige de comprendre
la création des dieux. Cela ne prouve pas une force
particulière de l'esprit, mais les conséquences de cette
incompréhension sont névrotiques: l'homme s'étiole,
s'étrique, se rétrécit et devient désert. Il est facile
d'extirper l'esprit, mais dès lors le sel manque dans la
soupe, le «sel de la terre». Et cependant Dieu trouve
encore et toujours sa force en cela que l'enseignement
essentiel des vieilles initiations se perpétue et se trans-
met de génération en génération. Il se trouve toujours
à nouveau des hommes ayant compris ce que cela veut
dire qu'ils avaient Dieu pour père. Dans leur sphère,
l'équilibre de la chair et de l'esprit demeure.

Le «Dieu de lumière» franchit le pont qu'est
l'homme du côté du jour, «l'ombre de Dieu» le franchit du côté de la nuit. Qui décidera, dans ce terrible
dilemme, ce qui dans un frisson jamais connu et dans
une folie ignorée, menace de faire éclater ce misérable
vase? Sans doute sera-ce la révélation d'un
Saint-Esprit issu de l'homme lui-même. De même que
jadis l'homme se manifesta par Dieu, de même, si
l'anneau se referme, Dieu peut aussi se révéler à partir
de l'homme.

La messe est un exemple vivant du drame des mystères qui représente la permanence et la transformation
de la vie. Si nous observons le public pendant l'acte
sacré, nous pouvons y voir tous les degrés de la simple

présence indifférente jusqu'au saisissement le plus profond. Les groupes d'hommes qui pendant la messe se rassemblent près de la sortie, qui mènent des conversations mondaines et exécutent tout mécaniquement les signes de croix et plient les genoux, participent cependant, malgré leur inattention, au rite sacré par leur simple présence dans l'espace plein de grâce. Durant la messe, un acte soustrait au monde et au temps tue le Christ, le sacrifie, et Il ressuscite dans la transsubstantiation. Le sacrifice rituel n'est pas une répétition de l'événement historique. C'est le premier et l'unique processus éternel. L'événement de la messe est donc une participation à une transcendance de vie qui surpasse toutes les limites spatiales et temporelles. C'est un moment d'éternité dans le temps.

Le Christ, réalisateur des prophètes, résiste à la crainte de Dieu et enseigne aux hommes que le vrai rapport à Dieu est «l'amour». Il détruit ainsi le cérémonial de contrainte imposé par la loi et donne l'exemple du rapport personnel d'amour avec Dieu. Les sublimations imparfaites ultérieures de la messe chrétienne ramènent au cérémonial de l'Église, dont ne peuvent se libérer que rarement les esprits capables de sublimations de beaucoup de saints et de réformateurs. Ce n'est donc pas en vain que la théologie moderne parle de l'importance libératrice de l'événement « intérieur» ou «personnel» vécu, car toujours la ferveur de l'amour résout l'angoisse et la contrainte en une forme supérieure plus libre de la sensibilité.

Je souhaite que l'Église allège tout un chacun du fardeau de ses péchés. Pour celui auquel elle ne peut rendre ce service, il ne reste que la ressource de se courber bien bas, dans le sens de l'imitation du Christ, pour prendre sur lui le fardeau de sa propre croix. Les Anciens ont su trouver de l'aide dans l'antique sagesse grecque: Μηδὲν ἄγαν, καιρῷ μὴν τὰ πρόσεστκαλά (Ne rien exagérer; c'est dans la juste mesure que réside le bien.) Mais quel abîme nous sépare encore de la raison !

L'exigence du sacrement chrétien du baptême est un point décisif de la plus haute importance dans le déve-

loppement spirituel de l'humanité. Le baptême confère
l'âme essentielle, non pas le rite baptismal magique
particulier, mais l'idée même du baptême qui soustrait
l'homme à son identité archaïque avec le monde et
transforme celui-là en un être qui le dépasse et le
transcende. L'humanité s'est hissée à la hauteur de
cette idée : c'est le sens le plus profond du baptême ;
il est naissance de l'homme spirituel échappant à la
nature.

Si Dieu veut naître homme et s'il veut réunir
l'humanité dans la communauté du Saint-Esprit, il
souffre l'affreux tourment de devoir porter l'humanité
dans sa réalité. C'est une croix, plus encore il est pour
lui-même une croix. Le monde est la souffrance de
Dieu et chaque homme particulier qui voudrait — ne
fût-ce qu'approximativement — être sa propre totalité
sait parfaitement que ce serait une croix à porter. Or
l'éternelle promesse de la croix à porter, c'est le Paraclet.

Table des références aux œuvres

LISTE DES ŒUVRES DE C. G. JUNG
DANS LESQUELLES LES EXTRAITS
ONT ÉTÉ CHOISIS

I. — Ouvrages traduits[1]

A. — *Conflits de l'âme enfantine* — Contribution de l'étude de la rumeur — Influence du père sur la destinée des enfants.

B. — *Métamorphose de l'âme et ses symboles* (1re édition).

C. — *La théorie psychanalytique.*

D. — *Problèmes de l'âme moderne.*

E. — *Les types psychologiques.*

F. — *La dialectique du moi et de l'inconscient.*

G. — *Aspect du drame contemporain.*

H. — *L'énergétique psychique.*

J. — *Psychologie et Education.*

K. — *Psychologie et religion.*

Q. — *Introduction à l'essence de la mythologie.*

M. — *Psychologie de l'inconscient.*

N. — *L'homme à la découverte de son âme.*

P. — *La guérison psychologique.*

---

1. Pour les renseignements bibliographiques relatifs aux œuvres traduites voir p. 409.

II. — Ouvrages non traduits

I. Randbemerkungen zu Wittels: *Die sexuelle
Not* (Jahrbuch für psychoanalytische und
psychopathologische Forschung, Band III.
Deuticke, Leipzig und Wien, 1911).

II. *Neue Bahnen der Psychologie.* (Raschers
Jahrbuch für Schweizer Art und Kunst,
Zurich, 1912.)

III. *Psychotherapeutische Zeitfragen.* Ein
Briefwechsel von Dr. Jung und Dr. Loy.
(Deuticke, Leipzig und Wien, 1914.)

IV. *Ueber das Unbewusste.* (Sonderabdruck aus:
«Schweizerland», IV. Jahrgang, Heft 9, Juni 1918.)

V. *Das Geheimnis der goldenen Blüte.* Aus
dem Chinesischen übersetzt von Richard
Wilhelm. Europäischer Kommentar von C. G.
Jung (Dorn-Verlag, Grete Ullmann, München,
1929; II. Aufl. Rascher, Zürich, 1938).

VI. TSCHANG SCHENG SCHU, *Die Kunst das
menschliche Leben zu verlängern.* Eingelei-
tet von C. G. Jung und R. Wilhelm. (Europäische Revue, V. Jahrgang, Heft 8,
November 1929.)

VII. Einführung zu Dr. W. KRANEFELDT, «*Die Psy-
choanalyse*» (Sammlung Göschen, Leipzig, 1930).

VIII. Einleitung zu Francis G. WICKES', *Analyse
der Kinderseele* (Julius Hoffmann, Stuttgart,
1931).

IX. Vorwort zu O. A. SCHMITZ, *Märchen aus
dem Unbewussten* (Hanser, München, 1932).

X. *Wirklichkeit und Ueberwirklichkeit.* —
(«Querschnitt» , 12. Jahrgang, Heft 12, De-
zember 1932, Ullstein, Berlin.)

XI. *Ueber Psychologie.* Vortrag im Zürcher
Rathaus. (Neue Schweizer Rundschau, Neue
Folge, I. Jahrgang, Heft 1 und 2, Mai und
Juni 1933.)

XII. *Bruder Klaus.* (Neue Schweizer Rundschau,
Neue Folge, I. Jahrgang, Heft 4, August 1933.)

XIII. Besprechung von G. R. HEYER, *Organismus der Seele.* (Europäische Revue, IX. Jahrgang, Heft 10, Oktober 1933.)

XIV. *Zur Empirie des Individuationsprozesses.* (Eranos-Jahrbuch, Rhein-Verlag, Zürich, 1934.)

XV. Besprechung von Keyserling, *La Revolution Mondiale.* (Sonntagsblatt der Basler Nachrichten, 28. Jahrgang, Nr. 19, 13. Mai 1934.)

XVI. Geleitwort zur Volksausgabe von C. L. SCHLEICH, *Die Wunder der Seele.* (S. Fischer, Berlin, 1934.)

XVII. *Ueber die Archetypen des kollektiven Unbewussten.* (Eranos-Jahrbuch 1934, Rhein-Verlag, Zürich, 1935.)

XVIII. *Geleitwort und Psychologischer Kommentar zum Bardo Thödol* (Das Tibetanische Totenbuch, Herausg. W.Y. Evans-Wentz, Uebers. und Einleitung von L. Göpfert-March. Rascher, Zürich, 1935.)

XIX. Einleitung zu Dr. Esther HARDING, Der *Weg der Frau.* (Rhein-Verlag, Zürich, 1935.)

XX. *Basler Seminar,* vom Oktober 1934. (Privatdruck, Basel, 1935.)

XXI. PSYCHOLOGISCHE TYPOLOGIE. (Süddeutsche Monatshefte, 33. Jahrgang, Heft 5, Februar 1936.)

XXII. Besprechung von G. R. HEYER, *Praktische Seelenheilkunde.* (Zentralblatt für Psychotherapie, Band 9, Heft 3, 1936.)

XXIII. *Traumsymbole des Individuationsprozesses.* (Eranos-Jahrbuch 1935, Rhein-Verlag, Zürich, 1936.)

XXIV. *Ueber den Archetypus, mit besonderer Berücksichtigung des Animabegriffes.* (Zentralblatt fêur Psychotherapie, Band 9, Heft 5, 1936.)

XXV. *Die Erlösungsvorstellungen in der Alchemie.* (Eranos-Jahrbuch 1936, Rhein-Verlag, Zürich, 1937).

XXVI. Celeitwort zu SUZUKI, *Die grosse Befreiung.* Einführung in den Zen-Buddhismus. (Curt Weller & Co., Leipzig, 1939.)

XXVII. *Die psychologischen Aspekte des Mutterarchetypus.* (Eranos-Jahrbuch 1938, Rhein-Verlag, Zürich, 1939.)

XXVIII. *Bewusstsein, Unbewusstes und Individuation.* (Zentralblatt für Psychotherapie, Band II, Heft 5, 1939.)

XXIX. *Sigmund Freud, ein Nachruf.* (Sonntagsblatt der Basler Nachrichten, 33. Jahrgang, Nr 40. I. Oktober 1939.)

XXX. *Die verschiedenen Aspekte der Wiedergeburt.* (Eranos-Jahrbuch 1939, Rhein-Verlag, Zürich, 1940.)

XXXI. *Paracelsica.* (Rascher, Zürich, 1942.)

XXXII. *Zur Psychologie der Trinitätsidee. — Das Wandlungssymbol in der Messe.* (Beide Schriften im Eranos-Jahrbuch 1940-1941. Rhein-Verlag, Zürich, 1942.)

XXXIII. *Der Geist Mercurius.* (Eranos-Jahrbuch 1942, Rhein-Verlag, Zürich, 1943.)

XXXIV. *Zur Psychologie östlicher Meditation.* (Mitteilungen der Schweizerischen Gesellschaft der Freunde Ostasiatischer Kultura, Heft V, 1943.)

XXXV. *Tiefenpsychologie und Selbsterkenntnis.* «Ein Gespräch mit C. G. Jung in der Schweizerischen Zeitschrift «Du». (3. Jahrgang, Heft 9, September 1943.)

XXXVI. *Ueber den indischen Heiligen.* Vorwort zu H. ZIMMER, «Der Weg zum Selbst.» Herausgegeben von C. G. Jung. (Rascher, Zürich, 1944.)

XXXVII. *Psychologie und Alchemie.* (Psychologische Abhandlungen, Band V, Rascher, Zürich, 1944.)

XXXVIII. *Die Psychologie der Uebertragung*, erläutert an einer alchemistischen Bilderserie für Aerzte und praktische Psychologen. Rascher, Zürich, 1946.

INDEX

Table

ESSENCE ET ACTIVITÉ DE LA PSYCHÉ

Ame et corps forment un tout. — La psyché a sa propre réalité. — La psychologie touche à toutes les sciences. — La psyché doit être saisie dans sa totalité. — Des facteurs psychiques régissent le monde. — La psyché source de la connaissance. — Objet et idée se rencontrent dans la psyché. — L'âme insondable. — Imagination, expérience et âme. — De la coopération des forces psychiques. — Le mythe expression de l'âme. — La déspiritualisation du monde. — En tout homme gisent des sources archaïques. — Interaction de l'âme et de la vie. — De l'immortalité de l'âme. — Dieu et l'âme. — Essence religieuse de l'âme. — L'âme détient les plus hautes valeurs. — Dieu a déifié l'âme. — Force de l'âme.

Au début est l'inconscient. — Inconscient et projections. — L'inconscient et son autonomie créatrice. — L'inconscience est une puissance. — L'inconscient est nature. — L'inconscient est la matrice du conscient. — Pourquoi la Conscience? — Du devenir de la conscience. — La prise de conscience crée le monde. — Instinct et conscience. — Élargissement de la conscience. — Le développement de la conscience est souffrance et peut être destruction. — Les sources de la prise de conscience. Dangers de la prise de conscience. — Interdépendance du conscient et de l'inconscient. — La prise de conscience comme péché. — Du sens de la prise de conscience.

L'HOMME DANS SES RELATIONS

Table 411

non développés de la personnalité. — La névrose et ses aspects positifs. — Problème de guérison, problème religieux. — Le traitement doit être orienté vers l'homme total.

De l'incapacité d'aimer de l'homme moderne. — De l'image de la mère. — De la relation à la mère. — La question sexuelle. — Instinct et morale. — Du refoulement. — Entre moral et immoral. — La sexualité puissance créatrice. — Nécessité d'une concordance entre esprit et instinct. — De l'opposition des sexes. — Surestimation et sous-estimation s'accompagnent. — De la dévalorisation de la femme. — Esprit, instinct et mariage chrétien. — L'homme peut-il saisir la psyché féminine. — Des rapports psychiques entre les deux sexes. — Sur la personnalité de la femme. — Des traits masculins en la femme. — Des traits féminins en l'homme. — Dangers de la projection. — Violence féminine. — Homme et femme doivent développer leur opposé sexuel. — Le contenant et le contenu. — De la relation psychique dans le mariage. — Eros et Logos. — De la relation sexuelle dans le mariage. — Les crises dans le mariage. — Le problème du célibat féminin. — Crises matrimoniales occasion de prise de conscience. — Valeur indubitable du mariage.

La personnalité de l'éducateur, non la méthode, est décisive. — De la véritable éducation. — On ne trompe pas l'enfant. — Des systèmes d'éducation et de leur perte d'efficacité. — De la confession comme moyen d'éducation. — Aspect spirituel de la psychologie enfantine. — Parents et enfants. — De la volonté de rester au stade de l'enfance. — Problèmes de la jeunesse. — Des idéaux de la jeunesse. — Recherche des valeurs de la personnalité. — Le midi de la vie. — Vers le crépuscule de la vie. — Vérité du matin devient erreur le soir. — Sur l'éducation pour l'homme vieillissant. — Névrose et vieillesse. — Il faut savoir vieillir. — La peur de vieillir. — Sens du midi de la vie. — Les deux fins de la vie. — De notre éloignement de la nature. — Des droits de la nature sur l'homme. — Du processus culturel. — Nature et culture. — La culture est le devoir de l'âge mûr. — Primitivité et haute culture. — Le développement de l'âme est culture. — La civilisation antique et nous. — Essence de la culture.

Sur l'adaptation sociale. — Adaptation à notre propre monde intérieur. — Nous jugeons autrui d'après nous-mêmes. — Avantages et désavantages de la projection. — L'humanité et l'individu ont la même psychologie. — Psychologie collective et psyché personnelle. — La solution des problèmes collectifs débute en l'individu. — L'histoire est faite par l'âme de l'individu. — Des nouvelles formes de la culture. — Des dangers extérieurs et intérieurs de la massification. — De la révolution intrapsychique. — Des forces démoniaques de l'inconscient. — De l'individu menacé par la masse. — Abaissement du niveau éthique individuel dans la masse. — Le peuple aussi peut être atteint de psychose. — De la vie des peuples semblable au cours d'un torrent. — Sens et non-sens dans notre monde. — De la crainte comme puissance. — Expérience collective et suggestion. — La source du progrès est dans l'individu. — La liberté condition première de moralité. — Les organisations colossales sont des monstres. — Guide et masse. — De l'instinct grégaire de l'homme. — Du prestige. — Individu et être collectif. — La différenciation, essence de la personnalité. — L'homme normal maintient l'état. — De la diversité des prétentions au bonheur. — Notre existence combat entre l'intérieur et l'extérieur. — Liberté et enchaînement sont lois de la vie. — Le caractère national élément du destin de l'homme. — Du caractère suisse. — De la défense des caractères suisses. — De la mission de la Suisse. — La réflexion sur soi-même.

LE ROYAUME DES VALEURS

Il n'est pas de psychologie purement objective. — Des prémisses psychologiques subjectives des sciences. — Des conditions psychologiques de la connaissance. — Des différentes attitudes psychologiques. — La psychologie moderne est encore controversée. — Matérialisme, frein au progrès en psychologie. — Psychanalyse et raison. — Les théories ne devraient être que des auxiliaires. — Psychologie et mythe. — Science, antinomie de la nature. — Psychologie et philosophie. — Il y a de nombreuses psychologies. — Dogmes et sciences s'excluent. — De la science comme fin en soi. — La science doit servir. — Connaissance et art. — De l'essence de l'œuvre d'art. — Psychologie et art. — L'art véritable est surpersonnel. — L'acte créateur surgit des profondeurs de l'inconscient. — Vision, réalité psychique. — Nature créatrice de la psychologie. — De l'esprit créateur de l'imagination. — Du secret de l'art agissant. — De l'œuvre d'art, message de l'inconscient collectif. — De l'artiste, interprète de l'âme de son temps. — L'artiste façonne et traduit les images primitives. — L'œuvre d'art peut souvent dépasser son créateur. — Talent et génie. — L'artiste se place hors des conventions. — Le génie créateur se paie chèrement.

Table 413

Vérité et convictions. — Vérité et erreur. — Des exigences quotidiennes. — De la relation entre être et agir. — Du peu de liberté de l'homme. — De la volonté libre. — La loi morale est innée en l'homme. — La morale, fonction éternelle de l'âme. — Doute sur l'efficacité des principes moraux d'aujourd'hui. — Du complexe d'infériorité. — Danger d'une excessive confiance en soi. — Fuite de l'engagement personnel. — La vertu comme subterfuge. — Apprendre à se supporter. — Subjectivité de notre appréciation d'autrui. — L'objectivité, condition de la connaissance de soi. — Du refus de voir ses propres fautes. — De la projection de nos propres fautes. — De l'Autre en nous. — La Mauvaise conscience, stimulant de l'auto-critique. — S'occuper de soi-même. — De l'examen de soi-même. — De la nécessité du retour sur soi.

Des forces destructrices de l'homme. — L'Européen paraît aujourd'hui possédé par le démon. — Lumière et obscurité ont besoin l'une de l'autre. — De la signification du mal. — La victoire remportée par le bien est une grâce. — Les tentations de la «persona». — De la personnalité artificielle. — L'envers de la personnalité. — L'acceptation de soi-même comme problème moral. — Le côté d'ombre de l'homme. — Le refoulement ne résout pas le problème de l'ombre. — Des drames intérieurs. — De la valeur de l'ombre. — La connaissance de l'ombre mène à la connaissance de soi. — Ce qui est humain repose sur des contrastes intérieurs. — L'homme reste tenu entre le bien et le mal. — L'antinomie du bien et du mal est un problème éternel. — De l'amour de soi et de son prochain. — Joie et douleur appartiennent à la totalité de la vie. — Dans le symbole s'unissent les opposés. — Toute expérience de valeur exige de la souffrance. — Du sens et de la valeur de la souffrance. — La grâce et la souffrance de l'âme.

Esprit et intellect. — Des ravages de l'intellect et son utilité. — De la poussée de l'homme vers la connaissance. — La vie est autant rationnelle qu'irrationnelle. — Raison et déraison appartiennent toutes deux à la vie. — Rationnel et irrationnel appartiennent à la vie. — Du sens profond de la tension des contraires. — L'homme d'esprit et l'homme de la terre. — La pensée de la tête et la pensée du cœur. — L'homme n'est pas seulement un animal raisonnable. — Esprit et sexualité. — Esprit et instinct. — L'esprit est un principe premier. — La restriction appartient à l'évolution humaine. — Le conflit entre esprit et nature. — Notre esprit montre encore des vestiges archaïques. — De notre attitude à l'égard des objets. — Que sont les idées. — De la variété des esprits. — De la vérité de l'esprit. — Du renouvellement éternel de la vie de l'esprit.

DES CHOSES DERNIÈRES

Intellect et Weltanschauung. — La peur de l'autre côté chez l'Occidental. — L'image antique de l'univers. — Aucune conception n'a de vérité objective valable. — Conception du monde et bien-être psychique. — Notre image du monde se transforme avec nous. — De la subjectivité de toute conception du monde. — Conception du monde et science. — L'instinct créateur des mythes est toujours actif. — Est réel ce qui agit. — De l'envers du progrès. — Toute vie se situe entre un passé et un avenir. — Le visage de notre époque. — De l'unité de la vie et de son sens. — L'Orient nous donne une autre compréhension de la vie. — Expérience et savoir de l'Orient et de l'Occident. — Notre compréhension échoue devant l'esprit Bouddhique. — Consciences orientale et occidentale doivent se compléter. — Imiter l'Orient est une méprise tragique. — De la situation intermédiaire de l'Européen. — De l'importance pour nous de la sagesse orientale. — Esprit du temps et vérité. — Aujourd'hui est un pont entre hier et demain. — Tout ce qui est nouveau a besoin d'un temps d'épreuve. — Les grands renouvellements croissent des profondeurs. — L'isolé est appelé. — La vie doit être orientée vers le futur.

Toute vérité doit reposer sur une expérience intérieure. — Le monde est une «donnée» issue de l'âme. — La voie de l'expérience est une entreprise hasardeuse. — Des exigences de l'homme intérieur. — De la voie du milieu. — Du style héroïque de conduite de la vie. — De la voie vers l'intérieur. — Du dépassement des problèmes. — Du besoin de la réalisation de soi. — Chacun a la possibilité de devenir une personnalité. — De la personnalité agissante. — L'élargissement de la conscience. — Le devenir s'accompagne de souffrances. — L'accroissement vient de sources intérieures. — L'enfant dans l'homme, germe de la personnalité. — De la révélation de la totalité de l'homme. — De la véritable imitation du Christ. — Du choix de sa propre voie par une décision morale. — De la forme spirituelle de la personnalité. — De la totalité comme union des contraires. — L'individualisation est réalisation de la destinée individuelle.

Table 415

Raison et destinée. — Nous somme exposés au hasard
imprévisible. — Nous portons notre destin au fond de notre
cœur. — Nous sommes les instruments du destin. — Toute vie
est une entreprise hasardeuse. — Naissance et mort ont même
importance. — Tout devenir est la mort de ce qui a été. — De
notre savoir sur la durée éternelle de toute vie. — Sur la durée
intemporelle de l'âme. — Du culte des morts. — De l'angoisse
devant la mort. — Mort et naissance se répètent éternellement.
— De la descente aux enfers et de la résurrection. — Mort et
rénovation dans le développement psychique. — De la course
solaire, symbole de la destinée humaine. — Du sens de la nostalgie de la mort. — De l'auto-sacrifice. — Destin et totalité
humaine. — Du destin, événement intérieur.

Notre attitude répond souvent à la tradition. — Ce que la
psychologie dit de la notion de Dieu. — Psychologie et religion.
— De l'image de la divinité. — L'homme et l'idée de Dieu. —
Le christianisme est notre monde. — Christianisme et paganisme. — Conduite de la vie et religion. — De la violence de la
divinité archaïque. — Des puissances élémentaires de l'âme. —
De la puissance d'union spirituelle du christianisme. — Le problème du transfert et l'Église. — L'âme de l'Européen n'est pas
christianisée. — De la formation individuelle des symboles religieux. — De l'iconoclastie du protestantisme. — Protestantisme et Église. — Des conséquences de la Réforme. — Risques
et possibilités du protestantisme. — Ce qui dissocie engendre
aussi l'union. — Mythes et religion. — Sur l'expérience religieuse. — De la connaissance religieuse de l'âme. — De
l'incertitude de l'homme. — Détermination de soi et confession. — Du germe divin en l'homme. — La foi et le doute. —
De la vérité objective des affirmations religieuses. — De la
puissance des symboles religieux. — Des symboles comme systèmes psychothérapeutiques. — Du dogme religieux. — Psychologie et dogme. — De l'Esprit Saint comme consolateur. —
Du mystère religieux en l'homme. — Le vrai rapport à Dieu est
l'amour. — La totalité de l'homme est une croix à porter.

Le Livre de Poche s'engage pour
l'environnement en réduisant
l'empreinte carbone de ses livres.
Celle de cet exemplaire est de :

600 g éq. CO$_2$

Rendez-vous sur
www.livredepoche-durable.fr

PAPIER À BASE DE
FIBRES CERTIFIÉES

Achevé d'imprimer en janvier 2021 en Espagne par
Liberdúplex - 08791 St. Llorenç d'Hortons
Dépôt légal 1re publication : juin 1995
Édition 22 – janvier 2021
LIBRAIRIE GÉNÉRALE FRANÇAISE – 21, rue du Montparnasse – 75298 Paris Cedex 06